Georgien

Unterwegs zwischen Kaukasus und Schwarzem Meer

Thea Kvastiani, Vadim Spolanski, Andreas Sternfeldt

5., aktualisierte und erweiterte Auflage 2010

Trescher Verlag
Reinhardtstr. 9
10117 Berlin
www.trescher-verlag.de

ISBN 978-3-89794-171-7

Herausgegeben von Bernd Schwenkros und
Detlev von Oppeln

Reihenentwurf und Gesamtgestaltung:
Bernd Chill
Gestaltung, Satz, Bildbearbeitung: Ulla Nickl
Lektorat: Sabine Fach
Stadtpläne und Karten: Johann Maria Just,
Martin Kapp, Bernd Schwenkros

Alle Angaben in diesem Buch wurden sorgfältig recherchiert und überprüft, trotzdem kann für die Richtigkeit keine Gewähr übernommen werden. Hinweise und Informationen unserer Leserinnen und Leser nimmt der Verlag gerne entgegen. Bitte schreiben oder mailen Sie unter obiger Adresse.

Gedruckt auf chlorfrei gebleichtem Papier

Printed in Germany

Essays

Vorwort

Als Gott das Land an die Völker verteilte, verspäteten sich die Georgier. Zuerst zürnte der Herr, denn alles Land war bereits verteilt. Doch die Fröhlichkeit und der Charme der Abgesandten dieses Volkes versöhnten ihn, und er schenkte den Georgiern den Flecken Erde, den er eigentlich sich selbst vorbehalten hatte. Wenn man das Land kennenlernt, kann man sich vorstellen, dass es so, wie es die Legende berichtet, gewesen sein könnte. Georgien bietet auf engstem Raum eine Vielzahl landschaftlicher Reize. Und die Georgier selbst sind ein sprichwörtlich gastfreundliches Volk, dessen Temperament ansteckend ist.

Die Geschichte Georgiens war wechselvoll. Erst mit dem Zerfall der Sowjetunion gewann das Land seine Unabhängigkeit wieder, die es vor vielen Jahrhunderten, erst an Perser und Türken, dann an den russischen Zaren, verloren hatte. In den sowjetischen Jahren war die Georgische Sowjetrepublik eine der blühendsten und reichsten Regionen der UdSSR und ein Zentrum des Tourismus. Die Unabhängigkeit aber begann mit Bürgerkrieg und militärischen Konflikten, die im August 2008 in einer militärischen Auseinandersetzung zwischen Georgien und Russland kulminierten. Reisen nach Abchasien und Südossetien sind nach wie vor unmöglich, weshalb wir auf eine Beschreibung dieser Landesteile verzichtet haben.

Mit der ›Rosenrevolution‹ im Herbst 2003 endete in Georgien die Ära Schewardnadse. Seitdem beginnt sich die durch den wirtschaftlichen und sozialen Niedergang des Landes katastrophale Situation zu entspannen. Die Regierung Saakaschwili unternimmt vieles, um den einstigen Ruf Georgiens als Paradies für Erholungssuchende und Kulturinteressierte wiederherzustellen. Die private Initiative hat gerade in der Tourismusindustrie neuen Auftrieb erhalten. Dieser Reiseführer war der erste im deutschsprachigen Raum, nachdem Georgien seine Unabhängigkeit wiedererlangte. Mittlerweile liegt die fünfte Auflage vor. Mit einer Vielzahl von Informationen und anhand persönlicher Eindrücke wollen wir mit diesem Buch Interesse für ein Land wecken, das zu Europa gehört, über das hierzulande aber wenig bekannt ist.

Georgien liegt am äußersten Rand Europas und war doch nach Armenien das zweite Land, dessen Könige in der ersten Hälfte des 4. Jahrhunderts das Christentum als Staatsreligion annahmen. Den geschichtlichen Ereignissen und Zusammenhängen wird in diesem Buch viel Raum gewidmet, weil sie der Schlüssel sind zum Verständnis Georgiens, seiner Kultur und Kunst sowie seiner Menschen.

Wir möchten dazu ermutigen, auch Unwägbarkeiten in Kauf zu nehmen, um für desto angenehmere Überraschungen gewappnet zu sein. Wir hoffen, dass es uns gelingt, möglichst vielen Menschen ein Land nahezubringen, das in all seiner Schönheit unverdient von Europa vergessen wurde und leider allzu oft nur im Kontext von Krisen Erwähnung findet.

Landschaft in Swanetien am Fuß des Großen Kaukasus

Hinweise zur Benutzung

Der erste Teil dieses Buches ist dem Land und seinen Bewohnern gewidmet. Hier finden sich neben geographischen Informationen auch Kapitel über Bevölkerung, Wirtschaft, Kultur und Politik. Der zweite Abschnitt befasst sich mit der Geschichte Georgiens. Er ist relativ ausführlich, was gerechtfertigt erscheint, wenn man bedenkt, dass es sehr schwierig ist, deutschsprachige Informationen über Georgien zu beschaffen.

Der Reiseteil ist so angelegt, dass er sowohl ausführliche Beschreibungen der wichtigsten Städte, Landschaften, Kurorte und architektonischen Denkmale Georgiens enthält als auch Informationen darüber, wie man aus Tbilissi, Kutaissi, Batumi und Telawi, den vier wichtigsten Städten des Landes, dorthin gelangt. Informationen zu Übernachtungsmöglichkeiten, Restaurants u.s.w. finden sich im Anschluss an die einzelnen Kapitel.

Wir erheben keinen Anspruch auf Vollständigkeit und weisen darauf hin, dass sich vieles ändert und manche Angaben bereits überholt sein könnten, wenn das Buch erscheint. Individualtouristen, die Georgien auf eigene Faust bereisen möchten, sollten die Dienste einer georgischen Reiseagentur in Anspruch nehmen (Adressen ab S. 331). Generell sollte man sich nicht ohne einheimische Begleitung oder wenn, dann nur in größeren Gruppen, durchs Land bewegen.

Zeichenlegende

- Allgemeine Informationen
- Busbahnhof
- Bahn
- Flughafen
- Hotel, Übernachtungsmöglichkeit
- Restaurant, Café
- Museen
- Theater, Kino- und Konzerthäuser
- Einkaufsmöglichkeiten
- Ärztliche Hilfe

Häufig vorkommende Begriffe in geographischen Namen

აღმართი	achmarti	Abhang, Hang
მოედანი	moedani	Platz
ქუჩა	kutscha	Straße
გამზირი	gamsiri	Allee, Prospekt
რიგი	rigi	Gasse, Reihe
მდინარე	mdinare	Fluss
მთა	mta	Berg
ციხე	ziche	Burg
სამება	sameba	Dreieinigkeit
წმინდა	zminda	heilig

Entfernungstabelle

	Achalziche	Batumi	Bordshomi	Kutaissi	Kazbegi	Lagodechi	Lentechi	Mestia	Ninotsminda	Poti	Rustawi	Signagi	Sugdidi	Tbilissi	Telawi
Telawi	302	475	255	331	244	79	395	543	262	429	125	45	435	95	
Tbilissi	225	380	160	236	150	156	300	448	147	334	30	115	339		95
Sugdidi	284	157	237	103	436	495	175	138	375	81	359	454		339	435
Signagi	322	492	175	351	264	40	415	563	282	449	145		454	115	45
Rustawi	237	410	190	266	179	167	330	478	197	364		145	359	30	125
Poti	250	76	232	98	431	490	170	219	341		364	449	81	334	429
Ninotsminda	91	265	138	272	316	323	365	513		341	197	282	375	147	262
Mestia	422	295	375	241	574	633	148		513	219	478	563	138	448	543
Lentechi	274	226	227	93	397	456		148	365	170	330	415	175	300	395
Lagodechi	363	536	316	392	305		456	633	323	490	167	40	495	156	79
Kazbegi	306	477	257	333		305	397	574	316	431	179	264	436	150	244
Kutaissi	181	144	134		333	392	93	241	272	98	266	351	103	236	331
Bordshomi	47	221		134	257	316	227	375	138	232	190	175	237	160	255
Batumi	174		221	144	477	536	226	295	265	76	410	492	157	380	475
Achalziche		174	47	181	306	362	274	422	91	250	237	322	284	225	302

Das Wichtigste in Kürze

Allgemeines

Präsident Saakaschwili erklärte kurz nach seinem Amtsantritt Anfang 2004 die Förderung des Tourismus zu einem der wichtigsten Ziele. Bereits im Sommer 2004 kam die noch junge private Tourismusindustrie in den Genuss steuerlicher Erleichterungen. Zahlreiche alte und neue Reiseagenturen unterbreiten heute ihre vielseitigen Angebote auch im Internet.

Georgien ist ein Land der touristisch unbegrenzten Möglichkeiten. Hier gibt es alles: Natur (Berge, Flüsse, Seen, das Schwarze Meer, unberührte Natur), Kultur (Archäologie, Kirchenkunst, Höhlenköster) und gastfreundliche Menschen. Dennoch: Wer auf einen bequemen Urlaub in luxuriösen Hotels mit dem im Westen gewohnten Komfort hofft, wird ihn nur mit entsprechendem finanziellem Aufwand finden.

Wer sich aber vor Unwägbarkeiten, kleinen Risiken und Überraschungen nicht fürchtet, Spontaneität der Organisation vorzieht und Abstriche an Bequemlichkeit und zivilisatorischer Perfektion in Kauf nimmt, der wird in jedem Fall auf seine Kosten kommen.

Anreise

Nach Georgien gelangt man am besten mit dem Flugzeug, am günstigsten über Riga bzw. Prag. Direktverbindungen bestehen u.a. zwischen Frankfurt/Main, München, Wien und Tbilissi.

Mit dem Auto nimmt man entweder die Fähre aus Italien bzw. Griechenland in einen der türkischen Schwarzmeerhäfen und reist von dort an der Küste bis Georgien, oder man folgt den alten Karawanenwegen durch die Zentraltürkei bis zum Grenzpunkt Sarpi unweit der georgischen Stadt Batumi. Die Formalitäten an der Grenze sind unkompliziert. Der Aufenthalt mit eigenem Auto in Georgien ist auf 20 Tage befristet.

Einreise

Diese ist problemlos, da Georgien die Visapflicht für Reisende aus den meisten westeuropäischen Ländern abgeschafft hat. Der Pass muss bei der Einreise noch mindestens sechs Monate gültig sein. Soll der Aufenthalt 360 Tage überschreiten, bedarf es eines Visums, das die Georgische Botschaft in Berlin erteilt.

Klima

Im Sommer kann es sehr heiß werden, doch da das Land überwiegend gebirgig ist, sollte man an entsprechend warme Kleidung, feste Schuhe und Sonnenschutz denken.

Palmen in Batumi

In Alawerdi

Sicherheit

Georgien ist kein ›heißes Pflaster‹, die Kriminalitätsrate relativ gering, und die meisten Georgier sind sehr auf ihren sprichwörtlich guten Ruf als exzellente Gastgeber bedacht. Dennoch sollte man sich eingehend mit der Geschichte, der Gegenwart und den Besonderheiten des Landes befassen. Auf eigene Faust in die Berge zu reisen sollte man vermeiden. Das ist eine ganz eigene Welt mit schwer zu durchschauenden und noch schwieriger zu befolgenden Regeln. Derzeit gibt es bereits genügend Anbieter von organisierten Trekking-Touren von unterschiedlichem preislichem Niveau auch in die entlegensten Bergregionen.

Reisen nach Südossetien und Abchasien sind derzeit unmöglich. Man sollte auch die Grenzgebiete, insbesondere zwischen Swanetien und Abchasien meiden.

Transportwesen

Das wichtigste öffentliche Verkehrsmittel im Land sind die zwischen den meisten größeren Ortschaften und Städten verkehrenden Kleinbusse, ›Marschrutki‹ genannt. Diese sind recht billig – für die Strecke zwischen Tbilissi und Kutaissi bezahlt man umgerechnet ca. 20 Euro. Die Marschrutki sind, da schneller und bequemer, den etwas billigeren Überlandbussen vorzuziehen. Die meisten georgischen Autofahrer nehmen für einen kleinen Obolus Anhalter mit.

Das Streckennetz der Eisenbahn ist dünn, die Züge in der Regel langsam.

Mietwagen

Einige der wichtigsten europäischen Autoverleiher besitzen auch in Georgien Filialen. Darüber hinaus vermieten manche Reiseveranstalter Autos. Angesichts des Zustands der Straßen im Land, der

Qualität des Kraftstoffs und der wenigen Werkstätten empfiehlt es sich, Autos russischer Bauart, zum Beispiel den robusten und pflegeleichten ›Niwa‹ (ein kleiner Allrad-Wagen), zu mieten.

Ernährung

Georgien ist ein kulinarisches Wunderland. Die meisten Georgier essen ebenso gern wie sie trinken. Auf ungewaschenes Obst und Gemüse sowie das Essen fliegender Händler sollte man verzichten. Berühmt waren einst die georgischen Weine. Sie sind es immer noch, nur dass man sie außer bei den Winzern selbst nur noch selten bekommt. Der georgischen Küche haben wir ein umfangreiches Kapitel gewidmet (S. 72).

Unterkunft

Übernachtungsmöglichkeiten lassen sich im ganzen Land problemlos finden. Die Bedingungen sind nicht überall berauschend, aber man hat meistens die Wahl zwischen Hotels, Gästehäusern und Privatunterkünften. Campingplätze, soweit uns bekannt, gibt es keine. Wer mit dem Zelt unterwegs ist, sollte aus Sicherheitsgründen darauf verzichten, dieses in freier Natur aufzuschlagen. Es empfiehlt sich, mit Menschen vor Ort zu vereinbaren, deren Grundstück für das Camping zu benutzen.

Geld

Die Landeswährung ist der Lari (GEL). Ein Lari sind 100 Tetri. Anfang 2010 bekam man für 1 Dollar etwa 1,8 Lari und für 1 Euro etwa 2,52 Lari. Da der Lari an den Dollar gebunden ist, schwanken die Kurse entsprechend dem Wert des Dollars. Die beliebtesten Fremdwährungen sind Dollar und Euro, die man in den zahlreichen Wechselstuben problemlos tauschen kann. Geld- und Kreditkarten sowie Schecks werden bisher nur in den großen Hotels und einigen ausgewählten Geschäften akzeptiert. In den größeren Städten gibt es Bankautomaten, an denen man mit EC- und Kreditkarten problemlos Bargeld abheben kann.

Rätselhaftes Alphabet

Das Höhkenkloster Wardsia

Gesundheit

Es gibt keine vorgeschriebenen Impfungen.

Eine kleine Reiseapotheke sollte man dabei haben, auch wenn man in den Apotheken das Nötigste bekommt. Nicht zu empfehlen sind die Apotheken-Kioske überall im Land, da die Arzneien in der Regel unsachgemäß gelagert werden.

Ein qualifizierter Rettungsdienst mit englischsprachigem Personal ist unter der Nummer 009 zu erreichen.

Der Abschluss einer Reisekrankenversicherung, die auch die Kosten eines Rücktransports abdeckt, ist in jedem Fall empfehlenswert.

Telefonieren

Die internationale Vorwahl für Georgien ist 00995, die für Tbilissi 00995/32. Aus Georgien ins Ausland wählt man zunächst die ›8‹, wartet auf das Freizeichen, wählt dann die ›10‹, anschließend des Landes-Vorwahl (Deutschland 49), dann die Vorwahl der Stadt ohne Null und dann die gewünschte Telefonnummer.

Wenn man innerhalb Georgiens telefoniert, gelten teilweise andere Ortsvorwahlen, als bei Anrufen aus dem Ausland. In diesem Buch sind zu den jeweiligen Adressen die Nummern für Anrufe aus dem Ausland angegeben. Die Inlandsvorwahlen stehen in den Reisetipps auf S. 335.

Eine Abdeckung durch Mobilfunknetze ist in der Regel im Umkreis der größeren Städte und Ortschaften, aber nicht überall in den Bergen gegeben.

Wichtige Rufnummern:

Schnelle Medizinische Hilfe: 03 oder 901 (ARDI, eine private Firma)

Polizei: 02

Feuerwehr: 01 oder 225636

Zentrale Notrufnummer zum Sperren von EC-, Kredit- und Handykarten: 0049/116116.

Verständigung

Sehr gut dran sind jene, die Russisch sprechen. Die meisten älteren Georgier, ab 35, beherrschen noch die Sprache ihrer ehemals sowjetischen Heimat; die jüngeren dagegen eher ein paar Worte Englisch. Die meisten Straßen- und Hinweisschilder sind georgisch beschriftet, in größeren Städten sind sie manchmal zusätzlich in englisch; in kleineren Orten fehlen sie oft völlig. Ortsschilder sind fast durchgehend georgisch und englisch beschriftet.

Ausführliche Informationen in den Reisetipps von A bis Z ab S. 322.

Einzigartige Baudenkmäler, grandiose Landschaften, ein mildes Klima und nicht zuletzt seine gastfreundlichen Bewohner machen Georgien zu einem ganz besonderen Reiseziel

Land und Leute

Georgien im Überblick

Name: Republik Georgien (in der Landessprache: Sakartwelo).
Fläche: 69 700 qkm.
Hauptstadt: Tbilissi (1,25 Mio Einwohner).
Große Städte: Kutaissi (ca. 178 000 Einw.), Batumi (ca. 118 000), Rustawi (ca. 112 000), Sugdidi (ca. 73 000), Gori (ca. 47 000) und Poti (ca. 46 000).
Staatsgrenzen: Russland, Aserbaidshan, Armenien, Türkei. Die an der Grenze zu Russland gelegenen Konfliktzonen Abchasien und Südossetien stehen nicht unter Kontrolle der georgischen Regierung.
Höchste Erhebung: Schchara im Großen Kaukasus (5068,9 m).
Längste Flüsse: Mtkwari (1364 km, davon 435 km auf georgischem Staatsgebiet), Alasani (351 km), Rioni (333 km), Enguri (213 km).
Einwohnerzahl: rund 4,5 Millionen Einwohner (2006). Seit der staatlichen Unabhängigkeit 1991 haben rund eine Million Menschen das Land verlassen.
Bevölkerungsdichte: 66 Einwohner je qkm
Bevölkerung: ca. 83,8 % Georgier, 6,5 % Aserbaidschaner, 5,7 % Armenier, 1,5 Prozent Russen, 0,9 Prozent Osseten, 2,66 Prozent Abchasen, 0,1 Prozent Aramäer und 1,51 Prozent gehören weiteren Volksgruppen wie z. B. Pontos-Griechen, Kurden, Juden und andere an (Volkszählung 2002).
Sprache: Amtssprache mit eigenem Alphabet ist das Georgische, das von etwa 4 Millionen Menschen gesprochen wird. Weitere Sprachen sind Aserbaidschanisch, Armenisch, Abchasisch, Ossetisch und Russisch.
Lebenserwartung: Männer: 73,21 Jahre; Frauen: 80,26 Jahre (2008).

Religion: 84 % der Bevölkerung gehören der autokephalen georgischen-orthodoxen Apostelkirche an. 9,9 % sind Muslime.
Politisches System: demokratische Republik mit starkem Präsidialsystem und zentralisierter Verwaltung. Staatsoberhaupt ist der in direkter Wahl gewählte Präsident, derzeit, seit 2004, Michail Saakaschwili.
Parlament: Stärkste Partei im 2008 gewählten Parlament ist die Vereinte Nationale Bewegung (ENM), die knapp 60 % der Stimmen erhielt und den Präsidenten unterstützt.
Mitgliedschaft in internationalen Organisationen: Georgien ist seit 1992 Mitglied der UNO und gehört folgenden internationalen Organisationen an: OSZE, IWF, Weltbank, EBRD, WTO, Europarat sowie der Schwarzmeer-Wirtschaftskooperation.
Landeswährung: 1 Lari (GEL) = 100 Tetri.
BIP pro Kopf: 2355 US Dollar (2007).
Inflationsrate: 12 % (2009).
Arbeitslosigkeit: 13,6 % (2009).
Nationalfeiertag: Tag der Unabhängigkeit – 26. Mai 1918.
Autokennzeichen: GE.
Vorwahl: +995.
Internetkennung: .ge.

Geographie

Georgien erstreckt sich auf einer Landbrücke, die im Osten und im Westen von zwei Binnenmeeren – dem Kaspischen und dem Schwarzen Meer – begrenzt wird. Zu dieser Landbrücke gehören außerdem Aserbaidschan und Armenien. In seiner Ausdehnung misst Georgien 70 000 Quadratkilometer, von denen mehr als die Hälfte von Bergen bedeckt ist, die an einigen Stellen über 5000 Meter ansteigen. Die höchsten Berge sind der Kasbek im Zentralkaukasus (5033 Meter) und der Schchara (5068 Meter) in Swanetien.

Neben den Hochgebirgslandschaften ist ein weiteres Drittel des Landes von Hügeln unterschiedlicher Höhe bedeckt, während Gebirgstäler, Hochplateaus und Flussniederungen 13 Prozent der Fläche einnehmen. Die durchschnittliche Höhe über dem Meeresspiegel beträgt 1230 Meter; ein Fünftel des Landes jedoch bedecken Berge, die über 2000 Meter hoch sind.

Das neben den Hochgebirgsgipfeln repräsentativste Bild von Georgien bieten die sich zwischen den Bergketten erstreckenden Täler, von denen keines dem anderen gleicht. Verschieden in Größe und Ausdehnung, Anblick und Vegetation, verleihen diese Täler dem Land das, was seinen eigentlichen Reiz und Charme ausmacht.

Dem Zauber der vielfältigen und aufregenden Bergwelt, die von wild und zerklüftet bis sanft geschwungen alle Formen in sich vereint, kann niemand widerstehen, egal von wo aus man sich dem Land nähert und welche seiner Gegenden man erkundet.

Fruchtbare Landschaft im Osten des Landes

Der Kaukasus

Der Kaukasus besteht aus mehreren Gebirgsmassiven, die unterschiedliche Entstehungszeiten und geschichten haben. So ist zum Beispiel der Kleine Kaukasus über 150 Millionen Jahre alt und gehört damit zu den ältesten Faltengebirgen, jenen tektonischen Furchen, die der deutsche Geologe Kober sinnbildlich als ›Schrammen‹ beziehungsweise ›Narben‹ bezeichnet hat. Der Große Kaukasus dagegen entstand vor nicht mehr als zwei Millionen Jahren durch Faltung und Hebung. Er gehört zu den alpinen Gebirgen, für die beträchtliche Gipfelhöhen und eine ausgeprägte Zerklüftung ihrer Oberflächenstruktur typisch sind und die seit ihrer Entstehung keinen weiteren tektonischen Prozessen ausgesetzt waren.

Der Große Kaukasus schirmt Georgien auf einer Länge von 1100 Kilometern und einer Breite von 180 Kilometern von Norden ab. Über seine Gebirgsketten verläuft die Grenze zu Russland, gen Osten geht er in aserbaidschanisches Territorium über und versinkt hinter der Halbinsel Apscheron im Kaspischen Meer. Der Kleine Kaukasus bildet die natürliche Grenze zwischen Georgien und seinem südlichen Nachbarn Armenien und Aserbaidschan im Südosten. Verbunden sind der Große und der Kleine Kaukasus im Westen durch zwei andere, in nordsüdlicher Richtung verlaufende Gebirgsrücken, das Surami- und das Adscharo-Imeretische Gebirge, die Georgien in einen westlichen und einen östlichen Landesteil zertrennen und die Wasserscheide zwischen beiden bilden. Alle Flüsse in Westgeorgien münden in das Schwarze Meer, die Ostgeorgiens in das Kaspische Meer. Die natürliche Grenze Georgiens im Westen ist das Schwarze Meer, an dessen Südostzipfel das Land an die Türkei grenzt.

Gewässer

Die zentralen Ketten des Großen Kaukasus steigen über 4000 Meter auf und sind mit ewigem Eis und mächtigen Gletschern bedeckt, denen die meisten der rund 2000 Flüsse Georgiens entspringen. Die wenigsten dieser Flüsse sind länger als einige Dutzend Kilometer; dann vereinigen sie sich entweder mit anderen Gewässern, ergießen sich in die zahlreichen Gebirgsseen oder aber verschwinden in unterirdischen Erdspalten, durch die sie mitunter lange Strecken durch Felsgestein zurücklegen, bevor sie angereichert mit Mineralien erneut an die Erdoberfläche treten. Sie sind die Quellen der Kurbäder, die Georgien bereits im 19. Jahrhundert zu einigem Ruhm verholfen haben.

Längere Flüsse, die in eines der Meere münden, gibt es in Georgien nur wenige. Die bedeutendsten unter ihnen sind der Rioni (333 Kilometer), die Mtkwari (435 Kilometer), der Alasani (351 Kilometer) und der Enguri (213 Kilometer). Ihren Ursprung nehmen sie in den Bergen, aus denen sie als reißende und schäumende Gebirgsbäche niederstürzen, bevor sie sich beruhigen, anschwellen und sich durch die Täler, Niederungen und Ebenen träge zum Meer bewegen.

Der große Kaukasus, die Heimat des sagenhaften Goldenen Vlieses

Am Schwarzmeerstrand bei Batumi

Eine verhältnismäßig geringe Fläche nehmen in Georgien Hochplateaus und Flussniederungen ein. In Westgeorgien ist die Flussniederung von Kolchis, die sich auf einer Länge von 100 Kilometern um den Unterlauf des Rioni erstreckt, die einzig nennenswerte Tiefebene. Weitläufiger sind die in Ostgeorgien gelegenen Ebenen, das Untere und das Innere Kartli, sowie das Kachetische und Alasaner Hochplateau. Im Südosten des Landes, zwischen den Flüssen Alasani und Iori, die beide auf aserbaisdschanisches Territorium übergehen, liegt die Bergsteppe von Schirak, die, allmählich abfallend, in der Gegend des Mingetschaurischen Stausees die Grenze zu Aserbaidschan bildet.

Klima

Georgien liegt zwischen dem 40. und 45. Grad nördlicher Breite, das heißt auf der Hälfte des Weges vom Äquator zum Nordpol. Tbilissi und Rom befinden sich auf dem gleichen Breitengrad, Madrid liegt etwas südlicher.

Vor den Auswirkungen des Klimas in den Steppen an Wolga und Don ist Georgien durch die Bergketten des Großen Kaukasus geschützt. Gleiches gilt für die trockenen, im Sommer heißen und im Winter kalten Luftmassen aus Mittelasien. Der Kleine Kaukasus im Süden schirmt das Land ab gegen die trockenen und heißen Sommerwinde aus den Bergen und Hochplateaus des Iran und Irak, des Ostens und Südostens der Türkei sowie Syriens. Und das Schwarze Meer im Westen mildert den Einfluss der südukrainischen Steppen.

Aussagen über das Klima in ganz Georgien zu treffen, ist unmöglich. Das Land erstreckt sich zwischen zwei Meeren, ist bedeckt von Gebirgen, die ansteigen und abfallen, Täler sowie Ebenen und Hochplateaus bilden und auf diese Weise ein kompliziertes Netz von mikroklimatischen Bedingungen schaffen.

Dennoch lassen sich einige Klimazonen mit relativer Bestimmtheit umreißen. Im Westen und Südwesten überwiegen Bedingungen, die denen des subtropischen Klimas am Mittelmeer vergleichbar sind. In der Küstenregion fallen die meisten Niederschläge (1000 bis 2800 Millimeter jährlich), die in den Bergen, die den Westen vom Osten des Landes trennen, naturgemäß zunehmen. Im Landesinnern nimmt die Niederschlagsmenge ab und beträgt nur noch 300 bis 600 Millimeter jährlich; das Klima hier ließe sich, mit einigen Vorbehalten, als gemäßigt bezeichnen.

Für die Steppe von Schirak und einige Bergtäler im Osten des Landes ist ein gemäßigtes Kontinentalklima charakteristisch. Das Klima im Großen Kaukasus, insbesondere im Oberen Swanetien sowie in den Tälern der Bergketten von Kartli und Kachetien, lässt sich als alpin charakterisieren.

Die Durchschnittstemperaturen für ganz Georgien schwanken im Januar zwischen minus 2 und plus 3 Grad Celsius und im August zwischen 23 und 26 Grad. So man möchte, kann man den Tag über in den Hochgebirgsregionen über Gletscher wandern und die Abende am warmen Meer verbringen – oder umgekehrt. In einigen Gegenden, so in Bakuriani und Gudauri, währt die Wintersportsaison von November bis April; die Badesaison am Schwarzen Meer dauert von April bis Oktober/November.

Die Pflanzenwelt

Im Tertiär war das Territorium des Kaukausus von tropischen Gewächsen bedeckt, die an der Schwelle zum Quartär in eine subtropische Pflanzenwelt übergingen. Deren Charakter wandelte sich mit den Jahrtausenden hin zu einer für gemäßigte Klimazonen charakteristischen Flora. Die sich in vertikaler und horizontaler Richtung ändernden klimatischen Bedingungen verleihen Georgien ein einzigartiges Kolorit.

Mineralwasserquelle an der Georgischen Heerstraße

Ungefähr 43 Prozent der Gesamtfläche Georgiens ist von Wäldern bedeckt. Die Waldflächen nehmen ihren Anfang in Höhenlagen ab 1000 Meter über dem Meeresspiegel und erstrecken sich bis hinauf zu den alpinen Matten. In den unteren Bergregionen überwiegen Laubwälder, die mit zunehmender Höhe in Nadelwälder übergehen. Den ersten Platz unter den Arten hat die Eiche inne, gefolgt von der Buche und den Fichten bzw. Tannen. Da die Wälder überwiegend an Berghängen liegen, sind Unterholz und Bodenbewuchs karg.

Von den 13 000 in Georgien gedeihenden Pflanzenarten gehören etwa 4000 zu den wildwachsenden, von denen rund 10 Prozent Endemiker sind, also Arten, die man als ›einheimisch‹ oder ›ortsspezifisch‹ bezeichnet. Einige der Endemiker sind sogenannte Reliktpflanzen, womit Gewächse gemeint sind, die ursprünglich zu früheren ökologischen Systemen gehörten; darunter die in der Kolchischen Tiefebene beheimatete pontische Buche. Auch der weltbekannte Kiefernhain von Pizunda in Abchasien, der sich auf einer Fläche von 200 Hektar von den Ufern des Schwarzen Meeres bis zu den Hügeln der Vorgebirge des Kaukasus erstreckt, ist ein Beispiel für endemische Kulturen.

Die Kolchische Tiefebene zu beiden Seiten des Unterlaufes des Rioni beeindruckte durch die Schönheit der Landschaft bereits die alten Griechen. Sie ist es, die im Mythos vom Goldenen Vlies als der Ort beschrieben ist, an dem Jason Medea begegnete und wo er den Samen pflanzte, dem die kupferköpfigen Giganten entsprossen.

In den Bergen wächst Blauer Enzian

Das landwirtschaftlich größte Problem in der Rioni-Niederung waren über Jahrhunderte die jährlich im Frühjahr wiederkehrenden Überschwemmungen des Rioni und seiner vielen kleinen Nebenflüsse, die mit dem getauten Schnee von den Bergen Unmengen Schwemmsand mit sich führten. Drei Flüsse – der Rioni, der Chobi und die Ziwa – haben auf ihrem Weg zum Meer mit der Zeit so viel Erde angeschwemmt, dass sich ihr Bett über die Täler erhob und ihre Wasser, immer wenn sie über die Ufer traten, die umliegenden Gegenden überfluteten und sie in Sümpfe verwandelten.

Zu Beginn des 20. Jahrhunderts war die Kolchische Tiefebene deshalb nur dünn besiedelt. Die Feuchtigkeit und sommerliche Hitze hatten die Gegend in eine Brutstätte für den Malaria-Moskito verwandelt; und sich in der Tiefebene niederzulassen bedeutete, sich mit diesem schrecklichen Fieber

Heuschrecke

zu infizieren. Erst nachdem die Flussläufe ausgehoben und eingedämmt, erst nachdem in der Ebene Hunderttausende Eukalyptusbäume gepflanzt worden waren, erblühte die Kolchische Tiefebene, im wahrsten Sinne des Wortes, und verwandelte sich in eine Plantagenlandschaft, überwiegend für Zitrusgewächse und Tee. Allein die Teepflanzungen nehmen eine Fläche von 40 000 Hektar ein. Und auch die Eukalyptusbäume dienen dem Menschen – als Rohstoff für natürliche Arzneimittel, ebenso wie die Bambushaine.

Zur Pflanzenwelt Georgiens gehört auch die Vegetation der Bergsteppen, insbesondere auf dem Hochplateau von Schirak.

Etwa ein Viertel der Nutzfläche des Landes sind von Weidegrund bedeckt, die sich zumeist in den Bergregionen, in Höhenlagen von etwa 1800 Metern bis 2200 Meter über dem Meeresspiegel erstrecken. Dank der hohen Luft- und Bodenfeuchtigkeit in diesen Regionen gedeihen die Berggräser üppig und werden an manchen Stellen fast mannshoch. Sie bieten dem Vieh sowohl im Sommer ausreichend frische Nahrung als auch im Winter genügend Heu.

Auch ein großer Teil der Gebirgs- und Hochgebirgsgräser gehört zu den endemischen Arten. Viele von ihnen sind seit Jahrtausenden als Heilpflanzen bekannt und werden bis auf den heutigen Tag nach Rezepturen der Mönche und Heiler zur Behandlung verschiedenster Krankheiten benutzt.

Ein von deutschen Enwicklungshilfeorganisationen in Zusammenarbeit mit dem World Wide Fund for Nature durchgeführtes Projekt zur Vermarktung von Heilpflanzen verfolgt zwei Ziele: zum einen die natürliche Artenvielfalt zu erhalten und gleichzeitig den Menschen in den jeweiligen Regionen ein Auskommen zu sichern.

Die in Richtung des Schwarzen Meeres weisenden Bergtäler bieten ideale klimatische Bedingungen für die Anlage von Pfirsich-, Aprikosen-, Apfel- und anderen Obstplantagen. Bereits im März reifen die ersten Früchte im Osten und im Oktober werden die letzten im Westen geerntet. Im Dezember dann beginnt die Ernte der Zitrusfrüchte, so dass man sich in Georgien das ganze Jahr über von frischem Obst ernähren kann.

Auf 95 000 Hektar werden darüber hinaus im Land etwa 500 verschiedene Rebenarten angebaut. Über den Wein und den Weinanbau aber wird an anderer Stelle noch ausführlich die Rede sein.

Die Tierwelt

Man zählt auf dem Territorium Georgiens über 100 Arten von Säugetieren, 300 Vogelarten, 160 verschiedene Arten von Fischen und mehr als 70 verschiedene Kriechtiere und Amphibien.

In den alpinen und subalpinen Regionen leben den rauhen klimatischen Bedingungen und dem felsigen Relief bestens angepasste Tiere, unter ihnen zwei Arten von Steinböcken: der Dagestanische und der Kaukasische. In Chewsuretien und Tuschetien trifft man mit viel Glück auf die sehr scheuen, vom Aussterben bedrohten und deshalb im Roten Buch vermerkten Bergziegen. Häufiger zu sehen in den oberen Bergregionen sind die auch in den mitteleuropäischen Hochgebirgen heimischen Gemsen. Ausschließlich im Kaukasus ansässig dagegen sind die Prometheus-Maus und die Gudaurische Wühlmaus.

Unter den Vogelarten erwähnenswert sind der Kaspische Bergfasan im Kleinen Kaukasus und der Kaukasische Schneefasan im Großen Kaukasus sowie die ebenfalls über den Gipfeln des Großen Kaukasus ihre Kreise ziehenden Adler,

Smaragdeidechse im Südwesten

Gottesanbeterin

Weißköpfige Gänsegeier und Bärtige Lämmergeier. Selten geworden in den letzten Jahrzehnten ist das in den Höhenlagen und Vorgebirgen beheimatete Birkhuhn.

Die rund 25 000 großen, kleinen und kleinsten Flüsse, Bäche und Bächlein mit einer Gesamtlänge von mehr als 55 000 Kilometern und die zahlreichen Bergseen sind ein schier unerschöpfliches Reservoir für Fische verschiedenster Größe und Art. An erster Stelle in Häufigkeit und Geschmack stehen die in den Bergflüssen lebenden Forellen.

In den Tälern unterhalb der Baumgrenze wächst die Anzahl der in den Wäldern lebenden Säugetiere, unter ihnen der Kaukasische Hirsch, Rehe, Wildschweine, Wölfe, Füchse, Luchse, Wildkatzen, Braunbären, Dachse, Wiesel, Wald- und Steinschnepfen. In der Bsipi-Schlucht in Abchasien – und nur dort – ist der Kaukasische Nerz beheimatet, der unter strengstem Naturschutz steht.

In den tiefer gelegenen Wäldern tummeln sich Kaukasische Eichhörnchen ebenso wie Igel und Maulwürfe. Überall bauen Vögel ihre Nester wie Fasane, wilde Tauben, Birkhühner und Waldschnepfen sowie Wachteln, die fester Bestandteil der georgischen Küche sind und, ob am Spieß gebraten oder mit viel Raffinesse angerichtet, ein kulinarisches Erlebnis der besonderen Art bedeuten. Den Friedvögeln gesellen sich die Räuber hinzu: der Hühnerhabicht, der schwarze Lämmergeier, Uhus und Eulen, um nur die wichtigsten zu nennen. Die Hochebenen, Bergsteppen und Täler in Ostgeorgien bereichern die Fauna mit Trappen, Reihern und Störchen.

Vor allem in der heißen und trockenen Schirak-Halbwüste und in der Umgebung des Klosters Dawit Garedscha kann es zu Begegnungen mit einer hier sehr häufigen Giftschlange, der Kaukasischen bzw. Gehörnten Viper kommen. Gegen den Biß dieser Schlangen gibt es Gegenmittel, aber festes Schuhwerk bewahrt vor unliebsamen Zwischenfällen.

Die Seen und Flüsse sind reich an Fischen, deren Fang an einigen Orten gewerblich betrieben wird. Zu den wertvollen Arten gehören Karpfen, Wels, Hecht und Brasse sowie die in den Flussniederungen am Schwarzen Meer laichenden Störe und Lachse. In Küstennähe des Schwarzen Meeres trifft man mit einigem Glück auf Delphine.

Wie überall auf der Welt ist die Tierwelt durch den Menschen, seine ökologische Achtlosigkeit und durch Wilderei in Bedrängnis geraten. In den letzten Jahren sind deshalb spezielle Gesetze zum Schutz der Umwelt erlassen und mit internationaler Unterstützung neue Naturparks geschaffen worden.

Die georgische Völkervielfalt

Die Entwicklung der Georgier hat sich über so gewaltige Zeiträume erstreckt und war derart verwickelt, dass es bis heute im Grunde genommen unmöglich ist, zu definieren, wer denn nun ein Georgier ist und wer nicht. Einige Anthropologen und Sprachwissenschaftler behaupten, dass die Georgier eine Gruppe von Völkerschaften sind, die mit keiner der anderen ethnischen oder Sprachfamilie verwandt sein sollen. Andere wiederum gehen davon aus, dass die wichtigsten Völkerschaften des Kaukasus (die Georgier, die Abchasen, die Adschiken, Tscherkessen, Tschetschenen, Kabardiner, Inguschen, Dagestaner u. a.) die iberokaukasische Völkergruppe bilden. Diese Völkerschaften, einschließlich der Basken, seien die letzten Vertreter der jafetischen Völkergruppe, die vor vielen vielen Jahren die ersten menschlichen Zivilisationen hervorgebracht habe. Zu der jafetischen Völkergruppe gehörten, neben den Ibero-Kaukasiern, die Churiten, Urartizen, die Pelasgen und Etrusker, deren Kulturen zum geschichtlichen Erbgut der Menschheit zählen.

Die Herkunft der Georgier

Auch über die Urheimat der Georgier existieren verschiedene Meinungen. Einige Forscher behaupten, die Georgier wären vor vier- bis fünftausend Jahren aus dem Zweistromland und Kleinasien in den Kaukasus eingewandert. Die Mehrheit jedoch ist sich weitgehend einig darüber, dass die Urheimat der Georgier der Kaukasus selbst ist, wo sie sich in vielen tausend Jahren allmählich mit anderen hinzukommenden Völkern und Stämmen vermischt hätten, mit denen gemeinsam die Georgier alle Etappen der zivilisatorischen Entwicklung durchlaufen hätten. Der in Dmanisi in versteinerter Lava gefundene Schädel eines ›Homo erectus‹ mit einem Alter von 1,5 bis 1,7 Millionen Jahren zeugt zumindest davon, dass im Kaukasus Menschen leben, seit es Menschen auf dem Planeten gibt.

In anthropologischer Hinsicht zählen die meisten Georgier zum Typ des südeuropäischen- bzw. Mittelmeermenschen. Je weiter man sich jedoch in den Nordwesten des Landes begibt, desto häufiger treten Merkmale auf, die eher den Mitteleuropäer charakterisieren: helle Haut, blaue Augen, blonde Haare. Gen Südosten dagegen überwiegen anthropologische Merkmale, die eher eine Zugehörigkeit zum nahöstlichen Typus vermuten lassen.

Historisch nachvollziehbar ist, dass die Georgier im Kaukasus seit etwa 4000 Jahren sesshaft sind und dort die Urbevölkerung stellen. In den 2000 Jahren vor Beginn der christlichen Zeitrechnung verständigten sich die Vorfahren der Georgier in einer Sprache, die man als Protokartvelisch bezeichnet. Danach spaltete sich das Protokartvelisch in einzelne Sprachtypen. Eine von ihnen war das sich bei den Bergstämmen im Nordwesten des Landes herausbildende Swanisch – eine weitgehend eigenständige Sprache, die im Unteren und Oberen Swanetien bis heute gesprochen wird. Etwa gleichzeitig, man schätzt um 800 vor Christi Geburt, transformierte sich das Protokartvelisch in den Küstenregionen des Schwarzen Meeres in die sanische (megrelische) Sprache, die Sprache der

»Wir feiern Georgiens Vielfalt«

Megrelier. Die überwiegende Mehrheit der Protogeorgier aber siedelte längs des Flusses Mtkwari in Zentralgeorgien, wo sie mit den Jahrhunderten eine eigene Subethnie, die kartlische, bildeten. Die Georgier betrachten diese Kultur als ihren Ursprung, weshalb sie bis heute ihr Land als ›Sakartwelo‹ (der Ort, wo die Kartlier leben) bezeichnen.

Im ersten Jahrtausend unserer Zeit dehnten die Kartlier ihren Einfluss nach Westgeorgien aus; ihre Sprache und Kultur verbreiteten sich im ganzen Land.

An der Herausbildung einiger anderer georgischer ethnischer Gruppen waren auch nichtgeorgische Stämme und Völkerschaften beteiligt, die sich auf dem Territorium Georgiens niederließen und von den Königen entweder das Recht auf Besiedlung erhielten oder es sich selbst nahmen.

Ungeachtet der komplizierten ethnischen Struktur, begannen sich die Georgier sehr früh als ethnische Gemeinschaft zu sehen und zu fühlen, was mit der Annahme des Christentums in relativ kurzer Zeit zur geistigen und kulturellen Einigung des Landes führte.

Man kann davon ausgehen, dass im 12. Jahrhundert unserer Zeit die Herausbildung der georgischen Nation im wesentlichen abgeschlossen war, weshalb die in den Jahrhunderten danach erfolgten Eroberungen und Annexionen durch Mongolen, Türken, Perser und letztendlich Russen der Einheit der Nation nur wenig Schaden zufügen konnten.

Bevölkerung und Migration

Der Anteil der Georgier an der Gesamtbevölkerung des Landes schwankte unter dem Einfluss einer ganzen Reihe von Faktoren. Bis zum Mittelalter waren es etwa 90 Prozent; in den folgenden Jahrhunderten verringerte sich ihr Anteil, was mit der Ansiedlung von Aserbaidschanern, Armeniern, Osseten und anderen Minderheiten auf georgischem Territorium zu tun hatte.

Das Zarenreich, zu dem Georgien seit Beginn des 19. Jahrhunderts gehörte, betrieb eine expansive Poltik an seinen südlichen Grenzen, unter anderem mit dem Ziel, ursprünglich georgische Landesteile, die nun zu Persien und zum Osmanischen Reich gehörten, zurückzuerobern. Zwischen 1829 und 1878 erhielt Georgien die Regionen Saingilo (heute: Aserbaidschan), Samzche-Dshawachetien, Adschara (heute: Adscharien), Klardschetien und Teile von Tao (heute: Türkei) zurück. 1921 nahm Georgien eine Fläche von insgesamt 93 000 Quadratkilometern ein.

Mit der Errichtung der Sowjetmacht in Georgien 1921 kehrte sich die Tendenz um. Die Machthaber in Moskau lenkten nicht nur Migrationsströme aus anderen Teilen des Landes nach Georgien, so dass der Bevölkerungsanteil der Georgier zeitweilig auf 60 Prozent sank, sondern reduzierten auch seine Fläche. Der Vertrag mit der Türkei ist dafür ein illustres Beispiel. Die Türkei hatte im Ersten Weltkrieg auf der Seite Deutschlands gekämpft und war von den Siegermächten Griechenland und Großbritannien militärisch okkupiert worden. Gegen die Besatzer erhob sich eine nationale Befreiungsbewegung, geführt von Mustafa-Kemal, genannt auch Atatürk (›Vater der Türken‹). Das von der Entente bedrängte Sowjetrußland setzte, nicht nur aus politischem Kalkül, sondern mehr noch aus ideologischer Obsession (in Erwartung der Weltrevolution), große Hoffnungen in die türkische Revolution.

Moskau unterstützte also die Kemalisten und schloss 1921 mit der revolutionären türkischen Regierung einen Vertrag. Als Beweis ihrer ›freundschaftlichen und brüderlichen Verbundenheit‹ gab Moskau der Türkei in der Vergangenheit vom zaristischen Russland ›unrechtmäßig annektierte Territorien‹ zurück, zu denen unter anderem beträchtliche Teile des südwestlichen Georgiens gehörten, nämlich Tao und Klardschetien. Ironie der Geschichte: Freundschaft und Brüderschaft waren schnell vergessen, die Türkei nahm einen bürgerlich-demokratischen Weg und öffnete nur 20 Jahre später deutschen Kriegsschiffen den Weg durch die Meerenge zwischen Mittel- und Schwarzem Meer.

Auf die gleiche Weise verlor Georgien circa 140 Kilometer seiner Schwarzmeerküste, die der Russischen Föderation zugeschlagen wurden: vom Städtchen Magri im Norden bis zum Flüßchen Psou im Süden, einschließlich des malerischen Kurorts Sotschi. Im Zuge der Grenzbegradigungen im Süden musste Georgien beträchtliche Gebiete an Armenien und Aserbaidschan abtreten.

Insgesamt schrumpfte die georgische Sowjetrepublik um etwa ein Viertel ihres Territoriums auf 69 700 Quadratkilometer. In diesen Grenzen ist das Land nach dem Zerfall der Sowjetunion offiziell anerkannt worden.

In den 50er Jahren begann die Auswanderung der nichtgeorgischen Bevölkerung in andere Teile des sowjetischen Imperiums, so dass der Bevölkerungsanteil der Georgier bald auf 70 Prozent stieg. Der weitaus größte Teil von ihnen lebt in Westgeorgien. In Swanetien, Ratscha, Letschchumi und anderen Bergregionen liegt ihr Anteil sogar bei 97 bis 99 Prozent.

Georgische Kinder

Die Georgier sind traditionell sesshaft und verlassen ihr Land, zumindest für längere Zeit oder endgültig, nur selten und ungern. Außerhalb Georgiens lebende Georgier waren deshalb lange eine Rarität, was sich wohl in erster Linie mit ihrem starken Nationalbewusstsein und der Treue zu den eigenen Bräuchen erklären lässt. Diejenigen Georgier, die das Land verlassen mussten, strebten stets danach, die eigene Tradition auch in fremder Umgebung zu bewahren. Die Geschichte ist reich an Beispielen dieser Art, insbesondere zu Zeiten der persischen und osmanischen Eroberungen im 16. und 17. Jahrhundert. So leben, zum Beispiel, bis auf den heutigen Tag im Norden Irans, insbesondere in der Provinz Fereidan, die Nachfahren der unter den Abassiden verschleppten Georgier, die in all den Jahrhunderten ihre Sprache gepflegt, ihre Sitten und Gebräuche erhalten haben. Anders die Nachkommen der Georgier in der Türkei, die sich, vielleicht weil die Gemeinden zu klein oder aber der türkische Druck zu stark waren, assimilierten.

Bereits im 17. und 18. Jahrhundert, als die Beziehungen zwischen Georgien und Russland an Intensität zunahmen, emigrierten vereinzelt Georgier in den Norden, unter ihnen auch König Wachtang VI. mit seinem tausendköpfigen Gefolge. In jene Zeit fällt die Gründung der ersten georgischen ›Kolonie‹ in Moskau, andere Städte folgten. Im Zuge der ›friedlichen Annektion‹ Georgiens nahm die Emigration nach Norden zu.

Westeuropäer und Amerikaner, so sie nicht selbst nach Georgien reisten, kamen nur selten in den Genuß der Bekanntschaft mit Georgiern und wenn, dann vor allem mit den Angehörigen der Intelligenz, die im Westen studierten oder aber diesen kennenlernen wollten.

Das änderte sich erst 1921, als die bolschewistische Regierung in Moskau, die Georgien zuvor offziell als unabhängigen und territorial integren Staat anerkannt hatte, faktisch die Bedingungen für einen ›freiwilligen Beitritt Georgiens zur brüderlichen Völkerfamilie‹ schuf. Der ›freiwillige Beitritt‹ verursachte Ströme von Blut; zehntausende Georgier flohen. Die meisten von ihnen suchten ihr Glück in Frankreich, wo sich auch eine georgische Exilregierung konstituierte. Nach Ende des Zweiten Weltkrieges sank die Zahl der Georgier im westeuropäischen Exil bis zur Bedeutungslosigkeit.

Der Zerfall der Sowjetunion, die Konstituierung Georgiens als unabhängiger Staat sowie die daraus resultierenden politischen und sozialen Probleme führten zur in diesem Jahrhundert massivsten Emigrationswelle. Genaue Angaben darüber, wie viele Georgier in welche Länder ausgewandert sind (Demographen sprechen von einer Million Menschen, die meisten von ihnen nach Russland) und was sie dort tun, fehlen.

Man geht davon aus, dass zum gegenwärtigen Zeitpunkt ungefähr 4,5 Millionen Georgier im Land leben, die etwa 83 Prozent der Gesamtbevölkerung stellen. Diese Zahl umfaßt auch jene Georgier, die im Zuge politischer und militärischer Konflikte vertrieben wurden und nun Flüchtlinge im eigenen Land sind. Die Regierung des Präsidenten Michail Saakaschwili unternimmt Anstrengungen, die im Ausland lebenden Landsleute zu einer Rückkehr nach Georgien zu bewegen.

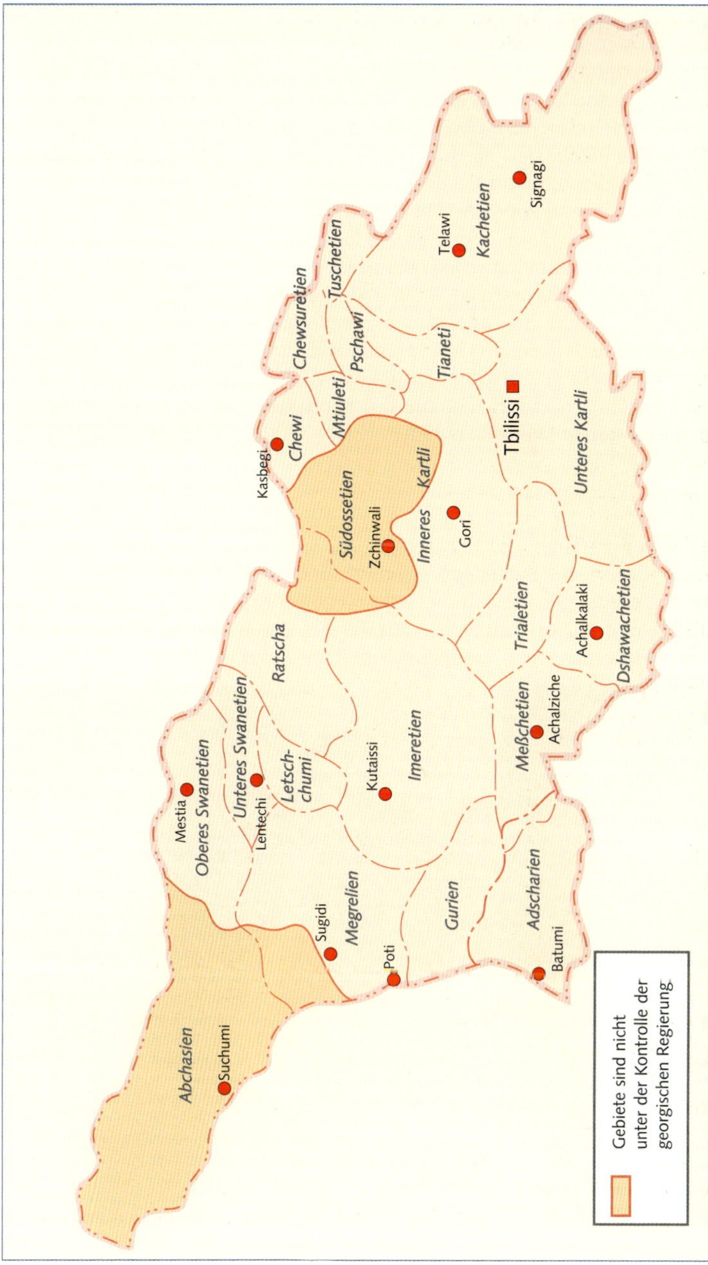

Übersicht über die historischen Regionen auf dem Gebiet Georgiens

Nationale und religiöse Minderheiten

Georgiens geografische Lage zwischen Europa und Asien hat es in der Vergangenheit immer wieder zum Schlachtfeld werden lassen. Unzählige Male ist das Land von fremden Heeren erobert worden. Aus den Schlachten und Annexionen ging Georgien niemals als das Land hervor, das es zuvor gewesen war, obwohl es sich immer gleich blieb.

Eine der frühesten Populationen, die sich in Georgien ansiedelte, waren die Juden, Teile jener Israeliten, die der Perser Darius-Hispasp im 6. Jahrhundert vor Christus in die Babylonische Gefangenschaft entführt hatte. Sie folgten den Persern in späteren Kriegen in deren Tross und ließen sich an verschiedenen Orten nieder. Andere Stämme kamen, als Vorboten drohenden Unheils oder aber als wären sie von einem Gott gesandt; wie die Kipchaken etwa, deren Bitte um Ansiedlung auf georgischem Grund und Boden Dawit der Erbauer Anfang des 12. Jahrhunderts erhörte und mit den Kipchaken eine treue, kampferprobte Leibgarde zu seinen Diensten erhielt.

Russen

Als Georgien an Russland fiel, lernten die Georgier eine neue Spielart des ›Teilens und Herrschens‹ kennen. In nur wenigen Jahrzehnten siedelte die zaristische Regierung mehrere Tausend Sektierer und orthodoxe Eiferer in Georgien an. Die Russen, die als offizielle Vertreter des Zaren kamen, lebten zunächst in befestigten Garnisonen, gründeten mit den Jahren aber Kolonien, in denen

Jugendliche in Tbilissi

Käseverkäuferinnen auf einem Markt

sich zunächst pensionierte Militärs oder Staatsbeamte mit ihren Familien, die Gefallen am Leben im Kaukasus gefunden hatten, niederließen. Abgesehen von wenigen Ausnahmen verweigerten sie sich dem Erlernen des Georgischen.

Der Zustrom von Russen verstärkte sich zu Beginn der 20er Jahre. Die meisten kamen als Soldaten oder Kommandeure der Roten Armee und blieben in Georgien als die bewährten Kader des neuen Regimes. Ihnen folgten Saisonarbeiter für die Landwirtschaft und Ingenieure für die aus dem Boden gestampften Industrien. Bis Ende der 50er Jahre hatte sich die Gesamtzahl der in Georgien ansässigen Russen auf 407 000 erhöht, womit der Höhepunkt der Immigration erreicht war. 30 Jahre später lebten nur noch 341 000 Menschen russischer Herkunft in Georgien. Die letzten Erhebungen beziffern die Zahl der Russen im Land auf etwa 66 000.

Osseten

Eine weitere zahlenmäßig ins Gewicht fallende Minderheit sind die Osseten, deren ursprüngliches Siedlungsgebiet an den Nordhängen des Kaukasus lag und zum Teil noch immer liegt. Die Georgier kennen die Osseten aus guten wie aus schlechten Zeiten. Zum einen pflegten ihre Krieger dann und wann die Pässe des Kaukasus zu überschreiten und georgische Dörfer zu plündern, zum anderen war Königin Tamaras (1184–1213) zweiter Gatte der Ossete Dawit Soslan. Es waren vor allem Osseten, die, als die Osmanen und Perser die Bevölkerung ganzer Landstriche versklavt hatten, das Ödland in Besitz nahmen. Im Jahre 1921 wurde den Osseten faktisch im Herzen des Landes, im Inneren Kartli, die autonome Region Südossetien zugesprochen. Die Osseten besaßen nun also zwei autonome Gebiete, von denen das andere in Russland lag. 1989 lebten in Georgien 161 000 Osseten und in Russland 64 000. Neuere Zahlen liegen nicht vor.

Armenier

Armenier leben in Georgien seit den Zeiten der ersten Königreiche. Sie betrieben traditionell Handel und waren geschickte, aus dem städtischen Leben nicht wegzudenkende Handwerker. Armenier und Georgier, die etwa zeitgleich zu Christen geworden waren, koexistierten mehr oder weniger in Eintracht miteinander. Im 16. bis 18. Jahrhundert verlor Armenien im Zuge der permanenten osmanischen und persischen Invasionen und Kriege seine Eigenstaatlichkeit. Der östliche Teil des Landes ging Anfang des 19. Jahrhunderts als Gouvernement Erewan an Russland, doch als knapp 50 000 Armenier aus der Türkei nach Norden flüchteten, siedelten sie die Russen nicht dort an, sondern in Georgien an. Ende des 19. Jahrhunderts lebten ungefähr 200 000 Armenier in Georgien, 100 Jahre später sind es mehr als doppelt so viele. Nach offiziellen Angaben leben heute etwa 260 000 Armenier in Georgien.

Aserbaidschaner

Aserbaidschaner ließen sich in Georgien in größerer Zahl nieder, als Schah Abbas im 17. Jahrhundert zwei Stämme vertrieb, zunächst die Borchalu und dann die Murganen, deren Nachfahren bis heute im Unteren Kartli die kompakteste nichtgeorgische Bevölkerungsgruppe stellen. Als die Sowjetmacht den Aserbaidschanern ihre eigene Republik errichtete, kam die Migration von Aserbaidschanern nach Georgien faktisch zum Erliegen. Heute leben etwa 265 000 Aserbaidschaner im Land.

Juden

Die heute in Georgien lebenden Juden sind zumeist Nachfahren der vor mehr als 2500 Jahren hier ansässig gewordenen Israeliten. Sie tragen georgische Namen oder zumindest die georgischen Endungen als Appendix zu ihren ursprünglichen Familiennamen. Diese jüdischen Einwanderer haben nie danach gestrebt und wurden von niemandem gezwungen, sich in Ghettos zurückzuziehen. Im 19. und 20. Jahrhundert ließen sich jüdische Einwanderer aus Osteuropa in Georgien nieder. Sie tragen mehrheitlich europäisch klingende oder russifizierte Familiennamen, beherrschen Georgisch und einen der jiddischen Dialekte und sind zumeist religiös aktiv. Viele Juden – 1970 waren es etwa 70 000 – sind in den letzten Jahrzehnten nach Israel, Europa oder Amerika ausgewandert.

Sonstige Minderheiten

Eine andere nichtgeorgische Bevölkerungsgruppe sind die Griechen, die sich in zwei Gruppen teilen: die anatolischen (aus der inneren Türkei) und die pontischen (von der Schwarzmeerküste). 1989 lebten 100 000 Griechen in Georgien. Heute sind es weniger, denn infolge der wirtschaftlichen und sozialen Komplikationen sowie des Bürgerkriegs in Abchasien zogen es viele vor, zu emigrieren.

Frauen in chewsuretischer Tracht

Auch Kurden leben in Georgien, doch nicht mehr als 30 000 Menschen, deren Ahnen es nach dem Ersten Weltkrieg nach Tbilissi verschlagen hatte, wo ihre Kinder, Enkel und Urenkel auch heute noch leben.

Über Russland gelangten in der zweiten Hälfte des 18. Jahrhunderts auch einige Deutsche, Schwaben vor allem, nach Georgien, die hier ihre eigene Kolonie gründeten. In den 90er Jahren hat sich der inzwischen verstorbene ehemalige Rektor der Universität von Saarbrücken, Herr Hummel, um die Wiederbelebung protestantischer Traditionen in Georgien verdient gemacht.

Kinder am ersten Schultag

Religion und Kirche

Die georgische orthodoxe Kirche war im Verlauf fast ihrer gesamten Geschichte von einer erstaunlichen Toleranz gegenüber anderen Göttern und Konfessionen, so dass es zwischen den unterschiedlichen Glaubensgruppen so gut wie nie zu pogromartigen Auseinandersetzungen gekommen ist.

2002 wurde die Orthodoxie zur Staatsreligion erklärt. Ein Abkommen mit dem Vatikan zum Schutz der katholischen Minderheit (500 000 Gläubige), das ein Jahr später in Kraft treten sollte, wurde durch Massenproteste verhindert. Der Patriarch der orthodoxen Christen des Landes, Ilja II., warf dem Vatikan vor, die Situation zu nutzen, um seinen Einfluss im Land auszudehnen. Auch verschiedene christliche Sekten versuchen teilweise mit aggressiven Mitteln in Georgien Fuß zu fassen, was den Protest der georgischen Orthodoxie hervorruft und ultrakonservative Kreise stärkt.

In Tbilissi

Vorchristliche Kulte

Georgien und Armenien sind die beiden östlichsten Länder, in denen sich das Christentum als Staatsreligion durchsetzen und halten konnte. Die Georgier führen die Ursprünge ihrer Missionierung auf die Apostel Andreas und Simon zurück, die Iberien durchwandert und die Botschaft des Jesus von Nazareth verbreitet haben sollen. In jener fernen Zeit verehrten die Georgier Natur- und Stammesgottheiten, unter ihnen den Mond als weibliches und die Sonne als männliches Ursymbol, sowie die fünf Planeten. Über die Religionen und Kulte der ersten Staatsgebilde auf georgischem Boden ist nur wenig bekannt, aber im Falle Iberiens vermutet man, dass die obersten Götter und ihre Verehrung auf den Masdaismus der Perser zurückgingen.

Die Menschen auf dem Lande und die Bergvölker verehrten ihre Geister und Gottheiten, darunter die goldhaarige Dali, welche in Swanetien als Schutzgöttin der Jagd und des Wildes verehrt wurde. Dali hatte es durch die christliche Missionierung der nord- und zentralkaukasischen Bergvölker besonders schwer, musste sie sich doch gegen die überwiegend männlichen Heiligen der christlichen Glaubensbotschaft behaupten, wie den heiligen Georg zum Beispiel, in Georgien der ›Tetri Giorgi‹ (weißer Georg), die sie allmählich aus dem Bewusstsein der Jäger verdrängten.

Die Stammes- und Sippengottheiten verschwanden mit der erst im neunten und zehnten Jahrhundert und oft mit Feuer und Schwert erfolgten Missionierung nicht völlig aus dem Bewusstsein der nun Christen gewordenen Bergbewohner. Deren ›chati‹ (Bildnisse und Heiligtümer) gehörten neben den Ikonen, in die sie zum Teil eingegangen sind, auch weiterhin zu ihren wichtigsten rituellen Schätzen. Ihre Festtage, die ›chatoba‹, wurden mit rituellen, bacchanalischen Gelagen begangen, die ebenso wie das Berikaoba, das christliche Karnevalsfest mit Maskentänzen und umzügen, in ihrer dionysischen Lustbarkeit deutliche Züge vorchristlischer Fruchtbarkeitsriten trugen.

Das Christentum als Staatsreligion

Als ihre eigentlichen Missionarin betrachten die Georgier Nino, eine Syrerin, die aus römischer Gefangenschaft geflohen und zu Fuß nach Iberien gelangt war, wo sie sich in der damaligen Hauptstadt Mzcheta niederließ. Nino war der Heilkunde mächtig, und um ihr Wirken als Heilerin, die sie mit der Kraft des Glaubens an ihren Gott und seinen Sohn verband, begannen sich schnell Legenden zu ranken, die bald an das Ohr der kranken Gattin von König Mirian, Nana, gelangten. Heimlich ließ sie Nino zu sich rufen und nahm das Wunder ihrer Heilung zusammen mit dem Christentum an. König Mirian sträubte sich noch, nicht zuletzt da Nino vorgeworfen wurde, ein großes Fest gestört zu haben. Mit ihren inbrünstigen Gebeten soll ein heftiger Wind entfesselt worden sein, der die Standbilder des Gottes Armasi und seines Stellvertreters Saden hinweggefegt habe. Lange Zeit musste sie sich verbergen, doch dann geschah ein weiteres Wunder. Mirian hatte sich mit seinem Gefolge auf die Jagd begeben. Plötzlich wurde es dunkel, so

Fresko im Höhlenkloster Wardsia im Kleinen Kaukasus

finster, dass der König vom Weg abkam und sich verirrte. Alle Gebete halfen so lange nichts, bis er den Gott Ninos anrief, woraufhin seine Begleiter ihn fanden. Aus Dankbarkeit und Ehrfurcht vor dem mächtigen Gott ließ König Mirian im Jahre 337 das Christentum zur Staatsreligion erklären und bat Kaiser Konstantin I. um die Entsendung von Missionaren.

Im Streit zwischen dem Byzantinischen Reich und den Persern, später den Arabern, um die Vorherrschaft im Kaukasus spielte die religiöse Frage von nun an eine entscheidende Rolle. Bereits einige Jahre zuvor hatte König Trdat III. in Armenien das Christentum zur Staatsreligion erklärt, und georgische wie armenische Christen verwendeten in den folgenden Jahrzehnten all ihre Kraft darauf, die Bevölkerung gegen den starken Einfluss des persischen Masdaismus zu missionieren. Mit König Wachtang Gorgassali erlangte die iberische Kirche im 5. Jahrhundert ihre Eigenständigkeit, die Autokephalie.

Als der georgische Katholikos Kirion I. im Jahre 609 die auf dem Kirchenkonzil von Chalkedon (451) gefassten Beschlüsse zur Doppelnatur, der göttlichen und der menschlichen, Christi anerkannte, brach er mit der armenischen Kirche, die bis heute das Postulat von der Einen Natur Jesu vertritt. Die theologischen Unterschiede sind gering, aber in Fragen des Glaubens und aller aus ihm folgenden Konsequenzen entscheidend. Von nun an gedieh die ostgeorgische Kirche in eindeutiger Orientierung auf Byzanz, dem es auch nach dem Schisma von 1054, als das Christentum in den katholischen Westen und den orthodoxen (rechtgläubigen) Osten zerfiel, folgte. Im Gegensatz zu Rom erkannten und erkennen die orthodoxen Christen keinen ›göttlichen

Porträt der Missionarin Nino an der Kathedrale von Bodbe im Osten des Landes

Teufelsfresken in Nikorzminda nördlich von Kutaissi

Vertreter‹ auf Erden an. Die orthodoxe Kirche besteht aus Autokephalien, die jeweils von einer Synode verwaltet werden, der ein Katholikos bzw. Patriarch vorsteht. Das Recht auf die Weihe eines eigenen Katholikos, die bis dahin vom Patriarchen Antiochiens vollzogen worden war, errangen die Iberer im 8. Jahrhundert.

Einen entscheidenden Beitrag zur Missionierung Iberiens leisteten die sogenannten 13 Syrischen Väter, die in der Mitte des sechsten Jahrhunderts nach Ostgeorgien gelangten. Über die Motive ihres Erscheinens existieren unterschiedliche Auffassungen. Die einen rechnen sie zu den Monophysiten, die nur die Eine Natur Christi anerkannten, und deshalb vor den Verfolgungen durch die Anhänger der Doppelnatur Jesu fliehen mussten, die anderen betrachten sie als Georgier, die, in den georgischen Klöstern in Jerusalem und Artinusch erzogen und ausgebildet, das erworbene Wissen nun in ihre Heimat brachten und erste georgische Klöster gründeten. Die Zentren des georgischen Mönchswesens aber befanden sich bis zum 12. Jahrhundert weiterhin im Ausland, wie zum Beispiel in Palästina, auf dem Schwarzen Berg bei Antiochia, auf dem Olympos in Bithynien, auf dem heiligen Berg Athos, in Konstantinopel und in Bulgarien. Doch hatten die 13 Syrischen Väter Samenkörner gelegt, aus denen Jahrhunderte später das sprießen sollte, was im Goldenen Zeitalter von Dawit bis Tamara als georgische Kultur und Kunst sowie im Geistesleben zur Blüte kam.

Anders als Ostgeorgien, das überwiegend von Süden aus missioniert wurde, befand sich Westgeorgien von Beginn an unter dem direkten Einfluss von Byzanz. Anfang des sechsten Jahrhunderts erhob auch hier der Lasen-König Tsathes das Christentum zur Staatsreligion. An der Wende vom 9. zum 10. Jahrhundert wurde im Zuge der Einigung Georgiens die westgeorgische Kirche dem Katholikat von Mzcheta unterstellt, und gut 100 Jahre später nahm Melchisedek, der selbstbewusste Erbauer der wichtigsten georgischen Kathedrale, Sweti Zchoweli in Mzcheta, den Titel eines Katholikos-Patriarchen an. Damit war der lange Weg des georgischen Christentums hin zu einer Religion, die nationale Identität stiften konnte, vorerst abgeschlossen.

Die Kirche im 20. Jahrhundert

Im Jahre 1390 spaltete sich die georgische Kirche in ein ost- und ein westgeorgisches Katholikat. Die Kriege Tamerlans, der Perser und Osmanen waren auch immer Glaubenskriege im Namen Allahs, und vor allem im Ostteil des Landes traten einige Adlige, um ihre Privilegien und Macht zu erhalten, sowie viele einfache Menschen, die Steuern sparen wollten, zum Islam über. Daß sich die Georgier ihre nationale Idee über die Jahre der Fremdherrschaft und der Zerstückelung in bis zu 26 Kleinstaaten dennoch erhielten, hatte sowohl mit der beharrlichen Tätigkeit des Klerus zu tun, als auch mit dem Charakter der Menschen, ihrem durch nichts zu erschütternden Ehrenkodex, auch und gerade in Glaubensfragen.

Die georgische Autokephalie erlosch jedoch mit der Annexion Georgiens durch Russland. Die russische Kirche ersetzte die beiden georgischen Katholikate durch ein ihr unterstelltes Exarchat, an dessen Spitze sie einen Russen stellte, ebenso wie die von 26 auf vier reduzierten Eparchien von nun an russischen Bischöfen unterstanden. Als Liturgiesprache wurde das Georgische durch das Altkirchenslawische ersetzt. In vielen Kirchen wurden die oft jahrhundertealten, verehrten Fresken weiß übertüncht.

In einer Dorfkirche in Swanetien

100 Jahre währte die religiöse Fremdherrschaft. Im Zuge der sich anbahnenden Umwälzungen in Russland erklärte der georgische Klerus das georgische Episkopat 1917 für unabhängig und setzte die Autokephalie der georgischen Kirche wieder ein, die 1943 vom Moskauer Patriarchat anerkannt wurde. Unter dem seit 1977 amtierenden Patriarchen Ilja II. erlebte die georgische Orthodoxie einen erneuten Aufschwung, der mit der Erringung der Unabhängigkeit in eine religiöse Wiedergeburt mündete. Einmal mehr erweist sich das georgische Christentum als eine entscheidende geistige Kraft, deren Einfluss noch zu wachsen scheint.

Wirtschaft und Politik

Georgien ist reich an natürlichen Ressourcen wie Bodenschätzen, vor allem Manganerz und Kohle, Wasser zur Bewässerung trockener Gegenden und zur Energiegewinnung, sowie fruchtbaren Böden, die neun Monate des Jahres Ernten ermöglichen.

Der Bürgerkrieg Anfang der 90er Jahre, die Querelen bei der Umverteilung des nationalen Eigentums, die Überschwemmung des Marktes mit vor allem türkischen Billigprodukten des täglichen Bedarfs und die militärischen Konflikte in Südossetien und Abchasien haben den Niedergang der Wirtschaft beschleunigt. Zehntausende abchasische Flüchtlinge überfordern die georgischen Möglichkeiten und ruinierten die touristische Infrastruktur. Das traurige Resultat ist, dass das Bruttosozialprodukt von 1991 bis 1994 um 70 Prozent sank und die meisten Menschen an oder unter die Armutsgrenze getrieben wurden.

Für viele bildete der Kleinhandel die einzige Überlebenschance. Zu Zehntausenden nutzten sie die Reisefreiheit und erwarben im Ausland für das wenige auf dem Schwarzmarkt erworbene Geld das, was sich in der Heimat wieder für gutes Geld verkaufen ließ, vor allem Autos, Textilien, Kühlschränke und Möbel.

Industrie

Die industrielle Entwicklung des Landes begann nach dem Ersten Weltkrieg und unter sozialistischem Vorzeichen. Verglichen mit dem Industrieaufkommen des Jahres 1913 erhöhte sich der Umfang der Warenproduktion in Georgien bis

Viele Industriebetriebe bieten einen solchen Anblick

Traditionelle Landwirtschaft in den Bergen

zum Jahr 1986 um das 70-fache. Allein für sich genommen, wirkt diese Zahl imponierend. Doch war Georgien, wie andere Republiken auch, ein Rohstofflieferant für den ›einheitlichen Wirtschaftsraum‹ Sowjetunion und die Industrie von Zulieferungen aus anderen Regionen abhängig.

Das im Land geförderte Manganerz zum Beispiel (ein Viertel aller Reserven der Sowjetunion lagen in Georgien) wurde in den großen Zentren der Stahlindustrie in der Ukraine und in Südrußland verarbeitet. Die bedeutendsten Industriebetriebe, das Elektrolokomotivenwerk in Tbilissi und das Autowerk in Kutaissi, waren ohne die aus Russland gelieferten Motoren und andere Teile nicht arbeitsfähig und mussten nach dem Zerfall der Sowjetunion und der Einführung nationaler, konvertierbarer Währungen stillgelegt werden.

Am allerschlimmsten aber traf es den Energiesektor. Die Kapazität der georgischen Wasserkraftwerke kann den Eigenbedarf des Landes nicht decken. Die Wärmekraftwerke arbeiten auf der Basis von Erdgas oder Erdöl, das nun aus Aserbaidschan gegen harte Währung importiert werden muss. Da das Land aber nichts produziert, was es auf dem Weltmarkt verkaufen kann, verfügt es auch nicht über wesentliche Deviseneinnahmen. Bis vor wenigen Jahren noch gehörten regelmäßige Strom- und Wasserabschaltungen zum Alltag in Georgien. Mittlerweile hat sich die Situation normalisiert, doch ist es zu früh, von einem Ende der Energiekrise zu reden.

Wirtschaft heute

1995 gab sich Georgien eine neue Währung – den Lari (ein Lari sind 100 Tetri). Die Währungsreform beendete den rasanten wirtschaftlichen Verfall, und es begann eine Phase relativer Stabilität. Der Lari startete paritätisch zum Dollar, verlor jedoch Ende der 90er Jahre an Wert. Seitdem hat sich der Wechselkurs normalisiert. Anfang 2010 bekam man für einen Dollar etwa 1,70 Lari, für einen Euro etwa 2,30 Lari.

Bautätigkeit in Batumi am Schwarzen Meer

Große Hoffnungen knüpft Georgien an die Wiederbelebung der historischen Seidenstraße als Handelsroute und Wirtschaftszone. Da bisher fast alle Verkehrswege in die und aus der Region über Russland verliefen, waren die rohstoffreichen mittelasiatischen Republiken weitgehend von den wichtigsten Welthandelsströmen ausgeschlossen. Langfristig kann der Westen auf dieses Potential jedoch nicht verzichten und wird auch weiterhin nichts unversucht lassen, diese Region so weit als möglich (und nötig) in die Weltwirtschaft mit einzubeziehen. Mit seinem Zugang zum Schwarzen Meer spielt Georgien dabei eine Schlüsselrolle.

Am Rande der OSZE-Konferenz im November 1999 in Istanbul unterzeichneten Georgien, Aserbaidschan und die Türkei Vereinbarungen über den Bau einer Öl-Pipeline vom Kaspischen Meer zum Hafen Ceylan an der Ostküste des Mittelmeeres. Zur Fertigstellung der Pipeline reisten im Sommer 2006 mehr als 40 Regierungschefs aus aller Welt in die türkische Hafenstadt. Der georgische Anteil beträgt 248 Kilometer, davon dutzende Kilometer durch das Kerngebiet des Nationalparks Bordshomi Kharagauli, was zu Protesten von Naturschützern führte. Die Türkei, Aserbaidschan und Georgien planen die Gründung einer militärischen Allianz zum Schutz der Pipeline. Die USA beabsichtigen zur Überwachung unbemannte Drohnen vom Typ Global Hawk einzusetzen.

Nach der Rosenrevolution flossen erhebliche Investitionen ins Land. Von wirtschaftlicher Prosperität zu sprechen ist dennoch zu früh, auch wenn 2006 die Wirtschaft real um über neun und 2007 um mehr als 12 Prozent stieg. Am BSP ist die Landwirtschaft mit 18 Prozent (bei 55 Prozent der Beschäftigten), die Industrie mit 25 und der Dienstleistungssektor mit 57 Prozent beteiligt. Am dynamischsten entwickelte sich die Bauwirtschaft. Die offizielle Arbeitslosenrate liegt bei 13,8 Prozent. Nach wie vor leben und arbeiten ca. eine Million Georgier im Ausland, die meisten in Russland. 20 Prozent des Imports entfallen auf Energieträger und Elektroenergie.

Wichtigster Handelspartner ist nach wie vor Russland. Im Frühjahr 2006 verhängte der Kreml ein Einfuhrverbot über georgische Weine und Mineralwasser, ein halbes Jahr später schloss Moskau seine Grenzen zu Georgien (siehe S. 126). Die aktuelle wirtschaftliche Lage steht noch im Zeichen der Auswirkungen des russisch-georgischen militärischen Konflikts, aber mehr noch leidet Georgien unter den Auswirkungen der aktuellen weltweiten Wirtschafts- und Finanzkrise.

Die sozial am meisten benachteiligte Gruppe der Bevölkerung sind die Rentner. Mit umgerechnet zwischen 25 bis 50 Euro Durchschnittsrente sind sie ohne die Hilfe der Angehörigen nicht in der Lage, zu überleben. Der Graben zwischen den sehr Reichen und den sehr vielen sehr Armen ist nicht flacher geworden.

Zahlreiche Georgier sind im informellen Sektor beschäftigt

Politisches System

Mit der Annahme der Verfassung im Jahre 1995 endete die politische und staatsrechtliche Übergangsperiode. Staatsoberhaupt ist ein alle fünf Jahre in direkter Wahl bestimmter Präsident, dessen Amtszeit auf maximal zwei Wahlperioden bemessen ist. Der erste Präsident Georgiens nach Annahme der Verfassung war der im Januar 2000 wiedergewählte Eduard Schewardnadse, der im November 2003 von der Opposition zum Rücktritt gezwungen wurde. Mit mehr als 96 Prozent der Stimmen ging am 4. Januar 2004 Michail Saakaschwili als Sieger aus den vorgezogenen Präsidentschaftswahlen hervor.

Das georgische Parlament besteht aus 235 Sitzen, die im Abstand von vier Jahren in freien Wahlen nach Parteilisten und durch Direktmandate vergeben werden. Die Parlamentswahlen vom November 2003 wurden nach massiven Fälschungen für ungültig erklärt. Im März 2004 fanden Neuwahlen statt, in denen das Wahlbündnis des Präsidenten Saakaschwili einen Stimmenanteil von 66,2 Prozent erzielte. Das Bündnis Rechte Opposition kam auf 7,9 Prozent der Stimmen. Alle anderen Parteien scheiterten an der Sieben-Prozent-Klausel. Noch in der alten Zusammensetzung stimmte das Parlament einer Verfassungsänderung zu, die den Präsidenten zur Ernennung des Premierministers und unter bestimmten Umständen zur Auflösung des Parlaments berechtigt. Die in der Verfassung garantierten Bürgerrechte stimmen im wesentlichen mit der vom georgischen Parlament ratifizierten UN-Deklaration und dem europäischen Vertragswerk über die Menschenrechte überein.

Ende 2007 stand das Land vor einer innenpolitischen Zerreißprobe. Die Regierung löste tagelang anhaltende Protestdemonstrationen gegen soziale Missstände gewaltsam auf und verhängte für mehrere Tage den Ausnahmezustand. Saakaschwili überstand den Aufstand der Opposition: Die vorgezogenen Präsidentenwahlen nach intensivem Wahlkampf am 5. Januar 2008 bestätigten ihn mit 53,47 Prozent der Stimmen im Amt. Aus den ebenfalls vorgezogenen Parlamentswahlen im Mai 2008 ging die Regierungspartei ›Vereinte Nationalbewegung‹ als klare Siegerin hervor. Sie verfügt über 119 der 150 Mandate. Neben ihr sind vier Oppositionsparteien im Parlament vertreten.

Administrativ gliedert sich Georgien in 12 Gouvernements und 70 Kreise sowie drei autonome Gebiete: die Republiken Adscharien und Abchasien sowie den Bezirk Südossetien. An der Spitze der Gouvernements, deren Grenzen mit den ethnischen, geschichtlichen und wirtschaftlichen Gegebenheiten weitgehend übereinstimmen, steht ein vom Präsidenten ernannter Gouverneur.

Die Situation in Adscharien hat sich mit dem Rücktritt von Präsident Aslan Abaschidse, der eine Politik der Abspaltung vom Kernland betrieben hatte, normalisiert. Bei den Parlamentswahlen in Adscharien im Juni 2004 ging das Wahlbündnis Siegreiches Adscharien von Saakaschwili mit 75 Prozent der Stimmen als stärkste Kraft hervor. Präsident Saakaschwili hatte die Wiederherstellung der territorialen Einheit Georgiens zur Priorität seiner Politik erklärt und dabei vor allem die Wiederherstellung der georgischen Kontrolle über Südossetien und Abchasien im Sinn gehabt. Nach seinem Versuch, den Konflikt mit militärischen Mitten zu lösen, erklärten die beiden Regionen ihre Unabhängigkeit, die von Russland und Nicaragua anerkannt wurde.

Georgien wurde als erstes transkaukasisches Land in den Europarat aufgenommen. Bedingungen dafür waren die Abschaffung der Todesstrafe, die Einhaltung der Menschenrechte und die friedliche Regelung einer Wiederansiedlung der Meßchen auf georgischem Territorium. Die Meßchen, ein im 15. und 16. Jahrhundert islamisierter georgischer Stamm, waren während des Krieges vom sowjetischen Geheimdienst protürkischer Sympathien verdächtigt und deshalb nach Mittelasien umgesiedelt worden. Noch leben dort mehr als 200 000 Meßchen in mehr oder weniger kompakten Siedlungsgebieten. Die Umsiedlung geht nach wie vor schleppend vor sich.

Zeitungsleser in Tbilissi

Architektur und Kunst

Eine Reise durch Georgien ist immer auch eine Reise in die Vergangenheit des Landes. In jeder Stadt und entlang der Straßen und selbst an einsamen Orten jenseits der Magistralen trifft man auf architektonische Spuren längst vergangener Zeiten.

Von den einst zahlreichen Schlössern lassen nur noch wenige Ruinen, Geguti bei Kutaissi zum Beispiel, eine Ahnung von einstigem Ruhm und Reichtum zu. Um die Burgen ist es ähnlich bestelllt, obwohl Narikala in Tbilissi, Ananuri an der Georgischen Heerstraße und Gremi in Kachetien, um nur die drei bedeutendsten zu nennen, wenigstens einen bescheidenen Eindruck von der Wehrhaftigkeit georgischer Fürsten zulassen.

Um so mehr verwundert der Reichtum an sakralen Bauten im ganzen Land. Man mag angesichts der Vielfalt und eingedenk der religiösen Intoleranz von Persern und Türken, in gewisser Hinsicht auch der Russen, staunen, mit welcher Hartnäckigkeit die Georgier ihre Kirchen, Kathedralen und Klöster über die Jahrhunderte und alle Stürme der Geschichte bewahrt und ihre eigene religiöse Tradition am Leben erhalten haben. Doch reden die Chroniken eine beredte Sprache, und es waren jederzeit zuerst die Gotteshäuser, die nach den Zerstörungen wiedererrichtet wurden, noch vor den Palästen. Im Krieg verwandelte sich jede Kirche in eine Festung, wovon die Wehrmauern um zahlreiche Kirchenbauten zeugen.

Auf nur knapp 70 000 Quadratkilometern Fläche zählt man in Georgien mehr als 4000 historische Denkmale aus mehr als zwei Jahrtausenden. Die bedeutendsten von ihnen finden in den Kapiteln über die verschiedenen Landesteile Erwähnung, ohne dass wir uns auf die Beschreibung allzu vieler architektonischer, allein Spezialisten verständlicher Details eingelassen haben. Dennoch wird es für jeden Leser und möglichen Besucher Georgiens von Interesse sein, mehr über Hintergründe und Eigenarten georgischer Architektur und Kunst zu erfahren, insbesondere hinsichtlich der Stilgeschichte sakraler Bauten, die ein eigenes Vokabular voraussetzt.

Kirchenarchitektur

Über die vorchristliche Architektur in Georgien geben die zahlreichen Reisenotizen griechischer und römischer Autoren Auskunft, die das Land hinter dem Schwarzen Meer für seine großen Städte, die gut passierbaren Wege, prächtigen Paläste und ziegelbedeckten Wohnhäuser, die mächtigen Befestigungen und Kultstätten priesen.

Mit der Christianisierung Georgiens trat ein neues Element in die georgische Architektur – das Gotteshaus, und mit ihm verschwanden so gut wie alle Spuren vorchristlicher Kultbauten. Betrachtete man die georgischen ebenso wie die armenischen Kirchen lange Zeit nur als provinzielle Kopien ihrer byzantinischen und kleinasiatischen Vorbilder, musste sich die Architekturgeschichte im 20. Jahrhundert korrigieren und den östlichsten Erbauern von Gotteshäusern

Die Akademie von Gelati stammt aus dem 12. Jahrhundert

die ihnen gebührende Anerkennung zollen. Eifersüchtig aufeinander verfechten Georgier und Armenier ihre Eigenständigkeit in architektonischen Fragen und machen sich gegenseitig den Ruhm einfallsreicher Formfindungen streitig. Letztendlich spielt es wohl keine Rolle, ob eine Kirche nun zehn Jahre vor oder nach einer anderen erbaut wurde und allen nachfolgenden als Vorbild diente; die gegenseitigen Befruchtungen sind offensichtlich. Sowohl Georgier als auch Armenier können sich rühmen, hervorragende Baumeister und Künstler hervorgebracht zu haben.

Die Basilika

Die ersten Christen waren bescheiden; für ihre Gebete schufen sie sich Kirchen, die den administrativen Bauten des Kaiserreiches, welche seit der Antike den Stadträten oder Statthaltern als Versammlungraum, den römischen Gerichten als Tagungsort oder den Händlern als befestigter Markt dienten, zunächst zum Verwechseln ähnlich sahen. Die Konstruktion dieser Gebäude war denkbar einfach: Vier ein Rechteck bildende Seitenwände wurden von zwei im Innenraum parallel zu den Längsseiten verlaufenden Säulenreihen durchquert. Der dreigeteilte Raum war zumeist so überdacht, dass der mittlere Teil die beiden Seitenräume überragte, so dass das Gebäude im Querschnitt einem gekenterten, den Kiel aufwärts gerichtetem Schiff ähnelte, woher auch die Fachbezeichnung für die Raumteile stammt.

Portal der Kirche von Nikorzminda

Der klassische Name dieser Kirchen – Basilika – ist angesichts ihrer eher schlichten Bauart irreführend, bedeutet doch das griechische Wort ›Palast‹. Man unterscheidet ein- und dreischiffige Basiliken, von denen letztere bedeutend häufiger sind. In der Wand gegenüber dem Eingang befand sich in der Regel eine Nische für den Altar oder der Platz der während des Gottesdienstes in der klerikalen Hierarchie höchstgestellten Person unter den Anwesenden. Diese Nische war entweder in die Wand getrieben oder ragte als halbrunder, quadratischer oder vieleckiger, von einer Kuppel oder einem zylindrischen Dach überwölbter Anbau aus der Mauer heraus. Die griechische Bezeichnung Apsis für diese Auswölbungen bedeutet ›Gewölbe‹, ›Bogen‹. Ihr Licht erhielten die Basiliken durch Aussparungen im oberen Teil des Mittelschiffs.

Die ersten in Georgien heimisch gewordenen Kirchenbauten waren solche Basiliken, die sich jedoch von ihren westlichen Vorbildern hinsichtlich der räumlichen Proportionalität unterschieden. Sie waren kompakter und näherten sich in ihrem Grundriß einem Quadrat. Die Kirchen in Nekresi und Dsweli Schuamta sind dafür beredte Beispiele.

Gegen Ende des 5. Jahrhunderts setzte sich auch in Georgien der kanonische Stil der Basilika, mit der verlängerten Längsachse, den Säulenarkaden und der Altarapside durch, von dem die georgischen Baumeister nur in einem Detail abwichen: den leicht gewölbten Dächern, den sogenannten Tonnengewölben, die den Kirchen von außen betrachtet mehr Monumentalität und im Innern ein Plus an Höhe und Raum verleihen. Basiliken diesen Typs sind die Antschißchati-Kirche in Tbilissi und die Gotteshäuser von Uriatubani und Urbnissi.

Einige Basiliken – zum Beispiel in Nekresi und Kwemo-Bolnissi – weichen noch weiter vom Kanon ab. Die Säulenarkaden wurden durch Wände ersetzt, in denen sich Durchbrüche befanden, was den Eindruck erweckt, die Basilika bestünde nicht aus drei Schiffen, sondern wäre ein Ensemble aus drei einschiffigen Basiliken. Die den Kirchen eigene Leichtigkeit geht dieserart verloren und weicht einer strengeren, entschiedeneren Atmosphäre.

Basiliken wurden bis ins 10. Jahrhundert hinein gebaut. Die wenigen Versuche, neue Elemente, kuppelartige Überwölbungen etwa, dem klassischen Ensemble hinzuzufügen, scheiterten an den strengen Formgesetzen. Ein kurioses Beispiel dieser Art von Modernisierungswillen ist die Basilika von Nekresi.

Kuppelkirchen

Neben ihnen hielten seit dem 6. Jahrhundert die Kuppelkirchen Einzug in die gerogische Architektur. Über einem quadratischem Raum erhob sich eine den christlichen Himmel symbolisierende Kuppel. Dieser Typ von Kirchen fand angesichts seiner schlichten Strenge vor allem in Klöstern seinen Platz; so zum Beispiel in Zweti, nördlich von Tbilissi.

Das ausgehende 6. Jahrhundert aber bedeutete in der georgischen und armenischen sakralen Baukunst den tiefsten Einschnitt. Die Kirchen bildeten in ihrem Grundriß nun das christliche Kreuz nach, indem die schon in den Kuppelkirchen auftauchende quadratische Grundfläche nach allen vier Seiten hin zu halbrunden Nischen aufgewölbt wurde. Den Raum überdachte eine entweder auf den Schultern oder den Außenwänden aufsetzende Kuppel, der sich im ersten Fall vier weitere Kuppeln über den Apsiden hinzugesellten. Diese sogenannten Kreuzkuppelkirchen wurden in vielen verschiedenen Ausführungen zum bis heute dominierenden Kirchentypus in Georgien. Jedoch, und darin besteht eine Besonderheit des georgischen bzw. armenischen Stils, verzichteten die kaukasischen Baumeister auf die in anderen orthodoxen Traditionen, der russischen zum Beispiel, später Schule machenden phantasiereichen und oft prachtvollen Ausformung der Kuppeln. Viel Freiraum nahmen sie sich dagegen hinsichtlich ihrer Experimente mit den Formen des Kreuzes. Eine der ersten in Georgien erbauten Kreuzkuppelkirchen war die Dshwari-Kirche bei Mzcheta.

Die Dshwari-Kirche bei Mzcheta ist eine der ältesten Kreuzkuppelkirchen Georgiens

Die einfachsten der Kreuzkuppelkirchen waren die, bei denen die vier Kreuzenden frei nach außen ragten und die Kuppel ausschließlich den zentralen Innenraum überwölbte. Lediglich die östliche Altarapside besaß in jenen Kirchen eine nach innen hin offene Wölbung. Kirchen diesen Typus sind die ›alte‹ Kirche in Schiomgwime aus dem 6. und die Kirche in Samzewrissi aus dem 7. Jahrhundert.

Eine Sonderform der Kreuzkuppelkirche ist die, in deren kreuzförmige Grundfläche ein Quadrat eingelassen ist, so dass der Grundriß ein sternförmiges Achteck bildet wie in Ikalto und der Dawiti-Kirche in Uriatubani zum Beispiel.

Die klassiche Periode des Kirchenbaus

Mit dem Bau der Bischofskirche von Ninozminda Ende des 6./Anfang des 7. Jahrhunderts beginnt die ›klassische Periode‹ der georgischen Kirchenbaukunst. Sie war die erste in Georgien entstandene Kreuzkuppelkirche, deren erweiterter Grundriß ein Quadrat bildet, dessen Ecken abgeschnitten sind. Das so entstandene Achteck mit Seitenkanten unterschiedlicher Länge ist an den Innenseiten konkav gewölbt, wobei der Radius der die längeren Seitenkanten berührenden Wölbung den der die ›abgeschnittenen‹ Kanten auswölbenden Bögen übersteigt, so dass Ninozminda in der Draufsicht einer achtblättrigen Blüte mit abwechselnd großen und kleinen Blättern gleicht.

In Folge der bautechnischen Vervollkommnungen in der Zeit vom 7. bis zum 11. Jahrhundert wurden die die Kuppel tragenden massiven inneren ›Türme‹ durch die eleganteren Säulen ersetzt, die weniger Platz einnahmen und dem inneren Erleben Leichtigkeit verliehen. Auch wuchsen die Räume und mit ihnen die Kuppeln, bis sie im ›Goldenen Zeitalter‹ der georgischen Kultur und Kunst zu ihrer Vollendung fanden.

Fresken im Kloster Dawit Garedscha südöstlich von Tbilissi

Der erste repäsentative Kirchenbau, dessen Ruinen bis heute noch von seiner einstigen Monumentalität zeugen, war die Bagrat-Kathedrale in Kutaissi (1003), es folgten Alawerdi in Kachetien und Sweti Zchoweli in Mzcheta (beide erstes Viertel des 11. Jahrhunderts). Nur wenige Jahre später entstand die Bischofskirche von Samtawissi mit ihrer, wie manche Quellen schreiben, ›manieristischen‹ Fassadengestaltung, sowie Samtawro in Mzcheta, nur wenige Minuten von Sweti Zchoweli entfernt, und ebenso die Hauptkirche des Klosters von Gelati aus dem ersten Viertel des 12. Jahrhunderts. Diese Kirchen sollten zu zu jedem Besuchsprogramm in Georgien gehören, sie sind Kleinode architektonischer Meisterschaft.

Ornamentik und Kirchenmalerei

Das wichtigste Baumaterial zur Errichtung der Kirchen waren im Verlaufe von mehr als 1000 Jahren sakraler Architektur mit Kalkstein oder vulkanischem Tuff verputzte Feldsteine. Es verwundert, dass dieses leicht zu bearbeitende Material nicht dazu verleitete, die Fassaden und das Innere des Kirchenraumes in stärkerem Maße künstlerisch auszuformen, wie es für die in jener Zeit in Vorderasien und Europa entstandenen Kirchen charakteristisch war. Die Gründe dafür mögen mit dem bewussten Asketismus der georgischen Kirche zusammenhängen, dessen Strenge nur während des Goldenen Zeitalters durch freundlichere und fast überschwenglich lebensbejahende Züge gemildert wurde. Besonders die Fassaden der Bischofskirchen von Samtawissi und von Nikorzminda in der Provinz Ratscha faszinieren durch den Reichtum und die meisterhafte Ausführung der Ornamentik. Ein weiteres Beispiel für den Geist jenes Goldenen Zeitalters ist das berühmte Blau der Freskenmalerei in der Kirche von Kinzwissi. Eine Bekanntschaft mit diesen Fresken an einem sonnigen Tag gehört zu den unvergeßlichen Kunsterlebnissen in Georgien.

Die Wandmalerei in den georgischen Kirchen hält sich mit wenigen Abweichungen an den Kanon der orthodoxen Ikonenmalerei. Den Platz in der Zentralkuppel nimmt zumeist das Motiv des Christus-Pantokrator, des Christus als Weltenherrscher, ein, während die Kuppel über der Altarapside zumeist der Gottesmutter mit dem Jesuskind auf dem Arm vorbehalten ist. Die Bemalung der Wände beginnt von oben in der Regel mit Darstellungen aus dem Alten Testament, eine Stufe tiefer gefolgt von Szenen aus dem Leben Christi von der Geburt bis zur Himmelfahrt und der Ausschüttung des Heiligen Geistes, dann Szenen aus dem Leben der Apostel und Heiligen. Im unteren Teil finden sich Porträts der Kirchenstifter. Die Fresken sind oft in späteren Jahrhunderten übermalt worden, so dass nur in wenigen Kirchen Fragmente der ursprünglichen Malereien, die in ihrer Meisterschaft in der Regel alle nachfolgenden Ergänzungen und Rekonstruktionen übertrafen, erhalten blieben.

Das Goldene Zeitalter endete mit dem Einfall der Mongolen, und es ist den Georgiern nie mehr vergönnt gewesen, an seine künstlerische Reife anzuschließen. Das späte Mittelalter ergänzte die Tradition durch wenig bemerkenswerte Details, von denen der Übergang zur Ziegelbauweise die einschneidendsten

Folgen mit sich brachte. Die Kirchenbauten verloren nun durch den gänzlichen Verzicht auf eine Gestaltung der Fassaden und die noch schärferen Kanten an Ausdruck und charismatischem Glanz. Daran hat sich auch in den späteren Jahrhunderten nichts geändert; die Tradition ist zur Maske erstarrt. Betrachtet man die geschichtlichen Ereignisse dieser Epoche, verwundert der Stillstand keineswegs.

Ikonenmalerei

Die georgische Ikonenmalerei ist eng mit der byzantinischen verbunden. Die georgischen Meister erlernten ihr Handwerk an den berühmtesten Schulen in Bulgarien und Syrien; aus Byzanz und Smirna kamen Künstler, von denen einige in Georgien eigene Schulen gründeten. Es ist heute schwierig, alle Etappen der Entwicklung dieser Kunst nachzuvollziehen, sind doch die meisten oft von Gold und Edelsteinen eingefaßten Ikonen durch die Raubzüge der Eroberer verloren gegangen. Die wertvollsten Ikonensammlungen befinden sich im Kunstmuseum von Tbilissi und im Museum von Mestia, in Oberswanetien. In den unzugänglichen swanischen Bergen bewahrten die georgischen Könige nicht nur im Falle von Invasionen Teile des Staatsschatzes auf, sondern in Swanetien selbst entstand an der Wende vom ersten zum zweiten Jahrtausend eine eigene Schule der Ikonenmalerei (S. 290).

Juwelierkunst

Reisende, die Georgien im Laufe der Jahrtausende besuchten und ihre Notizen hinterließen, erwähnen immer wieder den Überfluss an kunstvoll ziselierten Gold- und Silberschmiedearbeiten, die auf den Basaren in Tbilissi und den anderen großen Städten des Landes angeboten wurden. Waren aus aller Welt konkurrierten in den Auslagen der Kaufleute mit Schmuckstücken der georgischen Juweliere.

Goldener Kelch aus Trialeti im Staatlichen Museum in Tbilissi

Die georgische Gold- und Silberschmiedekunst ist fast so alt wie das Land selbst. Die wenigen erhaltenen Exponate sind von unschätzbarem Wert und lassen einen Blick auf die Kunstfertigkeit der berühmtesten Juweliere aus mehr als vier Jahrtausenden zu. Von den meisten kennt man heute nicht einmal den Namen. So weiß man zum Beispiel nichts vom Schöpfer eines mehr als 2000 Jahre alten goldenen Kelches, der bei Ausgrabungsarbeiten im Trialetischen Gebirge gefunden wurde. Sein massiver Körper wird von einem Kranz geschliffener

Edelsteine umsäumt, die von ineinander verflochtenen goldenen Fäden verschiedener Stärke eingefaßt werden. Ebenso unbekannt ist der Schöpfer des in der Zeit zwischen dem 10. und 12. Jahrhundert entstandenen Triptychons der ›Gottesmutter von Chachuli‹, das auf bewundernswerte Weise filigranste Zellenemaillierungen mit Edelsteinen verbindet.

Königin Tamara persönlich gab das Triptychon ›Erlöser‹ in Auftrag, das ein Meisterwek ihres Hofjuwelieres Beka Opisari wurde, einem der berühmtesten Goldschmiede seiner Zeit. Das Triptychon besteht aus getriebenem und vergoldetem Silber, das in feinsten Ornamentierungen biblische Szenen zu einer faszinierenden Wirkung bringt. Von ebenso großer Kunstfertigkeit sind weitere berühmte Arbeiten wie das mit massiven Smaragden, Rubinen und Perlen besetzte Brustkreuz Tamaras oder die Prozessionskreuze von König Dawit I. und Dawit dem Erneuerer, die im Kunstmuseum in Tbilissi ausgestellt sind (S. 157).

Malerei

Georgien entwickelte bis zum Ende des 18. Jahrhunderts keine Traditionen der Porträt- und Landschaftsmalerei, was der Grund dafür ist, dass der Nachwelt weder die Bildnisse der georgischen Fürsten und Könige noch Ansichten ihrer Burgen, Schlösser und Städte erhalten blieben. Ihre eigentliche Geburtsstunde erlebte die georgische weltliche Malerei Anfang des 19. Jahrhunderts, griff jedoch in Motiven und ästhetischem Ausdruck zunächst auf die Traditionen der georgischen Ikonenmalerei sowie der Gold- und Silberschmiedekunst zurück. Zur Mitte des 19. Jahrhunderts fanden die georgischen Maler den Anschluß an die westeuropäischen und russischen Schulen. Kennzeichnend für die Porträtmalerei jener Periode waren hervorragend modellierte Gesichter und filigran gezeichnete Details der Bekleidung bei meist statischer und flächiger Bildkomposition. In der zweiten Hälfte des 19. Jahrhunderts traten die ersten Realisten hervor, die ihre Ausbildung an der Petersbuger Akademie der Künste, in Moskau oder in Westeuropa erhalten hatten und in ihren Motiven sowie Techniken an die dort gewonnenen Erfahrungen anschlossen.

Ihre erste Sternstunde erlebte die georgische Malerei mit der Kunst Niko Pirosmanischwilis (1862–1918), der seine Arbeiten als Pirosmani signierte. Geboren wurde der Maler in Mirsaani, einem kleinen ostkachetinischen Dorf. Mit 14 begann er zu zeichnen und brachte sich selbst das Lesen und Schreiben bei. Das Bedürfnis zu lernen trieb ihn nach Tbilissi, wo er sich mit Handlangerarbeiten durchschlug und jede freie Stunde zum Malen nutzte. Freunde sammelten Geld für ihn, und er eröffnete einen Molkereiladen, den er mit bunten Kühen ausmalte. Seine Kunden liebten die Kühe und diesen wunderlichen Mann. Dann traf Pirosmani die wunderschöne Sängerin und Tänzerin Margarita, eine Französin, der er nicht nur sein Herz, sondern in einer Minute der Glückseligkeit auch seinen gesamten Besitz schenkte. Seither ward die Schöne nie mehr gesehen, und der mittellose Niko zog von nun an als wandernder Maler durch die Spelunken Tblissis, wo er bald von diesem bald von jenem Schankwirt oder Ladenbesitzer, denen er Bilder malte, beherbergt und beköstigt wurde. Er war so arm, dass er

Georgische Tafel von Pirosmani

sich selten Leinwand kaufen konnte und seine Bilder zumeist auf der Rückseite billiger Wachstuchtischdecken malte. Nicht immer reichten die Farben für mehr als die Figuren, und der Hintergrund blieb deshalb oft schwarz.

Entdeckt wurde Pirosmani 1912 vom russischen Dichter Konstantin Paustowski, der in einer der Tavernen zufällig ein Bild des Malers sah. Er lernte den ›Grafen‹, wie ihn die Leute nannten, kennen und bemühte sich um sein Werk. Pirosmani selbst hat den Ruhm, den ihm seine Bilder verschafften, nicht mehr erlebt. Schriftsteller und Intellektuelle wie Giorgi Leonidse, Paolo Jaschwili und Tizian Tabidse wurden nicht müde, den Künstler zu würdigen und trugen so dazu bei, dass seine in den Tavernen und Läden Tbilissis verstreuten Bilder gesammelt und erstmals 1930 ausgestellt wurden. Die meisten von ihnen sind heute der Stolz des Kunstmuseums von Tbilissi. Eldar Schengelajas Film ›Pirosmani‹, ein Kunstwerk wie die Malerei des Porträtierten auch, zeichnet die Biografie des Künstlers nach. Im Westen wurde Pirosmani, der große georgische ›Naive‹, durch georgische Emigranten bekannt. Er gilt bis heute als der bedeutendste Maler des Landes.

Doch war er bei weitem nicht der einzige, dem die georgische Schule faszinierende Bilder verdankt. Die in Westeuropa in den 20er Jahren bekannteste Künstlerin war Elena Achwlediani (1898–1975). Sie schrieb sich 1922 als eine der ersten Studentinnen in die in jenem Jahr gegründete Kunstakademie Tbilissis ein. Danach lebte sie bis 1927 in Italien und Frankreich. Sie gilt als die romantischste aller georgischen Künstlerinnen und Künstler, die immer wieder Themen des ländlichen Lebens aufgriff. Große Wertschätzung beim Publikum brachten ihr ihre Arbeiten für Theater und Film sowie ihre Buchillustrationen ein.

Auch Dawit Kakabadse (1889–1952) und Lado Gudiaschwili (1896–1980) verbrachten in den 20er Jahren einige Zeit in Westeuropa. Die Synthese aus den Anregungen, die sie dort in sich aufnahmen, und dem Kolorit ihres georgisch-sowjetischen Lebens kann man im Kunstmuseum und in den Hausmuseen der beiden Künstler in Tbilissi erleben.

Von 1945 bis in die 80er Jahre war die georgische Malerei, wie alle anderen Künste in der Sowjetunion, stark politisiert und von den Dogmen des sozialistischen Realismus beeinflusst. Linientreue und Demut gegenüber dem System sicherten den Künstlern Auskommen und Anerkennung. Die Nischen für einen eigenen Ausdruck und eigene Gefühle und Gedanken waren eng. Umso bemerkenswerter, dass es trotzdem Künstler gab, die sich nicht auf den zum Kult erhobenen optimistischen Idealismus einließen, sondern ihre Stadt, das Land und die Menschen so darstellten, wie sie sie wahrnahmen. Auf die neuesten Werke der georgischen Künstler trifft man in Galerien in der Altstadt von Tbilissi, vor allem in der Sionistraße, Chardin- und Wattegasse sowie auf dem Rustaweliprospekt.

Musik

Daß Gott den Georgiern verzieh, als sie sich zur Landverteilung verspäteten, hatten sie zuallererst ihrem Gesang zu verdanken – erzählen die Georgier. Vielstimmig sind die georgischen Gesänge, und man möchte ihrer Legende Glauben schenken, wenn man ihnen zuhört.

Die georgische Musik kommt traditionell mit wenigen Instrumenten aus, deren Bedeutung sich in der Begleitung der Stimmen erschöpft. In Hunderten von Jahren haben diese wenigen, simplen Instrumente auch so gut wie keine Veränderungen in ihrem Aufbau und Aussehen erfahren. Zu den Blasinstrumenten gehört die zweitrichtrige, aus Ziegenhaut gefertigte Swiri, die den auf antiken Fresken abgebildeten Instrumenten gleichen Typus ähnelt. Verwandt mit der Swiri sind zwei andere Instrumente: die Duduki, eine Art Urform der Klarinette, und die Surna, eine Flöte zur Hervorbringung vor allem tiefer Töne. Die in Griechenland heimische Panflöte trifft man mitunter auch in Georgien, jedoch selten. Zu den Saiteninstrumenten zählen die viersaitige Tschonguri und die Panduri mit nur drei Saiten sowie ein Art Harfe, die vor allem in Swanetien beheimatete Changi. Unvermeidlich sind die Schlaginstrumente: Trommeln jeder Form und Größe, die teils ihre indische Herkunft nicht verleugnen und teils den italienischen Tamburinen verwandt zu sein scheinen.

Der georgische polyphone Gesang, sowohl in seiner folkloristischen Ausprägung als auch in Form der berühmten Kirchenchoräle, in denen er seine höchste Vollendung erreicht, geht auf die frühesten, vorchristlichen Zeiten der georgischen Musikkultur zurück. Die georgischen Verben verfügen über eine Besonderheit, die im europäischen Raum nur wenigen Sprachen eigen ist: Bei nur geringen Verschiebungen der Buchstaben oder Silben im Wort ändert sich ihr Sinngehalt, so dass die Sprache zunächst den Eindruck von Sparsamkeit vermittelt. Doch täuscht dieser erste Eindruck, denn das Georgische ist überaus reich an Worten und Akzentuierungen. Ungeachtet dessen, dass die christliche Vorstellungswelt den vielstimmigen Gesängen eine ihnen ursprünglich nicht eigene Strenge verliehen hat, schwingen in ihnen nach wie vor heidnische, archaische, zugleich entschlossene und zärtliche Nuancen mit, die, wie schon im 4. Jahrhundert vor Christus der Grieche Xenophon bemerkte, der georgischen Vielstimmigkeit ihre eigentliche innere Kraft verleihen.

In den letzten 100 Jahren entwickelte sich zudem eine neue Art der urbanen Volksmusik, deren Melodien sentimentale Lyrik begleiten. Die bekannteste Weise ist Suliko, das Lieblingslied Stalins. Das, was heute als georgischer Pop im Radio und live in manchen Bars gespielt wird, ist aus diesen ›urbanen‹ Melodien hervorgegangen.

Die klassische Musik in Georgien ist nicht viel älter als die urbane. Erst der Anschluß an Russland brachte die Bekanntschaft mit der modernen europäischen Musikkultur, die von den Besatzern gepflegt wurde und zunächst dem Empfinden der Georgier fremd blieb. Daran änderte sich nur wenig, als 1851 in Tbilissi das erste Opern- und Balletttheater eröffnet wurde, an dem fast ausschließlich russische, dann und wann auch europäische Truppen gastierten.

Der Komponist Sacharia Paliaschwili war der erste, der noch im 19. Jahrhundert georgische Musiktraditionen in klassische Kompositionen einfließen ließ. Nach ihm ist heute das Theater für Oper und Ballett in Tbilissi benannt. Den ersten Versuch, eine georgische Oper zu schaffen, unternahm Meliton Balantschiwadse, der Vater des in Europa und den USA unter seinem Pseudonym berühmt gewordenen Choreographen Balanchine. Seine ›Heimtückische Tamara‹ mißfiel dem Publikum; er arbeitete sie um, und 1933 erschien sie erneut, nun unter dem Titel ›Die heimtückische Daredshan‹. Zu jener Zeit war Balantschiwadse bereits einer der erfolgreichsten georgischen Komponisten, und sein zweiter Sohn, Andria, setzte als Autor eines Balletts, einer Oper, einer Symphonie und verschiedener anderer konzertanter Stücke das väterliche Erbe fort. Neben den Balantschiwadses war es vor allem Dmitri Arakischwili, dem die georgische Musik neue Impulse verdankte.

In den Jahren der Sowjetmacht aber war nicht die Hinwendung zur Klassik das entscheidende Element, sondern die Pflege der folkloristischen Traditionen

Theater am Rustaweliprospekt in Tbilissi

von Gesang und Tanz. Die georgischen Folkloregruppen mit ihren temperamentvollen Darbietungen und prächtigen Kostümen eroberten sich ab den 1950er Jahren die besten Bühnen der Sowjetunion und waren im Ausland gern gesehene Gäste. Gleichzeitig erlebten in jenen Jahrzehnten nach dem Krieg das georgische Theater und der Film einige Sternstunden. Die Musik zu den Aufführungen und den Filmen schrieben Komponisten wie Artschil Toradse, Giorgi Zabadse und Rewas Lagidse.

Der heute wohl bekannteste georgische Komponist und Dirigent ist Gia Kantscheli, dessen Symphonien auf der ganzen Welt gespielt werden und der oft als Gastdirigent von berühmten Orchestern engagiert wird. Von vergleichbarer internationaler Reputation ist der Bass-Sänger Paata Burtschuladse.

Der Höhepunkt des musikalischen Lebens in Georgien ist das jährlich in Tbilissi stattfindende Festival klassischer Musik ›Herbst von Tbilissi‹. Wer mehr zu diesem Thema wissen möchte, sei auf das 1993 im Erka Verlag erschienene Buch von Thomas Houssermann ›Die georgische Musik‹ verwiesen.

Theater und Film

Mit dem Theater in seiner klassischen Form kamen die Georgier wohl durch die Griechen in Berührung. Im Mittelalter waren es vor allem Maskentheater, die ›Sachioba‹, die in in den Palästen der Könige und Fürsten als auch auf den Marktplätzen mit patriotischen Stücken für Stimmung gegen die türkischen Besatzer sorgten. Darüber hinaus gehörten Maskeraden lange Zeit zu vielen Volksfesten.

Die Ursprünge des modernen dramatischen Theaters in Georgien gehen auf die Schauspieler und Regisseure Kote Mardshanischwili und Sandro Achmeteli zurück. Der 1872 geborene Mardshanischwili stand mit 21 Jahren zum ersten Mal auf der Bühne und spielte unter seinem russifizierten Pseudonym Mardshanow schon bald in den besten Theatern Russlands. Von 1917 bis zu seiner Rückkehr nach Georgien 1922 spielte er überwiegend in Moskau und Petersburg, vor allem bei den Avantgardisten um Meyerhold. Das von ihm und Sandro Achmeteli gegründete Georgische Dramatische Theater erhielt nach seinem Tod 1933 seinen Namen.

Unter den modernen georgischen Regisseuren ragen Robert Sturua und Michail Tumanischwili heraus. Robert Sturuas Shakespeare-Inszenierungen mit dem Rustaweli-Theater von Tbilissi sorgten in den 70er und 80er Jahren sowohl in seiner Heimat für Furore und volle Häuser als auch in Europa und vor allem in England.

Michail Tumanischwili gründete Ende der 70er Jahre das auch nach dem Tod des Regisseurs noch immer für seine experimentellen Inszenierungen berühmte Theater der Jungen Filmschauspieler, in dessen Stücken sich nicht nur zeitlose Konflikte spiegeln, sondern mehr noch das Drama der Gegenwart.

Erwähnenswert ist das Marionettentheater von Tbilissi, an dem der Regisseur Reso Gabriadse seit mehr als 20 Jahren Stücke inszeniert, die zum Besten gehören, was weltweit in diesem Genre gespielt wird. Das Theater liegt in der

Altstadt von Tbilissi, in der Schawteli-Straße, sein Café ist auch ein beliebter Treffpunkt der Bohème (bei Redaktionsschluss war es jedoch wegen Umbau geschlossen).

Der erste georgische Film, ein Dokumentarstreifen über eine Reise des Dichters Akaki Zereteli durch die westgeorgischen Provinzen Letschchumi und Ratscha, entstand 1912.

Der in den 1930er Jahren bekannteste Filmregisseur war Niko Schengelaja, dessen Filme ihn ebenso berühmt machten, wie seine Frau, die Schauspielerin Nato Watschnadse, die zu Zeiten des Stummfilms als die georgische Sarah Bernard gefeiert wurde. Ihr Haus in Gurdshaani (Kachetien) ist heute ein Museum, und mit etwas Glück wird man dort einen ihrer Filme zu sehen bekommen.

Seit den 1950er Jahren haben es georgische Regisseure immer wieder geschafft, ihr eigenes und das internationale Publikum zu überraschen. Der erste auf einem internationalen Festival preisgekrönte Film war der Streifen ›Magdanas Esel‹ des damals noch jungen Regisseurs Tengis Abuladse, der 1956 in Cannes eine Goldene Palme errang und auch mit seinen beiden weiteren Filmen – ›Baum der Wünsche‹ (1979) und vor allem ›Reue‹ (1986) – für Aufsehen sorgte. ›Reue‹, ein surrealistischer Alptraum über Tyrannei und Angst, über Macht und Machtlosigkeit, gewann 1987 den Spezialpreis der Jury von Cannes.

Der erste georgische Musical-Film, ›Die Melodien des Stadtteils Vera‹ von Giorgi Schengelaja, einem Sohn von Nato Watschnadse und Niko Schengelaja, erhielt 1974 auf dem 22. Filmfestival von San Sebastian den Ehrenpreis der Katholischen Filmorganisationen. 1979 nahm die Regisseurin Lana Gogoberidse mit ihrem Film ›Interview zu ganz persönlichen Fragen‹ am renommierten Festival des Autorenfilms in San Remo teil und errang dort einen Grand Prix.

Ein eigenwilliger Regisseur und Künstler war der in Tbilissi geborene, aus einer armenischen Familie stammende Sergej Paradshanow. In seinem Film ›Die Surami-Festung‹ verschmolz er Literatur, Philosophie und mythische Bildwelten auf eine ganz eigene Weise miteinander. Paradshanow hat viele Jahre im sowjetischen GULAG verbracht und starb 1990 in Kiew.

Der international renommierteste georgische Filmregisseur ist nach wie vor Otar Iosseliani, der seit den 70er Jahren in Frankreich lebt. Sein Film, ›Briganten‹, wurde 1997 in Venedig mit einem Grand Prix geehrt und erzählt in Parabeln und Metaphern vom Kreislauf der Gewalt in Georgien, von den Stalinschen Repressionen bis zum Bürgerkrieg Anfang der 90er Jahre. Auf der Berlinale 2002 erhielt sein Film ›Lundi Matin‹ den Silbernen Bären für die beste Regie.

Ebenfalls 1997 erhielt ›1001 Rezepte eines verliebten Kochs‹ der Regisseurin Nana Dshordshadse, mit Pierre Richard in der Hauptrolle, den Preis der Filmkritiker in Karlovy Vary. Ihr bislang letzter Film, ›27 Missing Kisses‹, hatte 2001 Premiere und erzählt auf wundersame Weise eine ebenso verworrene wie dramatische Liebesgeschichte, in der erneut Pierre Richard, als Kapitän eines über Land zum Meer segelnden Schiffes, auftaucht.

Die weibliche Hauptrolle in ›1001 Rezepte eines verliebten Kochs‹ spielte Nino Kirtadse. Die Schauspielerin versucht sich mittlerweile auch als Regisseurin. Ihr Dokumentarfilm ›The Pipeline Next Door‹ erhielt 2006 den Prix ARTE, mit

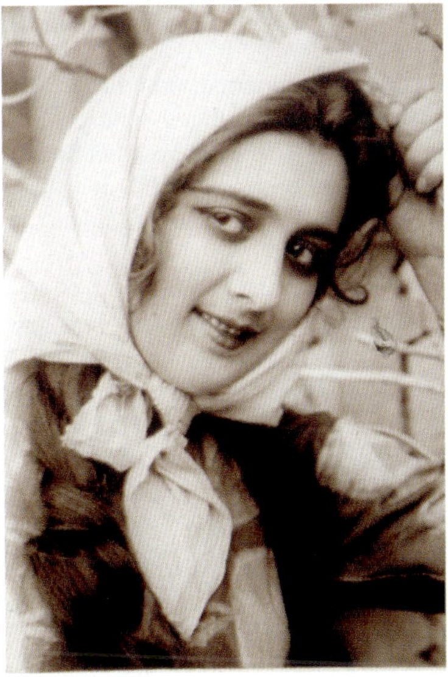
Nato Wadschnadse

dem die Europäische Filmakademie alljährlich den besten Europäischen Dokumentarfilm ehrt. In diesem Film geht es um die Bewohner eines Dorfes, in dessen Nähe eine Öl-Pipeline verlegt wird.

Beachtung fanden in den letzten Jahren auch Lewan Zakareischwili mit seinem Film ›Tbilissi-Tbilissi‹, Lewan Tutberidse (Regisseur und Gründer des ersten unabhängigen Filmstudios in Georgien) sowie Dito Tsintadse, dessen Film ›Der Mann von der Botschaft‹ 2006 in Locarno einen Preis erhielt; außerdem Giorgi Schengelajas Kurzfilm ›Liebe in der Weinlaube‹ und ›Der See‹ des jungen Regisseurs Kacha Kikabidse nach einer Novelle von Heinrich Mann. ›Liebe in der Weinlaube‹ greift eines der in Georgien am meisten tabuisierten Themen auf: das Recht junger Frauen auf Liebe vor der Heirat.

Die meisten der hier aufgeführten Filme liefen auch in deutschen Programmkinos. Das Kino Arsenal in Berlin veranstaltet jährlich georgische Filmreihen.

Eine Tragödie war für viele Georgier ein Brand, der 2005 große Teil des nationalen Filmarchivs vernichtete. Das Russische Filmarchiv stellte daraufhin kostenlos Kopien der verlorengegangenen Streifen zur Verfügung.

Mittlerweile haben kritische Journalisten aus Georgien einen virtuellen Raum für russisch- und englischsprachige Kurzvideos aus verschiedenen Regionen des Landes geschaffen (www.gogroupmedia.net).

Auf youtube (www.youtube.com) ist die englische Version des neuen Dokumentarfilmes ›Absence of Will‹ von Mamuka Kuparadze zu sehen, der die georgischen Konflikte aus der Sicht zweier Jugendlicher darstellt. Der Film fragt nach den Hintergründen des russisch-georgischen Konflikts und den Ursachen für die Abspaltung Abchasiens und Südossetiens. In ihm kommen Politiker jener Jahre, wie Eduard Schewardnadse, zur Wort, ebenso wie einfache Bürger, die aus heutiger Sicht über ihre damaligen Einstellungen reflektieren.

Auf dem Filmfestival im April 2009 in Wiesbaden erhielt der georgische Regisseur George Ovashvili für seinen in Koproduktion mit Kasachstan entstandenen Film ›Das andere Ufer‹ den Hauptpreis Goldene Lilie. Der Film handelt von einem zwölfjährigen Jungen, der mit seiner Mutter in einer trostlosen Gegend Georgiens lebt und beschließt, seinen kranken Vater aufzuspüren, den sie bei ihrer kriegsbedingten Flucht aus Abchasien zurücklassen mussten. Auch der FIPRESCI-Preis der internationalen Filmkritik wurde an Ovashvilis Porträt einer krisengeschüttelten Region verliehen.

Literatur

Als das erste überlieferte literarische Werk gilt den Georgiern die von Jakow Zurtaweli niedergeschriebene Legende vom ›Martyrium der heiligen Schuschanik‹ aus der ersten Hälfte des vierten Jahrhunderts. Die Sage erzählt von der Tochter des armenischen Feldherren Mamikonjan, die einem georgischen Fürsten, Wasken, vermählt wurde. Dieser erwies sich als nicht sehr fest in seinem Glauben und wandte sich ab vom Christentum. Schuschanik aber blieb ihrem Gott treu. Weder Kerker noch die schlimmsten Martern konnten sie dazu bewegen, ihrem Gatten zu gehorchen und abzuschwören. Sieben Jahre währte ihr Martyrium, bevor sie in den Verliesen des Fürsten starb.

In den folgenden Jahrhunderten fand die christliche Literatur ihre Heimstatt in den Klöstern, wo die Mönche Kirchenschriften ins Georgische übersetzten, weltliche und geistliche Chroniken führten und durch die Vervollkommnung der Kultur des Wortes die Voraussetzungen für eine weltliche Literatur schufen. Im ›Goldenen Zeitalter‹ Georgiens, von Dawit dem Erneuerer bis zu seiner Urenkelin Tamara, gelangte die georgische Literatur zu ihrem ersten Höhepunkt.

In jener Zeit der Kreuzzüge wurden die Georgier mit neuen Themen vertraut, die insbesondere von zwei Dichtern – Mose Choneli und Schota Rustaweli – aufgegriffen wurden. Mose Choneli ist der Verfasser des romantischen und abenteuerlichen Heldenepos ›Amiran Daredshaniani‹, in dessen Mittelpunkt Amirani steht, eine Figur vom Typ des ›Ritters ohne Fehl und Tadel‹. Die 12 Lieder des Epos sind durchdrungen vom selbstlosen Geist des Edelmuts, der allen Ritterepen jenes märchenhaften Jahrhunderts auf der ganzen christlichen und nichtchristlichen Welt eigen ist.

Der Recke im Pantherfell

›Der Recke im Pantherfell‹ gilt als das Nationalepos der Georgier schlechthin. Es ist das Meisterwerk des Dichters Schota Rustaweli, dessen Herkunft und Leben ebenso wie sein genaues Geburts- und Sterbedatum im Dunkeln liegen. Man vermutet, dass der Dichter in der Akademie von Ikalto erzogen wurde, wo er nicht nur mit der klassischen und christlichen Literatur in Berührung kam, sondern ebenso mit den literarischen Traditionen des Orients. Er soll Geheimschreiber der Königin Tamara gewesen sein, in die er sich verliebte, weshalb er den Hof verließ, um seine letzten Lebensjahre im Kreuzkloster von Jerusalem zu verbringen.

Das Versepos vom ›Recken im Pantherfell‹ ist ein Hohelied auf das wahre Rittertum, dessen wichtigstes Attribut ein edelgesinnter, sich über alle nationalen und religiösen Grenzen hinweghebender Geist war. Der Recke im Pantherfell ist der indische Fürstensohn Tariel, dem die von Jugend an in ritterlicher Minne verehrte Nestan Daredshan, Tochter seines Königs, kurz vor der Heirat von bösen Kräften entrissen wurde. Allein und in tiefer Trauer macht er sich auf den Weg, seine Liebe wiederzufinden, zieht über Berge und durch Täler, überquert Meere und mächtige Gebirge und findet zwei Freunde, mit denen er gegen Dämonen

Typische Holzveranda an einem Wohnhaus

und Zauberer streitet. Schließlich findet er Nestan, befreit sie aus den Händen ihrer Entführer und nimmt sie glücklich zur Frau. Eine Nebenlinie der Handlung beschreibt die Liebe Awtandils und Tinatins, Tochter des Königs Rostewan, der die Krone mangels männlicher Erben seiner Tochter übergeben möchte. Wohl ist Tinatin eine Frau, aber ›die Löwenjungen sind dem Löwen gleich‹. In Tinatin erkennt man die vom Dichter verehrte Königin Tamara, der er sein Epos gewidmet hat.

Persischer Einfluss

Selbst in den dunkelsten Jahrhunderten der persischen und osmanischen Eroberungen entstanden beachtliche Werke, deren Autoren oft die Könige selbst waren, wie Teimuras I. (1589–1663) zum Beispiel. Sie alle standen unter dem Einfluss der persischen Dichtkunst, dem sie sich als Patrioten widersetzten und deren Zauber sie sich als Dichter nicht entzogen.

Wachtang VI. (1675–1737), der als Staatsmann fast gänzlich zur Wirkungslosigkeit verurteilt war, erwarb sich Verdienste als Gelehrter, Dichter, Kritiker und Übersetzer. Seiner Initiative ist die Entstehung der ersten Druckerei auf georgischem Boden zu verdanken, in der 1712 die erste gedruckte Ausgabe des ›Recken im Pantherfell‹ erschien. Kurze Zeit später veröffentlichte der Erzieher Wachtangs, Fürst Sulchan-Saba Orbeliani (1658–1725), das erste Begriffswörterbuch der georgischen Sprache.

Unter den Dichtern des 18. Jahrhunderts ragen zwei Poeten hervor: Dawit Guramischwili (1705–1792) und Bessarion Gabaschwili (1750–1791). Guramischwili, dessen dramatisches Leben ihn zuerst in dagestanische, dann in preußische Gefangenschaft auf der Festung Magdeburg und zuletzt ins ukrainische Exil führte, vollzog letztendlich unter dem Einfluss der westeuopäischen Auf-

Kinder in Tbilissi

klärung den Bruch mit der orientalisierenden Lyrik, indem er an die georgische Volkspoesie und das Erbe Rustawelis anschloss. Im Gegensatz zu ihm bleibt der eher unter seinem Kosenamen Bessiki bekannte Bessarion Gabaschwili in seinen Liebesgedichten, in denen Rosen, Nachtigallen und schwülwarme Nächte zu den wichtigsten Metaphern gehören, dem Orient treu.

Russischer Einfluss

Die erzwungene Allianz mit Russland bedeutete die Einbeziehung Georgiens in den europäischen und russischen literarischen Prozess. Die georgische Romantik bezog ihre Kraft einerseits aus der Bitterkeit über den scheinbar endgültigen Verlust der Unabhängigkeit des Landes und andererseits aus der Hoffnung auf eine Renaissance des einstigen Ruhms. Ihr wichtigster Vertreter war Fürst Alexander Tschawtschawadse (1786–1846). Die Gedichte Tschawtschawadses ergingen sich in allegorischen Andeutungen, hatte er sich doch wie alle freien Denker seiner Generation gleich zweier Institutionen zu erwehren: der zaristischen Geheimpolizei des Grafen Benckendorff und der strengen literarischen Zensur.

Zur gleichen Zeit und in Nachbarschaft des Familiengutes der Tschawtschawadses lebte Nikolos Barataschwili (1817–1845), der einem verarmtem Adelsgeschlecht entstammte. Der Dichter hinterließ nur wenige Dutzend Gedichte, die ihn postum zum Ruhm eines brillianten romantischen Lyrikers verhalfen.

Von der Mitte des 19. Jahrhunderts bis zur Errichtung der Sowjetmacht erlebte die georgische Literatur mehrere Perioden, die exakt voneinander abzugrenzen schwierig und wohl auch nicht notwendig ist. Der bekannteste Dichter unter den sogenannten ›Archaisten‹, die sich der georgischen Tradition verpflichtet fühlten und gegen äußere Einflüsse zur Wehr setzten, war Grigol Orbeliani (1804–1883), der auch als General der russischen Armee zu Kriegsruhm gelangt ist. Andere Zeitgenossen suchten in der Bekanntschaft mit russischer und westeuropäischer

Literatur Anregungen für ihr eigenes Schaffen. Von den ›Archaisten‹ wurden sie als ›Tergdaleuli‹ abgetan – ›die vom Wasser des Terek tranken‹. Der Terek ist der bekannteste Grenzfluss zwischen Georgien und Russland, entlang der Georgischen Heerstraße. Die beiden bekanntesten dieser zumeist adligen Patrioten und Schriftsteller waren Ilja Tschawtschawadse (1837–1907) und Akaki Zereteli (1840–1915). Sie legten die Grundlage für die moderne georgische Literatur.

Zur gleichen Zeit lebte und wirkte Alexander Kasbegi (1848–1893), ein ›urwüchsiger‹ Schriftsteller aus den Bergen des Großen Kaukasus, der das Leben des einfachen Volkes besang und dessen Recht auf Eigenart, Originalität und Unabhängigkeit vehement verteidigte. Einer der eigenwilligsten Dichter seiner Zeit war Washa Pschawela (1861–1915), der den Menschen und die Natur in das Zentrum seiner Dichtung stellte und vom Menschen verlangte, die Natur zu lieben, nicht aber sie zu zerstören.

Das 20. Jahrhundert

Die ersten beiden Jahrzehnte des 20. Jahrhunderts standen unter dem Stern der Futuristen, Symbolisten und Imaginisten, zu denen unter anderen Paolo Iaschwili (1895–1937), Tizian Tabidse (1895–1937), Giorgi Leonidse (1899–1966) und Michail Dshawachischwili (1880–1937) zählten. Die vier Dichter waren die wichtigsten Herausgeber der Programmzeitschrift des georgischen Symbolismus, der ›Blauen Trinkhörner‹.

Einer der bedeutendsten Schriftsteller des 20. Jahrhunderts war Konstantin Gamsachurdia, der von 1912 bis 1919 in Deutschland studierte und an der Berliner Humboldt-Universität zum Doktor der Philosophie promovierte. Nachdem er sich in verschiedenen Stilrichtungen ausprobiert hatte, wandte sich Gamsachurdia dem Realismus zu und schuf einige Werke, die man als Hymnen auf den menschlichen Willen bezeichnen könnte. Seine Romane ›Dawit der Erbauer‹ und ›Die rechte Hand des Meisters‹ wurden auch ins Deutsche übersetzt.

Unter den Schriftstellern der sowjetischen Periode verdient vor allem Nodar Dumbadse Beachtung. Seine Romane lesen sich wie Chroniken aus dem Leben der ›kleinen Menschen‹.

1972 erschien der Roman Tschabua Amiredshibis ›Data Tutaschchia‹, der über Nacht, erst in Georgien und dann in der ganzen Sowjetunion, zu einem Bestseller avancierte und in verschiedene andere Sprachen übersetzt wurde. Mit diesem Roman gelang dem Autor ein brilliantes Sittengemälde Georgiens Ende des 19. /Anfang des 20. Jahrhunderts.

Unter den jüngeren Schriftstellern gehört der 1966 geborene Aka Mortschiladse zu den meistgelesenen Autoren. Sein Roman ›Die Hunde der Paliaschwili-Straße‹ (1995) beschäftigt sich mit den turbulenten Jahren nach der Unabhängigkeit.

Wer sich einen tieferen Einblick zu diesem Thema verschaffen möchte, sei an das Buch ›Die georgische Literatur‹ eines der renommiertesten deutschen Kenner und Freunde Georgiens, Dr. Heinz Fähnrich, verwiesen. Im Jahre 2000 erschien im Suhrkamp-Taschenbuchverlag eine ganz ausgezeichnete Sammlung ›Georgische Erzählungen des Zwanzigsten Jahrhunderts‹ von Naira Gelaschwili.

Die georgische Sprache

Über die Zusammensetzung der vorgeorgischen Stämme, ihre Ausbreitung und Wanderungen im transkaukasischen Raum, ihre Bevölkerungszahl und Vermischungen mit anderen heimischen oder neu hinzugekommenen Stämmen, darüber, wo und wann sie seßhaft wurden, ist wenig bekannt. Das gleiche gilt für die Herkunft und Zuordnung der georgischen Sprache zu einer der großen bekannten Sprachgruppen, obwohl in dieser Hinsicht die vergleichende Sprachwissenschaft und die linguistische Geographie (man könnte auch sagen Dialektologie) ebenso Theorien anbieten wie die größere Zusammenhänge betrachtende Ethnogenese.

Das Georgische gehört zu den ibero-kaukasischen Sprachen. Im 19. Jahrhundert vermutete der deutsche Linguist Friedrich Müller verwandtschaftliche Beziehungen zur Sprache der Basken im Norden Spaniens, die völlig isoliert von allen Sprachgruppen ist. Was das Baskische und Georgische in ihrer modernen Gestalt angeht, so sind die Sprachen einander so ähnlich wie Bilbao und Tbilissi, das heißt überhaupt nicht, weshalb die Vielzahl an in Aussprache und Sinn in beiden Sprachen identischen Worten, so auch die Bezeichnungen für Berge und Flüsse zum Beispiel, um so mehr verwundern muss.

Wie diese Ähnlichkeiten zustandekamen, ob die Basken ›emigrierte‹ Georgier sind oder das Georgische und Baskische zu einer vom Atlantischen Ozean bis zum Kaukasus reichenden Sprachgruppe gehörten, die, rudimentär zumindest, nur in schwer zugänglichen Gegenden, wie es Hochgebirge an den Peripherien der großen Kulturen sind, überlebten – wir wissen es nicht, und es ist zweifelhaft, ob dieses Geheimnis jemals gelüftet werden wird.

Was wir aber wissen, wenn sich der sprachunkundige Tourist und Besucher Georgiens davon in der Regel auch nicht mit eigenen Ohren überzeugen kann, ist, dass das Georgische eine Sprachgruppe ist, die auf das Protokartvelische zurückgeht. Aus dieser Ursprache haben sich Georgisch, Swanisch, Megrelisch und Lasisch entwickelt. Die Literatursprache der Swanen und Megreler in Westgeorgien ist seit Jahrhunderten die georgische Sprache. Die Mehrzahl der Lasen (aus den Zeiten des Königreiches Lasika) lebt auf dem Staatsgebiet der Türkei; ihre Literatursprache ist türkisch.

Georgisch ist die offizielle Staats-, Umgangs- und Literatursprache, die jedes georgische Kind mit der Mutter-

Hier gibt es Chatschapuri, die georgische Variante des Käsebrotes

Nicht immer sind Schilder auch lateinisch beschriftet wie hier in Batumi

milch einsaugt. Megrelisch und Swanisch werden nach wie vor von den Megrelen und Swanen als Umgangssprache gepflegt. Alle drei Sprachen zerfallen in zahlreiche Dialekte.

Die georgische Schrift

Zumindest als Hypothese verdient die Vermutung Beachtung, in Georgien könnte bereits vor 2500 bis 3000 Jahren und nicht erst im 4. oder 5. Jahrhundert nach Christi Geburt eine Schriftsprache existiert haben. Wenn auch die unmittelbar im Kaukasus gefundenen archäologischen Spuren nicht mehr als Indizien sind, so lassen doch die im letzten Jahrhundert mit einiger Systematik betriebenen Ausgrabungen im Norden Syriens und des Irak einige Rückschlüsse zu. Vieles spricht dafür, dass Mesopotamien die Wiege der großen Zivilisationen gewesen ist. Auf 1927 geschossenen Luftaufnahmen im Nordwesten des heutigen Irak ließen sich auf einigen Hügeln Dutzende vom Sand verwehte Formationen erkennen, deren geometrische, in konzentrischen Kreisen verlaufenden Strukturen einen rein zufälligen geologischen Ursprung ausschließen. Die systematischen Ausgrabungen in der Region, an denen auch der Ehemann von Agatha Christie, Sir Mallowan, beteiligt war (die Schriftstellerin besuchte ihn dort) begannen nach dem Ersten Weltkrieg. Was die Archäologen entdeckten, waren nicht nur Spuren einer Kultur, deren Alter sie auf 5000 Jahre vor dem Beginn unserer Zeitrechnung schätzten, die sogenannte Chalaf-Periode, sondern auch die Überreste von Siedlungen und ganzen Städten, wie die des Stadtstaates Nabad, zum Beispiel, aus der frühen Bronzezeit.

Schon die ersten Untersuchungen der zu jener Zeit verbreiteten Keilschrift, bei der Worte, Namen, Gegenstände und Ziffern mit jeweils einem Zeichen wiedergegeben werden, verblüfften die Forscher, denn in Nabad fanden sie Zeichensysteme, die es nicht nur gestatteten, einzelne Worte festzuhalten, sondern darüber hinaus Silben und sogar einzelne Buchstaben, die den geschriebenen Text (im weitesten Sinne des Wortes) dem Klang des gesprochenen Wortes näherten.

Man kann wohl davon ausgehen, dass sich die einmal etablierte Schriftsprache als Medium der Verständigung entlang und um die Handelswege herum in alle Richtungen ausbreitete und entsprechend den örtlichen Dialekten verschiedene Formen annahm. Die auf den Keramiken in Trialet, Achalziche und anderen Orten des heutigen Georgiens gefundenen Zeichen könnten also durchaus Fragmente einer der Phonetik der hiesigen Stämme angepassten Keilschrift sein, deren Ursprünge 4000 oder gar 4500 Jahre zurückliegen, zumal Nabad nur wenige hundert Kilometer von der südlichen Grenze Tao-Klardschetiens trennten.

Die ersten Alphabete entstanden in der frühhellenischen Epoche, als das Aramäische und Altgriechische im Nahen und Mittleren Osten zu den wichtigsten Handels- und Kultursprachen geworden waren. Die Wende vom ersten zum zweiten Millennium vor unserer Zeit gilt als Epoche blühender Wissenschaft, Technik und Kultur auf einem riesigen Areal, das vom Ägypten Ramses II. bis zu den Ausläufern des Hindukusch, vom Ägäischen Meer bis zum Persischen Golf verschiedenste Völker einschloss, die in ständigem Austausch untereinander standen. Georgien war in diese Prozesse aktiv einbezogen, und sowohl die griechische Schrift (über Kolchis am Schwarzen Meer) als auch das geschriebene Aramäisch (über Iberien im Osten) verbreiteten sich über das ganze Land.

Als 1940 die Grabstätten der Fürsten Armasizchewi in Ostgeorgien geöffnet wurden, fand sich dort unter anderen Gegenständen eine Stele mit in aramäisch und griechisch verfassten Texten; wobei sich das aramäisch eher dem armasischen Zweig der Sprachfamilie zuordnen ließ. Dieserart erhielt die Forschung erste Hinweise über den Ursprung der auch äußerlich auffälligen Ähnlichkeit der georgischen Schrift mit dem Alphabet ihrer südwestlichen Nachbarn. Doch beruht jede Schrift in erster Linie auf der phonetischen Vielfalt der gesprochenen Sprache, und das Georgische ist überdurchschnittlich reich an Lauten, die ihre Entsprechung in bis zu 40 Buchstaben des Alphabets fanden, von denen längst nicht alle ihr Äquivalent in armasischen oder aramäischen Schriftzeichen hatten. Daher lässt sich wohl eher von Verwandtschaft als von Identität sprechen.

Weitgehend besteht Einigkeit darüber, dass das georgische Alphabet zu Zeiten der Regentschaft des iberischen Königs Parnawas im 3. Jahrhundert vor Christus entstanden sein muss, wenn auch einige wenige Forscher diesen Zeitpunkt ein halbes Jahrtausend später, mit der Annahme des Christentums, ansetzen. Hinsichtlich dieser Frage geraten die Argonauten ins Visier des neugierigen Forschers, von denen man weiß, dass sie von Kolchis und seiner Hauptstadt Aja (das heutige Kutaissi) aus einem alten Pergament erfahren hatten. Doch nicht nur das: Aus einer anonymen Quelle will der griechische Historiker Polifatius (3. /4. Jahrhundert vor unserer Zeit) rekonstruiert haben, dass die Argonauten Kolchis nicht nur des ominösen ›Goldenen Vlieses‹ wegen anliefen, sondern dass sie auf der Suche nach einer uralten Handschrift mit der detaillierten Beschreibung des chemischen Prozesses zur Herstellung von Gold waren.

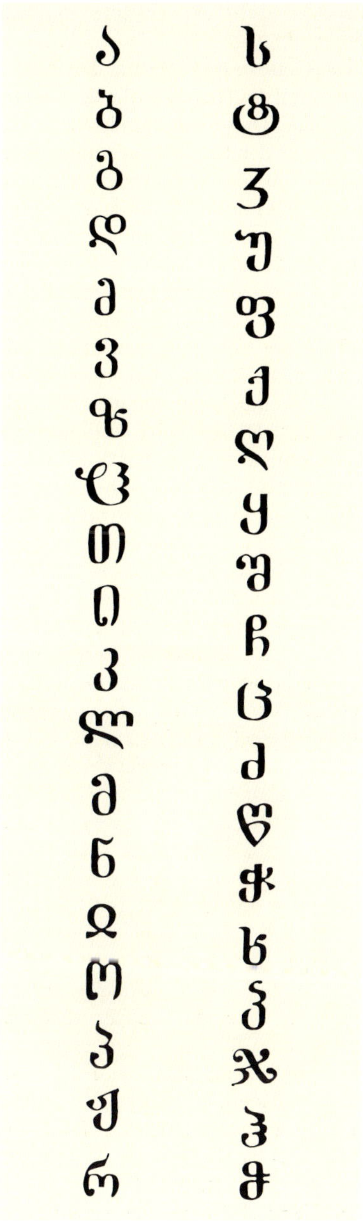

Druckschrift aus dem 17. Jahrhundert

Und in einem frankoitalienischen Dokument aus dem Jahre 1819, das in der Vatikanischen Bibliothek aufbewahrt ist, finden sich Hinweise darauf, dass unter Parnawas das georgische Alphabet lediglich vervollkommnet worden sei, was bedeuten würden, dass die Schrift der Georgier noch älter ist.

Die Annahme des Christentums als Staatsreligion im 4. Jahrhundert hatte unter anderem eine Vereinheitlichung der Schriftsprache zur Übersetzung der Heiligen Schrift, der Gebete, Heiligenlegenden etc. zur Folge. Daß diese vereinheitlichte Schrift schwerlich eine Neuschöpfung gewesen sein kann, davon zeugen die mit einer an Vollkommenheit grenzenden Akribie und Stilsicherheit ausgeführten Inschriften an den georgischen Kirchen auf dem Sinai und in der Nähe Bethlehems sowie an der Kirche von Bolnissi, die alle aus dem 5. Jahrhundert stammen.

Das erste in der Neuzeit in Georgien verwendete Alphabet, das ›Assomtawruli-Chuzuri‹, war vom 5. bis zum 9. Jahrhundert gültig und ausschließlich zu kirchlichen Zwecken bestimmt (Chuzi bedeutet Mönch). Ihm folgte bis zum 11. Jahrhundert das ebenso vornehmlich in kirchlichen Kreisen verwandte ›Nußchuri‹, das sich von seinem Vorgänger durch ein Mehr an Klarheit und Deutlichkeit unterschied, was dem Schriftverkehr unter Würdenträgern und Mönchen zugute kam. Das ›Nußchuri‹ ging mit den Jahren in die dritte Variante eines Alphabets über, das den Namen ›Mchedruli‹ (Reiterschrift) erhielt und im wesentlichen bis heute gültig ist. Die Buchstaben rundeten und wölbten sich, was dem Schriftbild seine weichen, fließenden Formen und kalligraphische Eleganz verleiht.

Essen und Trinken

Für die Georgier ist jeder Gast ›ein Geschenk Gottes‹, und selbst in den Zeiten schlimmster Not stellten sie immer zuerst jenen Teil des Hauses fertig, der Gästen vorbehalten ist, und erst dann das übrige Gebäude. Diese Tradition ist bis in unsere Tage hinein lebendig; besonders dort, wo man den Kontakt zur Mutter Erde und die Achtung vor dem Menschen als einem Teil von ihr noch nicht verloren hat. Mehr noch: Selbst ein Feind des Hauses besitzt Immunität, bittet er als Gast um Obdach und Kost. Das ungeschriebene Gesetz gestattet es, Konflikte an jedem beliebigen Ort auszutragen, nur nicht im eigenen Haus.

Die Gastfreundschaft der Geogier ist offenherzig, das dem Gast geschenkte Vertrauen uneingeschränkt. Bis vor nicht allzu langer Zeit brauchte der Reisende, wenn er nachts in ein Dorf gelangte, wo ihn weder Verwandte noch Bekannte oder eine andere vertraute Seele erwarteten, nicht mehr zu tun, als sich vor eines der Häuser zu stellen und laut und vernehmlich ein einziges Wort zu rufen: ›Maspindselo!‹ (dt. Hausherr, Gastgeber). Dieses Wort verfügte über magische Zauberkraft. Kaum war es verhallt, öffnete sich die Tür des Hauses, gingen in Küche und Gästezimmern die Lichter an, und war nicht genug zu essen im Haus, lief einer der Familienangehörigen zu den Nachbarn, um sich das Nötigste zu borgen.

Die georgische Küche

Die georgische Küche kennt eine Unmenge von Gerichten und ist, gemessen an der Vielfalt der Auswahl, die abwechslungsreichste im ganzen Kaukasus. Dieser Ruhm, den sich die Georgier zuschreiben, fußt nicht auf nationaler Eitelkeit auf dem Gebiet kulinarischer Kreativität – erfinderische Köche gibt es überall –, sondern hat vor allem mit dem Klima zu tun, das es neun Monate des Jahres erlaubt, verschiedenes frisches Obst, Gemüse, Kräuter und Gewürze auf den Tisch zu bringen. Die meisten von ihnen werden zudem getrocknet oder mariniert, so dass insbesondere die Gewürze auch außerhalb der Saison in all ihrer Vielfalt zur Verfügung stehen. Dazu kommt, dass viele der wildwachsenden Kräuter, die zu den meisten Gerichten gehören, nur in Georgien wachsen. Es ist unmöglich, hier all diese Gewächse,

Frische Kräuter an einem Marktstand

die den ›feinen Unterschied‹ der georgischen Küchenkunst ausmachen, aufzuzählen, ebenso wie es besondere poetischer Begabung bedarf, das gesamte Spektrum der geschmacklichen Nuancen zu beschreiben. Wer aber auf einem georgischen Bauernmarkt gewesen ist, wird den anregenden, aromatischen Duft der Kräuter nie vergessen; ebenso wie die freundliche Bereitschaft der Händler, von allem kosten zu lassen und auf Wunsch das eine oder andere Geheimnis ihrer Anwendung preiszugeben.

Fleisch und Fisch

Doch von Kräutern allein wird der Mensch nicht satt, weshalb Fleisch in der georgischen Küche eine ebenso wichtige Rolle spielt. Rinder, Schweine und Hammel werden überwiegend frei gehalten und sind deshalb nicht auf chemisch angereichertes Futter angewiesen. Hinzu kommt Wild – Bären, Hirsche, Bergziegen, Hasen, Kaninchen, Wachteln und Fasane – sowie natürlich Fisch aus dem Schwarzen Meer oder den Flüssen und Seen der kaukasischen Berge. Und was für die Kräuter gilt, trifft auch auf einige Fischarten zu: Manche von ihnen sind so selten, dass sie schon im benachbarten Fluss nicht mehr vorkommen. Zudem sei erwähnt, dass sich die georgischen Gerichte in jeder Provinz geschmacklich voneinander unterscheiden. Besonders pikant mögen es die Westgeorgier, die Schweinefleisch bevorzugen, etwas milder ihre östlichen Landsleute, die mit Rind und Hammel vorliebnehmen.

Unter den georgischen Fleischgerichten hat es vor allem eines, auf georgisch ›Mzwadi‹, zur Weltberühmtheit gebracht – allerdings unter seinem russischen Namen: Schaschlik. Zum Schaschlik gehören mehr als einige Fleischstücke, ein Spieß und ein offenes Feuer. Das Fleisch – am besten eignet sich Hammel – wird vor dem Grillen circa 12 bis 14 Stunden (vorzugsweise über Nacht) in einer Marinade aus trockenem Wein oder verdünntem Essig, Salz, Zwiebeln, Pfeffer und Gewürzen (unbedingt Koriander) eingelegt und dann erst über offenem Feuer gegrillt und beim Grillen mit trockenem Wein beträufelt. Die eigentliche Heimat des Schaschlik ist Kachetien, wo er auch heute noch am besten schmeckt.

Gewürze und Saucen

Unter den wirklich scharfen Gewürzen ist ›Adshika‹ das populärste. Die Heimat dieser pastenähnlichen Kreation aus geriebenen roten und grünen Peperoni, Salz, Kräutern (vor allem Koriander) und Knoblauch ist Megrelien, das in seinem kulinarischen Erfindungsreichtum das übrige Georgien noch übertrifft. Bevor man Adshika dem Essen beigibt, sollte man seine Würzkraft überprüfen – beginnend mit kleinsten Mengen.

Den Liebhabern scharfer Gewürze sei außerdem ›Tkemali‹ empfohlen, eine Sauce, die aus entweder noch grünen oder schon ausgereiften Pflaumen einer speziellen Art und verschiedenen Kräutern hergestellt wird. Sowohl Adshika als auch Tkemali sind universell verwendbar, doch zu Geflügel und Fleisch passt Tkemali am besten.

Eine andere Sauce, deren geschmackliche Reife jeden wahren Gourmet begeistert, ist ›Saziwi‹. Sie wird aus fein geriebenen Zwiebeln, Knoblauch, Kräutern und Walnüssen hergestellt und entfaltet ihre Reize besonders als Beigabe zu kaltem Hühner- oder Putenfleisch.

Sehr verbreitet in Georgien sind allerlei Gerichte aus Auberginen sowie aus grünen und roten Bohnen (›Lobio‹).

Brot und Teigwaren

Das wichtigste Getreide in Westgeorgien ist Mais, im Osten wird vor allem Weizen angebaut. Ihr Brot backen die Georgier in dickwandigen, röhrenähnlichen Tongefäßen von knapp einem Meter Durchmesser, den ›Tone‹, die zu zwei Dritteln hochkant in der Erde vergraben werden. In den Tone werden Holzscheite verbrannt, deren Rauch dem Brot sein spezifisches Aroma verleiht. Wenn der Bäcker die vorbereiteten Brotfladen mit wohlberechnetem Schwung an die Innenwände des Ofens klatscht, muss er sich tief hinabbeugen und die Beine in die Höhe werfen, was aussieht, als würde er sich kopfüber in den Ofen stürzen. Das für Westgeorgien typische Brot sind Maisfladen – ›Mtschadi‹ –, die gewöhnlich mit einem Mozarella-ähnlichem Käse, dem ›Sulguni‹, gegessen werden – die ideale und am weitesten verbreitete Vorspeise bzw. Zwischenmahlzeit in dieser Gegend. Überall und zu fast jeder Stunde erhält man in Georgien eine Art Käsebrot, das sogenannte ›Chatschapuri‹, das aus einem Teig aus Weizen oder Mais (häufiger Weizen), oft ein Blätterteig, mit eingelassenem jungen Käse besteht.

Diese Brotbackofen werden ›Tone‹ genannt

Was dem einen sein Chatschapuri ist, sind dem anderen seine ›Chinkali‹ – Teigtaschen, die eine Füllung, bestehend aus mit klein gehackten Zwiebeln und ausreichend Pfeffer gewürztem Hackfleisch, enthalten, ähnlich den russischen Pelmeni oder italienischen Ravioli. Diese in ihrer Grundfläche wasserglasgroßen Teigtaschen werden zu kleinen Säckchen geformt, die oben geschlossen sind und mit den Händen gegessen werden, indem man den ›Verschluß‹ zwischen Daumen und Zeigefinger nimmt, das Chinkali zum Mund führt und dann hineinbeisst. Aber Vorsicht! Im Säckchen sammelt sich Brühe, die dem Chinkali im wohlproportionierten Ensemble mit dem Fleisch und dem Teig ihren eigentlichen Reiz verleiht. Unbedingt zu empfehlen sind die Chinkali in Kasbegi, wo sie der Legende zufolge ›erfunden‹ wurden.

Rezepte

Die Rezepte, die wir zum Ausprobieren empfehlen, wurden so ausgewählt, dass sie auch mit den hierzulande erhältlichen Zutaten annähernd ihren ursprünglichen Geschmack entfalten dürften. Fleisch und Gemüse sind dabei das geringste Problem. Schwieriger ist es mit den Kräutern und Gewürzen, die den Gerichten ihr ganz besonderes Aroma verleihen. Mit einigen Abstrichen ist jedoch auch in dieser Hinsicht Abhilfe möglich.

Kubdari – Fleischtaschen

Dieses Gericht stammt aus den Bergen im Westen Georgiens, aus Swanetien.
Zutaten: 1 kg Schweinebauch, 5 Zwiebeln, 5 bis 6 Knoblauchzehen, 1 Bund frischer Koriander, 1 EL gemahlener Koriandersamen, 1 TL Chili, Salz, Branntweinessig, 1 kg Mehl, 10 bis 15 g Hefe
Zubereitung: Das Fleisch in kleine Würfel schneiden (nicht durch den Fleischwolf drehen); ebenso die Zwiebeln. Den Koriander hacken und den Knoblauch pressen. Die Zutaten mischen, salzen, pfeffern und anschließend einige Stunden im Kühlscharnk ›reifen‹ lassen. Vor der endgültigen Zubereitung empfiehlt es sich, nochmals mit Salz und Pfeffer abzuschmecken. Die Masse muss saftig sein; bei Bedarf Wasser oder Öl dazugeben.

Den Hefeteig anrichten. Auf 1 kg Mehl etwa 10 bis 15 g Hefe und nicht mehr als 5 g Salz dazugeben. Den fertigen Teig auf eine Dicke von 0,25 bis 0,35 Milimeter ausrollen, mit einem Wasserglas oder einer anderen Form Teigstücke ausstanzen; auf diese Teigstücke je einen gehäuften TL der Fleischmasse geben; den Teig nach oben hin zusammenfalten und ›versiegeln‹.

Den Backofen auf 150 bis 180 Grad vorheizen. Inzwischen die Kubdari in einer Pfanne, ohne Fett, vorwärmen; so lange bis die Unterseite erhärtet ist und sich der Teig leicht braun färbt. Dann die Taschen auf schwach gefettetem Blech etwa 20 bis 25 min. im Backofen goldbraun backen.

Tschachochbili – Huhn in Tomatensauce

Zutaten: 1 Brathähnchen, 5 Zwiebeln, 4 bis 5 Knoblauchzehen, 500 g reife Tomaten, je 1 Bund Koriander, Petersilie und Dill, 100 g Butter, Salz, Chili (nach Geschmack)
Zubereitung: Das Huhn zerteilen und in einem Schmortopf mit wenig Fett goldbraun garen; die kleingeschnittenen Zwiebeln und den Rest der Butter dazugeben und weiter garen lassen. Die Haut der Tomaten abziehen, das Fruchtfleisch zerdrücken und dem Fleisch und Zwiebeln beimengen, wenn die Zwiebeln sich goldgelb färben. Bei geringer Hitze circa 20 bis 25 min. kochen; nach und nach den gepressten Knoblauch, die gehackten Kräuter, Pfeffer und Salz ergänzen. Vor dem Servieren mit frischen Kräutern bestreuen.

Adshapsandali – Gemüse mit Sauce und Kartoffeln

Zutaten: 3 bis 4 mittelgroße Auberginen, 5 Zwiebeln, 500 g Tomaten, 3 bis 4 Paprika, 500 g Kartoffeln, je 1 Bund Koriander, Petersilie und Dill, 4 bis 5 Knoblauchzehen
Zubereitung: Die Auberginen in Scheiben von etwa 1 cm Dicke schneiden und von beiden Seiten in Öl kurz anbraten. Die Kartoffeln schälen und in mittelgroße Würfel zerkleinern. Zwiebeln, Tomaten und Paprika in Ringe schneiden, die Kräuter hacken

Gedeckte Tafel

und den Knoblauch auspressen. Alle Zutaten in einem Topf auf Öl schichten, Wasser dazugeben und bei niedriger Temperatur garen. Vor dem Servieren mit den Kräutern bestreuen.

Forelle in Granatapfelsauce

Zutaten: 1 kg Forelle, 100 g Butter, 2 Eier, 1 Zitrone, 100 g Creme fraiche oder saure Sahne, 200 ml Granatapfelsaft, 1 Bund Koriander, Salz

Zubereitung: Chili (nach Geschmack)Die ausgenommene und gewaschene Forelle innen mit einer Tinktur aus Butter, Zitronensaft und rohem Ei einreiben und den Fischbauch zuklammern. Die Forelle von außen mit Creme fraiche oder der sauren Sahne bestreichen und in einer Pfanne in Butter von beiden Seiten goldbraun braten. Mit frischen Kräutern garniert servieren.

Für die Sauce den Saft des Granatapfels mit gehacktem Koriander, Salz und Pfeffer auf kleiner Flamme köcheln.

Basturma – Fischschaschlik

Zutaten: 1 kg frischer Lachs, 3 bis 4 Zwiebeln, 1 Zitrone, 200 ml trockener Weißwein, Salz, Chili

Zubereitung: Den gewaschenen und in Stücke oder Scheiben geschnittenen Lachs in einem Gefäß aus Glas oder Porzellan anrichten, mit Salz und Pfeffer würzen, mit den Zwiebelringen und Zitronenstücken bedecken und vorsichtig unterrühren. Den Wein dazugeben und 8 bis 10 Stunden kühlen.

Den marinierten Fisch im Wechsel mit Zwiebelscheiben und Zitronenstücken aufspießen und über offenem Feuer grillen.

Das erste **Kochbuch** mit Rezepten georgischer Küche in deutscher Sprache ist im Herbst 2004 im Mandelbaum Verlag erschienen. Die Autorin Nana Ansari stellt darin 150 georgische Gerichte vor, die sie mit Informationen über die georgische Geschichte und die Riten des georgischen Gastmahls ergänzt

Der georgische Wein

Die Traditionen des Weinbaus in Georgien reichen mehrere tausend Jahre bis in die Vorgeschichte zurück. Die klimatischen und geografischen Bedingungen erlauben es, fast überall im Land Wein anzubauen. Von den 4000 in der Welt bekannten Rebenarten gedeihen in Georgien 500.

Die größten Weinplantagen liegen in Ostgeorgien, und das Herzland des Weinanbaus ist Kachetien, wo der meiste, für sein feines Bouquet geschätzte Wein produziert wird. Die Namen der Weine leiten sich von den Anbaugebieten ab. Die georgische Tradition verbietet den Verschnitt von Weinen verschiedener Sorten und Herkunftsorte, weshalb sich hinter jedem Namen eine teilweise über die Jahrhunderte reichende Kontinuität des Geschmacks und Aromas verbirgt, die nur von den metereologischen Bedingungen der einzelnen Jahrgänge beeinflusst wird.

Anders gestaltet sich der Weinbau in den Berg- und Hügellandschaften Westgeorgiens. Die von Berg zu Berg und Tal zu Tal unterschiedliche mineralische Konsistenz der Böden, der sich permanent ändernde Winkel der Sonneneinstrahlung und das damit verbundene unregelmäßige Pulsieren des Flüssigkeitshaushalts der Trauben verhindern den Weinanbau auf Großplantagen. Jeder Hügel, ja mitunter jeder Berghang verleihen dem Wein seine spezifische Note, so dass die westgeorgischen Weine zumeist in geringen Mengen gewonnene Unikate sind, die ob ihrer Vielfalt selbst Kenner schwer auseinanderzuhalten vermögen. In einem der Dörfer des Kreises Letschchumi wird seit Jahrhunderten an einem Berghang eine Rebenart kultiviert, die nirgend sonst auf dem gleichen Berg, geschweige denn im übrigen Georgien gedeiht. Der Wein aus dieser Rebe ist namenlos und heißt auch so: ›Ussachelouri‹ (dt. : der ohne Namen); und – er ist einzigartig.

Ein georgisches Sprichwort sagt: »Die Rebe verlangt ebenso viel Zuwendung wie ein Neugeborenes.« Dieses Wissen ist wohl einer der Gründe, warum der Weinanbau in Georgien, vor allem im Westen des Landes, bis heute kaum mechanisiert ist. Vom anbrechenden Frühling bis in den späten Herbst hinein erfahren die Weinstöcke die fürsorgliche Pflege durch Menschenhände

Die Verarbeitung des Weines, besonders auf den Großplantagen in Kachetien, ist dagegen weitgehend maschinisiert. Doch in ihren eigenen kleinen Weingärten pflegen die Bauern bis heute die jahrhundertealten Traditionen. Die Weintrauben werden frisch vom Weinberg in einen im Weinkeller – ›Marani‹ – aufgebockten Bottich geschüttet, dessen Abflussloch mit einem Pfropfen verschlossen ist. Je nach Größe des Bottiches treten ein oder

Tönerne Weingefäße, sogenannte ›Kwewri‹

mehrere Helfer die Trauben mit bloßen Füßen. Der Saft der Trauben – ›Matschari‹ – wird einige Tage, bis kurz vor Beginn des Gärungsprozesses stehen gelassen, dann geseiht und in gläserne oder porzellane Tongefäße gefüllt, in denen er so lange verbleibt, bis er ausgegoren ist. Der junge Wein wird dann in irdene, dickwandige, unglasierte Gefäße, die im Weinkeller vergraben sind und deren enger Hals aus dem Boden ragt, geschüttet. Sie werden mit einem Stein und mit Holzasche vermischtem Ton versiegelt, um das Eindringen von Schimmelpilzen zu vermeiden. In diesen Gefäßen, den ›Kwewri‹, mit einem Fassungsvermögen von 10 bis 100 Liter, reift der Wein, bis er sein wahres Aroma entfaltet hat. Der Tag, an dem der junge Wein in die ›Kwewri‹ gefüllt wird, ist ein Feiertag, den man überall, wo Wein angebaut wird, überschwenglich und phantasievoll begeht.

Seit dem vorigen Jahrhundert sind georgische Weine auf vielen internationalen Ausstellungen mit Auszeichnungen geehrt worden, und es ist noch nicht allzu lange her, dass Georgien seine Weine in mehr als 80 Länder exportierte. Es liegt an den sozialen und ökonomischen Folgen der jüngsten Ereignisse, dass das Exportgeschäft zum Erliegen gekommen ist. In den größeren Städten wird der Weinliebhaber jedoch spezialisierte Geschäfte finden, in denen er die besten Weine des Landes erhält. Und wer einen frischen Landwein mag, der halte auf den Märkten nach den kachetinischen Bauern Ausschau, die ihren Wein direkt aus dem Faß verkaufen. Keinesfalls verführen lassen sollte man sich von den Billigangeboten auf den Märkten und an den Kiosken. Das beste auf Weine spezialisierte Geschäft fanden wir in Tbilissi am Gagarinplatz, im Stadtteil Saburtalo. Empfehlenswert ist das ›Wine World‹ in der Revaz Lagidze Str. 2, Tel. 009 95/32/98 95 84, www.wineworld.ge. Seit wenigen Jahren erhält man georgische Weine in Originalabfüllung auch wieder in Deutschland (www.weinheimat.de, Tel. 023 30/88 84 08). In Berlin, in der Prenzlauer Allee 191, öffnete 2003 die Weinhandlung Grusignac, die auf Weine aus Georgien, von der Krim und aus Moldawien spezialisiert ist. Die Weine können auch per Versand bezogen werden (www.grusignac.de).

Weinkeller mit in den Boden eingelassenen Tongefäßen

Das georgische Gastmahl

Das georgische Gestmahl ist eine kulturelle Institution, nicht zu vergleichen mit dem, was man in anderen europäischen Ländern unter diesem Wort versteht. Um sich zu einem Gastmahl zusammenzufinden, ob daheim oder in einem der zahlreichen Restaurants, braucht es keinen besonderen Anlass, obwohl es auch solche gibt – Geburtstage, Feiertage, Hochzeiten, die Geburt eines Kindes, der Besuch von Freunden oder deren Freunden –, ein Gastmahl wird dann abgehalten, wenn die Seele danach verlangt.

Neben den Teilnehmern gehören zu einem Gastmahl Unmengen verschiedener Gerichte: kalte und warme Vorspeisen, frische oder marinierte Kräuter, die ununterbrochen aufgetragen werden, ebenso wie diverse Fleisch- und Fischgerichte, in Abhängigkeit von der Bedeutung des Anlasses und der zur Vorbereitung zur Verfügung stehenden Zeit. Und zu einem Gastmahl gehört Wein, der nie ausgehen darf und den die Georgier trinken wie Wasser, was den genügsamen Mitteleuropäer zu Gesten der Verwunderung hinzureißen vermag, wenn er denn nach dem achten Liter noch dazu in der Lage ist. Die ungeschriebenen Gesetze des Gastmahls verbieten es, die eigene Trunkenheit zu zeigen, und in der Regel wird dieses eherne Gesetz eingehalten.

Der wichtigste Bestandteil, sein eigentlicher Geist, sind die vor jedem geleerten Glas ausgebrachten Trinksprüche. Ein Nippen am Glas zwischendurch verbietet sich von selbst. Der Dirigent der Trinksprüche ist der wichtigste Mensch am Tisch – der Tamada. Ihm, der von der Tafelrunde vor dem Beginn des Mahls bestimmt wird, obliegt es, das Thema ebenso wie das Tempo der Trinksprüche zu bestimmen. Von ihm wird verlangt, dass er sein wichtigstes Instrument, die Sprache, virtuos und in allen poetischen und philosophischen Nuancen beherrscht, dass er gebildet ist, witzig und klug, um dem Austausch die Richtung zu geben. Von einem guten Tamada erwartet man Bonmots, Paradoxa und Parabeln, und wenn er den Erwartungen der Tafelrunde entspricht, wird man ihn noch lange würdigen.

Die Themen der Trinksprüche sind zunächst vorgegeben: Man trinkt auf Gott und seinen Sohn, auf den Gastgeber und die Gäste, auf die Abwesenden und das Andenken der aus dem Leben Geschiedenen, auf die Liebe und die Frauen, die Kinder und die Alten, auf die Heimat und die Freundschaft, auf die Wechselfälle des Lebens, auf den Wein und gutes Gelingen in allen Angelegenheiten, auf alles, was das Herz erfreut, begehrt und erschwert. Jeder Trinkspruch ist aus dem Herzen gesprochen, und oft paaren sich Weisheit mit Humor, Poesie mit Esprit. Im Verlaufe des Abends werden die Reden länger, und häufig wird in den Pausen gesungen. Ein gelungenes Gastmahl kann Menschen, die sich vorher nie begegnet sind, nicht nur einander nahebringen, sondern sie dazu anregen, sich Dinge zu sagen, die sie nie vergessen werden. Zwischendurch werden in einem Zuge Trinkhörner geleert, die bis zu einem oder mehr Litern Wein fassen. Man ruft sich ›Alawerdi‹ zu, was bedeutet, dass der von einem Gast vorgebrachte Trinkspruch von einem ihm benannten anderen Gast weitergesponnen wird. So vergehen Stunden um Stunden.

Das ist der Idealfall, der in der raueren Wirklichkeit auch prosaische Züge annehmen kann, wenn das Ritual entleert ist und das Besäufnis den Wunsch nach Nähe und gedanklichem Austausch überschattet. Doch möge in dieser Hinsicht jeder seine Erfahrungen machen und sich ein Urteil nach eigenem Gutdünken bilden.

Geschichte

Die vorchristliche Zeit

Die Geschichte der Besiedlung der Kaukasusregion, von der das heutige Georgien nur ein Teil ist, nimmt ihren Anfang in der frühen Steinzeit, als einer der unmittelbaren menschlichen Vorfahren, der ›Homo Erectus‹, auf der Erde erscheint. Lange Zeit war man davon überzeugt, der ›Homo Erectus‹ sei Afrikaner gewesen und habe sich vom afrikanischen Kontinent aus über die ganze Erde verbreitet. Zweifel am afrikanischen Ursprung der Menschheit bestanden schon immer, und sie wurden genährt, als die deutsche Archäologin Antje Justus vom Römisch-germanischen Zentralmuseum Mainz im September 1992 bei Ausgrabungen nahe der ostgeorgischen Stadt Dmanissi (S. 257) auf den Unterkiefer eines mindestens 1,5 Millionen Jahre alten, also dem afrikanischen ›Homo erectus‹ ungefähr gleichaltrigen, Vormenschen stieß. Die Ausgrabungen wurden fortgesetzt und sechs Jahre später kam ein Schädel gleichen Alters zum Vorschein, der die Welt der Wissenschaft vollends verblüffte.

In den folgenden eineinhalb Millionen Jahren hüllt sich die Geschichte in Schweigen und hebt erst im 3. Jahrtausend vor Christi von neuem an zu reden. Aus jener Epoche sind Spuren und Überreste verschiedener Kulturen überliefert; unter ihnen eine, die man nach den Fundorten archäologischer Relikte als die Mtkwari-Araches-Kultur bezeichnet hat und die in vielen Zügen den frühen Kulturen in Ostanatolien, Syrien und Palästina ähnelt. Weitere Funde lassen auf ein hoch entwickeltes Handwerk zur Herstellung von Gefäßen aus schwarzer polierter Keramik schließen.

Der Mtkwari-Araches Kultur folgte die Trialetische, benannt nach der gleichnamigen Stadt im Osten Georgiens, in deren Umgebung mehr als 200 Grabhügel (Kurgane) aus der Bronzezeit gefunden und wissenschaftlich ausgewertet wurden. Die aus den Kurganen geborgenen Gegenstände zeugen nicht nur von einem hohen Niveau jener Kultur, sondern geben auch eine Vorstellung von gesellschaftlichen Strukturen, Unterschieden im Besitzstand und kultischen Handlungen.

Die ersten georgischen Staatswesen

Der kulturelle Aufschwung und der Warenhandel mit den unmittelbaren Nachbarn und selbst weiter entfernt liegenden Territorien barg die Möglichkeit in sich, dass sich einzelne Stämme vereinten und Strukturen schufen, die solchen eines Staatswesens zumindest ähnlich sahen. Auf dem Territorium Georgiens vollzog sich dieser Prozess im 13. Jahrhundert vor Christus.

Assyrische und urartische Chroniken erwähnen ein Diaochisches Königreich im heutigen Ostgeorgien, das mit dem Zweistromland und Kleinasien Handel trieb. Ungeachtet der Angriffe verschiedener transkaukasischer Stämme überlebte Diaochien mehr als 500 Jahre. Den Untergang Diaochiens besiegelten die ruinösen Raubzüge von Stämmen aus den nördlichen Bergen, aber auch die wachsende Macht und Expansion eines neuen Staatsgebildes (Kolchis) im Westen.

Goldener Löwe im Staatlichen Museum in Tbilissi

Ursprünglich umfasste Kolchis die Territorien vom heutigen Suchumi entlang des Schwarzen Meeres bis zur Mündung des Rioni. In historisch kürzester Frist vermochten es die kolchischen Könige dank des natürlichen Reichtums des Bodens und der Berge, aber auch infolge ihrer Eroberungszüge gegen andere Stämme und der Geschicklichkeit, mit der sie ihre Verwaltung, Wirtschaft und Kultur organisierten, Kolchis zu einem stabilen und blühenden Staatswesen zu gestalten. Diesem Umstand verdankt es seine Jahrhunderte währende Unabhängigkeit neben den expansiven Nachbarn im Süden, den persischen Achämeniden. Die Blüte von Kolchis fällt in die Zeit vom 6. bis zum 4. Jahrhundert vor Christus, gleichzeitig mit dem Erblühen des ionischen Griechenlands, das sich in seiner Expansion weniger auf die Kraft des Schwertes als vielmehr auf die des Geldes stützte und von seinen östlichen Kolonien aus bis in den Kaukasus vordrang.

Die Griechen konnten sich für ihren vor den Göttern schuldig gewordenen Prometheus keine grausamere Strafe ausdenken, als ihn an einem der Felsen des Kaukasus für seinen Frevel büßen zu lassen. Und als durchtriebene Geschäftsleute, die sie waren und als leidenschaftliche, aber wankelmütige Liebhaber ersannen sie noch einen Mythos – den von Medea, der kolchischen Königstochter, mit deren Hilfe die Argonauten unter Jason das Goldene Vlies raubten. Das geheimnisumwitterte Goldene Vlies aber ist nichts anderes als die Mythologisierung eines Schafsfells, das die Swanen, ein georgisches Bergvolk, an geheimen Orten auf dem Grund der reißenden Gebirgsflüsse versenkten und in dem sich kleinste Partikel Goldes verfingen. Zog man das Fell nach einiger Zeit vorsichtig aus dem Wasser, glänzte es golden, und man brauchte es nur in

der Sonne trocknen zu lassen und dann auszuschütteln, um den eigenen Reichtum und den der Könige zu mehren.

Bereits im 8. Jahrhundert vor Christus gründeten die Griechen an der kolchischen Schwarzmeerküste Handelsniederlassungen – Phasis (das heutige Poti), Dioskurias (Suchumi) und Pityous (Pizunda) –, die schon bald, an der Nordroute der Seidenstraße gelegen, als Schnittstellen im Ost-West-Handel zu einiger Bedeutung gelangten. Davon zumindest zeugen zahlreiche Münzfunde, auch der exotischsten Währungen des Altertums. Ins politische Leben von Kolchis mischten sich die Griechen nicht ein – die politische Stabilität genügte ihren Geschäften –, und selbst den von ihnen gegründeten Städten ließen sie die Selbstverwaltung.

Fast gleichzeitig mit Kolchis entstand im Osten Georgiens, auf dem Gebiet des heutigen Kartli (Zentralgeorgien), ein weiteres Königreich: Iberien, mit der Hauptstadt Mzcheta, das als Nachbar der mächtigen und expansiven Achämeniden unter deren politischen, wirtschaftlichen und kulturellen Einfluss geriet. Alexander von Mazedonien erst versetzte den Achämeniden in drei berühmten Schlachten den Todesstoß, was ihm den Weg nach Indien, ins ›Reich der Reiche‹, öffnete. Bald nach Alexanders Tod, 323 vor Christus, aber zerfiel sein Imperium. Auf den Trümmern entstanden neue Königreiche; unter ihnen das Pontische an der Südküste des Schwarzen Meeres.

Die Pontier huldigten dem Gott des Krieges. Einer ihrer Feldherren, der Kwastele Ason, ein Georgier, eroberte sowohl Kolchis als auch Iberien. Um sich und seinen Herrschern unbequemer Konkurrenten zu entledigen und jeglichen Widerstand gegen die Eroberer im Keim zu ersticken, ließ er den gesamten weltlichen und geistigen Adel vernichten. Der Legende zufolge überlebte das Massaker nur ein einziger Fürstenspross – der Neffe des Herrschers von Mzcheta, einer Gegend westlich des heutigen Tbilissi, namens Parnawas. Der vertrieb die Pontier und schuf in den 65 Jahren seiner Herrschaft einen Staat, der den größten Teil des heutigen Georgiens umfasste.

Sein Sohn, der ihm auf dem Thron folgte, verlor das väterliche Erbe; das Reich zerfiel in seine ursprünglichen Bestandteile – in Kolchis, das abermals in Abhängigkeit von Pontien geriet und von Mithridates VI. Eupator (120-63 vor Christus) endgültig besiegt wurde, sowie Iberien, das sich seinerseits in die Umarmung Großarmeniens fügen musste.

Römische Legionen an den Ufern der Mtkwari

Das 3. Jahrhundert vor Christus erlebte den Aufstieg Roms zur Weltmacht. Die römischen Legionen eroberten ein Königreich der antiken Welt nach dem anderen. Unter ihren Schlägen zerbrach auch Pontien. Die Iberer, als Vasallen Großarmeniens, sahen sich in die Auseinandersetzung mit Rom verwickelt. Als auch das armenische Heer von den Römern geschlagen war (65 vor Christus), bot der iberische König Artag Frieden an. Die Römer lehnten ab und sahen

Die Darjal-Schlucht an der Georgischen Heerstraße

sich nun einem erbarmungslosen, in den Bergen überlegenen Feind gegenüber, der gewillt war, bis zum letzten Mann zu kämpfen. 9000 Krieger verlor Artag, bevor der römische Konsul Pompeius doch noch Verhandlungen aufnahm, in deren Folge Iberien als ›Bundesgenosse und Freund des römischen Volkes‹ in den Bestand des Imperiums Aufnahme fand. Die Römer hatten nun den Rücken frei und eroberten Kolchis.

So waren Kolchis und Iberien zu zwei der entferntesten Außenposten Roms geworden. Die römischen Legionen schützten die nördlichen Grenzen vor eindringenden nomadisierender Steppenvölker und sicherten die Durchlässigkeit der Seidenstraße, über die Rom seinen immensen Bedarf an Luxusgütern deckte. Die strategische Bedeutung, die das Imperium dem verbündeten Iberien und dem eroberten Kolchis beimaß, lässt sich auch daran erkennen, dass beide bis zum Zerfall des Imperiums in seinem Bestand verblieben. In der Mitte des 2. Jahrhunderts besuchte der georgische König Parsman den römischen Kaiser Antonius Pius (138-161) in Rom. Antonius war von den Reitkünsten des Georgiers so begeistert, dass er ihm auf dem Marsfeld eine Reiterstatue errichten ließ.

Georgien und das Christentum

Für die Georgier waren die römischen Legionäre, ungeachtet ihrer ethnischen Vielfalt, die ersten Repräsentanten des westlichen Europas. Was sie an ihnen faszinierte und einen starken Kontrast zu allem bis dahin Gesehenem und Erlebtem bildete, waren die straffe Organisation der Verwaltung, das Rechtsverständnis und vor allem die dem römischen Polytheismus eigene religiöse Toleranz. Alle bisherigen Eroberungen waren stets einhergegangen mit Gemetzeln unter der Bevölkerung und deren Versklavung, aber auch mit der zwangsweisen Einführung fremder Götter und Kulte. In den 400 Jahren der Zugehörigkeit zu Rom waren die Georgier in ihrer geistigen Freiheit kaum beschränkt und hatten das Recht, sich eigene Götter zu wählen, nicht eingebüßt. Schon bald aber begann sich in den Weiten des Imperiums ein neuer Kult auszubreiten, das Christentum.

Die Kunde von diesem neuen Glauben, seinen wichtigsten Ideen und Postulaten sowie Informationen über die Verfolgungen der Christen im Reich gelangten zu den Georgiern vor allem durch die zahlreichen seit der babylonischen Gefangenschaft (6. Jahrhundert vor Christus) im Land lebenden Juden. Viele von ihnen trieben Handel weit über die Grenzen Iberiens hinaus und alljährlich pilgerten einige von ihnen zum Passah-Fest nach Jerusalem. Der christlichen Mythologie zufolge waren es die Apostel Simon und Andreas, die als erste die Botschaft von Jesus in den Kaukasus brachten.

Im 3. Jahrhundert nach Christus geriet Persien unter die Herrschaft der Sassaniden. Bereits der erste sassanidische König, Ardashir I., zentralisierte die Verwaltung des Staates in bisher unbekanntem Ausmaß; die letzten Spuren des Hellenismus verloschen und der Zoroastrismus, dessen Priester zu hohen weltlichen Würden gelangten, stieg auf zur Staatsreligion. Die römischen Legionen waren nicht in der Lage, dem Druck der Perser zu widerstehen, die Armenien eroberten und nun an den Grenzen Iberiens, Georgiens und des Imperiums standen.

Die iberische Aristokratie stand vor einer wichtigen Entscheidung: sollte sie Rom die Treue halten oder sich auf die Seite der Perser schlagen oder gar für ein Zusammengehen mit dem nördlichen Ossetien, das seinerseits eine ständige Gefahr bedeutete, optieren?

Zu Beginn des 4. Jahrhunderts spitzten sich die Konflikte so weit zu, dass eine Entscheidung zwischen dem Osten (Persien), der seinen Einfluss auf den Westen auszubreiten strebte, und dem Westen (Rom), das diese Expansion zu bremsen versuchte, unausweichlich wurde. Diese Wahl zwischen Ost oder West sollte von entscheidender Bedeutung für die zukünftige geistige und nationale Orientierung des Landes werden. Sie fiel zugunsten des Westens aus, was unvermeidlich zur Konfrontation mit Persien führte.

Die Annahme des Christentums im Jahre 337, wodurch Iberien nach Armenien, der zweite Staat war, der es zur Staatsreligion erklärte, stellte die Weichen für den Lauf der Geschichte in den nächsten Jahrhunderten und weit darüber hinaus.

Das Königreich Kolchis-Lasika

Während Iberien den Römern einen Freundschafts- und Bündnisvertrag abgetrotzt hatte, war Kolchis erobert und als Provinz dem Imperium eingemeindet worden. Eingedenk des römischen Prinzips des ›Teilens und Herrschens‹ begünstigte dieser Status die Entstehung einer Vielzahl von Fürstentümern auf kolchischem Territorium, die, nach Eingeständnis der Römer selbst, eigentlich kleine Königreiche waren.

In den Höhlen des Klosters Dawit Garedscha

Denkmal des legendären Königs Wachtang Gorgassali in Tbilissi

Eines dieser kolchischen Fürstentümer, Lasika, gelangte im 3. Jahrhundert zu immer größerer Macht, unterwarf sich die übrigen Fürstentümer und eroberte selbst zu Iberien gehörende Gebiete. Kolchis-Lasika bekannte sich, fast zeitgleich mit Iberien, zum Christentum als Staatsreligion.

Die fast vier Jahrhunderte währende Präsenz der Römer in Georgien und die relative Stabilität hatten die Grundlage für die Einheit der Nation und des Glaubens gelegt, die das Land für immer mit dem Westen, seinen kulturellen und zivilisatorischen Werten, verband.

Georgien und Byzanz

Iberien und Kolchis-Lasika hatten sich zum Christentum als Staatsreligion gerade zu dem Zeitpunkt bekannt, als der Osten und der Westen des Römischen Imperiums zunehmend auseinanderdrifteten. Kaiser Konstantin, der später den Beinamen ›der Große‹ erhielt, gründete 324 Byzanz, das später zur Hauptstadt des Oströmischen Reiches avancierte. Als Römer wusste Konstantin: ›vox populi, vox Dei‹ (Volkes Stimme ist Gottes Stimme) und begünstigte deshalb das Christentum, ohne dabei die anderen Kulte in ihren Freiheiten zu beschneiden.

Sein militärisches Engagement im Kaukasus beschränkte Byzanz auf die Garnisonen in Kolchis-Lasika, wodurch Iberien im vierten und besonders im fünften Jahrhundert dem Zugriff der Sassaniden preisgegeben wurde. Iberien und Armenien, die östlichsten christlichen Staaten, widersetzten sich der persischen Expansion. Zwei Jahrhunderte lang tobten auf dem Territorium Iberiens erbitterte Kämpfe.

Auf die entschiedenste Gegenwehr stießen die Perser unter dem iberischen König Wachtang Gorgassali, der 483 seinem Land die vorübergehende Unabhängigkeit erkämpfte. Gorgassali bedeutet Wolfshaupt, da des Königs Helm mit einem Wolfsschädel geschmückt war. Aber nicht nur den Persern trotzte dieser König, sondern er strebte auch danach, sich in den religiösen Belangen aus der Vormundschaft von Konstantinopel, das den Osten als ›barbarisch‹ abtat, zu befreien. Als der Patriarch von Konstantinopel Wachtangs Bitte um Entsendung eines Katholikos und von zwölf Bischöfen ablehnte, wandte er sich an den Patriarch von Antiocheia. Dieser ließ den Georgier Petrus zum Katholikos im Rang eines Patriarchen der Reichskirche weihen und entsandte ihn mit den erbetenen zwölf Bischöfen nach Georgien. Petrus durchwanderte, bevor er Katholikos wurde, den gesamten römischen Osten, wo er auf dem Sinai, in Ägypten, Palästina, auf dem Schwarzen Berg bei Antiochien (Syrien), auf Zypern, in Kleinasien, in Konstantinopel und auf dem Berg Athos Mönchssiedlungen und Klöster gründete. Den Mönchen dieser Klöster und Einsiedeleien ist es zu verdanken, dass die Georgier selbst in den Jahrhunderten der arabischen, persischen, seldschukischen, mongolischen und osmanischen Fremdherrschaft nie den geistigen und politischen Kontakt zur übrigen Christenheit verloren. Petrus starb 490 und gilt als einer der wichtigsten Heiligen der Georgischen Kirche. König Wolfshaupt fiel 502 in der Schlacht, und Georgien geriet erneut unter die Herrschaft seiner Nachbarn im Süden.

Das grüne Banner des Islam

Auf den in Europa im 7. Jahrhundert gebräuchlichen Weltkarten hatte die Arabische Halbinsel die Gestalt einer länglichen Aubergine mit der Aufschrift ›Terra Arabicum‹, auf deren sandfarbener Oberfläche Palmen und Kamele an den Stellen verzeichnet waren, wo die Kartographen Oasen oder gar Städte vermuteten. Nur die wenigen im Handel mit dem Osten weitgereisten Kaufleute wussten, dass Arabien als Umschlagplatz der aus Indien und China über die Südroute der Seidenstraße transportierten Waren, vornehmlich Seide und Edelsteine, zu großem Reichtum gelangt war und dort seit Urzeiten blühende Städte und kulturelle Zentren bestanden. Von Hormus, einer Hafenstadt am Persischen Golf, hieß ein geflügeltes Wort: »Die Welt ist ein Ring und Hormus ist die Perle.«

Als neue historische Kraft auf der Bühne des Welttheaters war der Islam in dieser Region allmählich herangereift, und als der Wunsch laut wurde, ihn über den ganzen Erdball zu tragen, vereinigten sich nahezu alle arabischen Stämme unter dem grünen Banner des Propheten. Nachdem die Araber bereits bedeutende Territorien von Byzanz und Persien erobert hatten, geriet auch der Kaukasus in ihr Blickfeld. Sie eroberten Armenien und standen nun an den Grenzen des georgischbyzantinischen Herrschaftsgebietes, wohin sich auch der geschlagene Statthalter von Byzanz in Armenien, Mawrian, geflüchtet hatte und sich in Tbilissi um Beistand gegen den islamischen Vormarsch bemühte.

Der iberische König Stefan II. hatte damit keine Eile. Er schickte dem Kalifen stattdessen reiche Geschenke und erhielt als Antwort eine Schutzurkunde, die den georgischen Fürsten ihre Besitzungen, den Bewohnern ihr Eigentum und das Recht auf freie Wahl der Religion garantierte. Diejenigen Georgier, die den Islam übernahmen, sollten vollberechtigte Untertanen des Kalifen werden. Georgien behielt im Gegenzug seine Armee, stellte diese aber als ›Bundestruppen gegen gemeinsame Feinde‹ in den Dienst des Kalifats. Außerdem erkannte Stefan die Oberhoheit des Kalifen an und verpflichtete sich, jährlich Tribut zu entrichten. Die Araber verließen Iberien. Doch nicht für lange.

In den folgenden drei Jahrhunderten stritten Araber und Byzanz mit wechselndem Erfolg um die Vorherrschaft in der Region.

732/33 wurde Murwan Ibn Mohammed, ein Neffe des Kalifen, arabischer Statthalter im Kaukasus. Er erhielt den Beinamen ›der Taube‹ ob der Unbarmherzigkeit, mit der er gegen seine Untertanen vorging. Hinter seiner Unduldsamkeit ließ sich weniger militärische Notwendigkeit als vielmehr bereits ein religiöser Fanatismus ausmachen, der dem Islam bis dato im wesentlichen fremd gewesen war. Den Strafexpeditionen seiner Armeen folgte nun auch die gewaltsame Islamisierung der Bevölkerung.

Die Fürsten von Imeretien, Konstantin und Dawit, leisteten den anrückenden Arabern Widerstand. Als sie Murwan in die Hände fielen, ließ er die beiden Brüder mit Stöcken zu Tode schlagen und befahl, die Leichname mit Steinen zu beschweren und im Fluss zu versenken. Kaum waren die Araber fort, zogen Getreue die Überreste aus dem Wasser und bestatteten sie auf einem hohen Felsen am Fluss Zchalzitela. Seitdem heißt dieser Ort Motsameta (Platz der Märtyrer, in der Nähe von Kutaissi). Knapp 300 Jahre später, Anfang des 11. Jahrhunderts, veranlasste der erste König des vereinten Georgiens, Bagrat III., an dieser Stelle den Bau einer Kirche zur Aufbewahrung der Überreste von Dawit und Konstantin, die inzwischen heiliggesprochen worden waren. Der Tag ihrer Kanonisierung ist bis heute ein religiöser Feiertag.

Murwan zog weiter nach Westen und entlang der Schwarzmeerküste nach Norden. Nahe der Stadt Anakopien (im heutigen Abchasien) traf er auf die vereinigte Streitmacht der westgeorgischen Fürsten, und hier verließ ›den Tauben‹ das Kriegsglück. Sein Heer wurde aufgerieben und flüchtete nebst seinem Feldherrn in nach Armenien. Murwan sammelte eine neue Streitmacht und kehrte zurück.

Bis zu seiner Abreise nach Damaskus 743/44 erstickte er jeden auch noch so bescheidenen Widerstand. Seine Grausamkeit und sein religiöser Fanatismus hatten zur Folge, dass für die Menschen von nun an, Christ und Georgier zu sein das gleiche bedeutetete, einer der Gründe, warum die georgische Geschichte so reich an Märtyrern ist.

Unter Murwan war Georgien 737, zumindest der von Aufständen und Strafaktionen entvölkerte östliche Teil des Landes, zum Emirat geworden. Aus anderen Provinzen des Reiches zog es Moslems in diese Gegend, die auf schnellen Erfolg und Gewinn in dem noch immer überwiegend christlichen Land hofften, denn allein, wer sich zum Islam bekannte, kam auch in den Genuss all der Rechte eines Untertanen des Kalifen. Überall in Georgien entstanden Moscheen, während der Bau christlicher Kirchen untersagt war.

Inzwischen war Murwan Kalif geworden, wurde aber 750 vom Clan der Abassiden, die ihren Stammbaum auf Abbas, den Onkel des Propheten Mohammed, zurückführten, gestürzt. Die Abassiden ererbten von ihren Vorgängern riesige

Territorien, vom Pamir bis zu den Pyrenäen, und unermessliche Reichtümer. Sie verlegten das Zentrum des Kalifats von Damaskus nach Bagdad, das für viele Jahre der Inbegriff des Reichtums, Glanzes und Luxus wurde.

Gegen Ende des 8. Jahrhunderts mussten die Araber zusehen, wie im noch von ihnen kontrollierten Ostgeorgien zwei frühfeudale Königreiche entstanden: Kachetien im Osten und Tao-Klardschetien im Südwesten, während sich in Westgeorgien das faktisch von den Arabern unabhängige ägrisabchasische Königreich etablierte. König Leon II. von Ägris-Abchasien verbündete sich mit Byzanz, mit dessen Hilfe er die Araber schlug und endgültig aus den nordwestlichen Teilen Georgiens verdrängte. Anfang des 9. Jahrhunderts war Ägris-Abchasien so zum bedeutendsten Staatsgebilde auf dem Territorium Georgiens aufgestiegen.

Einmal noch gelang es dem Kalifat, die Kontrolle über ganz Georgien wiederherzustellen, als in der Mitte des 9. Jahrhunderts der Emir von Tbilissi die Unabhängigkeit seines Emirats von Bagdad erklärte. Darauf schlugen sich einige ostgeorgische Fürsten, allen voran die kachetinischen, auf die Seite des Emirs. Der Kalif entschied, den Eigensinn seiner Untertanen mit Feuer und Schwert zu brechen. Das Kommando über das eigens entsandte Heer erhielt Buga, genannt ›der Türke‹. Buga fühlte sich als die Geißel des Kalifen und Allahs. Nachdem er Armenien und Aserbaidschan verwüstet hatte, drang er 853 in Georgien ein. Seine Soldaten stürmten Tbilissi, das sie plünderten und bis auf die Grundmauern niederbrannten. Dem gefangenen Emir ließ er den Kopf abschlagen, in Salz einlegen und schickte ihn nach Bagdad, als Zeichen seiner Treue und Ehre.

Doch auch Buga musste das Land bald wieder verlassen, und allmählich schwand der Einfluss der Araber, bis sie etwa in der Mitte des 10. Jahrhunderts Georgien endgültig aufgaben.

Die Einigung Georgiens

Mit dem Ende der arabischen Fremdherrschaft wurde der Wunsch der Georgier laut, einen geeinten Staat zu schaffen. Gemeinsame Religion, Sprache, Kultur und Wirtschaft bildeten dafür die besten Voraussetzungen. Dem widersetzten sich einige Fürsten des Landes, die in einem zentralisierten Königtum eine Gefahr für ihre Macht sahen.

Zum mächtigsten der georgischen Reiche war in der zweiten Hälfte des 10. Jahrhunderts Tao-Klardschetien aufgestiegen, dessen Territorium bis weit in die heutige Türkei hineinragte. Den Grundstein zur Eigenstaatlichkeit hatte der aus dem Adelsgeschlecht der Bagratiden stammende kartlische Fürst Aschot Anfang des 9. Jahrhunderts gelegt. Byzanz kam diese Entwicklung entgegen, schwächte sie doch die Positionen der Araber, und es verlieh Aschot den Titel eines ›Kuropalat‹, was de jure das Protektorat von Byzanz bedeutete. Dieses Reich ging in die urkundliche überlieferte Geschichte ein, als das erste, das offiziell den Namen ›Georgien‹ führte, wobei sich der Name sowohl auf den heiligen bezog, als auch auf das griechische ›georgos‹ – Landmann. Aschot wurde zum Begründer der Dynastie der georgischen Bagratiden, deren Könige das Land bis ins 19. Jahrhundert regierten.

Dawit III. von Tao-Klardschetien gelang es Mitte des 10. Jahrhunderts, seinen Machtbereich bedeutend zu erweitern. Die Umstände dafür waren günstig. Als ein Aufstand in Kleinasien das Imperium in eine bedrohliche Lage gebracht hatte, stellte sich Dawit an die Spitze seiner 12000 bewaffneten Reiter und schlug die Aufständischen. Von Byzanz ließ er sich als Retter feiern und wurde als Dank mit weiten Teilen Kleinasiens belehnt.

Dawit nutzte die Gunst der Stunde und marschierte gegen das armenische Emirat. Die Araber stellten ein Heer von 100000 Mann gegen ihn auf, das er in die Flucht schlug und damit Armenien von der arabischen Fremdherrschaft befreite.

Die Siege Dawits weckten im georgischen Volk Sympathie für ihn, und diejenigen unter den führenden Köpfen des Landes, die schon seit langem auf eine Vereinigung hinarbeiteten, erblickten in diesem König einen Träger für ihre Hoffnungen. Ihrem Plan gemäß unterdrückte Dawit den Widerstand Kartlis und besetzte dessen Thron 975 mit seinem Adoptivsohn Bagrat III., der drei Jahre später auch König von Ägris-Abchasien wurde, auf dessen Thron er mütterlicherseits Anspruch hatte. Bagrat führte von nun an den Titel eines ›Königs der Abchasier und Georgier‹, das heisst, er regierte über Ost- und Westgeorgien. Mit dem Tod seines Adoptivvaters erbte er die Ansprüche auf den Thron von Tao-Klardschetien. Die Einigung Georgiens war im wesentlichen vollendet, als Bagrat Anfang des 11. Jahrhunderts das Königreich Kachetien im äußersten Osten eroberte.

Das neue Jahrtausend

Byzanz war nunmehr die einzige Weltmacht, die sich einem starken Georgien entgegenstellte. Nach dem Tod Dawits III. hatte es dessen Lehnsterritorien erneut in seinen Besitz gebracht. Der Versuch Bagrat III., die Thronfolge in Tao-Klardschetien anzutreten, scheiterte am byzantinischen Widerstand.

Nach Bagrats Tod 1014 folgte ihm dessen Sohn, Giorgi I., auf dem Thron. Auch Giorgi streckte seine Hand nach Tao-Klardschetien aus. Da die Byzantiner allein nicht mit ihm fertigwurden, suchten sie nach Bundesgenossen.

In diesem Augenblick betrat eine neue historische Kraft die Bühne: Im 9. Jahrhundert hatten sich zwei frühfeudale Fürstentümer – das Nowgoroder mit Zugang zur Ostsee und das Kiewer mit Zugang zum Schwarzen Meer – ver-

Die Sweti-Zchoweli-Kirche in Mzcheta stammt aus dem 11. Jahrhundert

Blick auf Mestia in Swanetien

einigt. Aus dieser Vereinigung war die Kiewer Rus hervorgegangen, die Mitte des 10. Jahrhunderts zu einem bedeutenden frühmittelalterlichen Staat in Europa geworden war.

Als es aussah, als würde Byzanz allein nicht mit den Ambitionen Georgis fertigwerden, bediente es sich 1022 der Hilfskräfte, die ihm der Kiewer Großfürst zur Verfügung stellte. Die Trapezunter ›Friedenskonferenz‹ bestätigte die Ansprüche von Byzanz, das obendrein den Sohn von Giorgi I., den dreijährigen Bagrat, als Geisel an den Hof von Konstantinopel ›einlud‹.

Drei Jahre später starb der byzantinische Imperator Basilius. Sein Nachfolger Konstantin VIII. erlaubte dem Jungen, nach Georgien zurückzukehren. Nach dem Tod seines Vaters 1027, gelangte er als Bagrat IV. auf den Thron. Die Regentschaft für ihn übernahm seine Mutter Mariam. Ihrem diplomatischem Geschick verdankte Bagrat den Titel eines Kuropalats und die Ehe mit einer Tochter von Basilius.

Die Unabhängigkeit war damit noch lange nicht erreicht – Byzanz wollte sich nicht von Georgien trennen, und auch die georgischen Fürsten bevorzugten nach wie vor ein Spiel auf eigene Faust und nahmen das Erstarken der Zentralmacht nur widerwillig zur Kenntnis. Unterdessen brauten sich im Osten dunkle Wolken zusammen, die Georgien erneut an den Rand der Katastrophe bringen sollten.

Die Seldschuken

Die Seldschuken, nomadisierende Turkvölker aus den mittelasiatischen Steppen um den Aralsee, nannten sich nach dem Gründer ihres Staates, Khan Seldschuk, dem Anführer des Stammes der Ogusen. Ihr wichtigstes Existenz- und Nahrungsmittel waren die Pferdeherden. Anfang des 11. Jahrhunderts wurde es den Seldschuken eng in ihrer Heimat und sie machten sich auf den Weg in den Südwesten. 1055 erschienen sie vor den Mauern Bagdads. Der Kalif verlieh ihrem Anführer, Togrul-Bekh, den Titel eines ›Sultans‹.

Georgier und Seldschuken trafen erstmals 1064 aufeinander, als Sultan Alf-Arslan die Festung Achalkalaki im Süden Georgiens belagerte. Die georgischen Chroniken berichten über den Kampf um die Stadt, der nach erbittertem Widerstand seitens der Georgier mit einem Gemetzel unter den Überlebenden endete. Der unerwartet starke Widerstand hielt die Seldschuken von weiteren Angriffen ab. Der Sultan unterbreitete Bagrat IV.den Vorschlag, friedlich zu koexistieren und den Frieden durch familiäre Bande zu festigen. Bagrat schickte Alf-Arslan eine Nichte.

König Bagrat IV. starb 1072 und hinterließ den Thron seinem Sohn Giorgi II. Im gleichen Jahr segnete auch Sultan Alf-Arslan das Zeitliche. Sein Nachfolger, Malik-Schah, eroberte 1074 Armenien und ein Jahr später Georgien. Chronisten jener Zeit verglichen die Invasion der Seldschuken mit dem Einfall eines riesigen Heuschreckenschwarms. Giorgis Heer wurde vernichtet; er selbst floh nach Westgeorgien. In der georgischen Geschichtsschreibung werden die folgenden 20 Jahre als ›Didi Turkoba‹, Große Türkenzeit, bezeichnet. Jedes Jahr im Frühjahr, so die Chroniken, zogen die Seldschuken mit ihren Viehherden nach Georgien, weideten ihr Vieh, mordeten die Bevölkerung, raubten und vernichteten alles Hab und Gut und zogen sich zu Winterbeginn wieder in den Süden zurück.

1083 kapitulierte König Giorgi II. und verpflichtete sich zu hohen Tributzahlungen. Als 1089 ein verheerendes Erdbeben das Land erschütterte, muss Giorgi das als Zeichen gedeutet haben, denn noch im gleichen Jahr legte er Zepter und Krone nieder und trat den Thron an seinen 16 Jahre alten Sohn Dawit ab.

Dawit der Erbauer

Die Regentschaft dieses Königs ist als Beginn des ›Goldenen Zeitalters‹ in die Geschichte Georgiens eingegangen. Als Dawit IV. sie 1089 antrat, lag das Land in Schutt und Asche, und als er starb, hinterließ er seinen Nachfolgern einen geeinten und mächtigen Staat, dessen Ruhm als Bollwerk des Christentums im Orient die Gemüter des Abendlandes bewegte.

Die mit dem Königshaus rivalisierenden Fürsten vertrauten zunächst auf die Unerfahrenheit des Jünglings. Kaum jemand, der auch nur ahnte, dass dieser König die absolute Macht wollte, nicht nur im ›nationalem Interesse‹, sondern weil er glaubte, es sich und seiner Familie angesichts der verheerenden Niederlage seines Vaters schuldig zu sein.

Seine wichtigsten Verbündeten waren die Asnawuren, Angehörige des Kleinadels, die außer ihrer Ehre keine weiteren Reichtümer besaßen. Ihnen vertraute Dawit Staatsämter an, und mit ihnen reformierte er seine Armee. Sie waren der Kern seiner Königlichen Garde.

Als er seine Macht gefestigt hatte, machte sich der König daran, den Hochmut des Adels zu zügeln. Anders als sein Vater, der eine Fürstenverschwörung zwar niedergeworfen, die Verschwörer aber, statt sie zu bestrafen, reich beschenkt hatte, ahndete Dawit Unbotmäßigleit mit dem Verlust von Titel und Land. Ein wichtiges Instrument in den Händen der Fürsten war die Kirche. Es hing vom Wohlwollen der Fürsten ab, wer in der klerikalen Hierarchie welchen Posten und welche Pfründe erhielt – oder auch wieder verlor; sie verteilten Ländereien, konnten sie der Kirche aber auch wieder entziehen. Der höhere Klerus bestand fast ausschließlich aus Angehörigen des Adels oder dessen Günstlingen. Auf einer vom König 1103 einberufenen Synode wurde die Kirche reformiert und reorganisiert. Nicht mehr die Zugehörigkeit zum Adel sollte über die Vergabe der Ämter entscheiden, sondern einzig und allein die persönliche Eignung. Dawit zog den hohen Klerus zu Staatsgeschäften hinzu, ließ Kirchen und Klöster bauen, vermachte der Kirche Ländereien und befreite sie von allen Steuern.

Als der chasarische Stamm der Kipchaken, den die Expansion der Kiewer Rus nach Süden und Osten drängte, sich 1119 mit der Bitte an Dawit wandte, auf dem Territorium Georgiens siedeln zu dürfen, stimmte dieser zu – unter der Bedingung, dass jede der 40 000 Familien ihm je einen Krieger für seine reguläre Armee zur Verfügung stellte. Diese Truppe unterstand nur ihm und war ihm, da zu Dank verpflichtet, treu ergeben.

1096 begann der erste Kreuzzug, und die Seldschuken sahen sich gezwungen, ihre ganze Aufmerksamkeit nach Kleinasien zu wenden. Dawit erhöhte deshalb, zunächst vorsichtig, den Druck auf die seldschukischen Besatzer in Georgien. Nach und nach eroberte er Kartli, Kachetien und Cheretien. Über die Existenz des Christenkönigs im Osten, der ihnen im Kampf gegen die ›Ungläubigen‹ zur Seite stand, erfuhren die Kreuzritter von den ›Ungläubigen‹ selbst.

Dawit der Erbauer (rechts) und der Katholikos Ewdemon

Die Seldschuken hatten unterdessen weite Teile Vorderasiens verloren, und es war ihnen nichts übriggeblieben, als sich mit der Existenz eines christlichen Staates Jerusalem abzufinden. 300 000 Mann war die Armee stark, mit der sie 1121 in Georgien einfielen. Dawit konnte ihnen nicht mehr als 60 000 Krieger entgegenstellen, unter ihnen 200 französische Ritter. Er lockte den Feind in schwer zugängliche Bergregionen und nahm ihn am 12. August mit seinen Hauptkräften von zwei Seiten in die Zange. Die eine Flanke führte er selbst an, die andere sein Sohn Demetrius. Nur drei Stunden dauerte das Schlachtgetümmel, dann ergriffen die seldschukischen und arabischen Krieger die Flucht. Die Schlacht von Didgori, wie sie in die Geschichte eingegangen ist, war die letzte nennenswerte Auseinandersetzung mit den Seldschuken. Georgien hatte nicht nur seine nationale Einheit, sondern auch die Unabhängigkeit bewahrt. Nach seinem Sieg zog Dawit gegen Tbilissi, das er eroberte und zu seiner Hauptstadt erklärte. Damit war die Befreiung Georgiens vollzogen.

Demetrius und Giorgi – Sohn und Enkel Dawits IV.

In den folgenden 100 Jahren, in denen die direkten Nachfahren Dawits das Land mit wechselndem Geschick regierten, hatte sich Georgien so gut wie keiner äußeren Feinde zu erwehren. Die Kreuzzüge der europäischen Ritterheere schwächten die arabischen Emirate und die Seldschuken. Der zukünftige ›Herr der Welt‹ aber, Temuchin, der sich seit 1206 Dshingis Khan nannte, erblickte erst 30 Jahre nach Dawits Tod das Licht der Welt.

Dawits Sohn Demetrius setzte die energische Politik seines Vaters fort. Georgien dehnte sich weit über die Territorien aus, in dessen Grenzen es sich heute befindet, und sein Einfluss reichte noch weiter. Die Emirate und Sultanate der Araber und Seldschuken in unmittelbarer Nachbarschaft – in Dagestan, Aserbaidschan und Armenien – waren oft so winzig, dass man von den Zinnen der Stadtmauern in alle Richtungen bis an die Grenzen des Landes sehen konnte.

Demetrius auf dem Thron folgte sein jüngerer Sohn Giorgi III. Dieser hinterließ keinen Sohn, dafür aber eine Tochter – Tamara (georgisch: Tamar). Um sie als Königin und seine Erbin zu legitimieren, brauchte er die Unterstützung der Kirche, die sich ihr Einverständnis mit neuen Privilegien erkaufte. So wurde Tamara zur ersten Frau auf dem georgischen Thron.

Königin Tamara

Mit der Regentschaft Königin Tamaras gelangte Georgien auf den Gipfel seines Ruhmes, seiner Macht und seines Reichtums. Die Jahre ihrer Herrschaft sind ebenso wie ihre Person von Legenden umrankt, die sie als weise und gerechte, stets um das Wohl ihrer Untertanen besorgte Herrscherin und als unerschrockene Kriegerin an der Spitze ihrer Armeen darstellen.

Kuhhirte an der georgisch-türkischen Grenze

Tamara war gerade 18 Jahre alt, als ihr Vater sie als seine Erbin legitimierte, und sie hatte eben erst das 24. Lebensjahr erreicht, als Giorgi III. starb. Tamara war eine charakterstarke, energische, beherzte und kluge Frau, doch eben ›nur‹ eine Frau. 1184 wurde sie Königin, doch weigerten sich Adel und Klerus zunächst, in ihre Thronbesteigung einzuwilligen. Tamara entließ auf Druck der Fürsten zwei der wichtigsten Minister des Landes, die beide nicht dem höheren Adel entstammten, aber ihrem Vater treu und ergeben gedient hatten. Die erste Bresche in die Mauern der Zentralmacht war geschlagen, und wenn es ihr auch gelang, weitere Forderungen des Adels abzuschmettern, so war doch die Wende in der Geschichte des Landes eingeleitet.

Tamaras erster Ehemann war der russische Prinz Juri Bogoljubow, der aus seinem Fürstentum Wladimir-Susdal hatte fliehen müssen, zunächst bei den Kipchaken Zuflucht fand und dann an den georgischen Hof gebeten wurde. Die Ehe zwischen Tamara und Juri blieb zwei Jahre kinderlos und endete mit einem Skandal. Angeklagt der Sodomie und des Ehebruchs wurde Bogoljubow nach Konstantinopel ausgewiesen, von wo aus er noch zwei Mal versuchte, sich des georgischen Thrones zu bemächtigen. Beide Male ließ Tamara Gnade vor Rache walten.

Wieder ledig, brauchte sich Tamara um neue Eheangebote nicht zu sorgen; selbst Friedrich Barbarossa offerierte ihr einen seiner Söhne. Ihre Wahl schließlich fiel auf den Sohn des Königs von Ossetien, Dawit Soslan, der ebenfalls dem Geschlecht der Bagratiden entstammte. Aus dieser Ehe stammen auch die beiden Kinder Tamaras, Giorgi-Lascha und Rusudan.

Es ist unbestritten, dass unter Tamara Georgiens Wirtschaft sowie die Kultur und Künste erblühten und das Land zu einem der reichsten in der Region wurde. Die Reform der Gesellschaft wurde fortgesetzt, Todesstrafe und Verstümmelung von Missetätern abgeschafft, die Gesetze modernisiert. Tamara zog gebildete Menschen an ihren Hof, die ihren Teil zur Legende von der weisen, gütigen und gerechten Königin beitrugen. Ihr berühmtester Biograph, der Dichter Schota Rustaweli, verfasste in stiller Liebe zu Tamara und ihr zu Ehren das georgische Volksepos ›Der Recke im Pantherfell‹, das zu den großen Epen der Menschheit gehört und aus dem bis heute wohl jeder Geogier zumindest einige Verse zu rezitieren weiß. Tamaras Regierung ging als ›georgische Renaissance‹ in die Geschichte ein.

Ein Blick hinter die Fassaden aber offenbart das Dilemma ihrer Nachgiebigkeit gegenüber Adel und Klerus. Reichtum und Macht flossen in immer weniger Händen zusammen. Dawit IV. hatte sich gegen die Fürsten auf den kleinen Adel gestützt, ihm Ämter, Aufstiegschancen und Lehnstitel in Aussicht gestellt. Damit war es nun vorbei.

Die militärische Überlegenheit Georgiens verführte dazu, Nutzen aus ihr zu ziehen. Die Regierung Tamaras war deshalb eine Zeit ununterbrochener Kriege, die vom Zaum zu brechen sich immer ein Anlass fand; zum Beispiel, als Tamaras Sohn Giorgi-Lascha geboren wurde. Ihm zu Ehren überfielen die Georgier das Sultanat Darbasi, von wo sie mit reicher Beute und unzähligen Sklaven zurückkehrten. Als die Georgier dann begannen, auf ihren Kriegs- und Beutezügen

Königin Tamara mit ihrem Vater auf einem Fresko in Wardsia

immer weiter in den Südwesten vorzudringen, stießen sie auf den Widerstand von Rukn ad Dina, einem der mächtigsten Sultane Kleinasiens. Dieser Sultan sammelte eine kolossale Armee von 400 000 Mann. Der Königin schrieb er in einem Brief, dass er beabsichtige, Georgien vom Antlitz der Erde zu tilgen, ihr, Tamara, aber die Chance gebe, das Unheil von ihrem Land abzuwenden, wenn sie zum Islam überträte und seine Frau werde; anderenfalls bliebe ihr nichts weiter als ein Platz in seinem Harem. Vielleicht beflügelte die Wut über die Beleidigung Tamara noch; jedenfalls vernichteten ihre Krieger die Seldschuken und tilgten die erlittene Schmähung mit deren Blut.

Tamara starb im Jahre 1213 nach 29 Regierungsjahren. Noch ihren Tod und ihre Beerdigung schmücken Legenden. Eine davon erzählt, dass es Tamaras letzter Wille gewesen sei, nicht irgendwo begraben zu werden, sondern so, dass das ganze Land ihr Grabmal sei und niemand wisse, wo genau es liege. Darum sollten aus der Kirche von Mzcheta, in der sie aufgebahrt worden war, gleichzeitig vier verschlossene Särge in die vier verschiedenen Himmelsrichtungen getragen werden. In welchem dieser Särge sich Tamaras Überreste befanden und wohin diese gebracht wurden, sei unbekannt; die Träger und die Eskorte aber hätten nach Erfüllung ihrer Mission Selbstmord begangen. Eine andere Legende berichtet, Tamara wäre im Kloster Gelati beigesetzt, ihre Reliquien aber, ihrem Willen gemäß, später nach Jerusalem gebracht worden.

Im wesentlichen sind sich die Historiker einig, dass mit dem Tod Tamaras auch das Goldene Zeitalter in der Geschichte Georgiens zu Ende war. Die an der Wende vom 12. zum 13. Jahrhundert errungenen Siege waren schon die ersten Vorboten der kommenden Niederlagen, die Georgien erneut an den Rand des Ruins und unter fremde Herrschaft brachten.

Tamaras Sohn Giorgi-Lascha war 20 oder 21 Jahre alt, als sie starb. Auf den massiven Druck, dem er von Beginn seiner Herrschaft an ausgesetzt war, war er nicht vorbereitet. Adel, Klerus und sein eigener Hof stellten sich gegen ihn und benutzten seine Liebe zu einer einfachen Frau von nichtadliger Herkunft, um seine Position zu schwächen. Sie verweigerten ihm den Segen für die Ehe und seinem Sohn Dawit das Anrecht auf den Thron. Die einzige Art, seinen Protest auszudrücken, bestand darin, alle weiteren Eheangebote auszuschlagen.

Auch in der Außenpolitik hatte sich Giorgi-Lascha schon bald mit den Früchten der Politik seiner Mutter auseinanderzusetzen. Fast alle Vasallen Georgiens, die bis dahin die Staatssäckel gefüllt und darüber hinaus einen sicheren Schutzgürtel um das Land gelegt hatten, scherten nun aus der Koalition mit dem einst mächtigen Nachbarn aus.

Dennoch fühlte sich der König noch immer stark genug, die Bitten der Kreuzritter, die auf ihrem fünften Feldzug gegen die ›Ungläubigen‹ in Ägypten Niederlage um Niederlage erlitten, zu erhören. 1219 sammelte er seine Krieger, doch noch ehe sie nach Westen aufbrechen konnten, musste er sie nach Osten führen, da sich dort die ersten Horden der Mongolen seinem Reich näherten.

Der Mongoleneinfall

Die wissenschaftlich exakte Bezeichnung für die in der Mongolei, dem südlichen Sibirien und dem mongolischen Altai nomadisierenden Völker lautet Tataro-Mongolen. Diese Steppenvölker, von denen sich die einen als Mongolen, die anderen als Tataren bezeichneten, vereinigten sich im Jahre 1206, als der Stammesfürst Temuchin zum Großen Khan, Dshingis Khan, gewählt wurde.

Nachdem sie China erobert hatten, zogen die Mongolen nach Westen und tauchten nach einigen Jahren an den Grenzen der russischen Fürstentümer auf. In den Steppen vom Unterlauf der Wolga bis nach Kasachstan fanden sie ideale Bedingungen für ihre Herden.

Erstmals trafen Mongolen und Georgier 1220 aufeinander. In jenem Winter war es in den Wolgasteppen so kalt, dass die Mongolen in den Süden zogen, um sich und ihre Herden vor dem Erfrierungs- und Hungertod zu bewahren. Sie durchquerten Aserbaidschan und wandten sich dann gen Südwesten, wo sie auf eine georgische Armee trafen, die sie aufrieben und weiterzogen.

Das Höhlenkloster Uplisziche

Giorgi-Lascha bemühte sich um eine Koalition aller Völker des Kaukasus gegen die Mongolen. Noch ehe seine Anstrengungen aber von Erfolg gekrönt waren, suchten die Mongolen das Land erneut heim, schlugen die Truppen des Königs in offener Feldschlacht und zogen abermals weiter.

Als sie zum dritten Mal auftauchten, stellten sich ihnen die Hauptkräfte der georgischen Armee, etwa 60 000 bis 80 000 Krieger, entgegen. Bei Chunani kam es zur Schlacht, die unentschieden endete. Die Verluste der Mongolen waren zu hoch, um den Feldzug fortzusetzen, und sie zogen sich zum Kaspischen Meer zurück.

Giorgi-Lascha meinte, die Mongolen seien geschlagen, weshalb er sich friedlicheren Obliegenheiten widmete, unter denen die Gattenwahl für seine Schwester Rusudan die dringendste war. Auf einer Reise in den Angelegenheiten seiner Schwester erkrankte der König jedoch und verstarb. Rusudan folgte ihm auf dem Thron. In der Beurteilung Rusudans sind sich ihre Zeitgenossen einig: Geerbt hatte sie von ihrer Mutter nur eines – deren Schönheit, nicht aber Tamaras staatsmännisches Talent. Dennoch blieb sie 23 Jahre auf dem Thron, und das in einer Zeit, da Georgien am Rande des Untergangs balancierte.

Das Blutbad durch Dshalal ad Din

Der Ost-West-Zug der Mongolen hatte Bewegung in das in Jahrhunderten gewachsene ethnische und dynastische Gefüge der Region gebracht. Bereits 1219/1221 hatten die Mongolen das Emirat von Choresma bestürmt, das die Araber und Seldschuken auf einem riesigen Territorium zwischen dem Hindukusch und Aserbaidschan, dem Aralsee und dem Persischen Golf gegründet hatten und das um die Jahrtausendwende zu einer der bedeutendsten Mächte geworden war. Sein letzter Herrscher war der Schahin-Schah Mohammed, der von den Mongolen geschlagen wurde und auf der Flucht den Tod fand.

Mohammeds Sohn, Dshalal ad Din wollte den Zug der Mongolen stoppen und sein Reich zurückerobern. Dafür benötigte er viel Geld, und jedermann im Osten wusste, wo es die größten Reichtümer auf geringstem Raum gab, nämlich in Georgien, das sich jahrzehntelang auf Kosten seiner Nachbarn bereichert hatte.

1225 marschierte Dshalal ad Din mit seiner Armee in Ostgeorgien ein. Schon bald erreichte er Tbilissi, aus dem sich Rusudan und ihr Hof nach Westgeorgien abgesetzt hatten. Die georgische Hauptstadt war von mächtigen Befestigungsanlagen umgaben. Einer der Legenden zufolge öffnete den Belagerern ein Verräter, ein Perser, die Stadttore; eine andere, georgische, berichtet, dass die Festung fiel, weil die Georgier auf einen simplen Trick Dshalal ad Dins hereinfielen, der, um die Belagerten zu täuschen, nur einen Bruchteil seiner Truppen zum Sturm aufgestellt hatte, während die anderen sich verborgen hielten.

Die Chroniken erzählen, dass die Stadt im Blut der zehntausenden gemeuchelten Bewohner, Männer, Frauen und Kinder, versank, dass das Wasser der Mtkwari sich rot färbte und die Leichenteile der Ermordeten noch tagelang die Straßen und Plätze bedeckten. Dshalal ad Din befahl, die Kuppel der Sionikirche abzumontieren und alle Ikonen aus ihr zu entfernen. Mit den heiligsten der Ikonen pflasterte er die über die Mtkwari führende Brücke und zwang die Überlebenden des Massakers, ihre Heiligenbilder mit Füßen zu treten. Die meisten wurden auf der Stelle niedergemacht und in den Fluss geworfen.

Mehrmals noch suchte Dshalal ad Din Georgien heim, doch blieben ihm die Mongolenheere von Ugedei Khan, einem der Söhne Dshingis Khans, auf den Fersen. Dshalals Kräfte schmolzen mit jeder Schlacht. Einige Jahre noch zog er plündernd durch die Lande. Nur ein Häuflein von Getreuen war ihm noch geblieben, als er 1231 durch das wilde Kurdistan zog, wo er und seine Leute gewöhnlichen Wegelagerern zum Opfer fielen.

Georgien unter den Mongolen

15 Jahre waren seit dem ersten kriegerischen Aufeinandertreffen von Mongolen und Georgiern vergangen, Dshingis Khan war tot. Bevor er starb, hatte das Reich unter seinen drei Söhnen aufgeteilt. Ugedei Khan, der Erbe des südwestlichen Teils, eroberte Persien und unterwarf alle ehemaligen Vasallen Georgiens. Als seine Krieger 1235 plündernd und brandschatzend in Ostgeorgien einfielen, trafen sie auf keinen nennenswerten Widerstand. Königin Rusudan und ihr Hof hatten sich schon zuvor nach Kutaissi zurückgezogen; die Fürsten verschanzten sich in ihren unzugänglichen Bergfestungen. In den eroberten Gebieten setzte Ugedei Khan Statthalter ein. Ganz Ostgeorgien befand sich in mongolischer Hand. Den Kriegern folgte der Tross, bestehend aus endlosen Wagenkolonnen mit ihrem Hab und Gut, den Jurten, Frauen, Kindern und Alten, ihren zahllosen Viehherden. Binnen kurzem verwandelten sich die Gärten, Felder und Weinberge der Georgier in endlose Koppeln.

Rusudan fehlten die Mittel, die Mongolen aus dem Land zu jagen. Sie schrieb einen Bittbrief an den Papst in Rom, der versprach, für sie zu beten. So blieb ihr nichts, als sich zu arrangieren. Ein Enkel von Dshingis Khan, Batu Khan, der später bis nach Westeuropa vordringen sollte, hatte seine Hauptstadt, die ›Goldene Horde‹, an der Wolga. Zu ihm nun schickte Rusudan einen ihrer treuesten Minister, der im Namen seiner Königin demütig um Frieden und um die Anerkennung der Rechte ihres Sohnes Dawit auf den georgischen Thron bat. Batu Khan willigte ein; der Osten des Landes jedoch sollte unter direkter Verwaltung der mongolischen Statthalter verbleiben. Außerdem sollte Rusudan ihm Tribut in Gold zahlen und jeden fünften männlichen Untertanen für seine Kriege aufbieten.

Rusudans Sohn hatte das Anrecht auf den Thron erworben, doch nicht allein. Der zweite Prätendent, der auch Dawit hieß, war der unehelich geborene Sohn Giorgi-Laschas. Die Legende berichtet, dass beide Dawits – der Sohn Giorgi-Laschas, genannt Dawit-Ulu, und der Sohn Rusudans, Dawit-Narin – das Land gemeinsam regierten. Beide Könige herrschten in einem formell geeinten, doch tatsächlich geteilten Land. Wenn auch nichts näheres über die Beziehungen der beiden Könige zueinander bekannt ist, so kann man wohl davon ausgehen, dass diese nicht feindschaftlich waren. Zumindest kursierten schon wenige Jahre nach ihrer Thronbesteigung Kupfermünzen mit dem Porträt von Dawit-Ulu auf der einen und Dawit Narin auf der anderen Seite. Der gemeinsame Hass auf die Mongolen mag eine wichtige Quelle ihres Einverständnisses gewesen sein.

Dawit-Narin stellte sich 1259 an die Spitze eines Aufstandes, der nicht nur Georgien, sondern auch weite Teile Aserbaidschans erfasste. Chulagu Khan, der die südwestlichen Teile des Mongolenreiches regierte, schickte eine Armee, die von den Georgiern geschlagen wurde. Als die Mongolen erneut und mit einem weitaus stärkeren Heer anrückten, zerstreute Dawit-Narin die Reste seiner Armee und zog sich nach Westgeorgien zurück, wo er sich zum König von Abchasien und Imeretien krönen ließ. Dawit-Ulu hatte zunächst Zurückhaltung geübt, versammelte nun aber den Adel und erklärte selbst den Aufstand. Einige Fürsten schlossen sich ihm an; viele andere aber kehrten ihm den Rücken und hielten sich an den Stärkeren – die Mongolen. In der entscheidenden Schlacht bei Gori wurden die Truppen des Königs geschlagen, und er selbst musste fliehen. Die Mongolen besetzten Tbilissi und nahmen Dawit-Ulus Frau Gwanza gefangen, die sie, um sich an Dawit-Ulu zu rächen, im Kapischen Meer ertränkten.

Georgischer Priester in Mzcheta

Wenig später aber musste Chulagu einlenken. Georgien war zu einem wichtigen Trumpf im machtpolitischen Spiel der mongolischen Clans geworden, den er nun gegen Batu Khan auszuspielen gedachte. Dazu brauchte er die Unterstützung, zumindest Neutralität Westgeorgiens. Er verzieh also Dawit-Ulu, ließ dessen Sohn frei und schickte ihm als Kompensation für die ermordete Gattin seine eigene Schwester zur Frau.

Dawit-Ulu starb 1270. Sein Sohn Demetrius II. bemühte sich, zwischen den Mächten zu lavieren und wechselte mehrmals die Seiten zwischen verfeindeten Angehörigen des mongolischen Clans der Chulagiden. Verrat ahndeten die Mongolen sowohl mit dem Blut des Verräters, als auch dem seiner nächsten Angehörigen, Berater und Freunde, mitunter ganzer Stämme und Völker. Der Khan forderte Demetrius auf, zu ihm zu kommen. Demetrius hätte fliehen können, doch er wusste, was in diesem Fall auf sein Volk zugekommen wäre. Nur in Begleitung seines Beichtvaters und Patriarchen der georgischen Kirche machte er sich auf den Weg ins Lager des Khans, wo ihn der Tod erwartete.

In den folgenden 20 Jahren spielten die Chulagiden Roulette auf dem georgischen Thron und schienen erst mit Giorgi V., dem jüngsten Sohn des hingerichteten Demetrius, einen zuverlässigen Bündnispartner gefunden zu haben.

Giorgi V. – der Glänzende

Giorgi V. hatte viele Jahre mit den Mongolen gelebt und wusste um ihre Stärken und Schwächen. Er verstand es, ihnen Vertrauen einzuflößen und sträubte sich auch nicht, als der Khan ihn ein Jahr nach seiner Krönung aufforderte, gegen die Feinde der Mongolen in Vorderasien ins Feld zu ziehen. Es sollte das letzte Mal gewesen sein, dass georgische Krieger an der Seite der Mongolen kämpften.

Zunächst einmal machte sich der König an den Wiederaufbau des zerstörten Landes. Er gründete einen Staatsrat, in dem die einflussreichsten Fürsten des Landes eine Stimme erhielten und der nun strenge, georgischem Recht folgende Gesetze annahm. Giorgi sicherte sich das Recht auf einen beträchtlichen Teil

Felsformationen im Osten des Landes

der Steuern, mit denen er seine wirtschaftlichen und finanziellen Reformen finanzierte, in deren Folge die traditionellen Wirtschaftszweige Georgiens von neuem erblühten.

Persönliche Macht und Einfluss des Königs gerieten unmerklich in Konflikt mit der aus schier unvorstellbarer Ferne ausgeübten Fremdherrschaft der Mongolen. Als die Zeit reif war, die Früchte seiner Poltik zu ernten, rief Giorgi 1336 die Fürsten des Landes in seine Residenz. Er wolle ein Gelage geben, ließ er ihnen ausrichten. Für das Fest aber hatte sich der König eine Überraschung einfallen lassen: Allen jenen der Fürsten nämlich, denen ihre Freundschaft zu den Mongolen zu sehr ans Herz gewachsen war, ließ er den Kopf abschlagen; mit den anderen speiste er dann und teilte ihnen mit, dass er die Herrschaft der Mongolen über Georgien als beendet betrachte.

Die Mongolen mussten feststellen, dass sie nicht einen einzigen Verbündeten mehr in Georgien besaßen. Georgien war zu stark geworden, um es mit Strafexpeditionen zu bezwingen, das Khanat zu schwach, ein siegreiches Heer ins Feld zu führen. Wenn auch das Land noch bis 1350, als die letzten mongolischen Münzen ihre Kaufkraft verloren, formal zum Khanat gehörte, mit dem Festmahl hatte Giorgi V. die Macht an sich gerissen und er sollte sie bis zu seinem Tod 1346 festhalten. Der Westen konnte aufatmen. Der Papst verlegte eine seiner Universitäten aus Izmir nach Tbilissi. In Jerusalem erhielten die Georgier das Recht der Privilegierten, die Straßen hoch zu Roß zu durchqueren. Der Ägyptische Sultan würdigte Giorgi V. als einen der ›außergewöhnlichsten Sterblichen‹.

Nach Giorgis Tod erbte sein Sohn Dawit IX. und dann sein Enkel Bagrat V. den Thron. Gegen innere und äußere Feinde hatten sich die georgischen Könige gewappnet; hilflos ausgeliefert waren sie jedoch der Geißel des Jahrhunderts, die mit den Handelskarawanen aus dem Reich der ›Goldenen Horde‹ nach Georgien kam: der Pest. 1366 fielen ihr auch die Frau König Bagrats und seine beiden Söhne zum Opfer. Jahre vergingen, bis sich Georgien von der Seuche erholt hatte.

Timur – Tamerlan

Im Jahre 1336, als Giorgi V. seinen Widersachern die Köpfe abhieb, kam Timur in Mittelasien zur Welt. Er wurde zum Anführer eines kleinen, aber straff organisierten mongolischen Stammes, dessen Krieger ihm treu ergeben waren und mit denen er an der Seite derer kämpfte, die es ihm am reichsten lohnten. In einer der Schlachten, heisst es, sei er verwundet worden und hätte dann zeitlebens gehinkt, daher sein Beiname Timur-Lenk – Timur der Hinkende.

Sicher ist, dass Timur große Teile Mittelasiens mit unbeschreiblicher Grausamkeit unterwarf und sich 1370 in seiner Hauptstadt Samarkand zum ›Großen Emir‹ ausrufen ließ. Er betrachtete sich als den geistigen Erben von Dshingis Khan und lebte in der Überzeugung, dessen Mission mit der Gründung eines ›Weltreiches der Mongolen‹ zum Abschluss zu bringen. In der Zeit von 1372 bis 1405 unternahm er 20 Kriegszüge, allein acht davon (zwischen 1386 und 1403) nach Georgien. Dies hatte vor allem mit der Lage des Landes am Schnittpunkt der beiden um Einfluss und Macht buhlenden mongolischen Reiche – das Timurs und das der ›Goldenen Horde‹ unter Tokhtamijch Khan – zu tun.

Die Tataro-Mongolen, die ihre Khanate auf den Territorien der ehemaligen arabischen Kalifate und seldschukischen Sultanate errichtet hatten, lernten sehr schnell die Kraft des Monotheismus, des Glaubens an Allah und seinen Propheten Mohammed kennen. Wenn auch die Mongolen noch lange nach ihrer Bekehrung anderen Religionen kaum mehr als die im Stammesinteresse notwendige Aufmerksamkeit schenkten, brauchte es nur eines Anführers wie Timur, um das explosive Gemisch aus Fanatismus und Expansion zu zünden. Georgien aber war das einzige christliche Land im Einflussgebiet Timurs, der vor der Erstürmung Tbilissis am 21. November 1386 schwor, nur diejenigen am Leben zu lassen, die zum Islam überträten. Das waren nicht allzu viele, weshalb die Eroberer Ausnahmen machten.

König Bagrat V. und seine Familie hatten die Belagerung durch Timur, den Beschuss der Stadt mit Katapulten und den erst wenige Jahre zuvor erfundenen Kanonen überlebt und waren dem ›Großen Emir‹ in die Hände gefallen. Der fand Gefallen am König der Georgier und nahm ihn, nachdem er in Tbilissi eine mongolische Garnision installiert hatte, samt Frau und kleinem Kind als Geiseln mit. Auf dem Weg nach Osten schwärmte Timur von Allah und dem Islam als der einzig wahren Religion. Bagrat tat so, als würden ihn Timurs Argumente überzeugen und sein Eifer ihn anstecken. Er versprach, sein Volk zum Islam zu bekehren. Timur gab Bagrat 12 000 seiner besten Krieger als Ehreneskorte, die den König bei seinem Missionswerk unterstützen sollten. Bagrat zog zurück nach Tbilissi, schaffte es jedoch rechtzeitig, seinen Ältesten Sohn Giorgi zu warnen. Der Prinz legte einen Hinterhalt, in dem die meisten der 12000 Soldaten Timurs ihr Leben ließen. Dann zogen Vater und Sohn nach Tbilissi, wo sie die mongolische Garnision vernichteten.

Die Rache Timurs ließ nicht lange auf sich warten. Nach Jahresfrist kehrte er mit einem neuen Heer nach Georgien zurück. Im Verlaufe von 15 Jahren überzog er das Land wieder und wieder mit Feuer und Schwert, ohne den Widerstand der Georgier brechen zu können. 1401 unterschrieben er und Giorgi VII., der nach dem Tod seines Vaters den georgischen Thron innehatte, einen Friedensvertrag, der dem Königshaus innenpolitisch völlige Freiheit ließ, es aber als Vasallen der Mongolen zu Tributen und Kriegsdiensten zwang. Nach Timurs Tod beteiligte sich Giorgi am Krieg der Erben des ›Großen Emirs‹ um die besten Stücke aus dem imperialen Kuchen und erhielt als Lohn einige Gebiete im Südosten und Südwesten. Das Leben dieses georgischen Königs endete auf dem Schlachtfeld.

Auf dem Thron folgte ihm sein Bruder Konstantin I. Die Kriege hatten Georgien ausgeblutet; vertrocknetes Geäst bedeckte anstelle der ehemals blühenden Weingärten die Berghänge, und dort, wo einst fruchtbares Ackerland für Reichtum gesorgt hatte, erstreckte sich nun wüstenähnliches Ödland. So viele Menschen waren vertrieben oder ermordet worden, dass der König, als er sich Eindringlingen entgegenstellte, nicht mehr als 2000 waffentüchtige Krieger fand und in der Schlacht fiel.

Das war 1412, und der nächste König hieß Alexander, der in einigem patriotischem Überschwang später den Beinamen ›der Große‹ erhielt, weil er es in den 30 Jahren seiner Regentschaft vermochte, dem Land eine Ruhepause zu verschaffen. So paradox es auch erscheinen mag, diese drei Jahrzehnte relativer Ruhe und Prosperität verdankte Georgien Timur. Der hatte sich mächtiger Konkurrenten zu erwehren, unter denen der Ende des 13. Jahrhunderts entstandene Feudalstaat der Osmanen einer der gefährlichsten war. Die Osmanen hatten weite Teile Kleinasiens unter ihre Kontrolle gebracht, von wo aus sie auf den Balkan vordrangen und in der Schlacht auf dem Amselfeld 1386 die Serben besiegten. 1403 plante ihr Herrscher Bajaset I., der Sieger vom Amselfeld, Konstantinopel zu erobern, wurde aber von Timur daran gehindert.

Wehrtürme in Swanetien

Aus dem Streit um Timurs Erbe, der sich überwiegend im Zweistromland abspielte, ging Anfang des 16. Jahrhunderts die vom Scheich Saphi ad Din begründete persische Dynastie der Seufeviden hervor, die unter Schah Ismail I. in westlicher und nördlicher Richtung zu expandieren begann und in Konflikt mit den Osmanen geriet.

Osmanen und Perser

1453 eroberten die Osmanen Konstantinopel. Georgiens Korridor zum christlichen Europa war abgeschnitten. Nördlich des Kaukasus hatten sich die Russischen Fürstentümer zum Ende des 15. Jahrhunderts zwar von der Vormundschaft durch die Goldene Horde weitgehend befreit, waren aber vom Schwarzen Meer durch türkische Stämme getrennt, die mit den Osmanen paktierten und die Russen am Zugang zum Meer hinderten.

Nach dem Tode Alexanders endete die Geschichte Georgiens als selbständiges Staatswesen und Königtum. In den folgenden Jahrzehnten teilten Fürsten das Land unter sich auf. Imeretien scharte die Vasallenfürsten von Gurien, Abchasien und Mingrelien um sich, mit denen es das westgeorgische Königreich begründete; Kachetien, Samzche und die anderen Fürstentümer schlossen sich im Osten zusammen.

Die Ost-West-Teilung entsprach annähernd dem strategischem Gleichgewicht zwischen Osmanen und Persern. Keines der beiden Reiche war imstande, ganz Georgien zu unterwerfen und ließ dennoch nichts unversucht, es zu tun. Je nach Situation standen ihnen die Georgier entweder im Wege oder boten sich als Bündnispartner an. In einem nur waren sich Osmanen und Perser einig – dass es an der Zeit sei, den Georgiern ihren christlichen Eigensinn auszutreiben und sie zum Islam zu bekehren; was die Zerstörung Dutzender Kirchen, das Verbot der Kultur und Sprache, und für zehntausende Menschen die Vertreibung und Versklavung zur Folge hatte. Der Adel nutzte die sich aus dem neuen Kräfteverhältnis ergebenden Möglichkeiten, um mal mit den Persern, dann wieder mit den Osmanen Kompromisse zu schließen.

Dieser Kampf an zwei Fronten gegen zwei überlegene Gegner nahm oft dramatische Züge an und produzierte tragische Schicksale, die noch lange in den Legenden aus jenen kriegerischen Zeiten nachhallten.

Luasarb I., König von Kartli, war einer der historischen Helden, der sich um die Einheit Georgiens bemühte. In den fast 30 Jahren seiner Regentschaft von 1527 bis 1556 musste er nicht weniger als vier Mal gegen die Perser in den Sattel steigen. Der Preis, den er für seine Siege und selbst die Niederlagen zu zahlen hatte, war hoch. In den Kämpfen verlor er seine Frau und seine Mutter, die von den Persern als Geiseln entführt worden waren. Schah Tamaz hoffte, den König zum Einlenken zwingen zu können, indem er den Stolz des Kriegers gegen die Liebe des Sohnes und Mannes ausspielte. Über das Schicksal von Luasarbs Frau ist nichts bekannt; seine Mutter aber vergiftete sich in Gefangenschaft. Wenig später schlug auch des Königs Stunde. Wieder war er gegen die Perser ins Feld gezogen und wieder war seine Schar dem Gegner unterlegen. Noch bevor der ungleiche Kampf begann, befahl er seinen 19-jährigen Sohn Simon zum Feldherrn über die Armee und warf sich selbst ins Kampfgetümmel. Luasarb ließ sein Leben, die Schlacht endete mit einem Sieg über die Perser, und Simon war der neue König. Simons älterer Bruder Dawit aber trat zum Islam über und in persische Dienste.

Das Schicksal König Simons veranschaulicht die dramatische Situation, in der sich die georgischen Notablen jener Zeit befanden. 1569 schlugen die Perser seine Armee und nahmen den König gefangen. Neun Jahre verbrachte der König in persischer ›Ehrenhaft‹, bis die Osmanen das Blatt in Georgien zuungunsten der Perser gewendet hatten. Nun zahlte sich die Milde, mit der diese Simon begegegnet waren, aus. Der König durfte 1578 nach Georgien zurückkehren und brachte den Osmanen eine schwere Niederlage bei. Der Glanz von Simons Siegen strahlte bis nach Europa, und Papst Clements VIII. und Rudolf II. von Österreich schickten ihre Gesandten an seinen Hof.

Die Osmanen aber rüsteten ein neues Heer gegen die Georgier. Durch Verrat fiel ihnen Simon in die Hände. Der Sultan bot Simon den Thron eines wiedervereinten Georgiens an, zu zwei Bedingungen: dass er ihm ewige Treue schwöre und zum Islam übertrete. Simon lehnte dankend ab und starb nach 12 Jahren in türkischer Gefangenschaft.

Auf den persischen Thron gelangte 1587 Schah Abbas I., ein außergewöhnlicher Mensch, der Persien auf den Gipfel seiner Macht und seines Glanzes führte. Zunächst sah es aus, als würden die Ostgeorgier und Abbas miteinander auskommen. Luasarb II., seit 1605 König von Kartli, sowie der kachetinische König Teimuras I. verbündeten sich mit dem Schah gegen die Osmanen, denen sie eine vernichtende Niederlage zufügten. Teimuras führte jedoch geheime Verhandlungen mit den Russen, die nach dem Sieg über die Reste der Goldenen Horde bis zum Kaspischen Meer und den Nordhängen des Kaukasus vorgedrungen waren. Teimuras bot dem Zaren das Protektorat über den Kaukasus an, wenn die Russen mit ihm gegen Osmanen und Perser ins Feld ziehen würden. Abbas, der Diplomat, sah den Intrigen seiner georgischen Vasallen lange abwartend zu. Er bot Familienangehörigen ›Gastfreundschaft‹ an seinem Hof. Luasarb hatte keine Angehörigen; Teimuras schickte dem Schah als Geiseln seine Mutter und die beiden Söhne.

Einige Jahre später, 1614, erschien der Schah plötzlich mit seiner Heeresmacht an den Grenzen von Kartli und Kachetien. Als Luasarb und Teimuras sich weigerten, Abbas einen Besuch abzustatten und stattdessen nach Imeretien flüchteten, töteten die Krieger des Schahs in wenigen Wochen mehr als 100 000 Menschen und trieben noch einmal so viele in den Iran. Die Nachkommen dieser Georgier leben bis heute in der Umgebung der iranischen Stadt Fereidan.

Als das Heer des Schahs die Grenze zu Kartli erreicht hatte, wiederholte Abbas seine Einladung an die ›innigst geliebten Verwandten‹. Luasarb trat angesichts der Greuel, die die Perser in Kachetien verübt hatten und die er seinem Volk ersparen wollte, freiwillig vor Abbas. Der schickte ihn in den Iran. Luasarb verweigerte den Übertritt zum Islam und wurde 1622 im Gefängnis erdrosselt.

Bis zu seinem Tod 1629 suchte Abbas Georgien noch mehrmals heim. Als Fürsten und Könige litt er nur diejenigen, die zum Islam übertraten; alle anderen mussten der Sklaverei oder Deportation gewärtig sein. Vor allem Frauen und Kinder waren bei Osmanen und Persern beliebte Handelsware, und einige georgische Fürsten ließen es sich nicht nehmen, mit dem Verkauf von Kindern und Jugendlichen an die Harems und Sklavenmärkte des Orients von diesem einträglichen Geschäft zu profitieren. Da half auch keine Drohung mit der Todesstrafe, welche die Könige auf Druck der Kirche gegen Sklavenhändler verhängten.

Georgien war jedoch nicht das einzige Schlachtfeld, auf dem Abbas zu kämpfen hatte, und er konnte nicht verhindern, dass seine Garnisionen von Zeit zu Zeit niedergemacht, seine persischen Statthalter und georgischen Verbündeten ermordet wurden. Georgien befand sich im Zustand des permanenten Krieges, und solange er anhielt, waren die Mutter und die Söhne von Teimuras in relativer Sicherheit. Erst als der kachetinische König 1624 erneut Kontakt zu den Russen aufnahm, nahm Abbas grausam Rache: die beiden Söhne des Georgiers ließ er kastrieren, die Mutter – Ketewan – foltern und ermorden, weil sie sich weigerte, den Islam anzunehmen. Sie starb als Märtyrerin und wurde später heilig gesprochen. Das Leben und den tragischen Tod der Königinmutter beschreibt der deutsche Schriftsteller Andreas Gryphius in seinem Roman ›Catharina von Georgien‹.

In die Knie zwingen konnte der Schah Teimuras damit nicht. Erst als Teimuras begriff, dass die Hoffnungen, die er sein ganzes Leben in das christliche Russland gesetzt hatte, vergeblich waren, wagte er den ›Gang nach Canossa‹ zu Schah Abbas II. Da er sich weigerte, seinen am russischen Hof erzogenen Enkel Irakli als Pfand für den angebotenen Frieden am Hof des Schahs zurückzulassen, warf dieser ihn ins Gefängnis, wo der greise König 1663 starb. Mit ihm verschied der letzte ostgeorgische König, der sich bis zum Schluss geweigert hatte, zum Islam überzutreten.

Moschee in Batumi

Die neuerbaute Sameba-Kathedrale in Tbilissi

Georgien und Russland

Peter, der 1682 den moskowitischen Thron bestieg, bewegten hochfliegende Träume. Zu seinen ersten Gegnern wählte er sich die Tataren im Süden, die zum Osmanischen Reich gehörten. Peter hatte nur wenig Mühe, den Tataren einen Schrecken einzujagen und ihnen die Festung und den Hafen Asow am Schwarzen Meer abzujagen. Georgien grenzte erstmals seit fast 300 Jahren wieder an eine christliche Großmacht.

Doch die Hoffnung auf Unterstützung aus dem Norden währte nicht lange, denn Peters eigentliches Ziel war die Ostsee, und den Zugang zu ihr verriegelte ihm der schwedische Karl XII. Im Süden verlor der Zar in der zweiten Runde seines Duells mit der Hohen Pforte eine Schlacht nach der anderen und musste sich letztendlich dazu verpflichten, alle Festungen am Schwarzen Meer zu räumen und die Schiffe der Flotte zu versenken. Im Nordkaukasus und im kaspischen Raum wurden die Russen durch die dort lebenden, zumeist muslimischen Völker an einer weiteren Expansion gehindert. Zar Peter wollte, um die Kontrolle über den Seidenhandel zu erlangen und Persien wirtschaftlich zu schwächen, den östlichen Kaukasus unter seine Kontrolle bringen. 1720 schickte der Zar seinen Emissär Volinskij zu König Wachtang VI. von Kartli, einen der gebildetsten Herrscher seiner Zeit (siehe das Kapitel zur Literatur). Peter ließ dem König ausrichten, dass er sich als ›Schutzpatron der kaukasischen Christen‹ sehe und ein Bündnis mit Kartli anstrebe. Der König schenkte dem christlichen Herrscher Glauben. Als die Russen ihn baten, gegen die Lesghier, ein zentralkaukasisches Volk, das im Zuge der Wirren weite Teile Georgiens besetzt hatte, ins Feld zu ziehen, bot

Wachtang ein Heer von 40 000 Kriegern auf. Zar Peter brach sein Versprechen. Nicht ein russischer Soldat stieß zu Wachtangs Truppen; schlimmer noch: 1724 schloss Peter mit den Türken einen Friedensvertrag, in welchem er den Anspruch der Pforte auf Ostgeorgien anerkannte. Wachtang VI. hatte allen Boden unter den Füßen verloren, sein Land war geplündert; er selbst musste fliehen und fand mit seinem Gefolge politisches Asyl in Moskau.

Irakli II., König von Kachetien (1744-1798) und Kartli (1762-1798), regierte sein Land mit politischem Verstand und diplomatischem Geschick. Trotz widriger Umstände vermochte er es, Wirtschaft und Kultur zu beleben, den Staat zu konsolidieren. Mit 16 Jahren zog Irakli das erste Mal in den Krieg. Insgesamt schlug er 40 Schlachten, von denen er 30 gewann. Friedrich II. von Preußen soll gesagt haben: ›Im Westen bin ich, im Osten Heraklios.‹

Iraklis Gegenspielerin auf dem russischen Thron war Katharina II., die von 1763 bis 1796 die Geschicke des Zarenreiches lenkte. Das christliche Georgien war für sie die Trumpfkarte im Spiel gegen die Osmanen und Perser. 1768 erklärte sie der Pforte den Krieg. Der Glaube an die gemeinsame christliche Religion als Grundlage des ritterlichen Ehrenkodex der georgischen Könige war für Irakli II. in seiner Entscheidung für ein Bündnis mit den Russen ausschlaggebend. 1770 besiegte er die Türken in Südgeorgien. Nach dem 1774 mit der Türkei geschlossenen Friedensvertrag zog Katharina ihre Soldaten aus Georgien ab, das nun von allen Seiten bedrängt wurde.

Irakli II. bat mehrere westeuropäische Mächte um Unterstützung – vergebens. Einige Jahre später wandte er sich erneut an die Zarin mit der Bitte um Schutz und Beistand. Die Verhandlungen seitens der Russen führte der Favorit der Zarin, Fürst Potjomkin, der seiner Herrscherin bereits die Krim zu Füßen gelegt hatte. 1783 unterzeichneten König Irakli II. und Fürst Potjomkin das Traktat von Georgiewsk (ein Ort an der Georgischen Heerstraße). Dieser Beistandspakt beließ den Georgiern ihre innere Unabhängigkeit, verpflichtete sie aber, den russischen Zaren Waffendienste zu leisten. Die Nachbarn waren beunruhigt. Sie beschworen Irakli, sein Land den Russen nicht als Aufmarschbasis zu überlassen und versprachen ewigen Frieden.

Als in Persien Anfang der 90er Jahre des 18. Jahrhunderts ein heftiger Kampf um die Thronfolge ausbrach, stellte sich Russland – und mit ihm, eingedenk seiner Bündnispflichten, Georgien – auf die falsche Seite. Aus den inneren Machtkämpfen ging Schah Aga Khan Mohammed als Sieger hervor. Mit seinen Gegnern rechnete er blutig ab. Als er 1795 Ostgeorgien besetzte, es plünderte und Tbilissi in einem sinnlosen Anfall von Rachsucht niederbrennen ließ, blieben die Georgier wie schon in den Jahrzehnten zuvor auf sich allein gestellt. Das Zarenreich gewährte seinen ›Verbündeten‹ nicht einmal einen Kredit zum Wiederaufbau des Landes. Nach dem Tod Katharinas wurden alle russischen Truppen aus dem Kaukasus abgezogen und einzig der gewaltsame Tod des Schah bewahrte Georgien vor der völligen Vernichtung.

Trotz der tragischen Misserfolge gen Ende seiner Herrschaft und seiner Fehleinschätzung der russischen Politik wurde Irakli II. vom Volk als ›König-Held‹ verehrt. Die Folge seiner engen Anbindung an das Zarenreich war, dass

Zar Alexander I., der 1801 nach dem gewaltsamen Tod seines Vaters Paul in Petersburg auf den Thron gelangte, keine Mühe hatte, den Georgiern auch noch den Rest ihrer Unabhängigkeit zu nehmen. In seinem ersten Regierungsjahr erklärte der Zar Georgien zum russischen Protektorat. Stück um Stück geriet das Land unter die Herrschaft der Russen. Die georgischen Adligen wurden Adlige des russischen Imperiums, das Königtum als politische Institution verschwand 1811 mit dem Tod des letzten Königs, Giorgi XII.

Mit Alexander begann die Russifizierung Georgiens, die Kirche geriet unter die Aufsicht des russischen Patriarchats, Aufstände einzelner Fürsten erstickte die russische Armee.

Georgien im 19. Jahrhundert

Die Annektion Georgiens durch die Russen hatte, neben vielen anderen, einen für die Patrioten erfreulichen Effekt: die territoriale Vereinigung der einzelnen Regionen, einschließlich des Westens und Ostens, die den nationalen Gedanken in der Epoche der Herausbildung bürgerlicher Nationalstaaten beflügelte.

Der georgische Adel setzte sich zusammen aus einer zahlenmäßig unbedeutenden Aristokratie, die auch unter den neuen Bedingungen in ihrer Macht kaum eingeschränkt wurde, und einer Vielzahl von Kleinadligen, den Asnawuren, mit geringem Landbesitz, die sich ihre Rechte auf Titel und Besitz in zahlreichen Aufständen erkämpften.

Seit Mitte des 19. Jahrhunderts nahm das Ansehen der Universitätsbildung in Georgien zu. Sowohl die adligen Familien als auch reiche Bürger schickten ihre Söhne auf die russischen, später auch deutschen und französischen Universitäten, wo die jungen Leute, fern von Heimat und Tradition, mit dem europäischen Geist des 19. Jahrhunderts Bekanntschaft schlossen und neben anderen auch liberale Ideen mit nach Hause brachten, die sie mit der Forderung nach ›Wiedergeburt der Heimat‹ verknüpften. Dieserart entstand eine georgische Intelligenz, die

Russischer Klassizismus in Batumi

sich unter den drei Bannern ›Heimat, Sprache und Glaube‹ zusammenfand, als ›Pirveli Dasi‹ (dt. : Erste Gruppe) in die Geschichte einging und zu der so bedeutende Persönlichkeiten wie Fürst Ilja Tschawtschawadse und Akaki Zereteli gehörten. Das Ziel der Gruppe war es, zum Wachstum des nationalen Selbstbewusstseins, zur Wiedergeburt der georgischen Kultur und zur Beseitigung des Analphabetentums beizutragen. Die ihnen auf dem Fuße folgende ›Meore Dasi‹ (dt. : Zweite Gruppe) ging in ihren Forderungen weiter und forderte daneben auch eine Modernisierung der Wirtschaft, insbesondere der Landwirtschaft.

Anfang der 90er Jahre des 19. Jahrhunderts entstanden erste sozialdemokratische Zirkel, die zur ›Messame Dasi‹ (dt. : Dritte Gruppe) zu rechnen sind, die zu den Forderungen von Gruppe Nr. 1 und Gruppe Nr. 2 das Ziel proklamierte, die Gesellschaft nach marxistischen Ideen umzuwälzen. Da die Sozialdemokraten bewusst soziale und ökonomische Fragen in den Vordergrund rückten, gelang es ihnen schnell, das Vertrauen der landlosen oder landarmen Bauern zu erringen.

Die Geschichte der revolutionären Bewegung in Georgien kann, selbst bei großer Liebe zum Detail, auf wenigen Seiten abgehandelt werden und verdient dennoch Beachtung, will man einige ihrer Phänomene, wie das des Georgiers Dshugashwili alias Stalin zum Beispiel, wenn auch nicht verstehen, so doch in seiner Tragik erahnen. Zuallererst fällt ins Auge, dass es für eine proletarische Bewegung keinerlei Voraussetzungen geben konnte: Die Mehrheit der Bevölkerung waren landarme oder landlose Bauern, Handwerker oder Händler, die Industrialisierung und Ausbeutung der Bodenschätze hatte eben erst begonnen, einzig Tbilissi war über eine Eisenbahnlinie an Russland angebunden, der Hafen von Batumi spielte in der russischen Schifffahrt eine untergeordnete Rolle und in Georgien gab es keine Hochschule oder Universität.

Die nationale und kulturelle Wiedergeburt, die Unabhängigkeit von Russland waren deshalb die aktuellen Forderungen, und einer derjenigen, der sie am einleuchtendsten und nachdrücklichsten zu interpretieren und vertreten vermochte, war Ilja Tschawtschawadse, der übrigens auch als einer der ersten Intellektuellen auf die Fähigkeiten Josif Dshugaschwilis aufmerksam machte – nicht auf die des Revolutionärs, sondern die des Dichters.

Nach der Spaltung der Sozialdemokraten in ›Bolschewiki‹ und ›Menschewiki‹ tendierte die Mehrheit der georgischen Mitglieder der ›Mesame Dasi‹ zu letzteren, und in der Revolution von 1905/07 spielten sie, nicht die Bolschewiki, die entscheidende Rolle. Die Bolschewiki waren dort erfolgreich, wo es ihnen gelang, Streiks zu organisieren, wie Stalin etwa in Baku (im heutigen Aserbaidschan). Doch für einen entscheidenden politischen Rückhalt im Volk fehlten die Voraussetzungen.

Die ›Revolution‹ von 1917

Die bürgerlichdemokratische (wie die Bolschewiki sie bezeichneten) Februarrevolution 1917 und die Abdankung des letzten russischen Zaren Nikolai II. öffnete die Schleusen der lange zurückgehaltenen nationalen Gefühle im Völkergefängnis Russland (auch das eine Definition bolschewistischer Lesart). Es schien, als schlügen mit dem Sturz des Zaren die Glocken der nationalen Erneuerung und als wäre nun die Zeit gekommen, dass sich die Sehnsüchte nach nationaler und staatlicher Selbstbestimmung erfüllen würden, entweder im gleichberechtigten Bündnis mit Russland oder aber auch unabhängig von ihm.

In Georgien hatten die Bolschewiki auch im Februar 1917 so gut wie keinen Einfluss auf das Geschehen. An der Spitze der Bewegung standen die menschewistischen Sozialdemokraten. Zwei ihrer führenden Köpfe, Zereteli und Tschechidse, bekleideten Ministerämter in der Petrograder Provisorischen Regierung; in Georgien formierte sich unter der Regie von Noe Dshordania ein Sonderkomitee für den Transkaukasus, das die Grundlagen für eine Zusammenarbeit zwischen den transkaukasischen Ländern und, wie es hieß, freundschaftliche Beziehungen zu einem demokratischen Russland ausarbeiten sollte.

Der Traum von einem demokratischen Russland jedoch war schnell ausgeträumt. Im Oktober 1917 stürzten die Bolschewiki in Petrograd die Provisorische Regierung und verkündeten: Alle Macht den Sowjets. Propagandistisch setzten die Revolutionäre unter Lenin auf die Selbstbestimmung der Völker, realpolitisch griffen sie nach der Macht und proklamierten die Weltrevolution. Bolschewistische Militäreinheiten versuchten Ende November auch in Georgien zu rebellieren, wurden aber von Dshordaniatreuen Truppen niedergeschlagen. Dessen Regierung beschloss daraufhin, Russland den Rücken zu kehren. Die in Armenien und Aserbaidschan an die Macht gelangten bürgerlichnationalen Bewegungen, die Daschnakzutjun und Musawat, boten sich als Bündnispartner an. Ende November 1917 entstand das Transkaukasische Komitee, und im Januar 1918 fanden die Wahlen für ein gemeinsames Parlament der drei Kaukasusländer statt.

Die einzige einmütig von den drei Bündnispartnern getroffene Entscheidung war die über den Austritt aus den Grenzen Russlands. In allen anderen Fragen offenbarten sich unüberbrückbare Meinungsverschiedenheiten, die, angefangen mit Unstimmigkeiten bei der Grenzziehung bis hin zu sozialen und ökonomischen Differenzen, die Unvereinbarkeit der Partner offenbarten.

Tbilissi im 18. Jahrhundert

Am 26. Mai 1918 erklärte die georgische Regierung die staatliche Unabhängigkeit des Landes. Einige der zuvor unter russischem Protektorat lebenden nationalen Minderheiten weigerten sich, die Oberhoheit Georgiens anzuerkennen. In einigen Regionen flammten Aufstände auf, die aber von der Dshordania-Regierung niedergeschlagen wurden.

Das deutsche Kaiserreich war das erste Land, das den Georgiern diplomatische Beziehungen antrug, und bereits am 28. Mai trat ein Vertrag in Kraft, demzufolge die Deutschen in Tbilissi eine Militärmission eröffneten, das Nutzungsrecht über die georgischen Eisenbahnen sowie eine Lizenz für den Abbau von Bodenschätzen, insbesondere Manganerz, erhielten. Damit war Kaiser Wilhelm den Engländern und deren Einflusszonen gefährlich nahe gekommen. Doch der Kaiser sollte nicht mehr lange Kaiser sein, und die deutsche Novemberrevolution und die bedingungslose Kapitulation verwandelten den diplomatischen Coup in eine Fußnote der Geschichte.

Das einzige europäische Land (außer Sowjetrussland), das noch Interessen in der Region verfolgte, war England, das kurz vor Ende des Krieges einige Kompanien aus Mesopotamien, wo eine der Kriegsfronten gegen die Türken verlief, an das Kaspische Meer verlegte, um sich den Zugang zu den aserbaidschanischen Ölvorkommen zu sichern. Ende 1919 zogen sich die Briten aus der Region zurück. Das Empire wusste: seinen Hinterhof würde sich Moskau nicht nehmen lassen, egal wer im Kreml, der 1918 Regierungssitz geworden war, das Sagen hatte – seien es nun die Bolschewiki, die Demokraten oder die Monarchisten. So widersetzte sich England auch mit seinem Veto einer Aufnahme Georgiens in den Völkerbund.

Die Bolschewiki, die im Bürgerkrieg zwischen Rot und Weiß eine Schlacht nach der anderen für sich entschieden, verstanden das Signal aus London. Im April 1920 stürzte der aserbaidschanische revolutionäre Militärrat die Regierung der Musawat und wandte sich an Moskau mit der Bitte um Unterstützung. Die kam wenig später mit der Roten Armee, und als die Türken signalisierten, dass sie nichts einzuwenden hätten gegen ein sowjetisches Armenien, war es im Dezember 1920 auch um dessen Unabhängigkeit geschehen.

Die Klammer um Georgien hatte sich geschlossen. Doch die bolschewistische Regierung hatte bereits 1918 die Unabhängigkeit Georgiens anerkannt und war, formal zumindest, an ihr Wort gebunden. Und da Budjonnis Reiterarmeen gerade die Polen bedrängten, konnte und wollte sich das Volkskommissariat in Moskau keine Blöße geben; mit dem ›Recht der Völker auf Selbstbestimmung‹ war damals ebenso Politik zu machen wie heute mit den Menschenrechten. Ein Vorwand musste her und der bot sich, als sich die Scharmützel zwischen Georgiern und Osseten sowie im Grenzgebiet zwischen Armenien und Georgien zu einem kleinen Krieg auszuwachsen begannen. Mit der Erklärung, ›dem Blutvergießen ein Ende zu bereiten‹, schickte das Volkskommissariat in Moskau Einheiten der Roten Armee in die Krisenregion. Den einzig nennenswerten Widerstand leisteten die Kadetten der Offiziersschule in Tbilissi. Kaum einer der jungen Adligen hat überlebt. Die Regierung von Dshordania verließ die Hauptstadt am 18. März und zog ins Pariser Exil.

Georgien und Sowjetrussland

»Wer nicht mit uns ist, ist gegen uns« – so ungefähr ließe sich die Grundüberzeugung der russischen Bolschewiki umreißen. Sie wollten die ideale Gesellschaft, ohne Klassenkampf und Ausbeutung, ohne Armut und Not. Doch bis zum Endziel des Kommunismus war es weit. Noch existierte in Georgien eine legale Opposition, sowohl innerhalb der Partei – in Form von Fraktionen – als auch außerhalb, als Partei der Sozialrevolutionäre und anderer Gruppen. Zum Selbstverständnis der neuen Macht jedoch gehörte es, dass sie, da sie die Wahrheit in letzter Instanz vertrat, neben sich keine Opposition duldete und diese mit allen Mitteln, bis hin zum Staatsterrorismus, bekämpfte. Der Roten Armee folgten die ›Außerordentlichen Kommissionen‹, bekannt als Tscheka, die auf die Ausschaltung echter und vermeintlicher politischer Gegner spezialisiert war.

Lenin betrachtete Georgien als einen Sonderfall unter den peripheren Gebieten des Sowjetstaats und warnte seine Genossen davor, »die russische Schablone auf die dortigen Verhältnisse zu übertragen.« Es sei im Gegenteil notwendig, »eine flexible und kluge Taktik« anzuwenden. Darum sollte sich Ordshonikidse, gebürtiger Georgier und Vertrauter Stalins, kümmern, der im März 1921 nach Tbilissi reiste, um mit den Kräften um Dshordania und anderen einflussreichen Menschewiki einen akzeptablen Kompromiß zu finden. Noch 1920 hatten die Georgier wissen lassen, dass sie »unter bestimmten Bedingungen nichts gegen eine Übernahme sowjetischer Verhältnisse« haben würden.

Lenin und Stalin, ein gebürtiger Georgier

Fast schien es, dass dafür die besten Voraussetzungen gegeben seien, stand doch der Georgier Stalin an der Spitze des Volkskommissariats für nationale Minderheiten und regelte die bolschewistische Regierung ihre Beziehungen zu Georgien über den schon erwähnten Sergio Ordshonikidse. Doch so wie Renegaten oft die schlimmsten Eiferer sind, hatten diese beiden Männer in ihrer ehemaligen Heimat noch Rechnungen offen, die sie nun als Sieger zu begleichen gedachten. Durch ihre Entscheidung für die Bolschewiki, nach der Spaltung der Partei 1903, waren sie in ihrer Heimat, insbesondere bei der Intelligenz, zu Außenseitern geworden; ihr Leben als Berufsrevolutionäre hatte sie verbittert, ihr ideologischer Internationalismus entwurzelt. Nun, da sie an der Macht waren und die Mittel in Händen hielten, ihre Ideen zu verwirklichen, scherten sie sich nicht um fremde Meinungen, es sei denn, sie drohten, ihnen gefährlich zu werden. Stalin hatte ein hervorragendes Gedächtnis – und er verzieh nie. Lenin, aufgeschreckt nicht erst durch Ordshonikidse, der in Verhandlungen mit georgischen Bolschewiki nicht einmal vor Handgreiflichkeiten zurückschreckte, kanzelte die Haltung seines Genossen als ›großrussischen Chauvinismus‹ ab. Und noch im März 1923 bat Lenin Trotzki: »Ich würde Sie sehr darum bitten, sich im ZK der georgischen Sache anzunehmen. Sie liegt jetzt in den Händen von Stalin und Ordshonikidse, und ich fürchte sehr, dass es den beiden an Taktgefühl fehlt.«

Die Transkaukasische Föderation

Am 30. Dezember 1922 wurde die Union der Sozialistischen Sowjetrepubliken proklamiert, zu deren Gründungsmitgliedern auch Georgien gehörte, und zwar im Verband der Transkaukasischen Föderation, die von Moskau nach der Besetzung des Kaukasus erneut zum Leben erweckt worden war. Dieser Status brachte Georgien selbst um die theoretische Chance, das in der Verfassung vorgesehene Recht der souveränen Republiken auf Austritt aus der Union wahrzunehmen. Auch wenn dieses Recht nicht mehr als eine schöne Illusion war, was Lenin mit den offenen Worten umschrieb: »Die Anerkennung des Rechtes auf Trennung verbietet es nicht, alles zu tun, um eine Trennung zu vermeiden«, es macht einen Unterschied, ein Recht faktisch zu haben und es (im Augenblick) nicht ausüben zu können oder gar kein Recht zu haben. So argumentierten auch die georgischen Bolschewiki im Zentralkomitee der einheimischen KP und traten, nachdem alles Diskutieren sinnlos geworden war, im Herbst 1922 geschlossen zurück.

Gut ein Jahr später, im Januar 1924, starb Lenin. Im gleichen Jahr flammte unter der Führung einiger aus dem Exil zurückgekehrter sozialdemokratischer Ex-Minister der Dordshania-Regierung ein Aufstand auf, der das ganze Land vom Schwarzen Meer bis Tbilissi erfasste und von der Roten Armee und den Sondertruppen der Tscheka im Blut erstickt wurde.

Die Transkaukasische Föderation bestand bis zum Jahre 1936. Alle Entscheidungen, die jede ihrer drei Teilrepubliken betrafen, mussten zunächst im Rahmen der Föderationsregierung einmütig beschlossen und dann vom Volkskommissariat in Moskau bestätigt werden. Von einer selbständigen Politik konnte unter solchen Umständen keine Rede sein, weshalb die Föderation, betrachtet man sie als politisches Machtinstrument zur Unifizierung der Sowjetunion, für Georgien eine ›Zwangsjacke‹ war.

Bis 1936 wurden alle Nationalitätenkonflikte innerhalb Georgiens zugunsten der ethnischen oder religiösen, was meist auf das gleiche hinauslief, Minderheiten gelöst. Georgien trat einige Gebiete an Aserbaidschan und insbesondere Armenien ab, in denen die Georgier nicht immer in der Minderheit waren. Sie waren es auch nicht in Abchasien, das 1921 den Status einer Sowjetrepublik im Bestand Georgiens erhielt – mit ähnlichen Rechten, wie sie Georgien im Rahmen der Transkaukasischen Föderation zustanden. 10 Jahre später wurde Abchasien zur autonomen Sowjetrepublik. Auf dem Gebiet des Inneren Kartli, wo sich einige Siedlungen der Osseten, eines nordkaukasischen Volkes befanden, wurde eine Südossetische Autonome Sowjetrepublik gegründet – als Geste der Dankbarkeit an die Osseten. Sie vor allem waren es gewesen, die 1921 die Zusammenstöße mit Georgiern provoziert hatten, welche Moskau den Vorwand zur Intervention gaben.

Stalin genügten die 14 Jahre des Bestehens der Föderation, um seine Ziele zu erreichen und jeden Widerstand gegen das Aufgehen der drei kaukasischen Länder in der Sowjetunion und gegen die von Moskau diktierte Politik zu ersticken. Erst als in Armenien, Aserbaidschan und Georgien die Kader herangereift waren, die ohne Widerspruch seinen Willen vor Ort verkörperten, lockerte der Generalsekretär die Zügel, ohne jedoch sein Auge von Georgien je abzuwenden.

Einer dieser Kader war der Georgier Lawrenti Berija, der von 1921 bis 1931 die Transkaukasische Tscheka, die Geheimpolizei, kommandierte. 1931 wurde er Erster Sekretär des Georgischen Zentralkomitees der Kommunistischen Partei und ein Jahr später Chef der Transkaukasischen KP. Seine Karriere verdankte er seiner unbedingten Treue gegenüber Moskau. Faktisch war er es, der im Auftrag Stalins nicht so sehr seine Hand am Puls des Landes hatte, sondern sein Messer an dessen Kehle. Furcht und Misstrauen hielt die Reihen der Kommunisten zusammen. Von den georgischen Delegierten des XVII. Parteitages der KPdSU im Jahre 1934 wurden nicht weniger als 70 Prozent erschossen, und von den 634 Delegierten des X. Parteitages der Georgischen KP erlitten 425 Kommunisten das gleiche Schicksal oder starben in den Lagern des GULAG, die Berija von 1938 bis 1947 als Chef des Geheimdienstes verwaltete. Und diese Zahlen, hinter denen sich das unbeschreibliche Leid nur erahnen lässt, sind nur die Spitze des Eisberges über dem Staatsterrorismus der Stalinära, dem auch der gesamte Adel zum Opfer fiel. Als faktisch zweiter Mann hinter Stalin im Staat, manche bezeichnen ihn als graue Eminenz, kümmerte sich Berija von 1947 bis 1953 um den Aufbau der Atomindustrie der Sowjetunion, den Militärisch-Industriellen Komplex im allgemeinen. Im April 1952, 11 Monate vor Stalins Tod, erschien er persönlich in Tbilissi und enthob faktisch die gesamte Parteispitze ihrer Ämter. Den anschließenden Säuberungen fielen nochmals hunderte Menschen zum Opfer. Als Stalin starb, streifte sich Berija den Mantel des Reformers über. Geholfen hat es ihm nicht, sein Stern verlosch, und es verging kein halbes Jahr, als Berija nach kurzem Prozess standrechtlich erschossen wurde.

Das Wappen der Sowjetrepublik Georgien

Die Jahre der Sowjetmacht bedeuteten für Georgien den Anschluss an die industrielle Transformation des ehemaligen russischen Imperiums. Ganze Industriezweige erwuchsen buchstäblich aus dem Boden. Dazu gehörte die Erschließung der im Kaukasus lagernden Bodenschätze. Die in der Kolchischen

Tiefebene betriebenen Meliorationsarbeiten verwandelten die einstigen malariaverseuchten Sümpfe in blühende Gärten. Dort, wie auch anderswo, entstanden staatseigene oder genossenschaftliche Zitrus- und Teeplantagen, entwickelte sich der Weinbau zu einem der einträglichsten Wirtschaftszweige.

Dank seines Klimas und der landschaftlichen Schönheit wurde Georgien zu einem der bedeutendsten touristischen Zentren der Sowjetunion.

Stalin liebte Georgien und unterhielt dort einige ›Regierungsdatschen‹. Es ist aber ein Mythos, dass alle Georgier Stalin verehrt hätten. Natürlich hatte der Kult um Stalin auch in Georgien bis in die jüngste Zeit hinein tiefe Wurzeln, aber zu viele Menschen waren dem Terror zum Opfer gefallen, als dass Pauschalisierungen angebracht wären.

Der Zweite Weltkrieg

Am 22. Juni 1941 überfiel Hitler-Deutschland die Sowjetunion. Von 3,5 Millionen Georgiern kämpften 700 000 Soldaten vom ersten bis zum letzten Tag an allen Fronten. Die Hälfte von ihnen sah ihre Heimat nie wieder, prozentual mehr, als der Krieg jeder anderen Sowjetrepublik an Opfern abverlangte.

Sein ganz persönliches Opfer in diesem Krieg brachte auch Stalin. Stalins Sohn aus erster Ehe, Jakow Dshugaschwili, ein junger Artillerie-Leutnant, war in deutsche Gefangenschaft geraten. Noch lange Zeit nach dem Krieg lag sein Schicksal im Dunkeln, hatte doch der Generalissimus selbst alle seine in deutsche Hände gefallenen Soldaten als Verräter denunziert. Die Gefangennahme seines Sohnes passte nicht zum Bild der Propaganda. Vom Schicksal Jakows existieren mehrere Versionen. Wahrscheinlich ist, dass die SS durch ihre Spitzel im Lager von der wirklichen Identität des jungen Leutnants erfuhr. Ihm wurde schonende Behandlung angeboten, die er ablehnte. Als sich 1943 Paulus vor Stalingrad ergab und Hitler einem seiner besten Generäle den Prozess machen wollte, bot er Stalin an, Paulus gegen Jakow auszutauschen. Stalin soll auf die Demarche geantwortet haben: »Ich tausche keinen Marschall gegen einen Soldaten.« Jakow sollte daraufhin seinem Vater schreiben und ihn um Hilfe bitten. Wieder lehnte er ab und zog den Tod im elektrisch geladenen Stacheldraht der Schande vor.

Ohne unmittelbar von den Kampfhandlungen betroffen worden zu sein, hatte Georgien für den letztendlichen Sieg der Sowjetunion einen hohen Preis zu zahlen. Die Wirtschaft produzierte ausschließlich für den Krieg, die Sanatorien hatten sich in Lazarette verwandelt, die Menschen litten unter dem Mangel – bis endlich drei sowjetische Soldaten, von denen der eine ein Georgier war (eine Reverenz an den Generalissimus Stalin, denn das Foto war gestellt), die rote Fahne auf dem Reichstag hissten.

Die Jahre nach dem Krieg

Der Krieg war vorüber, die Zerstörungen, die er angerichtet hatte, verheerend. Die Deutschland und seinen Verbündeten abverlangten Reparationen sollten die Verluste kompensieren. Endlos lange Güterzüge, beladen mit Maschinen und ganzen Industrieanlagen, rollten gen Osten. Es gehört zu den tragischen Momenten dieses Krieges, dass Stalin damit letztendlich den Deutschen, zumindest denen in den westlichen Besatzungszonen, in die Hände spielte und seinem eigenen Land einen Bärendienst erwies. Während es der Marschallplan nämlich der westdeutschen Industrie erlaubte, den Maschinenpark mit amerikanischer Hilfe auf technologisch aktuellstem Stand zu erneuern, geriet die Sowjetunion in den Besitz von Technik, die im Krieg verschlissen worden war. Der 1948 offen ausgebrochene Kalte Krieg isolierte das Land vom Rest der Welt und zwang das Land, ausschließlich aus eigenen Kräften mit dem Westen mitzuhalten.

Aber die Ressourcen reichen gerade aus, um die industrielle Produktion aufrechtzuerhalten. Für die Herstellung von Konsumgütern, die ›1000 Dinge des täglichen Bedarfs‹ konnte der Staat nicht aufkommen. Wie schon nach dem Bürgerkrieg Lenins ›Neue Ökonomische Politik‹ der Privatwirtschaft Freiräume schaffte, musste der Kreml nun erneut Zugeständnisse machen, wenn auch nicht in dem Maße wie Anfang der 20er Jahre und ideologisch geschickt bemäntelt als Gründung von ›Produktionsgenossenschaften‹. In diesen Kooperativen, meist nicht mehr als kleine Werkstätten, stellten Kriegsinvalide in Handarbeit oder mit einfachsten technischen Mitteln all das her, was in den Geschäften nicht zu haben war. Der Beitrag der Kleinbetriebe zum Bruttosozialprodukt war unbedeutend, die Lücken im Angebot konnten sie nicht füllen, aber das ›Defizit‹, der Mangel, wurde in der Sowjetunion zum Wirtschaftsfaktor Nummer 1. Die Schattenwirtschaft ernährte Produzenten und Händler ebenso wie die Partei- und Staatsfunktionäre, die die Genehmigungen erteilten, oder Miliz und Staatsanwaltschaft, die wegsahen. Ein sowjetisches Sprichwort lautete: »Wichtiger als 100 Rubel sind 100 Freunde« – und die waren auch nötig, um all das zu beschaffen, was dem Leben zu einem Minimum an Bequemlichkeit verhalf. Die aus dem illegalen oder halblegalen Handel erwirtschafteten Gelder überschwemmten das Land, und ab und an veranstaltete die sowjetische Justiz Schauprozesse, die bei ›besonders großem Ausmaß‹ der Bereicherung mit Verhängung der Todesstrafe endeten.

Georgien nun war nicht nur eines der Zentren der ›Kooperation‹, sondern stand faktisch auf dem Gipfel der Pyramide. Der Erfindungsreichtum der Georgier im Überlebenskampf mag dabei eine Rolle gespielt haben, ebenso wie der in den Jahrzehnten des Terrors nicht verloschene Gemeinschaftssinn. Doch ausschlaggebend für die Sonderstellung Georgiens waren die natürlichen Ressourcen des Landes: Zitrusfrüchte, Tee, Wein, Kognak, Urlaubsplätze in den Sanatorien und Ferienheimen, die mit Gold aufgewogen wurden, insbesondere in den nördlichen Regionen mit ihren kurzen Sommern und endlosen Wintern. Wer dort mit einer Kiste Kognak oder einem LKW voller Zitrusfrüchte oder gar gecharterten Aeroflot-Maschinen auftauchte, der wurde mit offenen Armen empfangen und bekam alles, einschließlich der Rohstoffe, deren Beschaffung für die Schattenwirtschaft das wichtigste Problem war.

Faktisch hatte Georgien nach 1946 innerhalb der Sowjetunion einen Sonderstatus inne. Die Schattenwirtschaft war keine Erfindung der Georgier, sie verstanden es lediglich am besten, sich ihre Gesetze nutzbar zu machen.

Von Chruschtschow bis Breschnew

Die neue Ära der Sowjetunion brach mit dem 20. Parteitag der sowjetischen Kommunisten an, auf dem der Generalsekretär den Personenkult und die Verbrechen Stalins entlarvte und den Aufbau des wahren Kommunismus in wenigen Jahrzehnten versprach. Chruschtschow hatte sich verrechnet und wurde 1964 entmachtet. Seinen Posten übergab er Leonid Breschnew, den dieser bis 1982 innehatte. Auf unerwartete Verbitterung stießen die Moskauer Enthüllungen in Tbilissi. Die Georgier fürchteten sich vielleicht davor, nun da Stalin tot war, so etwas wie eine kollektive Verantwortung für das, was ihm zur Last gelegt wurde, zugeschoben zu bekommen. Und wenn er auch den Georgiern nicht minder mitgespielt hatte als allen anderen Menschen in der Sowjetunion, er war ihr ›größter Georgier‹, und das sollte er auch bleiben.

Spontan versammelten sich in Tbilissi im April 1956, einen Monat nach Bekanntwerden der Geheimrede Chruschtschows auf dem Parteitag, zehntausende, vor allem junge Menschen, um gegen den ›Verrat‹ der neuen Moskauer Parteiführung und die antigeorgischen Stimmungen im Land zu demonstrieren. Am dritten Tag eskalierten die Proteste, und als die Demonstranten das Hauptpostamt auf dem Rustaweli-Prospekt stürmten, schoß die Miliz in die Menge. Die nach dem ›Aufstand‹ einsetzenden Säuberungen befriedeten Georgien, und der mit Chruschtschows Wirtschaftspolitik einhergehende Aufschwung tat in den nächsten zwei Jahrzehnten sein Übriges zum inneren Frieden.

1976 nahm das sowjetische Parlament eine neue Verfassung an, die von den Unionsrepubliken ratifiziert werden musste. Zu diesem Zweck veranstaltete der Oberste Sowjet Georgiens im April 1978 ein Plenum, auf dem sich die Gemüter um den Passus der Einheitssprache, Russisch, erhitzten. De facto war am Russischen als gemeinsamer Amts- und in bestimmtem Maße auch Kultursprache ohnehin nicht zu rütteln, aber da Ende der 70er Jahre die Moskauer Parteiführung eine ideologische Kampagne zur kulturellen Gleichschaltung der Republiken gestartet hatte, schlugen die Wellen der Empörung hoch, und erneut gingen spontan zehntausende Studenten und Intellektuelle auf die Straße. Diesmal kam es nicht zum Blutvergießen. Im Anschluß an die Sitzung des Obersten Sowjets erschien der Erste Sekretär des Georgischen Zentralkomitees, Eduard Schewardnadse, vor den Demonstranten und sicherte zu, dass das Parlament den entsprechenden Punkt der Verfassung nicht ratifizieren würde und stattdessen in der Republiksverfassung Georgisch als Staatssprache und Russisch als Amtssprache festschreiben würde. Moskau billigte die georgischen Vorbehalte.

Jener Eduard Schewardnadse war seit 1972 der Führer der georgischen Kommunisten und hatte während seiner Karriere in den höchsten Parteiämtern einen überaus schwierigen Stand in Georgien. Just in den ersten Jahren seiner Amtseinführung begann man in Moskau den Kampf gegen Korruption und Wirtschaftsverbrechen als Mittel der Politik zu begreifen und forderte von den Republiken energische Maßnahmen, um alle Verstöße gegen die sozialistische Moral und Gesetzlichkeit zu unterbinden. Dass das unmöglich war, kümmerte weder die, die es wussten, noch jene, die naiven Glaubens das Beste für das Land wollten.

Massenverhaftungen setzten ein, und Gerichte verhängten hohe Freiheitsstrafen. Die Untersuchungsbeamten waren meist aus Moskau geschickt, ehrgeizig und unbestechlich, weshalb das uralte System der allseits ›offenen Hände‹ versagte. Jene Jahre legten einen weiteren Grundstein für die kriminellen Strukturen, die sich im Umfeld der Schattenwirtschaft und über die Republikgrenzen hinweg organisierten. Mit dem Kampf gegen die Korruption gingen Kampagnen gegen den wachsenden Einfluss religiöser Stimmungen und gegen Abweichungen von der sozialistischen Kultur und Kunst einher.

Andererseits standen die sowjetischen 70er und 80er Jahre unter dem Zeichen der Dissidentenbewegung. Bereits 1957 waren dem sowjetischen Geheimdienst einige junge Menschen aufgefallen, die sich in einer lockeren Vereinigung zusammenfanden, die sie ›Gorgassali‹ nannten, nach dem König, der Tbilissi zur Hauptstadt Iberiens erklärt und für einige Jahre die Perser aus dem Land verdrängt hatte. Die jungen Leute schrieben, druckten und verteilten Texte, in denen sie den Massenterror der zaristischen Regierungen und der Sowjetmacht gegen die georgische Intelligenz und das georgische Volk anhand von Fakten dokumentierten. Sie wurden verhaftet und verurteilt, unter ihnen zwei noch minderjährige Schüler: Swiad Gamsachurdia und Merab Kostawa, beide aus ›bestem Hause‹. Swiads Vater war einer der einflussreichsten georgischen Intellektuellen und Schriftsteller. Seiner Fürsprache und seinem Einfluss war es zu verdanken, dass die beiden Jungen zu nicht mehr als sechs Monaten Freiheitsstrafe verurteilt wurden.

Swiad Gamsachurdia und Merab Kostawa waren von nun an die beiden populärsten Persönlichkeiten unter den georgischen Dissidenten. Mitunter gemeinsam oder aber im Bunde mit anderen Intellektuellen gründeten sie die erste georgische Menschenrechtsgruppe, schrieben eigene Bücher und Artikel, in denen sie ihre Ideen von einem freien und unabhängigen Georgien propagierten. Als die beiden Freunde einige Jahre später erneut vor Gericht standen, endete der Prozess für Merab Kostawa mit einer langjährigen Freiheitsstrafe. Swiad Gamsachurdia schwor ab und entkam dem GULAG.

Der Weg in die Unabhängigkeit

Ende der 80er Jahre begann das sowjetische Imperium zu wanken. Die von Gorbatschow verkündete Politik von Glasnost und Perestroika geriet dem Kreml mehr und mehr außer Kontrolle. Bereits im Oktober 1988 veranstalteten Oppositionelle in Tbilissi einen Hungerstreik für die Unabhängigkeit Georgiens. Die Massenbewegung im Baltikum für die Trennung von Moskau und die sowjetischen Panzer auf den Straßen von Vilnius und Riga heizten auch die Stimmungen in Georgien an. Im April 1989 rief die Opposition zu einer Großdemonstration auf, zu der zehntausende Menschen erschienen. Sie forderten die Unabhängigkeit des Landes und ein einheitliches Georgien. Sondereinheiten des

Sweti Zchoweli in Mzcheta ist eines der wichtigsten Gotteshäuser im Land

sowjetischen Innenministeriums setzten Feldspaten und Kampfgas gegen die friedlichen Demonstranten ein. 17 Menschen wurden getötet, tausende erlitten bleibende gesundheitliche Schäden.

Den Forderungen nach Unabhängigkeit hatten sich gleichzeitig nationalistische Untertöne beigemischt. Der Aufruf Gamsachurdias ›Georgien den Georgiern‹ und ›Nie wieder Türken in Georgien‹ weckte schwelende Ressentiments gegen die auf georgischem Territorium bestehenden Autonomien der Osseten und Abchasen. In den autonomen Gebieten, in Südossetien mit seiner Hauptstadt Zchinwali und in Abchasien mit seiner Hauptstadt Suchumi, spitzte sich die Lage gefährlich zu, und es kam zu ersten Auseinandersetzungen, die von der georgischen Opposition um Gamsachurdia noch angestachelt wurden. Nach und nach gelangten aus den Kasernen der sowjetischen Armee immer mehr Waffen unter die Menschen. Und was zu Friedenszeiten als verwirklichtes Recht der ethnischen Minderheiten interpretiert werden konnte, kehrte sich mit dem Zerfall der Sowjetunion um. Waren die Grenzen der autonomen Republiken noch bis vor wenigen Jahren nicht mehr als symbolische Markierungen auf den Landkarten, wurden sie nun zu politischem Sprengstoff. Die russische Führung bediente und bedient sich ihrer auch heute noch.

Merab Kostawa vertrat im Gegensatz zu Gamsachurdia eher gemäßigte Positionen. Seine politische Haft und sein vom Geist der Verständigung diktiertes Programm hatten ihm viele Anhänger beschert. Mit seinem Charisma hatte er ein Auseinanderbrechen der nationalen Opposition verhindert und ihre nationalistische Radikalisierung gedämpft. Als der Politiker im Herbst 1989 bei einem Autounfall ums Leben kam, glaubte kaum jemand an einen Zufall.

Im Sommer 1990 erklärte das georgische Parlament de facto die Unabhängigkeit Georgiens. Aus den im Oktober des gleichen Jahres abgehaltenen ersten freien Wahlen ging die Runde-Tisch-Allianz Gamsachurdias als Sieger hervor, und im Mai 1991 wurde Swiad Gamsachurdia der erste Präsident Georgiens. Seine Politik stürzte Georgien in den Bürgerkrieg. Die Verantwortung mag nicht auf ihm allein lasten, aber er war der Zauberlehrling, der die Geister rief und nun nicht wieder los wurde.

Als der neue Präsident aus machtpolitischem Kalkül die Moskauer Augustputschisten unterstützte, verlor er binnen eines Tages die Sympathien fast aller politischen Kräfte, die in offene Opposition zu ihm gingen. Am 2. September 1991 feuerte seine Garde auf Demonstranten. Der Präsident persönlich diffamierte oppositionelle Politiker und Intellektuelle und verhängte eine landesweite Zensur. Den sowjetischen Generälen hatte er versprochen, seine erst ein Jahr zuvor geschaffene Garde aufzulösen.

Die aber unterstand einem Mann von nicht weniger Ambitionen, Temuri Kitowani, ein Bildhauer, der sich dem Präsidenten widersetzte und mit seinen Anhängern in der Nähe der Hauptstadt Stellung bezog. Die andere Hälfte der Garde verließ ihren Befehlshaber und stellte sich auf die Seite Gamsachurdias. Neben den Truppen Kitowanis existierten noch andere paramilitärische Verbände, unter ihnen die ›Mchedrioni‹ (Ritter) Dshaba Iosselianis, die dieser 1989 zur ›Aufrechterhaltung von Ruhe und Ordnung in den Autonomen Gebieten und zum Schutz vor Übergriffen auf Georgier‹ gegründet hatte. Iosseliani, eine ›Autorität‹ unter den sowjetischen Kriminellen, und seine Ritter waren Anfang 1991 von sowjetischen Militäreinheiten beschossen und auseinandergetrieben wurden. Ihr Chef saß seitdem im Untersuchungsgefängnis des KGB, wo er, wie es hieß, an einem Roman über die Geschichte Georgiens und den Krieg schrieb. Als Kitowanis Garde Ende Dezember 1991 den Präsidentenpalast, in dem sich Gamsachurdia mit seinen Ministern, einigen Anhängern und 3000 seiner Kämpfer verbarrikadiert hatte, vergeblich belagerte, ließ er Iosseliani befreien und sich von dessen ›Mchedrioni‹ unterstützen. Am 6. Januar 1992 war der Kampf entschieden. Gamsachurdia verließ Georgien und fand zunächst Asyl in Armenien.

Die Macht übernahm ein Triumvirat, bestehend aus Kitowani, Iosseliani und Tengis Sigua, dem Ex-Premier Gamsachurdias, der bereits im August zur Opposition gewechselt war. Iosseliani kommentierte lakonisch: »Die Macht haben ein bekannter Dieb und ein unbekannter Bildhauer ergriffen.« Im März 1992 kehrte Eduard Schewardnadse, der sowjetische Außenminister unter Gorbatschow, aus Moskau nach Tbilissi zurück. Er wurde der vierte im Bunde.

Nachdem sich die Lage in Südossetien beruhigt hatte, spitzte sich der Konflikt in Abchasien immer weiter zu. Es ist schwierig, nachvollziehen, wer im Recht ist: diejenigen, die behaupten, die Abchasen wären Georgier oder diejenigen, die die abchasische Minderheit als Nordkaukasier betrachten, die im 17. Jahrhundert aus den Bergen nach Georgien eingewandert seien. Über Argumente verfügen sowohl die einen als auch die anderen, und darum geht es auch nicht. Das 1989 um den Autonomiestatus ausgebrochene Tauziehen hatte mit den angeheizten nationalistischen Stimmungen, der Verteilung von Macht, Reichtum und Einfluss und nicht zuletzt mit den strategischen Interessen Russlands zu tun. In jenem Jahr stellten die Abchasen etwa 17 Prozent der Bevölkerung in der Republik.

Sympathiekundgebung für Gamsachurdia am 16. Januar 1991

Als im August 1992 georgische Truppen unter dem neuen Verteidigungsminister Kitowani in Abchasien einmarschierten, um die von Russland über Suchumi nach Georgien führende Eisenbahnlinie vor den permanenten Überfällen durch Wegelagerer zu schützen, wurden sie trotz einer entsprechenden Vereinbarung mit der autonomen Regierung von abchasischen Truppen beschossen. Kitowani zog daraufhin nach Suchumi und gab die Stadt zur Plünderung frei. Damit hatte er den Anlaß für den Krieg gegeben, der nun ausbrach und die Region ein ganzes Jahr lang in Atem hielt. Mit massiver russischer Unterstützung und verstärkt durch tschetschenische Freischärler, besetzten abchasische Truppen 1992/93 die ganze Teilrepublik und vertrieben Zehntausende Georgier. Mehr als 8000 Menschen verloren ihr Leben. Erst mit der Unterzeichnung einer Vereinbarung zwischen Georgien, Russland und Abchasien beruhigte sich die Lage. Die UNO erklärte die russische Truppenpräsenz zur UN-Friedensmission.

Im Mai 1993 setzte Schewardnadse den in Abchasien gescheiterten Kitowani als Verteidigungsminister ab. Der verbündete sich daraufhin mit dem gestürzten Gamsachurdia, und fiel mit bewaffneten Freischärlern in Megrelien, der Heimat des Ex-Präsidenten, ein. Schewardnadsetreue Truppen schlugen die Aufständischen und nahmen Kitowani gefangen. An der Niederschlagung des Aufstands hatten sich auch die ›Mchedrioni‹ Iosselianis beteiligt und nicht weniger Unheil angerichtet als die Anhänger Gamsachurdias und Kitowanis. Iosseliani und Kitowani wurde der Prozess gemacht und sie beide zu langen Freiheitsstrafen verurteilt. Kitowani durfte das Gefängnis aufgrund einer Krebserkrankung bald verlassen. Iosseliani wurde etwas später auch auf freien Fuß gesetzt. Er starb 2002. Für den Fall eines gewaltsamen Todes hatte er sensationelle Enthüllungen angekündigt. Swiad Gamsachurdia kam auf mysteriöse Weise ums Leben. Seine Familie veranlaßte die Beerdigung auf einem Friedhof der tschetschenischen Hauptstadt Grosny. Ende März 2007 wurden die sterblichen Überreste Gamsachurdias exhumiert und im Pantheon am Berg Mtazminda in Tbilissi beigesetzt.

Der Bürgerkrieg hatte das Land ruiniert. Allmählich nur begann sich die Lage zu normalisieren. Die Annahme der Verfassung 1995 beendete die Übergangsperiode. Die Parlamentswahlen entschied die Bürgerunion Schewardnadses für sich, und er selbst wurde erneut zum Präsidenten gewählt. Auch aus den Parlaments- und Präsidentenwahlen 1999 bzw. 2001 gingen der Präsident und seine politische Partei als Sieger hervor.

Die Rosenrevolution

Während der Amtszeit Schewardnadses verschärften sich die wirtschaftlichen, sozialen und politischen Probleme des Landes. Das an natürlichen Ressourcen reiche Georgien hatte sich in einen Billiglieferanten von Rohholz und Altmetall verwandelt, die Arbeitslosenrate im Land erreichte 16 Prozent. Gehälter und Renten reichten nicht zum Lebensunterhalt und wurden zudem nicht immer ausgezahlt. Die Energiekrise, die Schewardnadse bei seiner Wiederwahl zu lösen versprochen hatte, spitzte sich weiter zu. Ausländische Kredite versickerten in dunklen Kanälen, und in Tbilissi etablierte sich ein provokant konsumorientiertes Establishment. Vetternwirtschaft und Korruption erreichten Ausmaße, die das ganze Land gegen Präsident, Regierung und die machtlosen politischen Parteien aufbrachte. Der einzige oppositionelle Fernsehsender Rustawi 2 wurde mit allen Mitteln behindert. Einer seiner beliebtesten Journalisten erlag 2002 einem Attentat, und niemand zweifelte an den politischen Hintergründen seiner Ermordung.

Genauer betrachtet war der ehemalige sowjetische Außenminister ein schwacher Präsident mit starken Familienbanden, in deren Verstrickungen sich die Interessen des ganzen Landes verfingen. Dennoch gewann seine Partei die Parlamentswahlen vom 2. November 2003; auf den zweiten Platz kam die Partei des adscharischen Präsidenten Aslan Abaschidse. Nur wenige Stimmen trennten die beiden von einer neuen oppositionellen Kraft – der Nationalen Einheitspartei. Ihr Vorsitzender Michail Saakaschwili war nach einem Studium in den USA Ende der 1990er Jahre nach Georgien zurückgekehrt. Schewardnadse hatte den damals noch nicht 40jährigen Juristen als Justizminister in sein Kabinett geholt, Saakaschwili war jedoch bald zurückgetreten und hatte sich der Opposition angeschlossen.

Bereits am Wahltag waren Proteste gegen massive Wahlfälschungen laut geworden. Die Anhänger der Opposition gingen auf die Straße und verteilten Rosen an Militärs und Polizei, bei denen Schewardnadse ohnehin kaum mehr Rückhalt besaß, und diskutierten mit den jungen Rekruten und den Menschen auf der Straße. Am 22. November trat das neue Parlament zu seiner ersten Sitzung zusammen. Als der Präsident zur feierlichen Eröffnungsrede anhob, stürmten Anhänger Saakaschwilis den Sitzungssaal und forderten Neuwahlen. Der russische Außenminister Sergej Ivanov vermittelte erfolgreich zwischen den Konfliktparteien. Am 23. November trat Schewardnadse zurück. Zwei Tage später annullierte das Oberste Gericht die Wahlen. Interimspräsidentin wurde die Parlamentsvorsitzende Nino Burdschanadse. Diese Novembertage sind als Rosenrevolution in die Geschichte des Landes eingegangen.

Am 4. Januar 2004 fanden Präsidentenwahlen statt, aus denen Michail Saakaschwili mit 96 Prozent der Stimmen als Sieger hervorging. Die Wahlbeteiligung betrug 88 Prozent. Der neue Präsident versprach, sich um die sozialen Probleme des Landes zu kümmern sowie angesichts der abtrünnigen Teilrepubliken Adscharien, Abchasien und Südossetien die staatliche Einheit wiederherzustellen. Außenpolitisch kündigte er eine stärkere Anlehnung an die USA, EU und NATO und einen Ausgleich mit Russland an. Eine seiner ersten Maßnahmen war die Anhebung der Gehälter und Renten, die nun auch tatsächlich ausgezahlt werden. Am spektakulärsten waren die Maßnahmen der neuen Regierung zur Bekämpfung der Korruption. So wurden die Gehälter der Sicherheitskräfte wesentlich angehoben, und die Zeiten, da die Polizisten eher Wegelagerern ähnelten, sind vorüber. Gegen die meisten der korrupten Politiker und Geschäftsleute wurden Verfahren eingeleitet.

Mit politischem Geschick tat sich Saakaschwili auch bei der Bewältigung der Adscharien-Krise im Frühjahr 2004 hervor. Der Autonomie-Status Adschariens geht auf die sowjetische Verfassung zurück. Die Adscharen sind Georgier, jedoch im Gegensatz zur christlichen Mehrheit in ihrer Mehrzahl Muslime. Während des Bürgerkrieges Anfang der 90er Jahre schloss der adscharische Präsident Aslan Abaschidse zeitweilig die Grenzen, um eine Ausweitung der Kampfhandlungen auf seine Teilrepublik zu verhindern, und betrieb eine zunehmend eigenständige Politik. Als Saakaschwili im Vorfeld der Parlamentswahlen die Einreise nach Adscharien verweigert wurde, eskalierte der Konflikt. Saakaschwili mobilisierte seine Anhänger in Adscharien. Von den Massendemonstrationen in die Enge getrieben, erklärte Abaschidse seinen Rücktritt und begab sich ins Moskauer Exil.

Der Konflikt um Abchasien und Südossetien

Schwieriger gestaltet sich die Lage in Abchasien und Südossetien. In beiden Gebieten befinden sich seit dem Bürgerkrieg russische Militäreinheiten zu friedensstiftenden Missionen. Für die russische Führung sind die beiden Regionen ein Faustpfand. Während die Abchasen in ihrem eigenen Land eine Minderheit darstellen, sind 60 Prozent der Einwohner in Südossetien Osseten. Der südossetische Präsident Eduard Kokoity erklärte nach dem Sieg seiner Partei im Mai 2004, dass er alles daran setzen würde, die Wiedervereinigung mit Nordossetien und damit die Anbindung an Russland zu erreichen. Saakaschwili bot dagegen sowohl Südossetien als auch Abchasien einen Sonderstatus an, was beide Regionen entschieden zurückwiesen.

Ende 2007 räumte Russland seine letzten beiden nach dem Zerfall der Sowjetunion in Georgien verbliebenen Militärbasen. Die Beziehungen zwischen beiden Ländern blieben zum Zerreißen gespannt. Im Frühjahr 2006 verhängte die russische Regierung ein Einfuhrverbot zunächst für Weine, dann auch für Mineralwasser aus Georgien, da diese gesundheitsschädigende Substanzen enthalten würden und die meisten auf den russischen Markt gelangenden Marken gefälscht seien. Im Spätsommer bezichtigte die georgische Regierung einige russische Offiziere der Spionage. Der Kreml dementierte und forderte die sofortige Freilassung der Inhaftierten. Der Konflikt spitzte sich zu. Die russische Regierung holte ihre Staatsbürger aus Georgien, sperrte alle direkten Verkehrswege und begann mit der Verfolgung in Russland lebender Georgier.

Hintergrund der Streitigkeiten sind die georgischen Bestrebungen, der NATO beizutreten, was in Russland als Bedrohung der eigenen Interessen verstanden wird. Nachdem der Westen Kosovos staatliche Unabhängigkeit von Serbien anerkannt hatte, nahm Russland dies als Vorwand, um die Unabhängigkeitsbestrebungen Südossetiens und Abchasiens völkerrechtlich zu legitimieren. Im Frühjahr 2007 beschloss der amerikanische Kongreß, den Beitritt Georgiens zur NATO voranzutreiben. Die Statuten des Bündnisses jedoch verbieten die Aufnahme von Mitgliedern, deren Staatsgrenzen nicht völkerrechtlich anerkannt sind. Saakaschwili steht also vor einem Dilemma: entweder er bewegt die Regierungen von Abchasien und Südossetien zur Aufgabe ihrer separatistischen Politik oder ein Beitritt zur NATO wäre de facto die Anerkennung der Selbstbestimmung beider Regionen.

Saakaschwili rüstete das Land auf und setzte mehr und mehr auf die militärische Karte. In der Nacht vom 7. zum 8. August 2008 beschossen georgische Truppen die südossetische Hauptstadt Zchinwali. Ziel der Georgier war es, die Stadt im Handstreich zu nehmen und zum Roki-Tunnel unter dem Kaukausus vorzustoßen, um die Nachschublinie aus Russland zu unterbrechen. Die Rechnung der georgischen Militäts ging nicht auf. Das Bombardement Zchinwalis und die heftigen Kämpfe forderten hunderte Menschenleben, vor allem unter der Zivilbevölkerung. Russland entsandte Panzerkolonnen und bombardierte militärische Ziele in Georgien. Über Abchasien stießen russische Militärs bis Poti am Schwarzen Meer vor, in Zentralgeorgien unterbrachen sie und südossetische Paramilitärs die strategische Ost-West-Trasse zwische Tbilissi und Kutaissi und besetzten zeitweise die Heimatstadt Stalins, Gori.

Das Wappen der Republik Georgien

Internationale Friedensbemühungen zwangen die verfeindeten Seiten zur Einstellung der Kampfhandlungen und Russland zum Rückzug seiner Truppen. Sicherheitszonen wurden eingerichtet und internationale Beobachter entsandt. Südossetien und Abchasien erklärten ihre Unabhängigkeit, die von Moskau umgehend anerkannt wurde; Nicaragua und Venezuela folgten. Letztlich hat Georgien dieser Krieg vor allem Schaden zugefügt, doch auch zu umfangreichen Krediten verholfen (ca. 4,5 Mrd. Dollar). Leid brachte er vor allem über die Menschen in Südossetien und Georgien. Zehntausende befanden sich zeitweise auf der Flucht.

Die Politik des Präsidenten ist deshalb – trotz seiner Erfolge in der Anfangsphase seiner Regierungszeit – nicht unumstritten. Die Finanzhilfen aus Europa und den USA haben es der Regierung zwar gestattet, den Bediensteten des gehobenen Staatsapparats die Gehälter beträchtlich anzuheben, doch blieben radikale Reformen aus, ist die soziale Lage der Mehrheit nach wie vor prekär. Vor allem Ärzte und Lehrer sind unterbezahlt. Mit Unmut betrachten viele Georgier auch den zunehmend autoritären Regierungsstil des Präsidenten und die schleichenden Einschränkungen von Rede- und Pressefreiheit. Die Opposition richtet sich zugleich gegen die proamerikanische und antirussische Politik der Regierung. Kaum jemand kann nachvollziehen, warum das Militärbudget Georgiens gemessen pro Kopf der Bevölkerung eines der größten weltweit ist.

Die georgische Hauptstadt wurde so oft das Opfer von Zerstörung, dass die Gebäude der Altstadt meist nicht älter als 200 Jahre sind.

Errichtet entlang der alten Straßen und Gassen und oft auf den gleichen Fundamenten, strahlen sie jedoch immer noch den Geist der Vergangenheit aus.

Tbilissi

Die georgische Hauptstadt

Tbilissi ist mit 1,4 Millionen Einwohnern die größte georgische Stadt. Sie erstreckt sich auf einer Fläche von 350 Quadratkilometern im Tal der Mtkwari, deren Niederung sich etwa 380 Meter über Meeresniveau erhebt. Die Ausläufer des Trialetischen Gebirges fallen in teils schroffen Abhängen vom Westen zum Fluss herab, im Osten schieben sich die flacheren Hügel des Saguramigebirgsrückens bis an den Fluss. Das Zentrum Tbilissis liegt terrassenförmig angelegt zu beiden Seiten des Flusses. Die übrigen Stadtteile erstrecken sich über die flachen oder steileren Hänge der Berge und Hügel, so dass der Höhenunterschied zwischen tiefstem und höchstem Punkt fast 400 Meter beträgt.

Durch Berge und Hügel abgeschirmt, herrschen in Tbilissi vergleichsweise günstige mikroklimatische Bedingungen. Die durchschnittliche Jahrestemperatur beträgt 12,8 °C, wobei der Januar mit einem Monatsmittel von 0,9 °C der kälteste und der Juli mit 24,4 °C der heißeste Monat ist. Am häufigsten regnet es im April, an neun bis elf Tagen im Monat, während im September der Himmel nicht öfter als an ein oder zwei Tagen seine Schleusen öffnet. Mit seinen Volksfesten, dem Tag des Weines zum Beispiel, den mäßig heißen Temperaturen und dem einzigartigen Licht der langen Dämmerungen ist der September der wohl reizvollste Monat, die georgische Hauptstadt von ihren besten Seiten kennenzulernen. Sehr heiß kann es im Juli und August werden, wenn die Sonne das Tal regelrecht aufheizt und selbst die Nächte kaum Abkühlung bringen.

Blick über die Dächer der Altstadt

▲ Karte S. 132

Stadtgeschichte

In den 50er Jahren des 20. Jahrhunderts beging Tbilissi offiziell seinen 1500. Jahrestag. Als sein Gründer gilt König Wachtang Gorgassali (Wolfshaupt), der Ende des 5. Jahrhunderts Iberien für einige Jahrzehnte von den Persern befreite. Die ersten von Menschen auf dem heutigen Stadtgebiet hinterlassenen Spuren jedoch stammen bereits aus dem 3. und 4. Jahrtausend vor unserer Zeitrechnung. Ausschlaggebend für die Besiedlung mögen dabei nicht nur die günstigen natürlichen Bedingungen gewesen sein, sondern auch die zahlreichen mineralhaltigen Thermalquellen mit ihrem hohen Anteil an Schwefel, der als eines der wirksamsten natürlichen Antibiotika galt.

Eine der Legenden über die Gründung der Stadt hat mit der Heilkraft dieser Quellen zu tun: König Wachtang Gorgassali war auf der Jagd und schoß einen Fasan. Getroffen vom Pfeil des Königs fiel der Vogel in eine Quelle. Der König eilte herbei, doch umsonst, denn das Wasser hatte die Wunde geheilt, und der Fasan suchte das Weite.

Bereits im 4. Jahrhundert taucht Tbilissi auf einer Karte auf, die der römische

Kartograph Castorius von den wichtigsten Handelsstraßen seiner Zeit angefertigt hatte. Der Ort trug die Bezeichnung Pilado (Tpilado) und war als einer der sichersten Kreuzpunkte der Karawanenwege vom Schwarzen Meer nach Persien, Indien und China vermerkt. Tpilado leitet sich vom georgischen ›tbili‹ ab, was soviel wie warm bedeutet und womit die Mineralquellen gemeint sind. Die Perser erkannten die strategische Bedeutung des Mtkwari-Tals und bauten hier eine Festung, die sie ›Narikala‹ nannten. König Wolfshaupt jagte und erlegte den Fasan also nicht in unzugänglichen Wäldern, sondern zu Füßen einer der mächtigsten Burgen seines Landes.

Bis zum 10. Jahrhundert hatte Tbilissi den Ruhm erlangt, eine der bestbefestigten Städte und bedeutendsten Handelsplätze der damaligen Zeit zu sein. Sieben Karawanenwege führten durch sieben Tore nach Tbilissi, wo die kunstfertigsten Handwerker des Landes alles herstellten, was das Herz begehrte, wo man den Fremden freundlich empfing und den Gast königlich bewirtete. Die berühmtesten Chronisten ihrer Zeit beschrieben Tbilissi. Auch Marco Polo besuchte die Stadt.

Und noch etwas berichten die Chroniken: von ungezählten Zerstörungen und Verwüstungen, die Eroberer aus allen vier Himmelsrichtungen in Tbilissi anrichteten. Kaum eine andere Stadt ist so oft in Trümmer gelegt worden und wie der Vogel Phönix erneuert der Asche entstiegen. 1795, nur sechs Jahre vor dem Anschluß Georgiens an Russland, suchten die Truppen des Persers Aga Mohammed Khan die Stadt heim und brannten sie bis auf die Grundmauern nieder.

Tbilissis neue Ära begann zeitgleich mit dem Anschluss Georgiens an das Russische Imperium. Aus Tbilissi wurde, da die Russen Schwierigkeiten mit der Aussprache des Namens hatten, Tiflis, aus Georgien Grusinien, aus der Mtkwari die Kura. Tbilissi wurde zur Residenz der russischen Statthalter, die von hier aus den ganzen Kaukasus verwalteten.

Cafés in der Altstadt

Die Russen waren sich der großen Bedeutung Tbilissis als südlichstem Vorposten unweit der strategisch bedeutenden Grenze zu Persien und zur Türkei bewusst. Mit ihrer Entscheidung, einen beträchtlichen Teil der in der Stadt umgeschlagenen oder im Transit passierenden Waren von Steuern zu befreien oder mit niedrigen Abgaben zu belegen, trugen sie zu neuer Prosperität bei. »In Tbilissi kann man an einem einzigen Tag Händler aus Paris, Kuriere aus Petersburg, Kaufleute aus Konstantinopel, Engländer aus Kalkutta und Madras, Armenier aus Smirna und Usbeken aus Buchara treffen, denn diese Stadt kann sich rühmen, Knotenpunkt zwischen Europa und Asien zu sein«, schrieb der französische Konsul nur 30 Jahre nach der Zerstörung der Stadt durch die Perser. Der Anschluss Tbilissis über Baku an

Tbilissi, Übersicht

das russische Eisenbahnnetz 1872 und die Verlängerung der Trasse nach Batumi und Poti am Schwarzen Meer trugen dem Rechnung.

Der Wiederaufbau der Stadt veränderte ihr Angesicht völlig. Die Stadt als Festung machte einer einfachen Stadt Platz, geplant nach europäischem Vorbild, mit parallel und rechtwinklig verlaufenden Straßenzügen. Die bedeutendsten Stadterweiterungen des 19. Jahrhunderts sind die Stadtviertel um den Rustaweliprospekt am rechten sowie den Dawit-Agmaschenebeli-Prospekt (benannt nach Dawit dem Erneuerer) am gegenüberliegenden Ufer der Mtkwari.

Die zugereisten zaristischen Beamten und Kaufleute, später Industrielle, Banker und Handwerker aus aller Herren Länder und den georgischen Provinzen errichteten sich Stadtresidenzen und Wohnhäuser nach dem Geschmack des 19. Jahrhunderts, so dass das moderne Tbilissi beim Betrachter den Eindruck hervorruft, er habe all das schon einmal irgendwo gesehen. Wie sehr aber auch jeder Bauherr sich mühte, Eigenes zu hinterlassen, das alte Tbilissi - Kala und Isani - mit seinen verwinkelten Gassen und den jahrhundertealten Fundamenten entlang den urtümlichen Straßenführungen, gab nicht auf, sich in Erinnerung zu bringen.

Die typischen Bauten der Altstadt

Die einzigen Quellen, die über das Antlitz Tbilissis vor seiner Zerstörung im Jahre 1795 Auskunft geben können, sind die Reisenotizen des Franzosen Jeanne Chardin aus der zweiten Hälfte des 17. Jahrhunderts sowie einige Stiche, unter denen diejenigen des französischen Botanikers Joseph Tourneford durch besondere Kunstfertigkeit und Detailtreue bestechen.

Im Laufe der Jahrhunderte hatte sich in Tbilissi ein besonderer Baustil herausgebildet, der durch zwei typische Häuserformen, die Baniani-Sachli und die Darbasi, geprägt wurde. Erstere gehörten zu den sehr frühen Formen von Wohnbauten und bestanden aus einem geschlossenen Innenraum, in dessen Mitte ein Pfeiler das flache Dach stützte. Die meisten Baniani-Sachli besaßen einen über eine Leiter erreichbaren Dachboden, der als Vorratskammer oder in seltenen Fällen als Raum für Gelage genutzt wurde. Der Rauch von der Feuerstelle zog durch Fenster in den Seitenwänden ab. Die Darbasi vervollkommneten die ursprüngliche Konstruktion mit einem vom Herd in der Mitte des Raumes nach oben reichenden Rohr, durch das der Rauch abzog. Den erweiterten Dachdurchbruch überwölbte später eine Kuppel, deren Fensternischen dem Raum zusätzlich Licht verliehen.

Beginnend mit den 30er Jahren des 19. Jahrhunderts, setzte sich ein neuer, von nun an das Bild der Altstadt prägender Haustyp durch. Diese zumeist ein- oder zweitägigen Wohnhäuser orientierten sich in ihrem Stil an den in ganz Georgien typischen Landhäusern. Wichtigstes Merkmal ist der mit Schnitzereien, Säulen oder anderem Zierat versehene Balkon, dessen Grundfläche mitunter die der geschlossenen Räume übersteigt und zu dem eine oder mehrere, gerade oder abgesetzte, gewundene oder winklige, einfache oder kunstvoll verzierte Leitern hinaufführen. »Tbilissi - die vielbalkonige Schönheit«, beschrieb der russische Dichter Polonski seinen ersten Eindruck. Gleichzeitig setzte sich, als Tribut an das Stadtleben und den russischen Klassizismus, der Anbau von Seitenflügeln durch, die einen zur Straße hin offenen, von schmiedeisernen Gittern oder Zäunen abgegrenzten Innenhof flankieren. Der Anblick dieser von Weinreben oder anderen Gewächsen überquellenden Häuser erinnert an Süditalien. Für sie hat sich auch tatsächlich das Attribut ›italienisch‹ bzw. ›neogeorgisch‹ eingebürgert.

Das Obere Kala

Das alte Tbilissi dehnte sich zu beiden Seiten der Mtkwari aus, um die Festungen Kala im Westen und Isani am anderen Ufer im Osten. Begrenzt wurde Kala von der heutigen Barataschwilistra-

ße, der Puschkinstraße, der Dadianistraße, der Sololaki-Allee sowie dem Flüßchen Zawkissiszkali, das in seinem Unterlauf heute durch im Erdreich vergrabene Röhren fließt. Der Bezirk teilte sich in das von der Festungsmauer, heute die Leselidsestraße, getrennte Untere und Obere Kala. ›Unten‹ und ›oben‹ beziehen sich jedoch nicht, wie man angesichts der Höhenunterschiede annehmen könnte, auf die Höhe über dem Fluss, sondern die Lage entlang seiner Strömung. Sowohl das Obere als auch das Untere Kala waren von Befestigungsmauern umgeben, deren Überreste an einigen Stellen bis heute alle Stürme der Zeit überdauert haben.

Das Obere Kala war hauptsächlich von Georgiern bewohnt, während im Unteren Bezirk Menschen aller Herren Länder, Berufe, Beschäftigungen und Religionszugehörigkeit lebten.

Das alte Tbilissi besaß keine Uferstraße; die Mtkwari floss in ihrer urprünglichen Landschaft, und man sah vom Fluss aus nur die rückwärtigen Fassaden der Häuser und Paläste entlang der ab dem 5. Jahrhundert wichtigsten Magistrale Kalas, deren Verlauf heute die Schawtelistraße, die Iraklistraße und die Sionistraße folgen. Entlang dieser Magistrale entstanden die seinerzeit wichtigsten Gotteshäuser, das Schloss, die Palais der Fürsten und des Katholikos, die Häuser der reichen Kaufleute sowie die wichtigsten Karawansereien. An einigen Stellen weitete sie sich zu Plätzen, auf denen Basare stattfanden und sich die Karawanen zum Abmarsch sammelten.

Wachtang-Gorgassali-Platz

Einer dieser Plätze, direkt am südlichen Stadttor gelegen, war der Platz der Tataren, auch Meidan genannt, der im alten Tbilissi, ja im ganzen Kaukasus bedeutendste Basar. Er wird wenig gemein gehabt haben mit dem, was die modernen Märkte Tbilissis dem Besucher zu bieten haben. Die Stände der Händler bedeckten in von engen Durchgängen durchbrochenen Reihen den gesamten zum Fluss hin offenen Platz. Aus den umliegenden Stadtteilen mündeten enge Gassen auf den Meidan, durch die sich die Käufer auf den Basar ergossen. In der Mitte standen riesige Waagen. Ein eigens erlassenes Gesetz verbot es den Händlern, ihre Waren vor 12 Uhr mittags an Großhändler zu verkaufen, womit Spekulationskäufe vermieden und die Bewohner Tbilissis vor Wucherpreisen geschützt werden sollten. Auf dem Meidan bekam man alles, was man sich nur denken kann: von edlen Pelzen aus dem Norden bis hin zu feinsten chinesischen Seidenstoffen, Rubine aus Indien und Bernstein aus der Ostsee. Hier parlierten Kaufleute aus aller Herren Länder

Holzveranda mit Weinlaub

in Dutzenden Sprachen und Dialekten zwischen den aromatischen Düften Arabiens und Indiens, und es fanden sich Käufer und Verkäufer, deren Heimatorte mitunter durch Tausende von Kilometern getrennt waren.

Der Meidan heißt heute Wachtang-Gorgassali-Platz und liegt gegenüber der Metechi-Kirche und dem Reiterstandbild des Königs. Er ist der wohl bequemste Ausgangspunkt für einen Spazier- und Erkundungsgang durch dieses Stadtviertel. Gleich vor der Metechi-Brücke nehmen jenseits eines kleinen begrünten Fleckens zwei kurze Gassen ihren Anfang, von denen die eine den Namen des Franzosen Jeanne Chardin trägt, des bereits erwähnten Reisenden, der Tbilissi 1671 besuchte. Hier begann die ›Weinzeile‹ die sich über die Metechi-Brücke bis zum ›Weinhang‹ (Gwinis agmarti) in Isani erstreckte und wo Händler einst Wein aller nur erdenklichen Herkunft zur Probe und zum Verkauf anboten. Nach der Zerstörung durch die Perser wurde die **Chardinstraße** in Anlehnung an die historischen Vorbilder wiedererrichtet. Sie ist heute für den Verkehr gesperrt. Hier befinden sich Galerien, Souvenirläden und kleine gemütliche Cafés, die meisten jedoch überteuert.

Stadtmuseum

Dort wo die Chardinstraße in die Sionistraße übergeht, biegt rechts von ihr die Bambis rigi (Wattegasse) ab. Anstelle des Eckgebäudes Sionistraße/Wattegasse mit seiner an den Jugendstil erinnernden Fassade stand einst eine Karawanserei, die einem Kaufmann namens Arzruni gehörte. In drei Rängen befanden sich im Gebäudeinnern die Warenlager, Handelskontore, eine Herberge und darunter die Kellerräume. Solche Karawansereien waren typisch für den

▶ Karte S. 134

Typische Häuser in einer Seitenstraße

gesamten Mittleren Osten. Auf den langen Wegen zwischen den einzelnen Städten hatten die Kaufleute allein für sich und die Sicherheit ihrer Karawane zu sorgen; an den Handelspunkten wünschten sie, damit nicht behelligt zu werden. Der Besitzer einer Karawanserei musste deshalb alles tun für den Schutz der Waren vor Diebstahl sowie die Unterbringung und Versorgung der Transportmittel – seien es nun Kamele, Pferde, Esel oder Menschen. Sein Einkommen hing davon ab, wie viele der ›Dienstleistungen‹ er anbieten konnte und wie zuverlässig er sich um alles kümmerte. Die Karawanserei Arzrunis war nur eine von mehreren in der Sionistraße.

Das heutige Gebäude stammt aus dem 19. Jahrhundert. Nach einem Großbrand wurde es erneuert und Anfang des 20. Jahrhunderts umgebaut. Die Rekonstruktion schloss die neue Fassade im Jugendstil ein. Nach einer weiteren Rekonstruktion in den 80er Jahren des 20. Jahrhunderts wurde die ehemalige

Karawanserei zum Museum für Stadtgeschichte, das, neben vielen anderen Exponaten, die Kollektion wertvoller Kleinode des Choreographen J. Sarezkij beherbergt (geöffnet Di bis So von 10 bis 18 Uhr).

Das Gebäude ist nicht zu verfehlen; wenn doch, erkundige man sich nach der ›Karwasla‹, was auf georgisch Karawanserei bedeutet.

Gegenüber dem Museum befindet sich das Hauptgebäude der **Georgischen Geistlichen Akademie**, die im letzten Jahrzehnt eine Schlüsselrolle bei der Wiedergeburt der georgischen Kirche gespielt hat. Im Keller, über eine steile Treppe zu erreichen, befinden sich die Räume einer der besten Bäckereien der Stadt. Schon auf der Straße weht einem der Duft von Brot und Naschereien in die Nase, die man probieren sollte.

Sionikirche

Hat man Karawanserei und Akademie passiert, stößt man rechter Hand auf die kleine, unscheinbare Sionikirche. Sie wurde Ende des 6. Jahrhunderts errichtet und ist der Gottesmutter geweiht. Obwohl nicht die älteste der georgischen Kirchen, wurde sie am häufigsten zerstört. Sie war es, deren Kuppel Dshalal ad Din abmontieren und zum Fluss bringen ließ. Auf ihre Spitze stellte er seinen Thron, von dem aus er beobachtete, wie die Einwohner von seinen Söldnern erniedrigt und erschlagen wurden. .

Die Kirche macht insgesamt einen bescheidenen und dennoch festlichen Eindruck. Die von den Altarwänden und zwei Säulen getragene **Kuppel** erhebt sich über dem Zentrum des Kirchenraumes. Sie stammt aus dem Jahre 1710 und wurde vom kartlischen König Wachtang VI. in Auftrag gegeben. Die Gewölbebögen spitzen sich nach oben hin zu, was dem Inneren optisch mehr Raum verleiht. Die **Fresken** in der Kuppel sind eine Arbeit des Petersburger Architekten Troschchinskij, nach Exquisen Gagarins.

Anstelle des ursprünglich hölzernen Ikonostas, der 1795 verbrannte, befindet sich heute eine **steinerne Ikonenwand**, deren Bemalung aus der Mitte des 19. Jahrhunderts von der Hand des russischen Künstlers Grigori Gagarin stammt. Die bedeutendste und für die Kirche wertvollste Reliquie ist das **Kreuz der heiligen Nino** links vom Altar – ein Geschenk von König Wachtang III. (Anfang des 14. Jahrhunderts) an den georgischen Klerus.

Außen ist die Kirche mit vulkanischem Tuffgestein verkleidet. Um den Aufsatz der Kuppel windet sich ein Ring aus gemeißeltem Stein, wodurch die Kirche optisch an Höhe gewinnt.

Der kleinere Glockenturm hinter der Kirche stammt aus dem 15. Jahrhundert. Im 19. Jahrhundert gesellte sich ihm gegenüber, neben der Geistlichen Akademie, ein zweiter im Stil des russischen Klassizismus hinzu.

Die Sioni-Kirche von der Uferstraße gesehen

Lässt man die Sionikirche rechts liegen, macht die gleichnamige Straße eine leichte Biegung und geht in die Iraklistraße über. Am anderen Ende der Sionistraße, dort wo sie auf die Leselidsestraße trifft, befand sich einst ein überdachter Handelsplatz, dessen Ensemble 1795 vollständig zerstört wurde. Jegliche Versuche, sowohl im 19. als auch im 20. Jahrhundert, den Ort in seinem alten Antlitz zu restaurieren, scheiterten.

Iraklistraße

Die Iraklistraße hieß zu Zeiten Jeanne Chardins Rostabasar, was so viel wie Lange Straße bedeutet, und war noch bis ins 19. Jahrhundert von Läden und Werkstätten gesäumt. An den Fassaden finden sich bis heute Spuren der kunstvollen **Wandmalereien**, mit denen die Händler und Handwerksmeister um Kunden warben. So zum Beispiel an einem Haus auf der linken Straßenseite, im typisch **neogeorgisch-italienischen Stil** vom Ende des 19. Jahrhunderts. Die zweite Etage des Hauses wird zur Straße hin von einem Balkon begrenzt, auf den die Wohnzimmer hinausgehen. Da das Haus an einem steilen Abhang liegt, befindet sich der Innenhof auf Höhe des Balkons, wodurch dieser sich in eine mit geschnitzten Geländern versehene Veranda verwandelt.

Das auf den ersten Blick unscheinbare Haus gegenüber war ursprünglich eine Karawanserei. Es wurde in der ersten Hälfte des 20. Jahrhunderts zu einem Wohngebäude umgebaut. Die zugemauerten Eingänge und Fensteröffnungen an der Fassade geben einen Eindruck von seiner ursprünglichen Gestalt, ebenso wie die heute leider zum Teil unvollständigen Verzierungen der Balkone und die vom Zahn der Zeit angenagten Stukkaturen an der Fassade. Der Innenhof wird von einem gläsernen Dach überspannt. Trotz der vielen Umbauten im Innern ist auch hier die ursprüngliche Konstruktion nachvollziehbar. In die geräumigen Keller gelangte man durch mit hohen Bögen versehene Eingänge von der Straßenseite. Das Paradebeispiel für Balkonverzierungen ist das Haus **Iraklistraße Nr. 21**. Die schmiedeeisernen Verzierungen sind so fein ziseliert, dass sie an geklöppelte Spitzen erinnern.

Irakliplatz

Die Iraklistraße geht in den gleichnamigen Platz über. Anfang des 19. Jahrhunderts, nach vergeblichen Versuchen, sein ursprüngliches Aussehen wiederherzustellen, fiel die Entscheidung, den Platz neu zu gestalten. Nach einem Entwurf des italienischen Architekten Ripardi wurde dort, wo sich einst Teile der königlichen Gärten und das Schloss befanden (rechter Hand), ein **Gebäude für die Synode der georgischen Kirche** errichtet. Seit der Unabhängigkeit residiert hier der Patriarch.

An der Nordseite des Platzes befand sich in einem Wohnhaus aus der Mitte des

Renoviertes Wohnhaus

▸ Karte S. 134

19. Jahrhunderts das Museum für Theater, Film und Musik, welches inzwischen in die Kargareteli-Str. nördlich des Agmaschnebeli-Boulevards umgezogen ist. Nach der Zerstörung der Stadt hatte sich an dieser Stelle der letzte König Georgiens einen kleinen provisorischen Palast errichten lassen, der später abgerissen wurde.

Von einem besonderen Charme sind auch die **Eckhäuser an der Mündung der Tschachruradse- und der Tschalaubanistraße** auf den Irakliplatz.

Seit seiner Rekonstruktion Ende der 80er Jahre des 20. Jahrhunderts, als einige unscheinbare Häuser abgerissen, ein neuer Zugang zur Uferstraße geschaffen und neue Grünflächen angelegt wurden, gehört der Irakliplatz zu den beliebtesten Orten der Stadt.

Die Verlängerung der Iraklistraße ist die **Schawtelistraße**, die in ihren Abmessungen am ehesten dem Straßenbild des Tbilissi der Karawanen nahekommt. Der Abstand zwischen den Häuserzeilen beträgt nicht mehr, mitunter auch weniger als zehn Meter. Fast alle Häuser in dieser Straße datieren aus dem 19. Jahrhundert. Ein Spaziergang durch die Schawtelistraße ist ein ›Fest für das Auge‹.

Antschißchatikirche

Eine der ältesten Kirchen der Stadt ist die Antschißchati-Kirche aus dem 6. Jahrhundert, die früher einen anderen Namen trug. Ihren Grundstein legte der Nachfolger Wachtang Gorgassalis auf dem iberischen Thron, Datschi Urdshameli. Die Kirche war Aufbewahrungsort einer der ältesten und wertvollsten Ikonen der georgischen Kirchengeschichte aus dem Kloster Antschi in Klardschetien (heute auf türkischem Territorium), deren goldener, kunstvoll ziselierter Rahmen eine Auftragsarbeit von Königin Tamara war und von Beka Opisari, einem der berühmtesten georgischen Goldschmiede, stammt. Wegen ihres unschätzbaren Wertes befindet sich die **Christus-Ikone** heute in der Schatzkammer des Kunstmuseums (S. 157).

Die Antschißchati-Kirche selbst gehört zum Typ der Basilika. Von den Zerstörungen durch fremde Eroberer weitaus weniger in Mitleidenschaft gezogen als viele andere Kirchen der Stadt, hatte sie dennoch deren Schicksal zu erleiden. Immer wieder war versucht worden, dem bescheidenen Kirchenbau Monumentalität zu verleihen, weshalb man ihm sogar, sehr unpassend hinsichtlich der strengen Gesetze architektonischer Harmonie, eine Kuppel aufsetzte, die Fassaden verkleidete und ihr einen Glokkenturm zur Seite stellte. Erst die Rekonstruktionsarbeiten in den 50er und 60er Jahren des 20. Jahrhunderts gaben der Kirche ihr früheres Aussehen zurück. Im Innern des Baus wurden auch die ursprünglichen **Fresken**, besser ihre Rudimente, freigelegt, die eine Ahnung von der Art frühgeorgischer Wandmalerei zulassen.

Das Areal der Kirche betritt man durch einen zweistöckigen **Glockenturm** aus dem Jahre 1675. Einige seiner Elemente – der quadratische Unterbau, die Ziegelbauweise, die entlang des Spitzbogens pfeilförmig auseinanderlaufenden Linien des Mauerwerks und letztendlich die vertikal in der Außenfront versenkten engen Mauernischen – verraten den iranischen Einfluss, der in der spätfeudalen Architektur Georgiens einige Spuren hinterlassen hat.

In der Antschißchati-Kirche singt jeden Samstag während des Gottesdienstes (ab 17 Uhr) ein aus Mitarbeitern des Konservatoriums bestehender **Chor**. Die von ihnen intonierten Choräle sind Ori-

ginale aus den frühesten Entstehungszeiten der georgischen liturgischen Musik, die man so nirgendwo zu hören bekommt.
Das Grundstück der Antschißchati-Kirche liegt an der Schawtelistraße 5–7, kurz vor einem kleinen Platz, den man überquert und nach noch einmal ungefähr 100 Metern die Barataschwilistraße erreicht, deren Verlauf die einstige nördliche Seite der Stadtmauer markiert. Hier endet das traditionsreichste und älteste Viertel von Tbilissi. Nicht enden muss hier der Spaziergang durch diesen Teil der Stadt, denn entlang des Ufers, zurück zum Gorgassaliplatz oder nach oben zur Leselidsestraße und in deren Seitengassen gibt es noch vieles zu entdecken.

Uferstraße

Die Barataschwilistraße mündet in die gleichnamige Brücke, die Kala mit dem linksseitigen Isani verbindet. Das Eckhaus Barataschwili-/Uferstraße ist ein gelungenes Beispiel für die Einbeziehung traditioneller architektonischer Lösungen in moderne Formen. Nach rechts entlang der Uferstraße passiert man die Rückfront all jener Gebäude, deren Fassaden man bereits während des Spazierganges entlang der historischen Magistrale des alten Tbilissi zu sehen bekam. Der Streifen zwischen Uferstraße und Steilhang ist mit Grasflächen und Blumenrabatten bepflanzt; mancherorts stehen auch hier später hinzugekommene Häuser. **Restaurants und Cafés** laden zu einer Rast ein.
Die Uferstraße wurde in den letzten Jahrzehnten des 20. Jahrhunderts in ihrer ursprünglichen räumlichen Großzügigkeit wiederhergestellt. Auf Höhe des Irakliplatzes führt eine Treppe den Hang zum Platz hinauf. Auf halbem Weg etwa erheben sich die **Kuppeln der ehemaligen Königsbäder**, die aus der Zeit von König Rostom, aus dem 17. Jahrhundert, stammen. Die Bäder wurden im Zuge der Rekonstruktion von aller Last der späteren Jahrhunderte befreit und auch von innen restauriert, so dass die Fragmente der Fresken und die Stukkatur, der sogenannte ›Sgraffiti‹, zum Vorschein kamen.
Etwas weiter, dort wo rechts die Sionikirche, ihr Glockenturm und andere Kirchtürme sowie weiter hinten die Ruinen von Narikala zum Vorschein kommen, beschließt eine mit wildem Wein bewachsene Felswand diesen schönsten Teil der Uferstraße.

Barataschwilistraße

Zurück zur Ecke Schawteli- und Barataschwilistraße. Folgt man der letzteren nach links, passiert man die erhalten gebliebenen und ebenfalls in den 70er bis 90er Jahren des 20. Jahrhunderts restaurierten **Reste der äußeren Stadtmauer**. Die auf und neben den Rudimenten der Mauern und Wachtürme errichteten Häusera bilden mit ihren Balkonen, Galerien und Erkern, die aussehen wie Schmetterlinge, die sich auf dem Mauerwerk niedergelassen haben, ein Ensemble, von dem man meinen könnte, dass es so und nur so den unverfälschten Geist dieser Stadt in ihren besten Tagen wiedergibt. Eine dünne Linie von Beton, die sich wie ein Fadengeflecht über die Wände zieht, markiert die Grenze zwischen den ›echten‹ historischen Überresten aus den Jahrhunderten vor Aga Mohammed Khan und den Überbauten aus jüngerer Zeit. Die **Cafés und Weinkeller** hier gehören zum exklusivsten, was Tbilissi zu bieten hat.
Etwas höher zweigen von der Barataschwilistraße zwei Straßen ab. Die eine

▶ Karte S. 134

Häuser am Fuß der Narikala-Festung

ist die Werzchlis kutscha (Silbergasse), in der einst die berühmtesten Silberschmiede ihre Werkstätten und Läden hatten; die andere die Alexandre-Dumas-Straße, die ihren Namen zu Ehren des großen Schriftstellers trägt, der mit seinem Buch über Georgien einer der ersten Europäer war, der im 19. Jahrhundert die Schönheiten, das Leben und die Paradoxa des Landes beschrieb.

Das Untere Kala

Die Besonderheit des ›unteren‹ Viertels besteht darin, dass es ›oben‹ liegt. Da ›unten‹ ›oben‹ ist, empfiehlt es sich, den Rundgang durch dieses Viertel in der Mitte zu beginnen; am besten am **Tavisuplebis moedani** (Platz der Freiheit), in den von Südosten die Leselidsestraße mündet. An dieser Stelle stand noch im vorigen Jahrhundert das bedeutendste der Stadttore von Tbilissi, das Kodshori-Tor. Folgt man der Leselidsestraße, gelangt man nach wenigen Metern zur Abesadsestraße, die nach rechts abbiegt und früher die Katholische hieß, weil sich hier eine katholische Kirche befand, deren Gebäude immer noch steht. Die erste Kirche war zerstört, die zweite im 19. Jahrhundert errichtet worden.

Abesadsestraße

Die meisten Balkone und Terrassen der Häuser im neogeorgischen Stil entlang der engen Abesadsestraße sind gut erhalten. Der erste Platz, zu dem sie sich weitet, ist der **Gudiaschwiliplatz**, dessen Häuser aus der ersten Hälfte und Mitte des 19. Jahrhunderts stammen. Das architektonisch originellste unter ihnen ist das Eckhaus an der vom Platz abzweigenden Lermontowstraße. Mit seinen zwei Flügeln und der sie verbindenden Galerie, mit dem überdachten Vorhof und seinem Dekor sieht es aus einiger Entfernung, besonders in der Dämmerung, einem Puppenhaus zum Verwechseln ähnlich.

Biegt man in die Lermontowstraße ein und folgt ihr einige Schritte nach Südwesten bis zur Dadianistraße, gelangt man an einen Flecken voll melancholischer Ruhe und romantischer Schönheit.

Weiter entlang der Abesadsestraße ist die nächste Sehenswürdigkeit eine 1751 errichtete **armenische Kirche**, die nach einem Dorf in der Nähe von Erewan – Mognin (Mognisi) – benannt wurde. Die Kirche dieses unscheinbaren Ortes rühmt sich, den Schädel des heiligen Georg zu ihren Reliquien zu zählen. Ein Teil dieses

Schädels gelangte als Geschenk nach Tbilissi und wird der Legende nach in eben jener Kirche aufbewahrt.
Gegenüber der Mognisi-Kirche nimmt eine schmale Gasse ihren Anfang, die zum Puris moedani (Brotplatz) führt, dessen Name Programm ist und aus einer fernen Vergangenheit stammt, als hier Tür an Tür Müller und Bäcker ihrem Tagewerk nach-gingen.

Gomigasse

Vom Puris moedani zur Bethlehemstraße, die steil abfällt und zu Füßen des Bergrückens in die Färbergasse mündet, führt die Assatianistraße. Von ihr zweigt die Gomigasse ab, die steil zum Kamm des Sololaksi-Bergrückens hinaufführt. Hier beginnt bereits das sogenannte **Bergviertel Tbilissis**. Der Hang, den man erklimmt, ist an manchen Stellen so steil, dass das Dach des einen und der Hof des nächsten Hauses auf einer Höhe liegen. Der Höhenunterschied und die scheinbar ineinander verwachsenen und verschachtelten Balkone, Anbauten und Terrassen bieten einen chaotischen Anblick, und man fragt sich unwillkürlich, wie hier die Nachbarn bei ihrem Temperament miteinander auskommen mögen. Hat man den Aufstieg geschafft, wird die Mühe durch den einzigartigen Blick belohnt, den man aus dieser Höhe auf die zu Füßen liegende Altstadt hat.
Folgt man der Gomigasse bis an ihr Ende, gelangt man durch eine enge Passage zu einem auf einem steinernen Sattel gelegenen Haus, in dessen unmittelbarer Nachbarschaft sich die Ruinen eines **Feueranbetertempels** befinden. Der Name, Ateschga, stammt vom persischen ›ateschkjade‹, was exakt die Bestimmung des Ortes bezeichnet: Tempel zur Anbetung des Feuers. Der Kult besitzt auch heute noch seine Anhänger, wenn auch beträchtlich weniger als zu Zeiten des heiligen Dawit, dessen Kirche nur einige Hundert Meter Luftlinie nordwestlich am Hang des Mtazminda-Berges steht.

▲ Karte S. 134

In unmittelbarer Nähe, zu erreichen durch einen schmalen Durchgang, erhebt sich die **Bethlehem-Kirche**, deren Glockenturm ganze 100 Jahre älter ist als die eigentliche Kirche. Dieser Umstand sollte nicht verwundern, denn die Eroberer mit Missionierungsabsichten zerstörten in der Regel die Kirchen, nicht immer aber die in der georgischen Tradition abseits stehenden Glockentürme, da diese in ihrem Verständnis eher von weltlicher Bedeutung waren. Der Legende nach war der Grundstein zur Bethlehem-Kirche von König Gorgassali gelegt worden. Nach Dutzenden Aus- und Umbauten erhielt sie ihr heutiges Aussehen im Jahre 1740 dank des unermüdlichen Wirkens des georgischen Heerführers Giwi Amilachwari, der sich seinerzeit im ganzen Land um die Wiedererrichtung von Kirchen und Klöstern verdient machte. Die Kirche gehört der armenischen Gemeinde und trägt den Namen Petchain.

Assatianistraße

Über eine steile steinerne Treppe gelangt man stadteinwärts wieder zur Assatianistraße. Von der Mitte der Treppe erblickt man eine weitere armenische Kirche, die Klosterkirche des **Frauenklosters zum heiligen Stefan** (Surb Stepanos). Das Kloster war im 18. Jahrhundert gegründet, die Kirche im 19. Jahrhundert umgebaut worden.
Folgt man der Assatianistraße direkt zur Leselidsestraße oder kehrt zunächst zurück zum Puris moedani und nimmt von hier seinen Weg durch eine der Gassen dorthin, stößt man in Richtung des Gor-

gassaliplatzes auf zwei weitere sehenswerte Kirchen. Das Gotteshaus an der Ecke zur Jerusalemer Straße ist ein Kuppelbau und nennt sich **Dshwarismama**. ›Dshwari‹ bedeutet im georgischen Kreuz, weshalb man den Namen als Kirche zum Heiligen Kreuz übersetzen könnte. Ihr Vorgängerbau stammt aus dem 5. Jahrhundert und diente seinerzeit den nach Georgien gebrachten Ikonen aus der gleichnamigen Kirche in Jerusalem als Aufbewahrungsort, von wo aus sie in andere Kirchen im ganzen Land weitergeleitet wurden. In ihrer unmittelbaren Nähe befand sich seinerzeit auch ein ›Hotel‹ für die Ikonen, die im

Die armenische Noraschen-Kirche

eigentlichen Kirchengebäude keinen Platz fanden. Das erste Mal zerstört von den Mongolen, wurde sie im 16. Jahrhundert wiedererrichtet, dann 1795 erneut verwüstet und 1825 in ihrer heutigen Gestalt rekonstruiert.

Das zweite Gotteshaus, dessen Ostfassade die Leselidsestraße berührt, ist eine **armenisch-gregorianische Kirche** – Noraschen – aus dem Jahr 1793. Die Fresken im Innern des Zentralkuppelbaus stammen aus der Mitte des 19. Jahrhunderts.

Noch einige Schritte weiter in Richtung des Gorgassaliplatzes trifft man auf die **Hauptsynagoge Tbilissis**, einen Bau aus dem Jahr 1910, und kurz vor dem Gorgassaliplatz auf die **Große Festungskirche**. Zu Füßen der Festungsmauer, noch dazu an einem für Eroberer besonders attraktiven Ort errichtet, ist diese Kirche oft zerstört oder beschädigt worden. Erwähnt wurde sie bereits im 12. Jahrhundert. Seit wann sie der armenischen Gemeinde gehört ist unbekannt, doch vermerken die Chroniken für das Jahr 1748 (nach der Vertreibung der Perser aus Tbilissi) die Rückgabe dieser Kirche – unter dem armenischen Namen ›Surb Gework‹ – an die Armenier.

Auf den Treppen der Kirche soll 1795 ein greiser Mönch von Soldaten Aga Mohammed Khans erschlagen worden sein: der Armenier Arutjun Sardajan. Geboren 1712 in Tbilissi, war der unter seinem Pseudonym Sajat Nowa besser als unter seinem richtigen Namen bekannte Sardajan einer der beliebtesten Dichter seiner Zeit, dessen Liebeslyrik ebenso geschätzt wurde wie seine satirischen Verse und Trinklieder.

Am Gorgassali-Platz endet dieser Teil des Rundgangs durch die Stadt. Tbilissi hat damit aber noch längst nicht alle seine Schätze preisgegeben.

Festung Narikala

Den Grundstein Narikalas legten die Perser Ende des 4. Jahrhunderts nach Christus. Sie sollte das Mtkwari-Tal beherrschen und erfüllte, auf dem Gipfel des Sololaki-Bergrückens gelegen, theoretisch alle bis zur Erfindung des Schießpulvers dafür erforderlichen Bedingungen. Es war unmöglich, die Festung in unmittelbarer Nähe durch Bollwerke zu blockieren, sie war zudem an einigen Stellen durch natürliche Hindernisse für etwaige Angreifer unzugänglich und sie konnte nicht ohne immensen Aufwand an Belagerungstechnik gestürmt werden.

Eine der möglichen Übersetzungen ihres Namens geht auf das persische Wort für ›unbezwingbar‹ zurück; eine, wie im Falle der meisten Zitadellen, trügerische Illusion.

Von der Festung aus führten unterirdische Gänge zur Mtkwari und zu deren Nebenfluss Zawkissiszkali. Durch ebenfalls unterirdische Leitungen und raffinierte Pumpvorrichtungen versorgte sich die Besatzung mit Wasser.

Wachtang Gorgassali und später sein Sohn Datschi erweiterten Narikala. Da die Zitadelle die neben Gori strategisch wichtigste im östlichen Georgien war, wurde sie von allen späteren Eroberern, nachdem sie sie zunächst zerstört hatten, zügig wiederaufgebaut und auf den jeweils neuesten Stand der Kriegskunst nachgerüstet. Der Oberburg gesellte sich eine Untere Burg hinzu, die erweitert durch die Stadtmauern des Oberen und Unteren Kala das ganze rechte Ufer zur Festung machten, die selbst durch den Einsatz von Feuerwaffen nicht leicht zu bezwingen war. Aga Mohammed Khan freilich ließ sich davon nicht abschrekken, verschonte aber Narikala vor dem Schicksal, das die übrige Stadt erlitt. Der Festung nützte das nur wenig, denn was der letzte Bezwinger Tbilissis nicht tat oder tun wollte, vermochte menschliches Ungeschick. Die russischen Besatzer nämlich nutzten die Zitadelle als Pulverkammer für ihre Soldaten im Kaukasus, bis 1827 eine gewaltige Explosion die mächtigen Mauern sprengte und das Ende Narikalas besiegelte.

Links die Festung Narikala, rechts der Mtazminda

▲ Karte S. 134

Bastion auf der Festung

Zur ehemaligen Festung gelangt man über die Botanische Straße, die vom Gorgassaliplatz über die Tumanjanstraße und die Färbergasse zu erreichen ist.
Die Ruinen am nordwestlichen Eckpunkt der Zitadelle sind die Überreste des sogenannten **Quadratischen Turmes**, des ältesten, aus dem 5. Jahrhundert stammenden Segments der Befestigungen.
Aus dem 7. bis 9. Jahrhundert stammen die Ruinen an der Südwestecke. Es sind die Reste des **Istanbuler Turmes**, in dem zu Zeiten der türkischen Besatzung das berüchtigste Gefängnis des Landes untergebracht war. Und wenn man die Festung in Richtung des Sololaki-Allee verlässt, passiert man die Ruinen der einst mächtigen, **Schachtachti** genannten Westflanke Narikalas. Hier war die Verwaltung des Emirats von Tbilissi untergebracht. Glaubt man den Chroniken, diente einer der Türme in jener Zeit als Observatorium.
In den letzten Jahrzehnten haben Archäologen einiges von dem, was die geborstenen Mauern 1827 unter sich begruben, freigelegt; darunter das Fundament der aus dem 12. /13. Jahrhundert stammenden **Nikolaikirche**, dessen Rekonstruktion 1996 abgeschlossen wurde.
Es lohnt sich, einen Blick auf die Festung vom gegenüberliegenden Mtkwari-Ufer zu werfen; insbesondere in den Abendstunden, wenn die hinter Narikala versinkende Sonne die Silhouette der Ruine scharf hervortreten und die Zerstörungen fast vergessen lässt.

Botanischer Garten

Der Botanische Garten befindet sich südöstlich von Narikala. Besucht man die Festung in den frühen Morgenstunden und hält sich dort einige Stunden auf, bis die Sonne den Sololaki-Bergrücken und die ganze Stadt überflutet, wird einem der Botanische Garten als erfrischend grüne Oase in einem Meer aus Licht und Hitze erscheinen.
Diese Oase bedeckt das Seitental, das einst der nun unterirdisch fließende Nebenfluss der Mtkwari, der Zakwissiszkali, durchfloss, aus dem sich nicht nur die Garnision der Festung versorgte, sondern der auch die zu beiden Seiten seiner Ufer angelegten Gärten bewässerte. In diesen dicht bewachsenen und schattigen Gärten wuchsen neben Sträuchern, Bäumen und Blumen auch Kräuter, Heilpflanzen, Obst und Gemüse für die königliche Tafel. In seiner unmittelbaren Nähe befanden sich die Gasthäuser der Monarchen und Residenzen ausländischer Gesandter am georgischen Hof.
Nach dem Tod des letzten georgischen Königs gingen die Gärten in den Besitz der Stadt Tbilissi über und verwandelten sich in eine Art Tivoli für die reichen Bürger und ihre Gäste. Zu jener Zeit begann auch die allmähliche Verwandlung in einen Botanischen Garten, der 1845 offiziell eröffnet und einem breiten Publikum zugänglich gemacht wurde.

Heute gehört der Botanische Garten, mit einer Fläche von 130 Hektar, der Georgischen Akademie der Wissenschaften. Mit seinen über 5000 Arten ist er in den Augen der Fachwelt eines der potentiellen Reservoirs zum Erhalt vieler vom Aussterben bedrohter Pflanzen.

Eine besondere Sehenswürdigkeit ist das **Rosarium**, das mit seinen 900 verschiedenen Rosen eines der größten in Europa ist.

Ein Spaziergang durch den Botanischen Garten kann mehrere Stunden in Anspruch nehmen, was selbst an den heißesten Tagen keine Mühe bereitet. Verlässt man den Garten durch den Haupteingang, gelangt man wieder in die Botanische Straße, die steil zum Bäderviertel Tbilissis herabführt. Zu beiden Seiten wird sie von Häusern gesäumt, die sich über stufenförmigen Vorderhöfen erheben, was für alle an den felsigen Steilhängen der Stadt gelegenen Wohnbauten typisch ist. Der Eindruck entsteht, man laufe durch die Kulisse für einen Film, dessen Handlung auf Zypern oder Capri spielt. Am Bäderviertel wechselt die Kulisse vom Flair des Mittelalters zu orientalischem Kolorit. Auf halber Höhe befindet sich eine **sunnitische Moschee** vom Ende des 19. Jahrhunderts.

Die Schwefelbäder

Eine der Legenden über die Gründung Tbilissis bezieht sich auf die Thermalquellen, die an verschiedenen Orten aus vermutlich riesigen unterirdischen Reservoirs aus dem Boden sprudeln. Die meisten der 24 bis 38 °C warmen Quellen enthalten ein Gemisch aus Eisen und Schwefel. An verschiedenen Orten entstanden öffentliche Bäder, von denen es noch im 19. Jahrhundert einige Dutzend gab. Erhalten geblieben sind nur die im Bäderviertel (Abanotubani) gelegenen

▲ Karte S. 134

Das Bäderviertel Abanotubani

Badeanstalten, die ihr Wasser bis heute aus dem Berg Mtabori beziehen.

Im iranischen Stil gehalten, sieht man von diesen Bädern in der Regel nicht mehr als die Eingänge und Lichtkuppeln. Die eigentlichen Räume liegen unter der Erdoberfläche, da der Wasserdruck in dieser Höhe relativ stabil ist und der Dampf ein besonderes Mikroklima erzeugt. Beleuchtet wurden sie von Ampeln an den Decken. Die Bäder teilten oft das Schicksal der Stadt, wenn diese einmal wieder von Eroberern heimgesucht wurde. Aga Mohammed Khan, der von ihrem Ruhm gehört hatte, besuchte sie. Aus Wut darüber, dass seine kleinen und großen Gebrechen nicht sofort verschwanden, ließ er alle Bäder zerstören.

Sie wurden in ihrer ursprünglichen Gestalt wiedererrichtet und tragen bis heute die Namen ihrer ehemaligen Besitzer – Irakli-Bad, das älteste von ihnen, Sumbatow-, Bebutow- bzw. Orbeliani-Bad. Letzteres wird außerdem ›das Bunte‹ genannt, wegen seiner im orientalischen Stil gehaltenen Fassade aus farbenfrohen Mosaiken zu beiden Seiten des Eingangs und den kleinen Türmchen an den Eckkanten. Dieses Bad ist auch das einzige, das – einer Moschee ähnlich – nicht nur seine Kuppel zeigt, sondern in mehreren Etagen den Bäderplatz nach Westen begrenzt. Im Innern waren die Bäder reich mit Steinmetzarbeiten, Mosaiken und Marmor ausgestattet. Reste erinnern bis heute an ihre besten Zeiten, der einstige Prunk jedoch ist schlichter Funktionalität gewichen.

Die berühmten Reisenden des vorigen Jahrhunderts, unter ihnen Dumas, Tolstoi und Puschkin konnten noch die einstige Pracht genießen. Tolstoi schrieb, dass er in den Marmorpalästen und Bädern die Genüsse des Lukullus und die Freuden Pompeiis verstand. Am Eingang zu den Orbeliani-Bädern stehen Puschkins Worte: »Nicht in Russland, nicht bei den Türken, fand ich, seit ich lebe, köstlicheres als Tiflis' Bäder.«

In den Bädern der Stadt pflegte man nicht nur sich und seinen Körper, sondern hier wurden Geschäfte besprochen und Neuigkeiten ausgetauscht. Der Dienstag und Mittwoch war den Frauen vorbehalten. An diesen Tagen hatten Männer bis auf Schussweite nichts in ihrer Nähe zu suchen. Auch die nackten Damen kamen, wie an den anderen Tagen die Herren, auf ihre Kosten, plauderten, kauften neuen Schmuck, konnten sich von den Vorzügen oder Mängeln ihrer Figuren überzeugen. Dies machten sich die ›Chanumas‹, eine georgische Spielart von Kupplerinnen zu Nutze, die in den Bädern nicht nur im Auftrag der potentiellen Bräutigame auf Brautschau gingen, sondern auch dem ein oder anderen spendablen Herrn Tipps über ausgewählte Schönheiten gaben.

Ihre Bedeutung haben die Bäder auch heute nicht eingebüßt und sie sind von den frühen Morgenstunden bis spät in die Nacht gut besucht. Eine Stunde kostet in den Separeés (bis sechs Personen) 35 Lari. Darüber hinaus werden Massagen angeboten.

Hat man den Tag damit verbracht, sich in aller Ruhe Narikala anzuschauen, dann den Botanischen Garten besucht und danach eines der Bäder, kann man den Abend in aller Ruhe auf der Terrasse eines der **Restaurants oder Cafés am Abanotubani** ausklingen lassen. Wer es europäisch mag, dürfte in der Pizzeria auf seine Kosten kommen; die anderen Restaurants bieten gute georgische Küche.

Isani

Am gegenüberliegenden Ufer der Mtkwari erstreckt sich Isani, der zweite Teil der Altstadt Tbilissis, zu beiden Seiten der Metechi-Kirche und des Gorgassali-Denkmals. Isani verdankt seinen Charme dem felsigen Steilufer, das der Fluss hier gegraben hat. An und auf den felsigen Hängen kleben die Häuser und Häuschen, die Villen und Lauben, als würden sie sich wie Narziß im Wasser spiegeln wollen. Blickt man auf Isani aus der Vogelperspektive, erscheint der Be-

Die Mtechi-Kirche mit dem Standbild Wachtang Gorgassalis

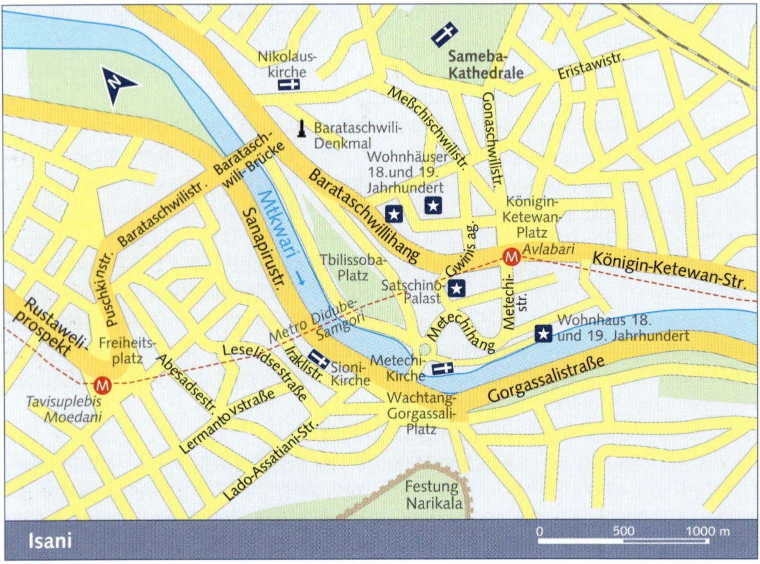

zirk wie ein Collier, in dessen Mitte zwei Perlen glänzen: die Metechi-Kirche und das gen Kala blickende Reiterstandbild König Gorgassalis auf einem Plateau über der Mtkwari. Der Blick von hier aus auf das gegenüberliegende Kala, die Steilhänge entlang der Mtkwari, die Festung Narikala und die sich im Hintergrund emporstreckende Statue der ›Mutter Georgiens‹, mit ihrem Schwert in der einen und der Weinschale in der anderen Hand, ist einprägsam.

Das gesamte Areal war in früheren Zeiten eine Festung, wovon auch der Name zeugt, der sich mit ›Zitadelle‹ übersetzen lässt. Dawit der Erbauer ließ sich hier einen Palast bauen; von hier aus verabschiedete Königin Tamara ihre Krieger. Dann kamen 1235 die Mongolen und ließen keinen Stein auf dem anderen, was die Georgier nicht hinderte, die Anlage noch im gleichen Jahrhundert wiedererstehen zu lassen. So ging es über die Jahrhunderte. Der letzte König, der die Burg vollends rekonstruieren ließ, war 1748 Irakli II., doch vergingen keine 50 Jahre bis zum Besuch Aga Mohammed Khans und seiner Krieger. Wenige Jahre später verlor Georgien seinen König und seine Unabhängigkeit; die neuen Besatzer hatten kein Interesse daran, mit der Rekonstruktion der Symbole alter Macht die neue in Frage zu stellen. Die Reste der Festung dienten den Russen ebenso wie Narikala als Pulverkammer, die ebenfalls 1827 explodierte, wahrscheinlich infolge eines verheerenden Erdbebens, das in jenem Jahr Tbilissi heimsuchte. Danach war ›Metechi‹ lange Zeit weniger eine Reminiszenz an verblichenen Ruhm denn Sinnbild aller Assoziationen, die sich mit dem gleichnamigen Gefängnis in seiner unmittelbaren Nähe verbanden und das erst in den 30er Jahren des 20. Jahrhunderts abgerissen wurde. Das Reiterstandbild des Königs Gorgassali entstand 1967.

In den 70er und 80er Jahren des 20. Jahrhunderts wurde auch dieser Teil der Altstadt aufwendig restauriert. Auf der sich links von Metechi-Kirche und Gorgassali-Denkmal stromaufwärts erstreckenden Grünfläche und dem Platz zu Füßen des Ensembles findet alljährlich in der letzten Oktoberwoche das beliebteste und ausgelassendste Fest Tbilissis – das Tbilissoba, eine Art Erntefest – statt.

Metechi-Kirche

Die Metechi-Kirche in ihrer heutigen Gestalt stammt vom Ende des 13. Jahrhunderts und wurde von König Demetrius II., der später von den Mongolen hingerichtet wurde, gestiftet. Die drei hohen, halbrund vorspringenden Apsiden im Osten verleihen dem Bau eine gewisse Vertikaltendenz, welche durch ein ringsum laufendes Horizontalband wieder ausgeglichen wird. Die Kuppel wird im Innern von vier freistehenden Pfeilern getragen. In sowjetischen Jahren war die Kirche Proben- und Spielstätte eines Kinder- und Jugendtheaters; seit Mitte der 90er Jahre werden hier wieder Gottesdienste abgehalten.

Das Mtkwari-Ufer im Stadtteil Isani

Häuser am Weinhang (Gwinis agmarti)

Metechigasse

Südöstlich vom Kreisverkehr zweigt die Metechigasse ab, auf der man vorbei an malerischen kleinen Villen den Hang hinauf zum Platz der Königin Ketewan gelangt. Am Beginn der Gasse, hinter einem mit Bäumen bepflanztem Park, hebt sich eine steile, mit Gräsern und Moosen bewachsene Felswand aus dem Boden. Hier ist es selbst an den heißesten Tagen stets kühl, denn das poröse Felsgestein ›schwitzt‹ sein Wasser in Tropfen und kleinen Bächlein aus seinem Innern, die sich zu Füßen der Wand sammeln und in einem Rinnsal zur Mtkwari herabfließen. Dem Wasser werden heilende Kräfte nachgesagt, weshalb man hier stets Menschen sieht, die es auffangen oder sich Gesicht und Hände damit waschen. Es zu trinken, empfiehlt sich jedoch nicht.

Der schmale Weg, der die Felswand auf der linken Seite erklimmt, führt hinauf zu einem Frauenkloster. Wer die Mühe nicht scheut, ihm zu folgen, stößt oben auf einen halbrunden Turm, der einst zum **Satschino-Palast** gehörte, den Irakli II. 1776 für seine Frau, Königin Daredshan, aus dem Gestein der Festung Isani erbauen ließ. Der absichtlich grobgemauerte

Turm kontrastiert auf bewundernswerte Weise mit dem ihn umfangenden filigran und kunstvoll gearbeiteten Balkon. Dieser und ein weiterer Turm sind alles, was von dem einstigen Palast erhalten blieb. Die übrigen zum Kloster gehörenden Gemäuer und Gebäude stammen aus dem 19. Jahrhundert.

Weinhang und Ketewan-Platz

Die vom Tbilissoba-Platz an der Kirche vorbei östlich hangauf führende Straße ist der schon erwähnte Weinhang (Gwinis agmarti), der zum Ketewanis moedani (Königin-Ketewan-Platz) führt. Von seiner einstigen Bestimmung zeugen auch heute noch einige bescheidene Tavernen (die Duchane). Hier bekommt man in der Regel echte georgische Landweine; an den Wochenenden zu den schwermütigen Klängen der ›Surna‹, eines georgischen Blasinstruments.

Am Ketewanis moedani befindet sich der Eingang zur Metro-Station Avlabari, und hier endet das historische Isani. Die angrenzenden Viertel sind von geringerem architektonischen und atmosphärischen Interesse. Lohnenswert ist nur noch der Abstieg zur **Barataschwili-Brücke** über den gleichnamigen Hang. Sehenswert ist die **Kirche des heiligen Nikolaus** nördlich der Brücke, deren Fresken von der Hand des im 19. Jahrhundert beliebten Künstlers Gigo Saziaschwili stammen. Unweit der Brücke stößt man auf das **Denkmal für den Dichter Nikolos Barataschwili**.

▶ Karte S. 148

Sameba-Kathedrale

Nördlich von Isani erhebt sich seit 2007 unübersehbar die neue Sameba-(Dreieinigkeits)-Kathedrale, eine der größten orthodoxen Kirchen der Welt. Ihr Bau war ob der immensen Kosten und der enormen wirtschaftlichen Probleme des Landes nicht unumstritten. Für die georgischen Christen ist sie mittlerweile zum wichtigsten Wallfahrtsort geworden.

Mtazminda

Zurück zum rechtsseitigen Ufer, zum Mtazminda, dem mit 750 Metern höchstem Berg im Stadtgebiet Tbilissis und, geographisch gesehen, dem östlichsten Gipfel des Trialetischen Gebirges, eines zum Kleinen Kaukasus gehörenden Bergmassivs. Von der Höhe des Berges lässt sich die gesamte Stadt überblicken.

Zum Mtazminda wurde der Berg erst im 10. Jahrhundert. Davor nannten ihn die Georgier Mamadawiti (Dawitsberg). ›Zminda‹ bedeutet im Georgischen ›heilig‹, ›mta‹ ›Berg‹. Die Vermutung liegt nahe, dass er seinen Namen einer Legende verdankt. Und tatsächlich war Dawit einer der 13 syrischen Heiligen, die nach Georgien kamen, um den Georgiern von Christus zu predigen.

Dawit erwählte sich Tbilissi als Wirkungsort, wo er sich nicht in der Stadt, sondern in einer der Höhlen am Osthang des Mamadawiti-Mtazminda niederließ. Einmal in der Woche verließ er seinen Unterschlupf, zeigte sich in der Stadt und verkündete das Wort Jesu. Von seiner ernsthaften Leidenschaft mitgerissen, bekannten sich bald mehr Menschen zum neuen Glauben, als den zoroasthrischen Priestern lieb sein konnte. Sie fanden eine Frau, die öffentlich behauptete, von Dawit ehebrecherisch geschwängert worden zu sein. Als der Prediger erneut in der Stadt auftauchte, wurde er von einer empörten Menge empfangen, die

Die neue Zminda-Sameba-Kathedrale beherrscht das Stadtbild

von ihm Genugtuung forderte und drohte, ihn zu steinigen; unter ihnen die besagte Frau. Dawit, um seine Heiligkeit und seine Wunderkraft unter Beweis zu stellen, berührte den Bauch der Frau mit seinem Stab und fragte den Fötus nach dem Namen des Vaters, den dieser auch nannte. Mehr tat er nicht, doch die Strafe für die Verleumdung folgte auf dem Fuße: Die Frau nämlich gebar an Ort und Stelle einen Stein. Die vom Wunder begeisterte und durch die unverzügliche Bestrafung verängstigte Menge nahm den Stein wie auch alle anderen, ursprünglich zur Züchtigung des Predigers herbeigebrachten Steine und legte mit ihnen das Fundament zur Kwaschweti-Kirche am heutigen Rustaweliprospekt (Kwaschwa bedeutet: gebar einen Stein). Dawit war durch das Misstrauen gekränkt. Er kehrte nicht in seine Höhle zurück, sondern verließ die Stadt und gründete in der Wüste das Höhlenkloster Dawit Garedscha (S. 196). Unter den Einwohnern Tbilissis aber hielt sich beharrlich das Gerücht, dass nur derjenige, der mindestens einen Stein zur Höhle des Predigers bringe, Vergebung für das an Dawit begangene Unrecht erwarten dürfe. In der Nähe der Höhle entstand eine Kapelle, die den Namen des Heiligen erhielt, ebenso wie der Berg selbst.

Mtazminda und Neustadt

Im 10. Jahrhundert dann wurde der Mamadawiti in Mtazminda umbenannt, zu Ehren des georgischen Klosters auf dem heiligen Berg Athos.
Anzumerken bliebe noch, dass die Dawits-Kapelle auf dem Mtazminda als einziges Gebäude der Stadt alle Zerstörungen überstanden haben soll. Sie liegt an einem sehr steilen Hang, der einst von dichtem Wald und Gesträuch bewachsen war. Auf diesen Berg flüchteten sich die Einwohner Tbilissis und die Reste der Garnison, wenn ihre Stadt einmal wieder von fremden Eroberern heimgesucht wurde. Die erste Kapelle stand bis 1542; der heutige Bau wurde 1871 geweiht. Dawit wurde zum Heiligen kanonisiert; seinen Tag begeht die georgische Kirche am siebten Donnerstag nach Ostern.
Bis in die erste Hälfte des 19. Jahrhunderts schlängelten sich nur schmale, Pfade bis zur Dawitskirche und auf den Gipfel. Erst der russische General und Statthalter des Zaren im Kaukasus, Ermolow, ließ von Pionieren der russischen Armee Anfang des 19. Jahrhunderts einen Feldweg anlegen, der in den 30er Jahren des 20. Jahrhunderts eine Asphaltdecke erhielt, zur gleichen Zeit, da die Hänge neu bepflanzt wurden und auf dem Gipfel ein Park entstand.

Funikolor und Seilbahn

Nach dem Projekt eines belgischen Ingenieurs starteten im Jahre 1905 die ersten beiden Waggons einer Zahnradbahn (Funikolor) zu ihrer Jungfernfahrt auf den Gipfel. Die Länge der Strecke beträgt 503 Meter. Der untere Einstieg befindet sich in der Dshonkadsestraße, die vom Rustaweliprospekt entweder durch die Saradshishwilistraße bis zur Tabidsestraße und dann nach links oder durch die Straße des 9. April und Tschitadsestraße und dann nach rechts zu erreichen ist. Sie ist außer Betrieb, und die Wiedereröffnung ist ungewiss.
Auch die Schwebeseilbahn, die 1958 fertiggestellt wurde und den Rustaweliplatz mit dem Gipfel des Mtazminda verbindet, wird gegenwärtig erneuert.

Gipfelrestaurant

Ein Jahr nach dem Bau der Chaussee, 1958, wurde auf dem Gipfel ein großes Restaurant fertiggestellt, das mit seiner säulenverzierten Terrasse zu einem der Wahrzeichen Tbilissis geworden ist. Den Bankettsaal des Restaurants ziert ein überdimensionales Wandbild des Malers Nikolai Ignatow, das in Farbigkeit, Motiv und Stil dem georgischen Maler Pirosmanischwili gewidmet ist. Dies war der Lieblingsort der Georgier und ihrer Gäste. Hier wurden rauschende Feste gefeiert und Szenen zu berühmten Filmen gedreht. Restaurant und Parkanlage jedoch waren seit Ende der 80er Jahre geschlossen. Sie befinden sich mittlerweile in Privatbesitz. Ende Mai 2007 fand die Wiedereröffnung im ursprünglichen Design statt. Den Gipfel krönt der 274 Meter hohe Fernsehturm.
Über eine ungefähr 200 Meter rechts vom Einstieg zur Zahnradbahn beginnende Pflasterstraße kann man den Berg auch zu Fuß erklimmen.

Pantheon am Mtazminda

Neben der Kirche des heiligen Dawit wurde im Jahre 1915 einer der bedeutendsten georgischen Dichter, Akaki Zereteli, beigesetzt. Dies begründete eine Tradition, und seit 1929 finden Georgiens wichtigste Persönlichkeiten ihre letzte Ruhestätte im Pantheon auf dem Berg.
Die älteste Grabstätte im Schatten der Dawitskirche befindet sich in einer efeu-

bewachsenen Grotte. Hinter dem Gitter kniet auf granitenem Sockel eine Frau in Trauerkleidung zu Füßen von Jesus Christus, der ihre Stirn mit dem Kreuz berührt. Die Aufschrift seitlich des Sockels lautet: »Dein Geist und Deine Taten sind unsterblich den Russen; doch warum hat meine Liebe Dich überlebt?«

Unter diesem Sockel aus Granit liegt der russische Dichter, Schriftsteller, Wissenschaftler und Diplomat **Alexander Sergejewitch Gribojedow** begraben, der 1829 auf der Schwelle der russischen Botschaft in Teheran im Alter von nur 34 Jahren ermordet wurde. Er hinterließ neben vielen anderen eigenen Werken und Übersetzungen ein Theaterstück – ›Geist bringt Kummer‹ –, das seit mehr als 150 Jahren nicht von den russischen Bühnen wegzudenken ist. Mit 17 Jahren focht Gribojedow gegen Napoleon, mit 23 fand er Aufnahme in das Orientdepartment des Russischen Außenministeriums, begeisterte sich für Georgien, lernte Georgisch und betrieb ethnographische Studien. In Georgien lernte er die 16-jährige Tochter des Fürsten Alexander Tschawtschawadse, Nino, kennen. Kurze Zeit nach ihrer Trauung ernannte der russische Zar Nikolai I. Gribojedow zu seinem Gesandten in Teheran. Als religiöse Fanatiker die russische Botschaft zu erstürmen drohten, stellte sich ihnen der Gesandte entgegen und musste dafür mit seinem Leben bezahlen. Es heißt, dass sein Mut vielen anderen Russen das Leben gerettet hat.

Die junge Witwe scheute weder Mühe noch Mittel, ihren Mann an dem Ort beizusetzen, der sein Lieblingsort gewesen war. Dazu brauchte sie die Erlaubnis des georgischen Katholikos, die sie aber erst erhielt, nachdem sie der Kirche einen Teil ihres Familienbesitzes geopfert hatte. Die Grotte in ihrer heutigen Gestalt ist nur ein Teil der vom italienischen Bildhauer Campioni gestalteten prächtigen Anlage.

Weitere berühmte Persönlichkeiten, die hier ihre letzte Ruhestätte fanden, sind unter anderen der Dichter und Politiker **Ilja Tschawtschawadse**, der Dichter **Nikolos Barataschwili**, der Naturphilosoph **Washa Pschawela**, der Dichter **Galaktion Tabidse**, der Maler **Lado Gudiaschwili**, der Dissident **Merab Kostawa**, der erste Präsident Georgiens **Swiad Gamsachurdia** (seit April 2007) und der Schauspieler **Sergo Sakariadse**, dessen Rolle als Vater des Soldaten ihn zu einer lebenden Legende machte. Neben all den Koryphäen des georgischen Geisteslebens mutet die letzte Ruhestätte einer armen frommen Frau befremdlich an, deren einziges Verdienst vor der georgischen Geschichte es war, Stalin zur Welt gebracht zu haben.

Die Dawitskirche auf dem Mtazminda

▲ Karte S. 152

Blick vom Mtazminda über die Stadt

Die Neustadt

Das Areal des historischen Tbilissi endete entlang der Barataschwilistraße und dem heutigen Platz der Freiheit (Tavisuplebis Moedani), der bis 1991 Leninplatz hieß. Jenseits der Stadtmauer befanden sich zu Füßen des Mtazminda Gärten und bäuerliche Siedlungen. Mit der ländlichen Vorstadtidylle war es Anfang des 19. Jahrhunderts vorbei, als das neue Tbilissi entlang der Trümmerfelder des alten entstand.

Die ersten Jahrzehnte des Wiederaufbaus Tbilissis hatten ein chaotisches Durcheinander an Neubauten, Abrissen und Stilformen zur Folge. Erst der 1844 zum Vizekönig ernannte General-Feldmarschall Graf Michail Semjonowich Woronzow versuchte Ordnung in das städtebauliche Durcheinander zu bringen. Er gründete ein Städtisches Plankomitet, das Tbilissi nach westeuropäischem Muster in eine Großstadt im Osten verwandeln sollte. So war es Woronzows Absicht, den Platz der Freiheit ausschließlich mit Bauten im Stil des russischen Klassizismus zu umrahmen. Zwar hat Woronzow unbestritten Spuren in der Stadt hinterlassen, aber Tbilissi wuchs nach seinen eigenen Gesetzen.

Platz der Freiheit

Der Platz der Freiheit (Tavisuplebis Moedani) erinnert an ein zerfranstes Trapez. Ihn umgeben heute verschiedene Gebäude unterschiedlichen Entstehungsdatums. Das älteste von ihnen war das ehemalige Stabsquartier der Russischen Armee im Kaukasus an der Ecke Platz der Freiheit und Leonidsestraße, ein Gebäude im russischen Klassizismus. Seit seiner Fertigstellung 1824 ist es nicht ein einziges Mal umgebaut worden. Anfang der 90er Jahre verlor es seinen Status und wurde abgerissen. Stattdessen entstand dort das Hotel ›Tbilissi Courtyard Marriott‹.

Ihm gegenüber steht das **Rathaus**, das 1880 nach einem Projekt des Architekten Peter Stern errichtet wurde. Der

Mode seiner Zeit folgend, hielt sich Stern an den pseudomaurischen Stil.
Vom Platz der Freiheit zweigen vier Straßen ab. Das sind, steht man mit dem Rücken zum Rathaus, von links nach rechts: die Leonidsestraße, der Rustaweliprospekt, die Puschkin- und die bereits erwähnte Leselidsestraße.
Über die Leonidsestraße gelangt man zur Dshonkadsestraße, an der sich die untere Station der Zahnradbahn auf den Mtazminda befindet.
Die in die Barataschwilistraße übergehende Puschkinstraße erhielt ihren Namen, weil der Dichter hier 1829 auf der Durchreise nach Ersrum abgestiegen war.

Staatliches Georgisches Kunstmuseum

Das Eckhaus links der Straßenmündung, hinter dem kleinen Park, der auch nach Puschkin benannt ist, ist ein Auftragsbau des italienischen Architekten Bernandazzi für den bekannten georgischen Unternehmer Subalaschwili. In diesem 1835 errichteten Gebäude war lange Zeit das Theologische Seminar untergebracht, in dem der junge Stalin von 1895 bis 1898 unterrichtet wurde. Später wurde es Hotel und beherbergt seit 1933 das Staatliche Georgische Kunstmuseum.
Die Kollektion des Museums umfasst Arbeiten georgischer und nichtgeorgischer Künstler vom 9. bis zum 20. Jahrhundert. Die wertvollsten Stücke werden in der sogenannten **Schatzkammer** im Erdgeschoss aufbewahrt, unter ihnen das schon erwähnte Triptychon aus der Antschißchati-Kirche. Wertvoller noch als diese Ikone ist das Triptychon mit der Gottesmutter aus dem Kloster von Gelati, das weltweit eine der vollkommensten in der Zellenschmelztechnik ausgeführten und mit Edelsteinen besetzten Arbeiten ist. Die Schatzkammer enthält viele weitere kostbare Kleinode aus verschiedenen Perioden der georgischen Geschichte, die oft unter abenteuerlichen Umständen vor den zahlreichen Eroberern in Sicherheit gebracht werden mussten. Auf eine sachkundige Führung durch die Sammlung sollte man auf keinen Fall verzichten.
Die **Gemäldesammlung**, die Arbeiten zumeist europäischer Künstler von der Rennaissance bis zur Gegenwart vereint, ist in den zwei Obergeschossen untergebracht; die georgische Kunst vom 9. bis zum 20. Jahrhundert getrennt von den ausländischen Werken. Einigen Künstlern sind spezielle Räume gewidmet, so zum Beispiel dem berühmtesten Maler Tbilissis und Georgiens, Pirosmani, dessen Kollektion der Stolz des Museums ist.

Dshanaschia-Museum

Unweit des Kunstmuseums, im zweiten Haus auf der rechten Seite des Rustaweliprospekts, befindet sich das Dshanaschia-Museum, dessen archäologische und ethnographische Sammlung auf eine Initiative der Russischen Geographischen Gesellschaft von 1852 zurückgeht. Das Gebäude selbst entstand 1929 und beherbergt heute die wichtigsten und wertvollsten Funde aus vorchristlcher, byzantinischer und römischer Zeit sowie aus den ersten georgischen Königreichen. Unter den Exponaten finden sich Gegenstände der Alltagskultur, wertvolle Steine und kunstgewerbliche Schöpfungen von der Frühzeit bis zur Gegenwart, eine Kleider- und Waffensammlung sowie eine kostbare Kollektion von Münzen.

Am Freiheitsplatz: Rathaus und Georgsstaue

Der Rustaweliprospekt

Der Rustaweliprospekt ist heute wie schon vor hundert Jahren die wichtigste Verkehrsader der Stadt und mit seinen Cafés und Restaurants die beliebteste Flaniermeile Tbilissis. Die Platanen zu beiden Seiten des Prospekts spenden im Sommer Schatten und sind im Winter, wenn sich die Blätter der Bäume silbern färben, und im Frühjahr, wenn sie ihr erstes zartes Grün entfalten, von einem besonderen Reiz. Auf dem Prospekt brodelt das Leben von den frühen Morgen- bis in die späten Abendstunden. Nirgends klaffen die Gegensätze so weit auseinander wie hier und nirgends lassen sich die Dramen der Geschichte der letzten 50 Jahre so anschaulich nachvollziehen. 1956 erlebte der Rustaweli die größte Antiregierungsdemonstration der Sowjetzeit. Das war das erste Mal, dass vor dem Regierungspalast Blut floss. 33 Jahre später, am 9. April 1989, ›zerstreuten‹ Spezialtruppen des Innenmisteriums mit chemischen Granaten und Schanzspaten am gleichen Ort eine friedliche Demonstration, und im Dezember 1991 herrschte hier Krieg, als Teile der Nationalgarde und ›Volksmilizen‹ den Präsidentenpalast, in dem sich der rechtmäßige Präsident Gamsachurdia verschanzt hatte, stürmten.

Am Wochenende wird der Rustaweli-Prospekt zur Fußgängerzone

▲ Karte S. 152

Das heutige Antlitz des Rustaweli beherrschen Gebäude, von denen die meisten aus der Zeit um die Jahrhundertwende stammen.

Das bogenförmige Portal zur Linken markiert den Eingang zum von Woronzow 1845 gegründeten **Russischen Gribojedow-Theater**.

Woronzow-Palast und Regierungspalast

Der kleine Platz seitlich des Kaufhauses am unteren Ende des Rustaweli geht in eine steinerne Mauer über, hinter der die Bäume eines Parks hervorlugen. Entlang der Mauer verkaufen Händler Bücher und Ansichtskarten. Hat man sie passiert, steht man vor dem **Woronzow-Palast**, der ehemaligen Residenz der russischen Statthalter im Kaukasus. Er stammt ursprünglich aus dem Jahr 1807, erhielt aber von 1865 bis 1868 durch den deutschen Architekten Otto Simonson eine Fassade im Stil der italienischen Renaissance. Die pompöse Innenausstattung des Palastes – die Marmortreppen, das wunderschöne Parkett und die venezianischen Kronleuchter – hat zwar gelitten, aber die Kinder von Tbilissi, denen der Palast gehört, wird das nicht stören.

Hinter der schmalen Gasse des 9. April beginnt der **Regierungspalast**, ein sowjetischer Monumentalbau, der in seiner Architektur die Vorstellungen Moskaus von seiner Rolle im Kaukasus nicht besser illustrieren kann.

Das Gebäude neben dem Regierungspalast, den Rustaweli aufwärts, ist eines der ältesten Gymnasien der Stadt. Gegründet wurde es Anfang des 19. Jahr-

Flohmarkt

hunderts für die Kinder der russischen und georgischen Aristokratie. Diese Rolle spielt es auch heute noch für die neue georgische Elite. Während des Bürgerkrieges war die Schule zerstört worden. Ihren Wiederaufbau ermöglichten finanzielle Mittel, die Moskaus Oberbürgermeister Luschkow zur Verfügung stellte.

Kwaschweti-Kirche

Der Park gegenüber dem Gymnasium nennt sich **Alexandergarten**, er erstreckt sich in Terrassen bis zur Wirsaladsestraße und dem Gelände der US-Botschaft. Die Kirche, die den Park zum Rustaweli hin begrenzt, ist die **Kwaschweti-Kirche**, eben jener Bau, dessen Fundament aus den Steinen besteht, mit denen die ersten Christen Tbilissis ihren Missionar steinigen wollten. Offiziell ist die Kirche heute dem heiligen Georg geweiht. Erbaut wurde sie in den Jahren von 1904 bis 1906 von einem deutschen Architekten als Kopie der Bischofskathedrale von Samtawissi, die etwa 60 Kilometer westlich von Tbilissi liegt. Das Bemerkenswerte an der Kwaschweti-Kirche ist, dass die Gottesdienste auf zwei Etagen, in der ersten auf Russisch und in der zweiten auf Georgisch, abgehalten werden.

Die **Fresken** im Inneren sind eine Arbeit des georgischen Malers Lado Gudiaschwili aus dem Jahr 1947, ausgeführt in der antiken Enkaustik-Technik, die den Farben ihre Leuchtkraft über Jahrhunderte erhält. Unter der Grabplatte in der ersten Etage liegen die Überreste des georgischen Nationalhelden Grigol Orbeliani (1804 bs 1883), dessen Verdienste als Heerführer in russischen Diensten, Generalgouverneur von Tbilissi, romantischer Dichter und Schriftsteller ihn für diesen exponierten Begräbnisort prädestinierten.

Die Kwaschweti-Kirche in ihrer heutigen Gestalt ist die Erbin von zwei anderen Kirchen, die einst hier standen. Die eine, kleinere, eher eine Kapelle, war dem heiligen Dawit zu verdanken; die gößere war im 18. Jahrhundert von Fürst Amilachwari gestiftet worden. Beide Kirchen fielen einer Tradition zum Opfer. Täglich zur Mittagszeit wurde aus dem Alexandergarten eine Kanone abgefeuert, und das Gedonner dieser ›Uhr von Tbilissi‹ ließ die Mauern vibrieren und brachte sie letztendlich zum Einsturz.

Akademie der Schönen Künste

Das Gebäude hinter der Kwaschweti-Kirche stammt aus den 80er Jahren des 19. Jahrhunderts und war dem Kriegsruhm der russischen Armee im Kaukasus geweiht. Als es niemanden mehr gab, dem dieser Ruhm mehr bedeutete als historische Reminiszenz, wurde das Gebäude zur Staatlichen Akademie der Schönen Künste, in der wechselnde Ausstellungen zeitgenössischer georgischer Kunst stattfinden.

Etwas weiter befindet sich seit einigen Jahren das ›Tbilissi Marriott‹, ein Nachfolger des 1915 erbauten ›Majestic‹.

Rustaweli-Theater

Das 1901 von den Architekten Szimkiewicz und Tatijschchew erbaute Nachbarhaus beherbergt das Schota-Rustaweli-Theater, das ursprünglich der Georgischen Künstlergesellschaft gehörte. In seinem Baustil vermischen sich verschiedene Elemente, wobei Barock und Empire vorherrschen und es zu einem Bruder des Opernrings in Wien und der Rue d‹ Opera in Paris machen. Das Café im Keller war einst der Treffpunkt einer der illustresten Gesellschaften Tbilissis. Im schwersten Nachkriegsjahr 1919 trafen sich hier die Symbolisten zu ihren Trinkgelagen, unter ihnen Gudiaschwili, Sudejkin, Kakabadse und Walijschewskij. Sie nannten das Café in ›Chimerioni‹ (dt. : Schimäre) um und gründeten hier ihren Verein die ›Blauen Trinkhörner‹, dessen künstlerisches Programm sie an den Wänden des Cafés verewigten.

Konservatorium

In Höhe des Theaters zweigt von der gegenüberliegenden Seite des Rustaweli eine nach dem Komponisten Rewas Lagidse benannte, zum Konservatorium führende Straße ab. Lagidses Lieder über Georgien und Tbilissi waren zu sowjetischen Zeiten jedem Kind geläufig und sind noch heute so beliebt wie einst. Zwei andere Lagidses, die mit ersterem nicht verwandt sind, die Brüder Mitrofan und Michail, eröffneten Anfang des Jahrhunderts in der gleichen Straße, im Eckhaus am Rustaweli, den **Lagidse-Pavillon**, in dem sie ihre berühmten Säfte aus Mineralwasser und aus Heilkräutern und Früchten hergestellten Sirup in verschiedenen Geschmacksrichtungen verkauften. Der Sirup wurde nach Rezepten angefertigt, die bis heute Familiengeheimnis sind. Den Lagidse-Pavillon gibt es immer noch. Im Keller des Etablissements kann man nicht nur die Limonade nach altem Originalrezept probieren, sondern dazu auch die berühmten adscharischen Chatschapuri kosten – eine Art Käsepiroggen mit Spiegelei.

Das Opernhaus

Operntheater

Den Rustaweli etwas tiefer, auf der rechten Straßenseite, befindet sich das Paliaschwili-Theater für Oper und Ballett, ein weiterer Schretter-Bau aus den Jahren 1880 bis 1896. Sein exotisches Äußeres erinnert einmal mehr an den maurischen Stil. Die 1851 am gleichen Ort erbaute Oper war in den 70er Jahren des vorigen Jahrhunderts abgebrannt, was 1973 auch ihrem Nachfolger passierte. Beim Wiederaufbau hielt man sich an Schretters Vorlage.

Platz der Republik

Dort wo der Rustaweli sich zum Platz der Republik erweitert, ist rechter Hand in einem Bau aus den 60er Jahren das **Post- und Telegraphenamt** unterge-

▲ Karte S. 152

bracht, von wo aus es sich in alle Welt telefonieren und faxen lässt. Das Gebäude selbst und sein Nachbar, das ehemalige Institut für Marxismus/Leninismus und heutige **Parlamentsgebäude**, sind in ihrer Architektur typische Repräsentanten des sowjetischen Stils.

Noch ein Stückchen weiter erhob sich bis vor einigen Jahren das 1967 errichtete, vierundzwanzigeschossige Hotel ›Iveria‹. Zwischen 1993 und 2004 war das ›Iveria‹ das größte Flüchtlingslager in Tbilissi. Hier lebten Tausende aus Abchasien vertriebene Menschen. Sie wurden 2004 mit neuem Wohnraum versorgt. Das Hotel wurde im Frühjahr 2007 abgerissen, heute steht hier ein Luxushotel der Radisson-Kette.

Unter dem Platz der Republik befindet sich auf mehreren Etagen das **Restaurant ›Chinkali-Haus‹**, in dem es hervorragende Chinkali (gefüllte Teigtaschen) in dutzenden Variationen zu essen gibt.

Kurz bevor der Rustaweli in den Platz der Republik übergeht, biegt er in einer eleganten Kurve nach links von seinem bis hierher geradlinigen Verlauf ab und endet nach einigen Dutzend Metern auf dem gleichnamigen Platz.

Das die gesamte rechte Straßenseite bis zum Rustaweliplatz einnehmende Gebäude ist ein Beispiel des späten Jugendstils aus der ersten Dekade des 20. Jahrhunderts.

Rustaweliplatz

Die gegenüberliegende Straßenseite ist von mehreren Seitengassen durchbrochen, von denen die nach Gribojedow benannte zum Mtazminda führt. Das letzte Gebäude vor dem Rustaweliplatz – das mit dem quadratischen, von einer Rotonde und Spitze gekröntem Eckturm – wurde 1953, dem Todesjahr Stalins, fertiggestellt. Die vielen die Fassade durchbrechenden hohen und engen Rundbögen sowie die Vielzahl der anderen architektonischen Details und Ornamente verraten keinen besonderen Stil, vermitteln aber ein Gefühl von Freundlichkeit und Helle, die mit dem Pompösen des Gesamtbaus kontrastieren. Dieses Gebäude war zunächst als Sitz der gesamtgeorgischen Verwaltung vorgesehen und ähnelt einigen anderen Nachkriegsbauten in den südlichen Republiken der Sowjetunion. Man könnte die Art Architektur als ›neostalinistischen Kolonialstil‹ bezeichnen, der der moskautreuen Elite neben ihren materiellen Privilegien wohnlichen Komfort und beste Arbeitsbedingungen schaffen sollte.

Seit 1980 beherbergt das Gebäude das **Präsidium der Akademie der Wissenschaften Georgiens**. Außerdem befinden sich hier die Endstation der Schwebebahn auf den Mtazminda (gegenwärtig außer Betrieb), Geschäfte, unter ihnen eine Kodak-Filiale, und das einzige **Programmkino** der Stadt, das vom Verband der Filmschaffenden betrieben wird (Dom Kino). Auf den Stufen vor dem Haupteingang verkaufen Künstler ihre Gemälde und kunstgewerblichen Arbeiten sowie Souvenirs aller Art.

Das Herz des Rustaweliplatzes ist das dem namensgebenden Dichter gewidmete Denkmal. Der Platz selbst ist mit seinen Kiosken, Läden, fliegenden Eishändlern und der Metro-Station einer der belebtesten der Hauptstadt.

Der Rustawelibezirk

Die Bebauung des Rustaweliprospekts war im wesentlichen Ende des 19. Jahrhunderts abgeschlossen. Gleichzeitig mit ihm und zu seinen beiden Seiten entstand zwischen Mtazminda und Mtkwari ein neuer Stadtteil, der heute wie damals für reiche Bürger, Künstler

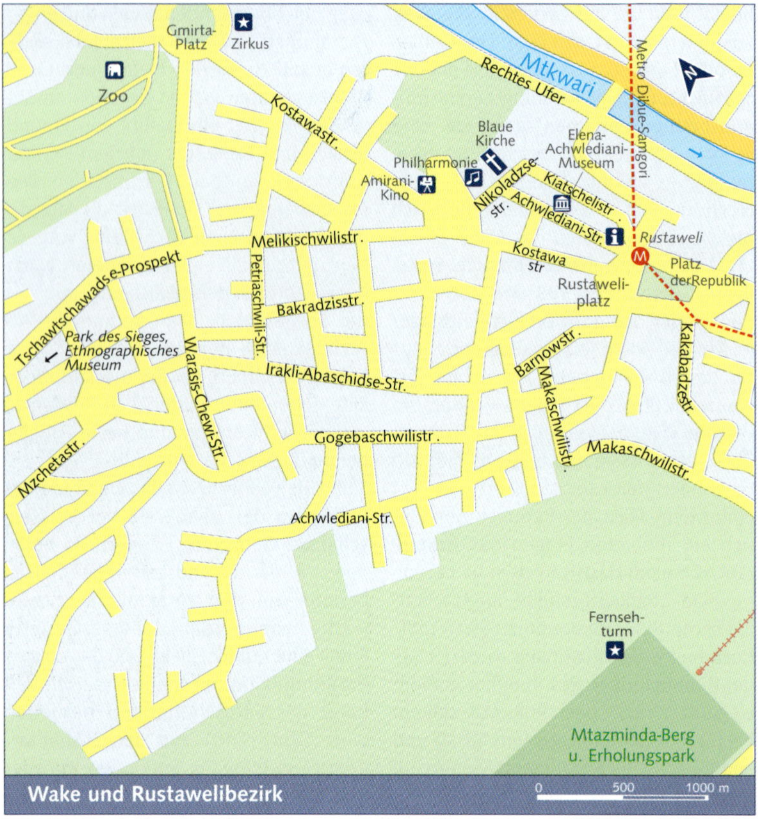

Wake und Rustawelibezirk

und die Bohème von besonderer Anziehungskraft ist. Ganz zu schweigen davon, dass ein zielloser Spaziergang seine Reize offenbart, laden einige kleinere Museen in den ehemaligen Ateliers der berühmtesten Künstler von Tbilissi zur Besichtigung ein. Das sind in der Gudiaschwilistraße 11 (nahe des Platzes der Freiheit, siehe Karte S. 172) das **Museum des Künstlers Lado Gudiaschwili**, in der Kiatschelistraße 12 (oberhalb des Platzes der Republik) das **Elena-Achwlediani-Museum** und in der Brüder-Kakabadse-Straße (vom Rustaweliplatz aufwärts) das **Atelier Dawit Kakabadses**.

Die Verlängerung des Rustaweli über den Rustaweliplatz hinaus ist die Kostawastraße, über die man nach einigen hundert Metern zum Gebäude der **Philharmonie**, einer Trommel aus Glas, Beton und weißer Keramik gelangt, die bei Redaktionsschluss umgebaut wurde.

Parallel zum Park zweigt von der Kostawastraße die Nikoladsestraße ab, die zur sogenannten **Blauen Kirche** führt. Die Kirche stammt aus dem 12. Jahrhundert und wurde im 17. Jahrhundert umgebaut. Von den blauen Ziegeln, mit denen einst ihre Kuppel gedeckt war, sind nur winzige Fragmente übriggeblieben.

Außerhalb des Zentrums

Vom Rustaweliplatz gelangt man über verschiedene Wege in die außerhalb des Zentrums gelegenen Stadtviertel, die zumeist im 20. Jahrhundert entstanden.

Wake

Die Kostawastraße, die zunächst in die Melikischwilistraße und dann in den Tschawtschawadse-Prospekt übergeht, führt in den Stadtbezirk ›Wake‹. Dieser Stadtteil entlang des Nordhangs des Mtazminda war noch im 19. Jahrhundert Sinnbild für alle Übel der Welt. Hier befanden sich die Müllhalden der Stadt, und von hier aus begaben sich die Bettler und Diebe ins Stadtzentrum. Das 20. Jahrhundert verkehrte das Image in sein Gegenteil. Wake wurde gesäubert und bebaut. Die Häuser im Stalin-Stil galten als das beste, was die Stadt zu bieten hatte. Um hier eine Wohnung zu erhalten, musste man Karriere im Apparat gemacht haben oder anderweitig zu einigem Reichtum und Ansehen gekommen sein. Ausnahmen bestätigen die Regel.

Zwischen dem Tschawtschawadse-Prospekt und dem Hang des Mtazminda entstanden in den letzten Jahren teilweise recht farbenfrohe Neubauten.

Eine architektonische Sehenswürdigkeit des Stadtbezirks ist das klassizistische Gebäude des ›Gymnasiums für Hochwohlgeborene Kinder‹ vom Beginn des 20. Jahrhunderts, am Anfang des Tschawtschawadse-Prospekts, in dem heute einige Fakultäten der Universität untergebracht sind.

Über den Tschawtschawadse-Prospekt gelangt man zum **Park Wake** am Nordhang des Mtazminda. Oberhalb der Gedenkallee mit ihren Brunnen befindet sich eine der beliebtesten Sehenswürdigkeiten des 20. Jahrhunderts – das **Museum unter freiem Himmel**. Dieses weitläufige Ethnographische Museum besteht aus nachgebauten Wohnhäusern aller georgischen Provinzen, in denen allerlei Gerätschaften, Kleidungsstücke und Musikinstrumente etc. eine Vorstellung vom Alltagsleben der Georgier über die Jahrhunderte hinweg geben. Über eine Hängebrücke gelangt man zum **Kustba-See** (Schildkrötensee), einem Badesee im Park, was die Gegend zusätzlich zu einem der beliebtesten Ausflugs- und Erholungsorte in unmittelbarer Nähe zum Stadtzentrum macht.

Die ›Mutter Georgien‹ unweit der Narikalafestung

Saburtalo und Awlabari

Der Nachbarbezirk von Wake ist **Saburtalo**. Die beiden Stadtteile werden von einem grünen Gürtel getrennt, der aus dem Park hinter der Philharmonie, dem Pionier-Park und dem **Zoo** (mit Spielattraktionen für Kinder längs der Kostawa- und Warasis-Chewi-Straße) besteht. Nach Saburtalo gelangt man vom Rustaweliplatz über die Kostawastraße und den Konstantin-Gamsachurdia-Prospekt. Der Stadtbezirk ist eher eine typische Schlafstadt. Das einzig Aufregende ist ein Geschäft am Surab-Schwania-Platz, eines der wenigen, in denen man gute georgische Weine in Originalabfüllung und aus dem Fass zu mäßigen Preisen erhält.

Auf der anderen Seite der Mtkwari, östlich und südöstlich von Isani, liegt der Stadtbezirk **Awlabari**. Die meisten Gebäude stammen aus dem 20. Jahrhundert und sind architektonisch völlig uninteressant. In Awlabari leben traditionell vor allem Armenier, die hier eine **armenische Kirche** und ein armenisches Theater unterhalten.

Die fächerartig über die Hügel verstreuten Neubaugebiete entstanden in den 70er und 80er Jahren zur Linderung der permanenten Wohnungsnot.

Jugendstil am Rustaweliplatz

Karte S. 162

Der Agmaschenebeli-Pprospekt

Auf dem linksseitigen Ufer der Mtkwari ist noch eine Straße von Interesse, der Agmaschenebeli-Pprospekt, benannt nach König Dawit dem Erneuerer. Dieser Prospekt ist eine Schöpfung des 19. Jahrhunderts, erbaut von Menschen, deren Werte und Überzeugungen sich weniger auf Vergangenheit und Tradition beriefen, denn am Geschmack und Tempo ihrer Zeit orientiert waren. Auf drei Kilometern entstanden hier Banken, Börsen, Handelskontore und große Geschäfte, in denen das Bürgertum zu Hause war.

Der sich über drei Kilometer erstreckende Prospekt ist in seinem architektonischen Eklektizismus nirgends langweilig, am lebendigsten aber zwischen dem Tschoguretiplatz und der Metro-Station Mardjanishwili am gleichnamigen Platz. Hier koexistieren Elemente der Architektur des Mittelmeerraumes (Italien und Südfrankreich) mit denen des späten Empire, des russischen Klassizismus und Jugendstils (das Geschäft Tifany am Mardjanishwili-Platz ist ein wunderschönes Kleinod), zwischen denen die Georgier ihre Balkone, Balustraden und Vor- und Innenhöfe errichteten. An den Wochentagen wälzen sich Auto-, Bus- und Menschenlawinen bis spät in die Nacht durch die Straße.

Nicht weit entfernt Richtung Tschoguretiplatz, an der gegenüberliegenden Straßenseite, befindet sich außerdem eine Filiale der Lagidse-Kette mit ihren berühmten Chatschapuri und dem Lagidse-Wasser sowie einem überdimensionalen Kronleuchter.

Nordöstlich des Prospektes befindet sich der **Hauptbahnhof**. Dort sollte man sich vor Taschendieben in acht nehmen. Die Warnung gilt für ganz Tbilissi, vor allem für die touristisch attraktivsten Gegenden. Besonders auf dem Rustaweli trifft man oft auf bettelnde Kinder, die meisten sind Flüchtlinge aus Abchasien, Folge der Verarmung vieler Menschen.

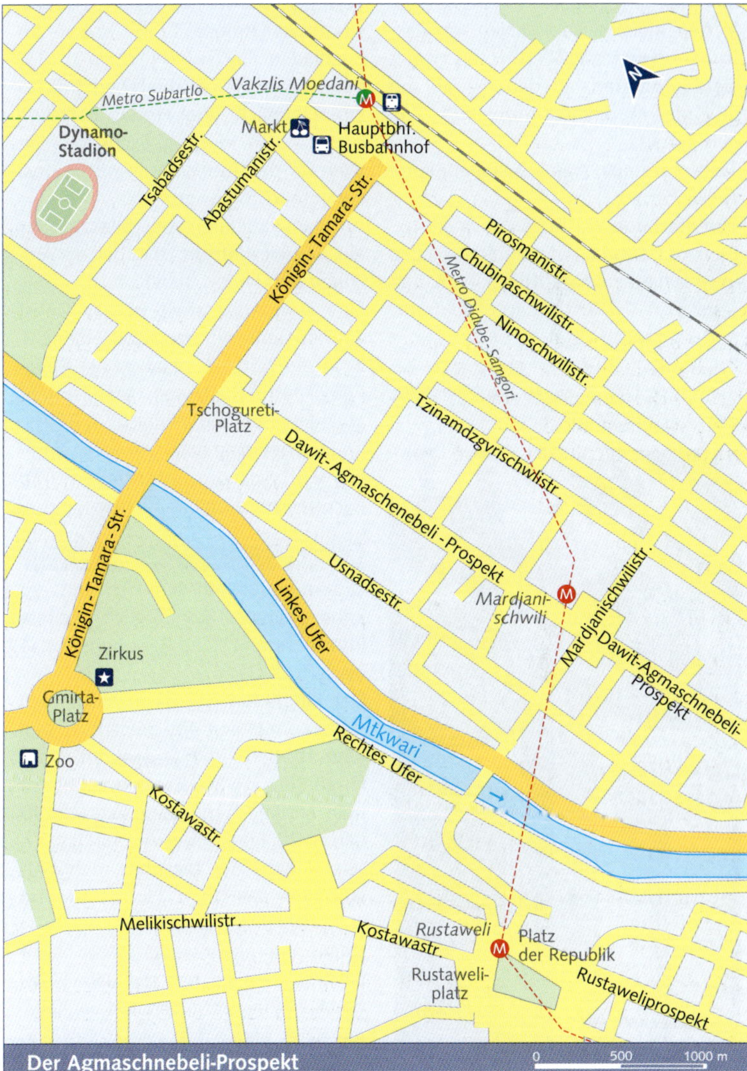

Der Agmaschnebeli-Prospekt

Tbilissi-Information

Post und Bank

Internationale Vorwahl: 00995/32.

Post- und Telegraphenamt: Rustaweliprospekt 31, nahe dem Platz der Republik, hier gibt es auch Ansichtskarten.

In den meisten Bankfilialen, im Zentrum und in den großen Hotels gibt es **Geldautomaten**, an denen man mit EC- oder Kreditkarte problemlos Bargeld erhält.

TbilKreditbank, Agmanschenebeliprospekt 79.

TbilInterbank, Rustaweliprospekt 16.

Bank of Georgia, mit mehreren Filialen in verschiedenen Stadtteilen (z. B. Lesselidsestr. 4, Rustaweliprospekt 48) und im ganzen Land.

Postbank, Rustaweliprospekt 12, Bahnhofsplatz 2, diese Bank ist liiert mit Western Union.

Bankfiliale im Zentrum

Information

Ein hervorragender **deutschsprachiger Katalog** mit Empfehlungen für Unterkunft, Restaurants, Nachtklubs, Shopping und allgemeinen Reiseinformationen für Tbilissi und die Regionen ist – wenn vorrätig – bei der Reiseagentur Caucasus Travel (Adresse S. 331) sowie im Buchladen Pegasus (Puschkinstr. 33, östlich vom Freiheitsplatz) erhältlich.

Eine **Übersicht über Hotels** in Tbilissi bietet auch die englischsprachige Website des Tourismus-Ministeriums: www.tourism.gov.ge.

Auf dem Flughafen von Tbilissi gibt es ein **Servicezentrum**, das bei der Buchung von Hotels behilflich ist.

Eine gute Anlaufstelle ist das **Tbilisi Tourist Center** in der Achwledianistr. 5, in der Nähe des Platzes der Republik, Metro Rustaweli. Man spricht auch Englisch und Deutsch (S. 332).

Im **Internet** kann man sich vorab unter www.2tbilisi.com informieren und auch teilweise online buchen.

Anreise

Die Anreise ist mit dem Flugzeug, der Bahn oder per Bus möglich, weitere Informationen siehe Reisetipps von A bis Z (S. 323).

Der **Flughafen** wurde in den letzten Jahren umgebaut und präsentiert sich jetzt modern und angenehm. Vom Flughafen ins Stadtzentrum kommt man entweder mit dem Taxi (ca. 45 Lari – 20 Euro) oder mit einem Bus (ca. 7 Lari) der tagsüber mehrmals stündlich zwischen Flughafen und Hauptbahnhof verkehrt.

Wenn man abends oder in der Nacht ankommt, sollte man mit dem Hotel die Abholung am Flughafen vereinbaren. Dies bieten fast alle Hotels und Gästehäuser für 25 bis 30 Euro an.

Verkehrsmittel

Metro

Das Metronetz wurde Mitte der 60er Jahre in Betrieb genommen und soll in den kommenden Jahren weiter ausgebaut werden. Es besteht aus zwei Linien. Die **Linie 1 (Didubé-Samgori)** verläuft über 16 Stationen vornehmlich am linken Ufer der Mtkwari und verbindet die Stadtbezirke Warketili im Norden mit Gldani im Süden, wobei zwei Stationen am rechten Ufer liegen - die eine am Rustaweli-Platz und die andere am Platz der Freiheit. Die **Linie 2 (Saburtalo)** zweigt am Hauptbahnhof südlich von der Linie Nr. 1 ab und endet in Subartalo. Im Jahr 2010 betrug der Preis für eine Fahrt 50 Tetri (ca. 25 Cent), für die man an den Kassen einen Plastikchip erhält, den man an den Zugängen zu den Rolltreppen in dafür vorgesehene Automaten einwirft.

Bus und Straßenbahn

Busse, Trolleybusse und Straßenbahnen gehörten zum klassischen Repertoire des sowjetischen öffentlichen Nahverkehrs. Der Fuhrpark ist überaltert, der Fahrplan Makulatur, die Gefährte oft überfüllt, die Linienführung auf den ersten Blick unverständlich. Dafür sind die Fahrpreise lächerlich niedrig: 20 Tetri pro Fahrt.

Linientaxis

Linientaxis sind Kleinbusse, die auf über 100 numerierten Linien verkehren. Da die Fahrtziele nur in georgischen Lettern angegeben sind, ist es schwierig, sich zu orientieren, manchmal sind die Endhaltestellen auch in lateinischen Lettern angegeben. Die meisten Linientaxis, die das Zentrum durchqueren, passieren die Baratashwilistraße. Es genügt, die Hand auszustrecken, um den gewünschten Kleinbus anzuhalten. Möchte man aussteigen, bittet man den Fahrer, zu stoppen. Der Fahrpreis beträgt je nach Entfernung etwa 50 Lari.

Taxis

Tbilissi ist überfüllt mit Taxis. Erfüllen Fahrer und Vehikel bestimmte Voraussetzungen, erhält man eine Lizenz. Die

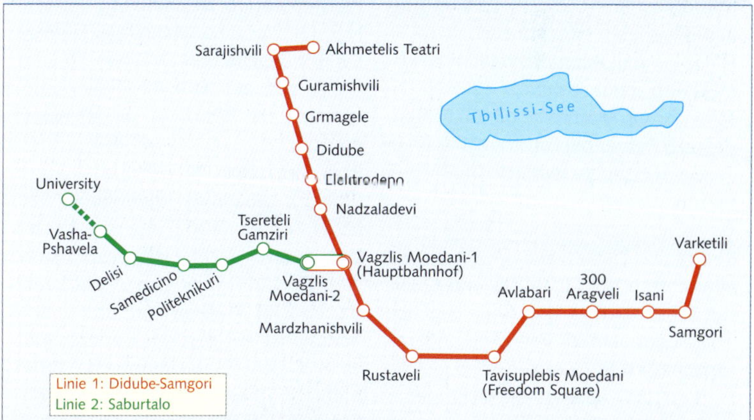

Metro Tbilissi

Einfahrt in die Stadt

Privaten fahren alle Typen, angefangen mit dem Saporoshez, einer rein sowjetischen Erfindung, bis zum Mercedes und besitzen in der Regel keinen Taxometer, weshalb man sich vor dem Einsteigen über Fahrtziel und den Preis einigt. Im Bereich des Zentrums sollte dieser keinesfalls 5 bis 7 Lari übersteigen (Stand 2010); für Fahrten in die entlegeneren Stadtbezirke bezahlt man maximal 10 bis 15 Lari und bis zum Flughafen circa 45 Lari.

Die roten, mit Kilometerzählern ausgestatteten Taxis gehören einer türkischen Firma. Man sollte darauf achten, dass der Fahrer bei Fahrtbeginn seinen Taxometer auch wirklich in Betrieb nimmt.

Unterkunft

Hinsichtlich der Quantität und Qualität seiner Hotels unterscheidet sich Tbilissi beträchtlich von allen anderen Ortschaften in Georgien. Das gleiche trifft auf die Preise zu, die nicht immer und nicht überall dem dafür gebotenen Service und den Bedingungen entsprechen. Eine georgische Besonderheit ist, dass die Preise zumeist nicht pro Person, sondern für den Zimmertyp ausgewiesen sind. Man sollte deshalb unbedingt nachfragen. Die Preise sind in den letzten Jahren rapide gestiegen, und ein Ende dieser Entwicklung ist nicht absehbar. Für eine Hotelbuchung ist es am besten, sich der Dienste einer georgischen Reiseagentur zu bedienen. Auch bei einigen deutschen Reiseveranstaltern kann man Hotelzimmer in Tbilissi buchen (Adressen siehe S. 331).

Weitere Auskünfte und Buchung auch über: www.exotours.ge (englisch), www.info-tbilisi.com (englisch), www.hotel-tbilisi.com, www.kaukasus-reisen.de (deutsch).

Gästehäuser

Die Preise und die Ausstattung ähneln denen der einfachen Hotels. In den Gästehäusern sind die Atmosphäre und der Service meist gemütlicher und persönlicher. Manchmal teilen sich zwei Zimmer ein WC. Frühstück muss in der Regel extra bezahlt werden.

Pension Ketino, Mzchetis-Str., Tschichi N 5, Tel. 22 02 74. Mehrere geräumige DZ mit Dusche und TV. Etwa 25 Euro pro Person, inkl. Frühstück. Sehr schöner Hof, die Besitzerin spricht etwas deutsch.

Boarding house, Ninoshvilistr. 19 b/3 (Stiege), U-Bahn Mardjanishwili), Tel. 95 47 16, irina5062@mail.ru. Nettes Gästehaus, ca. 15 Euro pro Person/Tag. Es sind immer ganz viele Leute da, und für Abwechslung und Unterhaltung ist gut gesorgt. Dadurch gibt es auch keine Sprachprobleme, da in mehrern Sprachen gesprochen wird.

Tamuna Margvelani, Chicobava-str. 32, Tel. 898/52 78 18, tamuna.

georgia@gmail.com. Zwei saubere, freundliche DZ für ca. 15 Euro pro Person, freier Internetzugang, warme Dusche vorhanden, Wäschewaschen möglich. Man spricht englisch.

Zira Tschleidse, Toidse kutscha 6, 0102 Tbilissi, tsira@mail.ru. Zira wohnt mit Ehemann und Hund in der Altstadt Tbilissis, zentral gelegen in der Nähe des Woronzowi moedani (Woronzowplatz, eigentlich Saarbrückenplatz). Der Innenhof ist eine grüne Oase, und es stehen vier Zimmer für 15 Euro pro Person und Nacht zur Verfügung. Heiße Dusche, WC und Küche sind inklusive. Zira spricht Georgisch, Russisch und Englisch – und sie versteht Deutsch. Sie hilft auch gerne bei der Organisation von Ausflügen, z. B. nach Dawit Garedscha in Kachetien. Diese Privatpension liegt 5 Minuten Fußweg vom Agmaschenebeli-Pprospekt und 15 Minuten Fußweg vom Rustaweliprospekt entfernt. Sehr empfehlenswerte Unterkunft! Zimmer können unter Ziras angegebener Mailadresse erfragt und gebucht werden.

Einladung zum Mahl

Einfache Hotels

Hotel Mimi, Dzmebi-Zubalashvili-Str. 36, Tel. 92 36 26. Übernachtung im DZ 50 Euro pro Person, bei Vorlage dieses Reiseführers vielleicht weniger. Das kleine Hotel am Hang des Mtazminda-Berges, ganz in der Nähe des Rustaweli-Prospekts wird von den Autoren empfohlen.

Hotel Gorda, Sanapirostr. 8a, Tel. 93-47 46, Fax 99 55 23.

EZ 60, DZ 90 Euro. Westlich des Rustaweli-Prospekts, Eingang von der Uferstraße oder der Brossestr.

Hotel Kolkhi, Bezirk Vera, Shanidsestr. 31, Tel. 22 66 79, Fax 23 40 93, www.hotelkolkhi.de. EZ 50, DZ 60 Euro. Modernes Gebäude mit 37 Zimmern und Restaurant.

White Inn (Edelweiss Hotel), Saburtalo, Tsagarelistr. 74, Tel. 38 14 51, Fax 94 31 47.

EZ 60, DZ 75 Euro.

Hotel Leadora, Kostantin-Eristawi-Str. 3/2, im Stadtteil Avlabari, Tel. 27 70 82, 27 70 83, www.hotelleadora.ge (englisch, russisch). EZ ab 25 Euro, DZ ab 30 Euro.

Hotel Prestige, Mardjanishvili-Str. 51, Tel. 94 05 05, 96 56 56, 94 29 74, hotelprestige@wanex.ge, www.hotelprestige.ge, EZ ab 55 Euro, DZ ab 65 Euro. Etwa 800 Meter westlich der Metrostation Mardjanishvili in einem Haus im russischen Kolonialstil. Die Zimmer sind teilweise einfach, teilweise plüschig und gemütlich.

Mittelklassehotels

Hotel Kopala, Tschechowstr. 8/10, Tel. 77 55 20, www.kopala.ge (englisch). EZ ab 65 Euro, DZ ab 90 Euro. Futuristisch angehauchtes Gebäude in der Altstadt mit schöner Dachterasse, toller Blick über die Stadt.

Victoria, Petriashvili-Str. 42, Tel. 29 12 69, Fax 29 44 52, www.victoria.com.ge. EZ 70, DZ 90 Euro. Modernes Gebäude im georgischen Stil, Restaurant. Nähe Universität im Stadtteil Wake. Nicht zu verwechseln mit dem zur gleichen Firma gehörenden VIP Victoria.

Hotel Iliani, Anjaparidzestr. 1, Tel. 23 40 86, 33 57 10, Fax 22 56 76, www.iliani.com. EZ 100, DZ 120 Euro. Zentral, in der Nähe des Zoos.

Hotel Vere Palace, Kuchishvilistr. 24/8, Tel. 25 33 40, 25 33 41, Fax 22 12 98, www.verepalace.com.ge. EZ 110, DZ 140 Euro.

Hotel Alt-Metechi (Dzveli Metekhi), Metechigasse 3, Tel. 99 05 36, Fax 99 78 34, www.oldmetekhi.tripod.com. EZ 110, DZ 125 Euro. In der Nähe der Metechi-Kirche direkt am Ufer der Mtkwari, schöner Blick auf die Altstadt.

Luxushotels

Hotel Villa Berika, Dsotzenidsestr. 9, 3. Bezirk, Nutsubidze Plateau, Tel. 94 25 06, Fax 93 35 62, www.villaberika.com.ge. EZ 130, DZ 200 Euro.

Hotel Betsy's, Makaschwilistr. 32-34, Tel. 93 14 04, 92 39 96, 98 26 15, www.betsyshotel.com. EZ ab 110, DZ ab 140 Euro.

Sheraton-Metechi-Palace, Telawistr. 20, Bezirk Awlabari, Tel. 77 20 20, Fax 772120, www.sheratonmetechi.com. EZ ab 200, DZ ab 230 Euro.

Tbilisi Marriott Hotel, Rustaweliprospekt 13, Tel. 77 92 00, Fax 77 92 10, www.marriott.com. 220 bis 770 Euro.

Courtyard Tbilisi, Freiheitsplatz 4, Tel. 77 91 00, www.marriott.com. 160 bis 220 Euro pro Person.

Gastronomie

Die hier aufgeführten Cafés und Restaurants sind eine kleine Auswahl aus dem riesigen Angebot in der Stadt. Eine Übersicht bietet www.info-tbilisi.com. In der Leselidsestraße und rund um den Wachtang-Gorgassali-Platz (Chardinstr. und Rkinis rigi) gibt es zahlreiche gute Restaurants.

Restaurants

Ar Daidardo, Schawtelistr. 3, nördlich des Irakli-Platzes, in der Nähe der Antißchati-Kirche. Eines der wenigen Restaurants in Tbilissi, das in seiner Schlichtheit wunderbar in das architektonische Ensemble der Altstadt passt. Der Besitzer ist Reso Gabriadse, Gründer und Regisseur des berühmten Puppentheaters von Tbilissi; ausgezeichnete Küche. Wegen Umbau war das Restaurant bei Redaktionsschluss geschlossen.

Tschweni Eso (Unser Hof), Achwledianistr. 14 g, nördlich des Republikplatzes, Metro Rustaweli. Der Name bezieht sich auf den gleichnamigen Film, der in den 50er Jahren in Cannes für Furore sorgte. In dieser Straße und den angrenzenden Gassen gibt es eine Vielzahl von Restaurants und Kneipen.

Chinkali, gefüllte Teigtaschen

Club Tbiliseli, Tschonkadzestr. 20. Schönes Sommerlokal, im Winter geschlossen. Die Anlage ist an den Mtazminda gebaut und man sitzt unter freiem Himmel auf Terassen in Lauben und hat einen wunderbaren Blick auf die Stadt. Geöffnet ab 19.30 Uhr, mit Livemusik und sehr gutem Essen zu günstigen Preisen. Der Eingang ist nicht ganz einfach zu finden, aber jeder Taxifahrer und Anwohner kennt das Restaurant. Man gelangt mit einem kleinen Lift bzw. einer Drahtseilbahn ins Restaurant.

Muchrantubani, Barataschwilistr. 23. Das für seine Atmosphäre und die kulinarische Meisterschaft der Köche berühmteste georgische Restaurant in Tbilissi.

KGB, Iraklistr. 8/10. Im Retrostil der Sowjetunion, gute Küche und witziges Design.

Dariali, Rustaweliprospekt 22. Georgische Küche.

Mtkwari, Agladsestr. 2. Auf einer Terrasse über der Mtkwari, gute Fischgerichte.

Journalist, Irakliplatz 3. Sehr angenehme Atmosphäre und gute georgische Küche.

Odischi, Plateau Rike, in der Nähe der Metechi-Kirche. Mengrelische Küche.

Kalakuri, Schawtelistr. 13. Im unaufdringlichen sowjetischen Stil, sehr gute georgische Küche

Marco Polo, Rustawelistr. 44, gehobene georgische Küche.

Uschba, Agmaschenebeli-Allee 4 (Straße nach Mzcheta).

Hervorragende swanische Küche (z. B. die leckeren Kupdari), das Restaurant ist rund um die Uhr geöffnet; dem Restaurant ist ein Hotel angeschlossen.

Kasbegi, Dadianistr. 12. In der Nähe des Freiheitsplatzes. Dies ist nur eine Filiale der Bierstubenkette. Bestes georgisches Bier aus reinem Quellwasser. Sehr zu empfehlen ist auch die Kasbegi-Limonade mit Zitronen-, Birnen- oder Tarchunageschmack.

Restaurant Ziskari, An der Straße nach Mzcheta, auf der linken Seite bei Ausfahrt aus der Stadt. Hervorragende georgische Küche, die in kleinen Pavillons serviert wird.

Cafés

Maiko, Orbelianistr. 8. Bekannt für sein hervorragendes Backwerk.

Nargisi, Rustaweliprospekt 22. Für den kleinen Hunger.

Green Bar, Rustaweliprospekt 16. Im europäischen Stil mit hervorragendem Manawi-Wein und Tischen unter den Platanen des Rustaweli, von denen aus man in Ruhe dem Treiben folgen kann.

Karwasla, Sionistr. 8, im Historischen Museum der Stadt Tbilissi, geöffnet nur bis 17 Uhr.

Lagidse, Rustaweliprospekt 24. Hier bekommt man die berühmten Lagidse-Limonaden und hervorragende Chatschapuri (Käsebrote) in mehreren Ausführungen.

Weitere **Lagidse-Filialen** befinden sich auch auf dem Dawit-Agmaschenebeli-Prospekt 129 und an der Uferpromenade, wenige Meter von der Barataschwili-Brücke auf dem rechten Ufer in Richtung Metechi Brücke.

Abanotubani, Abanosstr. 21. Am Bäderplatz gelegen, sehr angenehme Atmosphäre.

Literaturcafé, Kostawastr. 48/50.

Nachtleben

Noa Noa, Rustaweli 12, gegenüber dem Marriott Hotel. Live Jazz, Latin Jazz, Pop.

Neo, Al. Kasbegi Str. 12a. House und Trance, georgische und europäische Speisen.
Metechi-Nachtclub, im Sheraton-Metechi-Hotel nördlich der Barataschwili-Brücke, Fr und Sa 21 bis 23 Uhr.
Piano-Bar, Sheraton-Metechi-Hotel, tgl. 18 bis 2 Uhr.
Beatles Club, Kostawastr. 25. Elitärer Tanzclub.
Czabas Jazz-Rock Café, Waschlawanistr. 3. Europäische, ungarische und georgische Küche, Live-Musik. Kleine Nebenstraße der Achwledianistr.
Wheels Irish Guiness Pub, Achwledianistr. Country, Folk, Jazz und Blues-Musik.

Museen

Staatliches Georgisches Kunstmuseum, Kezchoweli 1 (am Platz der Freiheit), Tel. 996635, 999909, tgl. außer Mo 11 bis 15. 30 Uhr. Eintritt für die Schatzkammer (Führung obligatorisch) ist extra zu entrichten.
Ethnographisches und Historisches Dshanaschia-Museum, Rustaweliprospekt 3, Tel. 998022, tgl. außer Mo 10 bis 16 Uhr; mitunter ist das Museum auch an Sonntagen geschlossen.
Historisches Museum der Stadt Tbilissi, Sionistr. 8, Tel. 982281, tgl. außer Mo 11 bis 17 Uhr.
Museum für Georgische Volksbaukunst und Lebensweise, Tschawtschawdseprospekt 74, Tel. 230960, tgl. außer Mo 10 bis 17 Uhr. Die Anlage im Wake-Park wird auch ›Museum unter freiem Himmel‹ genannt.
Staatliche Akademie der Schönen Künste, Rustaweliprospekt 11, tgl. außer Mo 11 bis 15 Uhr. Wechselnde Ausstellungen zeitgenössischer georgischer Künstler.
Museum für Theater, Film und Musik, Kargaretelistr. 6, eine Seitenstraße des Agmaschnebeli-Prospektes, tgl. außer Mo 10 bis 17 Uhr.
Georgisches Seidenmuseum, Tsabadsestr. 6, neben dem Dynamo-Sportstadion, Tel. 347850, Di bis Sa 11 bis 16 Uhr.
Haus-Museum der Malerin Elena Achwlediani, Kiatschelistr. 12, nördlich des Rustaweliplatzes, tgl. außer Mo 11 bis 17 Uhr, doch am besten vor 15 Uhr.
Haus-Museum des Malers Dawit Kakabadse, Kakabadsestr. 11a, westlich des Rustaweliplatzes, Tel. 934372. Besichtigung nach vorheriger Vereinbarung.
Haus-Museum des Malers Lado Gudiaschwili, Gudiaschwilistr. 11 (unterhalb der Kaschweti-Kirche). Besichtigung nach vorheriger Vereinbarung, die Dame, die den Nachlass des Künstlers, unter anderem einige Zeichnungen seines Freundes Modigliani, verwaltet, ist sehr schwer zu erreichen. Die Mitarbeiter des Elena-Achwlediani-Museums sind gerne behilflich.
Museum für Kinderkunst, Schawtelistr. 17a.
Georgisches Medizin-Museum, Kachetistr. 25, Tel. 936983.
Haus-Museum des Dichters Nikolos Barataschwili, Tschachruradsestr. 17, Tel. 990699.
Ilja-Tschawtschawadse-Literaturmuseum, Dshawachischwilistr. 7, Tel. 957078.
G.-Leonidse-Literaturmuseum, Chanturiastr. 8g, Tel. 998667, 932890.
Niko-Pirosmanischwili-Museum, Pirosmanistr. 29, Tel. 958673.
Spielzeugmuseum, Rustaweliprosp. 6.

Galerien

Karawanserei, Sionistr. 18.
Galerie für Moderne Kunst, Rustaweliprospekt 3.
Alte Galerie, Iraklistr. 2.
N, Schawtelistr. 17a.

Theater, Musik und Kino

Paliaschwili-Theater für Oper und Ballett, Rustaweliprospekt 25, Tel. 99-0345, 990642.
Philharmonie und Konzerthalle, Melikischwilistr. 1, Tel. 987707.
Staatliche Philharmonie (befand sich 2009 im Umbau, deshalb reduziertes Repertoire), Agmaschenebeli-Pprospekt 136, Tel. 959520.
Georgisches Nationalballett, Agmaschenebeli-Pprospekt 123, Tel. 94-2198, 954291.
Konzertsaal des Konservatoriums, Gribojedowstr. 8.
Schota-Rustaweli-Theater, Rustaweliprospekt 17, Tel. 998587, 996373.
Kellertheater, Rustaweliprospekt 42. 1997 gegründet, Lieblingsbühne der jüngeren Generation.
Mardjanischwili-Theater, Mardjanischwilistr. 8, Tel. 952425.

Weinladen

Theater der Filmschauspieler, Agmaschenebeli-Pprospekt 127 bzw. 164, Tel. 959734, 953927.
Pantomimentheater, Rustaweliprospekt 37, Tel. 996314.
Marionettentheater, Schawtelistr. 26, Tel. 996620, 986593.
Gribojedow-Theater, Rustaweliprospekt 2–4, Tel. 934336. Stücke in russischer Sprache.
Amirani-Kino, im Gebäude der Philharmonie, Melikischwilistr. 1. Zeigt außer Neuerscheinungen auch Klassiker und Retrospektiven. Im Foyer Café und Souvenirshop.
Rustaweli-Kino, Rustaweliprospekt 5, Tel. 932253. Multiplex-Kino mit fünf Sälen und entsprechendem gastronomischen Angebot.

Einkaufen

Wine House, Gamsachurdia-Prospekt 45, Tel. 372254. Am Surab-Schwaria-Platz, im Stadtteil Saburtalo. Weine verschiedener georgischer Winzer. Probiermöglichkeit.
Wine World, Revaz-Lagidze-Str. 2, Tel. 989584, www.wineworld.ge. In der Nähe des Opernhauses am Rustaweli-Prospekt. Mit Restaurant.
Weinladen Batumi, Puschkinstr. 19, Tel. 934563. In der Nähe des Freiheitsplatzes, Weine, Liköre und Schnäpse aus Adscharien, Probiermöglichkeit.
Open-Air Kunstgewerbemarkt, Rustaweli-Prospekt am Republikplatz.
Populi Supermarkt, Vekuastr 3, 9–23 Uhr. Große Filiale der georgischen Supermarktkette, dort wo die Barataschwilistraße in die Puschkinstraße übergeht.
Souvenirladen am Opernhaus, in der Unterführung vor dem Opernhaus. Auswahl an georgischer Kleidung sowie Schmuck und Andenken.

Die östlichste Provinz Georgiens bildet einen Korridor, durch den schon die Karawanen aus dem Osten auf dem Weg zum Schwarzen Meer und zurück zogen.

Kachetien war auch stets die erste Provinz, deren Weingärten, Felder und Bewohner fremder Kriegsscharen Beute wurden.

Kachetien

Die Brotkammer Georgiens

Das Relief von Kachetien fällt in zwei Tälern nach Osten hin zur aserbaidschanischen Grenze ab, die das bergige Georgien von der Tiefebene am Kaspischen Meer trennt. Das Gebirge, das die beiden Täler voneinander trennt, ist der auf über 2000 Meter ansteigende Gombori-Bergrücken. Das Alasani-Tal zwischen den Ausläufern des Großen Kaukasus und den Gombori-Bergen wird auch als Schida-Kachetien (Inneres Kachetien) bezeichnet, das Iori-Tal südlich des Gomborigebirges bis zu den Höhenzügen des Kleinen Kaukasus, wo es an Armenien grenzt, nennt man Gare-Kachetien (Äußeres Kachetien). Hinsichtlich des Klimas unterscheiden sich die beiden Provinzen erheblich voneinander. Das etwa 150 Kilometer lange Alasani-Tal erfreut sich reicher Niederschläge und geringer Schwankungen der Tages- und Nachttemperaturen, was es für den Anbau von Wein und Früchten und für die Schafzucht geradezu prädestiniert. Jedoch bringen die bis zu 4000 Meter aufsteigenden Berge des Kaukasus im Norden einen erheblichen Nachteil: den Hagel, der in manchen Jahren große Teile der Ernte zerstört.

Weinland Kachetien

▲ Karte S. 177

Der Iori durchfließt die gleichnamige Hochebene, über das die trockenen Süd- und Ostwinde aus den aserbaidschanischen und armenischen Steppen wehen. Im Sommer ist es hier heißer und trockener, die Niederschläge fallen seltener und die Winter sind oft schneelos. Das Iori-Tal bietet beste Voraussetzungen für den Anbau von Getreide und die Schafzucht.

Beide Täler sind die fruchtbarsten Gegenden Georgiens und gelten deshalb seit Urzeiten als der Brot- und Weinkeller, man könnte ergänzen, auch als die Fleischerei des Landes. Man sagt, die Kachetiner schöpfen ihre Lebenskraft und Philosophie aus den Böden, die sie bearbeiten, und die Gastfreundschaft, mit der sie dem Fremden begegnen, aus den Tiefen iher Seele.

Geschichte Kachetiens

Die Geschichte Kachetiens ist aufs engste mit derjenigen Kartlis verbunden. Für Kartli war Kachetien stets sein östlicher Vorposten, während Kartli für Kachetien sein zuverlässiges Hinterland im Westen bedeutete. Erst die erste Invasion Timurs, 1386, trennte beide Provinzen, und 1466 erhielt Kachetien seinen eigenen Königsthron, wenn auch der erste König, Giorgi I., gleichzeitig König Kartlis war – als Giorgi VIII. Die Wiedervereinigung beider Königreiche fand 1762 unter Irakli II. statt, etwa 40 Jahre vor der Deklaration Alexanders I., die Georgien zum Bestand des Russischen Imperiums erklärte.

Insbesondere in den 300 Jahren der persischosmanischen Kriege und Eroberungen hatte die kachetinische Bevölkerung wie die keiner anderen georgischen Provinz zu leiden. Hier fanden die meisten Schlachten zwischen den beiden Reichen statt, und vor allem Persien versuchte, Kachetien endgültig zu okkupieren, indem es die Bevölkerung tötete oder vertrieb und das Land mit muselmanischen

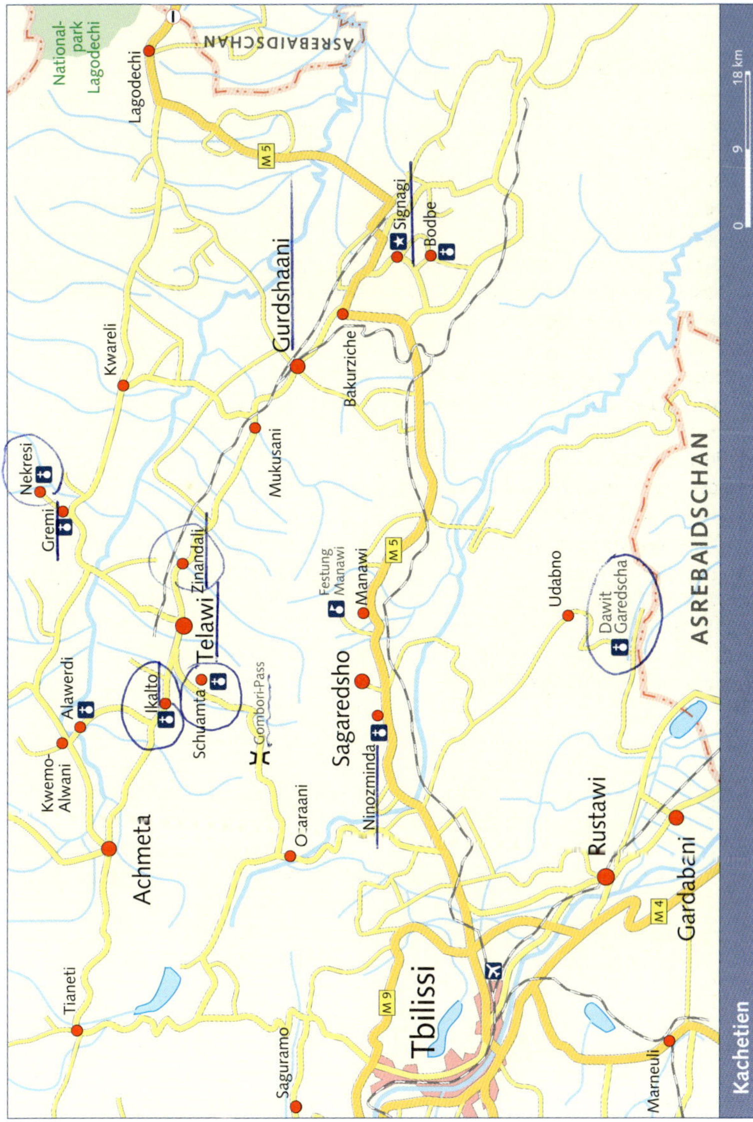

Landschaft bei Dawit Garedscha an der Grenze zu Aserbaidschan

Turkmenen aus den nordöstlichen Provinzen Persiens besiedelte. Zu jener Zeit sank die Bevölkerungszahl absolut und proportional auf ein Niveau, dass es den Anschein hatte, Kachetien würde sich nie von dem Aderlaß erholen. Vielleicht ist das der Grund, warum man den Kachetinern einen besonderen ›Nationalcharakter‹ nachsagt, dessen augenfälligste Eigenheit ein Stoizismus ist, der sich nicht in Schicksalsergebenheit erschöpft, sondern aus der inneren Gewißheit, alle Schicksalsschläge zu verwinden, erwächst. Die enge Verbundenheit der Kachetiner mit dem Boden und seinen Früchten und der Glaube an seine Kraft verleihen ihnen Selbstvertrauen, ohne dass dieses in Überheblichkeit umschlägt, wissen sie doch, dass auch der Boden seine Früchte nicht verschenkt.

In der Achtung vor dem Land, das sie bearbeiten, und in diesem Wissen liegt die Quelle der Kraft, mit der die Kachetiner allem Unbill der Geschichte widerstanden und gegen alle Anschläge auf ihre Existenz revoltierten. Und man sagt dem Kachetiner nach, dass er im Kampf ebenso beharrlich wie bei der Landarbeit ist. In Oberitalien befindet sich das Denkmal für den Kachetiner Fore Mosulischwili, der während des Zweiten Weltkrieges in deutsche Gefangenschaft geraten war, floh und im italienischen Widerstand weiterkämpfte. Seiner Taten wegen wurde er postum zum Nationalheld Italiens erklärt. Und in Gurdshaani befindet sich ein Monument für den ›Vater des Soldaten‹, über das noch ausführlich berichtet wird.

Man behauptet von den Kachetinern, sie seien wortkarg, aber gesprächig, das heißt, sie würden sich zwar dem Gesprächspartner nicht aufzwängen, ihm aber auch nicht das Gefühl geben, gleichgültig zu sein. Ebenso einfach sind die Kachetiner in ihrer Gastfreundschaft. Bittet man sie um etwas, kommt alles auf den Tisch, worum man bat; bieten sie etwas an, so tun sie das aus reinem Herzen; lehnt man aber ab, bleibt der Teller leer – sie drängen den Gast nicht, mit einer Ausnahme: Ohne ein Glas Wein getrunken zu haben, darf niemand ihr Haus verlassen.

▲ Karte S. 177

Exkursionen durch Kachetien

Aus Tbilissi gelangt man nach Kachetien über die Kachetinische Chaussee, die in die M 5 übergeht und gleichzeitig zum Flughafen führt. Hat man Tbilissi verlassen, durchquert man zunächst die Samgor-Steppe mit ihren sanft gewellten fruchtbaren Hügeln, bis man nach circa 45 Kilometern, gerechnet vom Stadtzentrum Tbilissis, zum Städtchen Patarseuli gelangt, wo sich die Straße gabelt. Nach links gelangt man über den in mehr als 2000 Meter Höhe gelegenen Gombori-Pass auf kürzestem Weg nach Telawi, der Hauptstadt Kachetiens. Wählt man den rechten Abzweig, durchfährt man zunächst das Tal des Iori und kann dann, einen Bogen um die Ausläufer des Gomborigebirges schlagend, Telawi von Süden aus anfahren. Die zweite Route ist an Kilometern erheblich länger, aber die Straßen sind besser ausgebaut, und in fast jedem Ort gibt es etwas zu sehen, was zu den Imperativen einer Bekanntschaft mit Georgien und Kachetien gehört.

Kurz hinter dem Abzweig, in der Nähe des Örtchens Sartitschala, überquert man die Grenze zwischen Kartli und Kachetien und gelangt nach wenigen Kilometern nach Sagaredsho, dem Verwaltungszentrum des Äußeren Kachetien. Kurz vor Sagaredsho erspäht man links von der Straße die Spitze einer Kirche, die sich bei näherem Hinsehen als eine von Mauern umstandene Ruine herausstellt.

Ninozminda

Diese Kirchenruine ist für die Georgier eines der sakralsten Heiligtümer. Von den architektonischen Besonderheiten Ninozmindas war bereits im Kapitel über die georgische Architektur die Rede. Die ersten umfänglichen Rekonstruktionen stammen aus dem 10. und 11. Jahrhundert. Die auch heute noch gut erhaltene Wehrmauer, der das Ensemble sein mittelalterliches Kolorit verdankt, ist ein Werk des 16. Jahrhunderts. Im 17. und 18. Jahrhundert vervollständigten weitere An- und Umbauten ihr Antlitz. Daß von der einst prächtigen Kirche nur Ruinen überdauert haben, lag nicht an den Zerstörungen durch Perser und Osmanen, sondern an zwei Erdbeben, die 1824 und 1848 die Mauern zum Einsturz brachten.

Das aber, was überdauerte, kündet noch heute von der Meisterschaft der Bauherren aus dem 6. Jahrhundert. Die drei Ostapsiden haben die Erdbeben fast unbeschadet überstanden und überragen nun mit der Geringschätzung und dem Stolz der Stärkeren und der Trauer der Überlebenden das Trümmerfeld zu ihren Füßen. Im Schatten ihres aufstrebenden Mauerwerks vermag man bei einiger Phantasie den Widerhall ferner Stimmen vernehmen, die wie aus dem Gestein zu rieseln scheinen. Vielleicht ist es die auf den Fresken aus dem 17. /18. Jahrhundert mit ihrem Sohn abgebildete Jungfrau Maria, die Jesus zärtliche Worte

Die Ruinen von Ninozminda

zuflüstert oder gemeinsam mit ihm Tränen stillen Grames vergießt?
Ebenfalls gut erhalten ist der Glockenturm aus dem 16. Jahrhundert, dessen Ziegelbauweise und Ornamentik persische Einflüsse verrät. Die ihm beigesellten dreietagigen Wohnhäuser stammen aus dem gleichen Jahrhundert und werden von Nonnen bewohnt, die hier das Andenken an die heilige Nino bewahren. Der Zutritt zum Klosterbereich ist nicht erlaubt, und es bedarf selbstredend des Einverständnisses der Nonnen, sie zu fotografieren.

Manawi

Weiter der M 5 folgend, gelang man zum Dorf Manawi, das einst Residenz der kachetinischen Könige war und deshalb von zwei Festungen geschützt wurde. Die eine der Festungen – Manawi – erhebt sich zwischen den Weinfeldern an den Hängen des Gomborigebirges. Der Weg zu ihr führt vorbei an der Georgskirche (kurz vor der Ortsausfahrt nach links abzweigend), und folgt man ihm über die Burgruine hinaus, gelangt man in das Naturschutzgebiet Mariamdshwari. Auf einer Fläche von mehr als 1000 Hektar bedeckt die zum Tal hin abfallenden Hänge des Gomborigebirges ein aus riesigen, jahrhundertealten Buchen bestehender Wald, deren mächtige Kronen auch im heißesten Sommer kühlenden Schatten spenden und ein Paradies für Dutzende Vogelarten sind.
Berühmt ist Manawi aber vor allem wegen des gleichnamigen hier gekelterten Weines. Dieser Wein ist von einer seltenen, unverwechselbaren, an das Grün der Trauben erinnernden Färbung, in dem, hält man ihn ins Licht, smaragdene Funken spielen. Sein Bouquet ähnelt in seiner eigenartigen Frische dem der feinsten Rieslinge.

▲ Karte S. 177

Hinter Manawi führt die Straße, die das Iori-Tal nun verlässt, allmählich hinab zur Tiefebene. Nach wenigen Kilometern gabelt sie sich. Folgt man ihr nach links, gelangt man nach Telawi, nach rechts geht es zur aserbaidschanischen Grenze. Ein Abzweig in diese Richtung ist lohnenswert. Einige Kilometer weiter gabelt sich die Straße erneut. Fährt man nach links durch dichte Felder und malerische, ›gottverlassene‹ Ortschaften, gelangt man nach einigen Kilometern zu einem rechter Hand liegenden Neubau, hinter dem sich die Straße in Serpentinen zum Tal hinuntersenkt. Auf halbem Weg stößt man auf das Eingangstor zu einem Frauenkloster.

Bodbe

Das Frauenkloster Bodbe ist eines der berühmtesten Klöster im Land. Die kleine Kapelle rechts hinter der Kirchenruine ist der heiligen Nino geweiht. Hier liegt sie begraben, und die Ikone über der Eingangstür ist ihr Porträt von der Hand eines unbekannten Malers. Von außen unscheinbar, keinem Stil zugehörig, ist die Kapelle auch innen von einer duldsamen Bescheidenheit. Die erhalten gebliebenen Wandmalereien zeigen Adam und Eva sowie Szenen aus dem Jüngsten Gericht. Einige Ikonen sind erst seit kurzem, nachdem sie viele Jahre in Privatbesitz waren und so vor Vernichtung oder Verkauf gerettet wurden, wieder in der Kapelle. Eine von ihnen trägt noch die Spuren der ›antireligiösen Propaganda‹ – sie ist kreuzweise zerschnitten worden.
Von Bodbe gelangt man, erst den Berg hinunter und ihn dann wieder hinauf, in eine der seltsamsten Städte Georgiens, deren ›Hoheitsgebiet‹ hinter einem Tor in einer die Landschaft zerschneidenden Mauer beginnt.

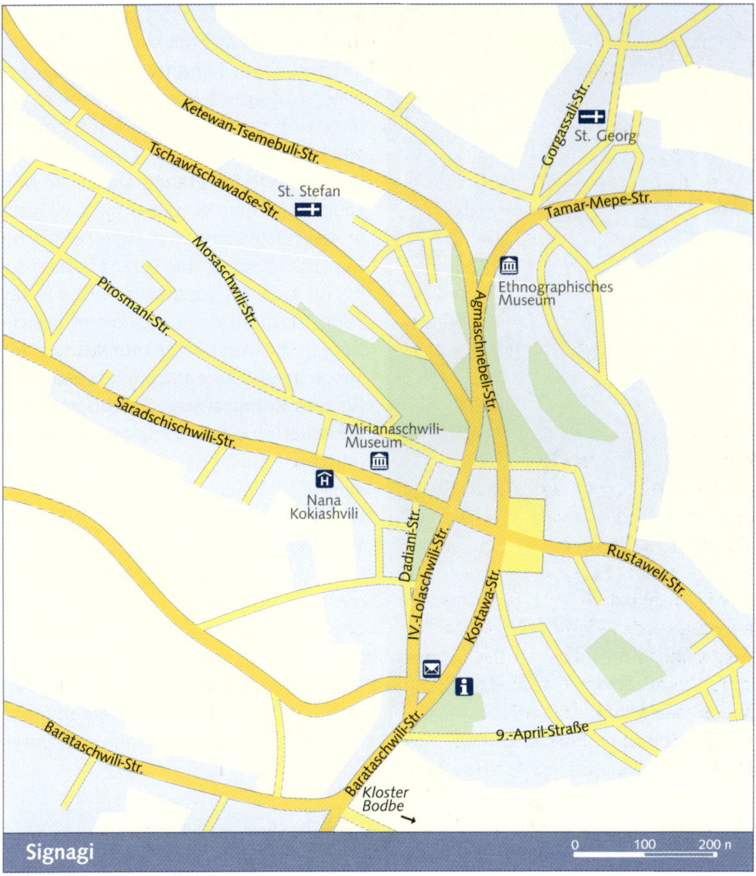

Signagi

Dieses Städtlein an der Grenze zwischen dem Inneren und dem Äußeren Kacheti-en liegt in Terrassen an den Hängen eines Berges, der sich wie ein Schiffsrumpf aus der Ebene hebt. Die zwei- und dreistökkigen Häuser entlang der engen und verwinkelten Straßen stammen zumeist aus der Mitte des 19. Jahrhunderts. Erbaut im klassischen italienischen Stil, ergänzen sich mediterrane und typisch georgische Elemente. Die reich ornamentierten Fenster- und Türbögen, die Terrassen und Balkone, das von wildem Wein umrankte Schnitzwerk der Geländer sowie das Hellgrün oder Ocker der Fassaden muten an wie die Szenerie für einen Märchenfilm. Schaut man nach vorn, blickt man in den Himmel, und wenn man die Augen senkt, liegt unter einem das von den in weiter Ferne verschwimmenden schneebedeckten Gipfeln des Kaukasus begrenzte, sich nach Osten hin erweiternde Alasani-Tal, durch das sich wie ein silberfarbenes Band der Fluss zum Kaspischen Meer schlängelt.

Skulptur vor dem Ethnographischen Museum in Signagi

Die ganze Stadt, besser der Berghang, ist in einiger Entfernung von der eigentlichen Stadtgrenze von einer ein Dreieck bildenden **Mauer** mit 28 Türmen umgeben. Das Geheimnis dieser Mauer hat mit der außergewöhnlichen Geschichte Signagis zu tun, das einstmals das Zentrum einer Region war, die Kisiki hieß und lange Zeit ihre Unabhängigkeit gegenüber jeder königlichen oder fürstlichen Macht bewahrte. Sie ist als Freistadt von Signagi anerkannt worden und erhielt unter Irakli II. das Recht auf den Bau einer Mauer, um ihr Territorium, das im Notfall von einer königlichen Garnision bewacht wurde, zu schützen. Angesichts der Unversehrtheit der Mauer anscheinend erfolgreich.

▲ Karte S. 181

In den letzten Jahren wurde in Signagi vieles restauriert und modernisiert, so dass sich der Ort heute als Schmuckstück präsentiert.

Im sehenswerten **Ethnographischen Museum** kann man sich über die Geschichte des Ortes und das hier heimische Kunsthandwerk informieren (Tamar-Mepe-Str. 1, Di bis So, 10 bis 16 Uhr). Das Tourismusbüro des Ortes bietet Besichtungen heimischer **Manufakturen für Teppiche und Keramik** an. Das **Museum für den Komponisten Sandro Mirianaschwili** ist in einem traditionellen kachetinischen Haus untergebracht und lohnt allein deshalb einen Besuch (Saradshishwilistr. 6, Di bis So, 10 bis 16 Uhr).

Von Signagi gelangt man über Nukriani nach Tscholoubani, wo man erneut auf die M 5 in Richtung Telawi trifft. Die zwischen Tscholoubani und Telawi liegenden Dörfer und Städte liegen so eng beieinander, dass sie eine scheinbar endlose Kette ineinander übergehender Häuser, Gärten, Weinhänge und Parks bilden.

i Signagi

Tourismusbüro, Kostawastr. 10, www.sighnaghi.org.ge. Vermittelt und organisiert auch Besuche bei zahlreichen örtlichen Kunsthandwerksbetrieben.

Gästehaus Nana Kokiashvili, Saradshishwilistr. 2, kkshvl@yahoo.com, Tel. 00995/899/795093 (mobil) oder 00995/255/31829. Etwa 20 Euro pro Person, und man wird auch bestens verköstigt. Jeder im Ort kennt Frau Kokiashvili, so dass man sich zu ihr durchfragen kann.

Die Kachetinische Weinstraße

Aus der Vogelperspektive betrachtet, erinnern die sich links und rechts der Straße erstreckenden Weingärten mit den in ihnen verstreuten Häusern der Bauern und den Landsitzen der Fürsten an die Milchstraße. Hier, zwischen dem Dorf Bakurziche und Telawi, schlägt das Herz des Weinbaus in Georgien. Jeder Ort an dieser Straße steht für den Namen eines Weines, der hier gekeltert wird. Und mehr noch: jeder dieser Weine unterscheidet sich nicht nur von dem des Nachbarortes, sondern auch innerhalb der Ortschaften keltert jeder Bauer seinen Wein mit einem eigenen Bouquet. Die auch auf internationalen Ausstellungen wohlklingenden Namen Gurdshaani, Mukusani, Zinandali, Welisziche, Saperawi etc. sind Musik in den Ohren eines jeden Kenners georgischer Weine.

Der Weinbau wird in Kachetien seit Menschengedenken betrieben. Der Wein und die Kachetiner sind nicht getrennt voneinander zu denken, ebensowenig wie man sich einen Kacheten ohne sein eigenes Haus vorzustellen vermag. Diese Häuser mögen zunächst Verwunderung hervorrufen. Sie stehen mit der Rückwand zur Straße; Eingang, Balkone und Terrassen befinden sich auf der dem Weinhang und Garten zugewandten Seite. Mit Misanthropie hat das jedoch nichts zu tun; die Kacheten sind wie alle Georgier sehr gastfreundlich. Doch ihre wichtigste Sorge ist der Wein, der das ganze Jahr über ihre uneingeschränkte Aufmerksamkeit fordert. Und nur wenn der Weinbauer nichts vergisst, nicht einen Handgriff versäumt, danken es ihm die Pflanzen mit vollen Trauben im Herbst. In Kachetien finden sich einige Beispiele für die Dankbarkeit der Rebstöcke, aus deren mächtigen, mitunter mehr als einen Meter im Durchmesser gewachsenen Basisstämmen Weinranken treiben, die bis zu 160 Quadratmeter Fläche bedecken und zwei Kilogramm schwere Trauben tragen. Einige von ihnen stammen noch aus der Mitte des vorigen Jahrhunderts.

Übrigens sind alte Rebstöcke und reiche Weinernten in Kachetien keine Seltenheit, ebenso wenig wie die in der Erde vergrabenen riesigen Gefäße, die Kwewri, in denen die Winzer zum Teil Dutzende Jahre alten Wein aufbewahren, der über Generationen hinweg Familienfesten vorbehalten ist. Die Tongefäße sind in manchen Fällen so groß, dass zwei Menschen bequem in ihnen Platz finden. Bei der Geburt eines Sohnes gebietet es die Tradition, einen Kwewri mit neuem Wein zu füllen, der dann bis zur Hochzeit reift. Jährlich werden in Kachetien einige solcher alten Weine getrunken.

Die beste Zeit für eine Reise in diesen Teil Kachetiens ist der Herbst, wenn ab der zweiten Septemberhälfte die Wein-

Kein Haus ohne Weinreben

ernte beginnt und in den Dörfern die Feste des Weines - Rtweli - mit der Verkostung des noch jungen Rebensaftes gefeiert werden.

Gurdshaani

Dieses Städtchen ist Heimstatt einiger der berühmtesten georgischen Weine - Napareuli, Saperawi und Mukusani. Der Ort Gurdshaani wird bereits in frühesten georgischen Chroniken erwähnt und erhielt 1934 das Stadtrecht. Es ist ein stilles Städtchen am Hang eines Berges, inmitten von Gärten und Rebstöcken. In seiner unmittelbaren Umgebung befindet sich der Kurort Achtala mit seinen gegen Gelenkerkrankungen wirksamen Schlammbädern.

Das Nato-Watschnadse-Haus

Nato-Watschnade-Haus

Die beeindruckste Sehenswürdigkeit Gurdshaanis ist das Geburtshaus einer der beliebtesten georgischen Schauspielerinnen, Nato Watschnadse. 1904 als Tochter des Fürsten Andronikaschwili geboren, begann sie ihre schauspielerische Karriere noch in der Ära des Stummfilms. 1941 erhielt sie den sowjetischen Staatspreis und gehört auch heute noch zu den Georgiern, deren Namen jedes Kind kennt. Zwei Söhnen schenkte Nato Watschnadse das Licht der Welt und beide sind - Eldar Schengelaja als Regisseur und Giorgi Schengelaja als Schauspieler und Regisseur - in die künstlerischen Fußstapfen ihrer Mutter getreten. Nato Watschadse kam 1953 bei einem Flugzeugabsturz ums Leben.
Ihr Geburts- und Wohnhaus ist seitdem Museum, in dem Familienreliquien, Fotos, Filmplakate und wertvolle Erinnerungsstücke an ihre Laufbahn als Schauspielerin aufbewahrt werden. Das fürstliche Anwesen selbst ist ein wunderschönes Beispiel für den architektonischen Geschmack eines kachetinischen Landadligen aus der zweiten Hälfte des 19. Jahrhunderts. Der Weg zu ihrem Geburtshaus ist schwer zu beschreiben, aber im Dorf kann jeder Auskunft geben.

Macharaschwili-Denkmal

Im Stadtzentrum Gurdshaanis zieht ein Monument die Aufmerksamkeit auf sich, das auf den ersten Blick eines der typischen sowjetischen Kriegsmahnmale zu sein scheint, es auch tasächlich ist, aber doch auch mehr als das. Das Memorial gruppiert sich um die untersetzte und stämmige Skulptur eines älteren Mannes mit einfachen Gesichtzügen und dem typischen kachetinischen Schnauzbart. Schon rein äußerlich weicht das Denkmal damit vom Kanon sowjetischer Kriegsehrenmale mit ihren jungen, kraftvollen Soldaten ab, und es ist darüber hinaus einem konkreten Menschen gewidmet, dem neben Nato Watschnadse berühmtesten Bürger der Stadt - Giorgi Macharaschwili - sowie in ihm allen

▲ Karte S. 177

Vätern, deren Söhne in den Krieg gezogen sind. Noch im ersten Kriegsherbst machte sich Giorgi Macharaschwili auf die Suche nach seinem Sohn, der ›irgendwo in Russland‹ in einem Lazarett lag. Giorgi fand das Lazarett, aber sein Sohn war bereits entlassen worden und zurückgekehrt an die Front. Damit begann die Odyssee des Vaters, der mit dem Wissen, dass sein Sohn ihn brauchen würde, nichts unversucht ließ, ihn zu finden. Die Suche endete nach vier Jahren in Berlin. Sein Sohn war längst gefallen, doch liebten die Soldaten den kauzigen Alten wie ihren Vater und er die Burschen wie seine Söhne.

Die Geschichte Giorgi Macharaschwilis wurde verfilmt und machte den Schauspieler Sergo Sakariadse so berühmt, dass nicht der Held selbst, sondern er dem Bildhauer Merab Berdsenischwili für das Denkmal Modell saß. In Cannes erhielt Sakariadse für seine Rolle einen Preis als bester männlicher Hauptdarsteller.

■ Allerheiligen-Kirche

Kurz hinter dem Ortsausgang von Gurdshaani steht eine der kuriosesten georgischen Kirchen. Der Fahrweg zu dieser Allerheiligen-Kirche (Kwelazminda) biegt von der Straße nach Telawi nach links ab, führt circa zwei Kilometer einen Hang hinauf und endet an ihrer Eingangspforte. Erbaut wurde sie im 8. /9. Jahrhundert, doch mit einer Absonderlichkeit, die alle Regeln sakraler Architektur durchbricht: den beiden auf eckige Türme gestülpten kantigen Kuppeln entlang der Längsachse des Zentralschiffes. Die unverputzten Außenwände sind aus grob behauenen Feldsteinen errichtet, deren anspruchslose Schmucklosigkeit Spötter als ›typisch kachetinisch‹ bezeichnen. Doch das Innere lässt die einstige Pracht der Kirche erahnen. Die durch Säulengalerien getrennten Kirchenschiffe, die teils verschlossenen Durchgänge zum Rang und die vielen verschlossenen Innenräume lassen obendrein den Verdacht keimen, dass es sich bei der Kirche nicht nur um eine Kirche handelt, sondern – typisch kachetinisch – um eine Symbiose aus Gotteshaus und Fürstenpalast. Derart erfüllte die Basilika zugleich zwei Funktionen: als Ort für die Messe und die anschließenden Trinkgelage der Feudalherren von Gurdshaani; davon zumindest wissen einige Chroniken zu berichten.

Zinandali

In knapp 30 Kilometer Entfernung von Gurdshaani liegt dieses langgestreckte Dorf, das bekannt ist für seine Weine, von denen einer auch den Namen des Ortes trägt. Die industriell betriebene **Weinkelterei** ist eine der ältesten im Land (Weinkeller mit Probiermöglichkeit hinter dem Tschawtschawadse-Museum). Doch mehr noch als seinen Weinen verdankt Zinandali seinen Ruhm dem hier ansässigen Fürstengeschlecht der Tschawtschawadses, die im 19. Jahrhundert eine Schlüsselrolle im politischen und künstlerischen Leben Georgiens spielten.

■ Tschawtschawadse-Museum

Kurz vor dem Ortsausgang in Richtung Telawi erblickt man links einen eisengeschmiedeten Zaun, hinter dem sich der Park und das Anwesen des Fürstengeschlechts befindet. Das Landhaus der Tschawtschawadses ist eines der auch heute bestbehüteten Museen Georgiens. Die Exponate – Gemälde, Möbel aus der ersten Hälfte des 19. Jahrhunderts, ein Cembalo aus dem 17. Jahrhundert und die vielen kleinen Dinge, die über den Alltag der Fürstenfamilie berichten – sind liebevoll aus dem Familienbesitz zusammengestellt und genauso liebenswert sind die deutsch, englisch oder französisch sprechenden Führerinnen durch die Ausstellung. Das Museum ist täglich, außer Montag, von 10 bis 14 Uhr und 15 bis 18 Uhr geöffnet, deutschsprachige Führung möglich.

Die Tschawtschawadses gehörten zum georgischen Hochadel, weshalb ihnen am Petersburger Hof alle Tore und Türen offen standen. Der 1786 geborene Alexander Tschawtaschwadse wurde von Katharina II. persönlich getauft und erhielt eine vorzügliche Ausbildung. Als Offizier der russischen Armee focht er in vielen Schlachten für den Ruhm des Imperiums, nahm dann seinen Abschied vom Militär und zog sich auf seinen Landsitz in Zinandali zurück. Er ließ das Landhaus errichten und einen Park im englischen Stil anlegen, der bis heute nichts von seiner stillen Schönheit eingebüßt hat.

Selbst ein romantischer Dichter, stand Alexander Tschawtschawadse, wie auch viele seiner russischen Zeit- und Altersgenossen, unter dem Einfluss eines englischen ›Bruders im Geiste‹, der mit seiner Auflehnung gegen die Konvention den skeptizistischen Geist des antiklerikalen und antidespotischen Ungehorsams nach Russland brachte – George Byron. Der Fürst gehörte zu den Sympathisanten um die sogenannten Dekabristen, deren Aufstand gegen den Zaren im Dezember 1825 fehlschlug. Selbst nur knapp der Verhaftung und Verurteilung entgangen, empfing Tschawtschawadse viele der in den Kaukasus verbannten Aufrührer auf seinem Gut und lud sie ein zu seinen literarischen und politischen Salons, die der ›feinen‹ Petersburger Gesellschaft in nichts nachstanden. Zu seinen Gästen zählten auch junge, in Georgien stationierte Dragoner des Zaren, von denen einer zu den beliebtesten Russen in Georgien gehört – Michail Lermontow, dessen Denkmal an der georgischen Heerstraße steht, unterhalb der Dshwari-Kirche.

Im Garten des Tschawtschawadse-Palastes in Zinandali

▲ Karte S. 177

Der Fürst hatte zwei Töchter, und beide wurden sie heiß geliebt von zwei Dichtern; die ältere vom georgischen romantischen Lyriker Nikolos Barataschwili. Seine Liebe wurde jedoch nicht erwidert; die ältere Tochter des Fürsten heiratete den Thronfolger des megrelischen Königs Dadiani, mit dem sie, nach der Besetzung Megreliens durch die Russen, nach Paris emigrierte. Nach dessen Tod nahm sie einen Enkel Marats zum Mann und kehrte nach Georgien zurück.

Die jüngere Tochter, Nino, wurde die Frau des russischen Dichters, Diplomaten und Wissenschaftlers A. Gribojedow. Nach dessen frühem Tod zog sie sich nach Zinandali zurück, wo sie 1857 starb, zehn Jahre nach ihrem Vater, der bei einem tragischen Unfall ums Leben kam.

Rund um Telawi

Telawi ist heute die Hauptstadt Kachetiens. Ihre Ursprünge gehen auf mehr als 1000 Jahre vor Christus zurück; von ihrer Existenz wissen sowohl griechische als auch römische Quellen zu berichten. In der Umgebung wachsen Maulbeerbäume, an deren Blättern Seidenraupen gezüchtet werden. Und auch die georgischen Platanen gedeihen in Telawi besonders prächtig. Unter ihnen gibt es ein schätzungsweise 500 Jahre altes, mächtiges Exemplar, dessen Stammumfang fast 20 Meter misst.

Telawi war Residenz der kachetinischen Könige, nicht aber, oder zumindest nur kurzzeitig, Hauptstadt des Königreiches. Der kachetinische Thron selbst stand in Gremi. Aus den Zeiten, da Telawi eine entscheidende Rolle im Leben Kachetiens spielte, stammen die Ruinen der Zitadelle, von deren Mauern sich an sonnigen Tagen ein phantastisches Panorama eröffnet: das sich am Horizont mit der Ebene vermählende, in einen durchscheinenden blauen Schleier gehüllte Alasani-Tal, in dem eingesprenkelt die Dörfer, Burgen, Klöster und Kirchen liegen und durch das sich der Fluss wie eine pulsierende Ader schlängelt. Erhalten geblieben ist die **Residenz Iraklis II.**, die in ihrer architektonischen Komposition unzweifelhaft persische Einflüsse verrät. Das dem König gewidmete Denkmal gehört zum Erbe sowjetischer Bildhauerei. Am Schloss befindet sich auch ein kleines **Museum für Geschichte und Ethnographie**.

An den Hängen des südlichsten Ausläufers der Gombori-Berge gelegen, sieht Telawi aus dem Tal betrachtet aus, als würden die Häuser im Grün der Gärten und Weinreben ertrinken. Einen vollständigen Eindruck erhält man deshalb am besten aus der Höhe, von einer der Straßen, die in die historisch bedeutsamen Orte und die vielen Dörfer in ihrer Umgebung führen. Sie umschließen die Stadt wie einen breiten Gürtel, in dessen Ornamenten sich die Geschichte Georgiens und Kachetiens spie-

Touristeninformation in Telawi

gelt. Um alle diese Klöster, Dörfer und Kirchen zu besichtigen, empfiehlt es sich, einige Tage in Telawi zu verweilen. Und nicht allein der historische Kontext wird dem Genießer schmeicheln, sondern auch das Tal selbst, in dem bereits im Juni aromatische Früchte reifen und die Luft das ganze Jahr über von einer nahezu berauschenden Frische und Reinheit ist. Eine **Weinkelterei** befindet sich etwas nördlich außerhalb der Stadt an der Straße nach Gremi und Kwareli (Tel. 00995/350/73707, www.tewincel.com).

Telawi

Kleine Touristinfo mit Souvenirshop am Irakliplatz im Zentrum.

Für Kontakte in Telawi (Unterkunft, Exkursionen) steht auch die Familie Chorsowschwili in der Maisssichstr. 26 zur Verfügung.

Hotel Alasani Valley, Alasani Str. 75. 15 Zimmer zum Preis von 25 bis 60 Euro, mit Frühstück. Das Hotel verfügt über Internetanschluss und einen eigenen Parkplatz. Tel. 00995/250/76057, 571857.

Hotel Rcheuli Marani, Tschawtschawadse-Str. 154, Tel. 00995/32/483030, Fax 00995/250/73030, www.rcheuli.ge. Im georgischen Stil neuerbautes komfortables Hotel. DZ ab 50 Euro.

Zu empfehlen ist das **Gästehaus Tushishvili** in der Nadikvaristr. 15 im Zentrum Telawis, Tel. 00995/250/71909, www.globalsalsa.com/telavi. Ein DZ kostet ca. 20 Euro, man spricht Englisch und Deutsch.

Unterkunft bekommt man auch bei **Nelly Tatelishwili**, Chonkadsestraße 11, Tel. 00995/899/581820. Pro Person und Übernachtung ca. 20 Euro. Mehrere geräumige Doppelzimmer, schöner Innenhof. Halbpension möglich, eigene Weinherstellung. Nelly spricht Englisch.

Das bisher einzige **Internetcafé** der Stadt befindet sich am oberen Ende der Irakli-Straße.

Ikalto

Verlässt man Telawi auf der nach Westen führenden Straße in Richtung Achmeta, gelangt man nach circa sechs Kilometern an einen nach links abzweigenden, auch in Englisch ausgeschilderten Fahrweg, der nach Ikalto führt.

Die Geschichte des Klosters reicht bis ins 6. Jahrhundert zurück. Gegründet wurde es von einem der bereits erwähnten 13 syrischen Prediger, Senon, weshalb das Kloster nach dessen Kanonisierng zunächst auch den Namen des heiligen Senon erhielt. Zu seinem Besitz gehörten ausgedehnte Ländereien. Die Mönche sorgten sich neben ihrem und der Bauern Seelenheil mit der gleichen Inbrunst um die Viehzucht, bauten Getreide an und kelterten Wein. Der Wein war des Klosters Ruhm, der in den Legenden bis heute fortlebt. Es heißt, dass die Mönche nicht nur mit neuen Sorten und Anbaumethoden experimentierten, nicht nur Weine verschiedener Jahrgänge und Arten miteinander verschnitten und mit Bergkräutern anreicherten, sondern auch aus Keramikröhren bestehende Leitungen verlegten, durch die der frische Saft der Trauben von den entfernteren Hängen ins Kloster gelangte. Eine ebensolche ›Pipeline‹ soll auf einer Länge von 14 Kilometern das Kloster mit Telawi verbunden haben, wo die Mönche vor Ort ihren Wein verkauften. Einige der

▲ Karte S. 177

auf dem Gelände des Klosters gefundenen Überreste der im Erdboden vergrabenen ›Kwewri‹ hatten ein Fassungsvermögen von mehr als 1000 Litern. Es bedarf keiner übermäßigen Phantasie, um sich vorzustellen, wie das Leben der Mönche angesichts solcher Versuchungen verlaufen sein muss.

Der Grundstein zur **Christi-Verklärungs-Kirche** auf dem Gelände des Klosters wurde im 8. Jahrhundert gelegt, angeblich über dem Grab des heiligen Senon. Im 10. und 11. Jahrhundert entstand auf den Grundmauern der ersten Kirche der heutige Kreuzkuppelbau, der im 18. und 19. Jahrhundert erneuert und geringfügig modifiziert wurde.

Die Seitenwände der Kirche bestehen aus mit Mörtel verbundenen Feldsteinen unterschiedlicher Größe und Gestalt. Sie würden der Kirche ein schludriges Aussehen verleihen, wäre da nicht der Putz, der sie schützt und die asketische Einfachheit der georgischen sakralen Architektur unterstreicht. Die Kuppel der Kirche fügt sich in bewundernswerter Harmonie in die Proportionen des Bauwerks ein, was man von dem

Die Christi-Verklärungs-Kirche in Ikalto

Glockentürmchen über dem Eingangstor des Klosters, das beträchtlich später hinzugefügt wurde, nicht sagen kann.

Neben der Christi-Verkündigungskirche befinden sich auf dem Gelände des Klosters zwei weitere Kirchenbauten: die **Dreifaltigkeitsbasilika** und eine kleine **Allerheiligen-Kapelle**.

Die Vielzahl der Kirchenbauten mag sich aus der Geschichte erklären, die dem Kloster eine über seine mönchische Bestimmung hinausgehende Bedeutung verlieh, als Dawit der Erbauer es in eine Akademie umwandelte, die neben Gelati zur kulturellen und wissenschaftlichen Blüte Georgiens beitragen sollte. Zu ihrem ersten Rektor berief der König einen der angesehensten Wissenschaftler seiner Zeit, Arsen Ikaltoeli, dessen Namen die Akademie heute trägt. Neben den theologischen Wissenschaften wurden hier Mathematik, Astronomie, Philosophie und ganz besonders byzantinische und georgische Literatur gelehrt. Die Laboratorien Ikaltos waren berühmt für die Neuerungen im Weinbau und die von den Mönchen hergestellten Kräutermixturen. Schon bald nach ihrer Gründung entbrannte zwischen ihrem Rektor und dem Oberhaupt der Akademie von Gelati, Johann Petrizi, ein dogmatischer Streit. Arsen Ikaltoeli, dessen Dogmatikon zu den grundlegenden Schriften der georgischen Kirche gehört, widersetzte sich dem in Gelati gelehrten Neoplatonismus und verteidigte vehement die Weltabgewandheit der Kirche. Der von ihm vertretene Ansatz führte schon bald zum Verlust an Bedeutung Ikaltos, das sich in ein gewöhnliches Priesterseminar verwandelte, während Gelati noch lange Jahre die Rolle einer geistlichen und weltlichen Akademie spielte.

In der Akademie von Ikalto erhielt gut ein halbes Jahrhundert nach ihrer Gründung einer der berühmtesten Georgier seinen ersten literarischen Schliff, Schota Rustaweli. Man weiß nur wenig über das Leben des Dichters, aber es wäre zumindest vorstellbar, dass die Erfahrungen des klösterlichen Lebens in Ikalto ihn später dazu bewogen, seine letzten Lebensjahre im Kloster von Jerusalem zu verbringen. Dort zumindest fand man 1960 eine Freske, die eindeutig als Porträt des Dichters identifiziert wurde und ihn betend, im Talar eines hochrangigen Priesters, zeigt.

Die Akademie von Ikalto existierte bis 1616. In jenem Jahr wogten die Heerscharen von Schah Abbas wie eine Feuersbrunst über Kachetien, und das einzige, was nach dem Abzug der Perser von der Akademie übrigblieb, sind die malerischen Ruinen, deren Gemäuer man auch heute noch besichtigen kann.

Schuamta

Ikalto liegt an einem den nördlichen Hänge des Gomborigebirges, und man hat von seiner Höhe einen herrlichen Blick auf das Alasani-Tal und die sich an seiner gegenüberliegenden Seite in die Höhe reckenden Gipfelketten des Großen Kaukausus. Die Klosteranlagen von Schuamta liegen noch höher in den Bergen. Um sie zu erreichen, kehrt man in Richtung Telawi zurück. Etwa zwei Kilometer vor der Stadtgrenze biegt man nach rechts ab, auf die nach Kobadse, dann zum Gombori-Pass und weiter nach Tbilissi führende Straße. Nach einigen Kilometern weist ein Hinweisschild nach links in Richtung der Klosteranlagen des Unteren und Oberen Schuamta. Beide Klöster liegen in einem engen Tal, dessen gelblichbraune, von Gräsern und Hecken bewachsenen und von Wäldern umrahmten Felswände steil in die Höhe ragen. Ihnen verdankt Schu-

▶ Karte S. 177

Ruinen der Vorlesungsräume in der Akademie von Ikalto

amta (dt. : zwischen den Bergen) seinen Namen. Das **Neue (Untere) Schuamta** liegt im Tal; das **Alte Schuamta** erreicht man über einen serpentinenreichen, von Buchen, Eichen und Kastanien beschatteten Weg, bis die Bäume zurücktreten und der Blick sich über eine Wiese und das Tal hinweg zu den blau gestaffelten Ketten des Kaukasus öffnet. »Allein diese verzauberte Wiese lohnte träumendes Verweilen, doch sie ist nur der Rahmen für ein Bauensemble, das mit unbegreiflicher Sicherheit in die Landschaft gesetzt, die unbewusste Natur dazu bringt, menschliche Augen aufzuschlagen.« (A. Renz)

■ Alt-Schuamta

Wie auch Ikalto und so viele andere für die Kirchen- und Landesgeschichte bedeutsame Orte, geht auch das Alte Schuamta auf das Wirken eines der 13 syrischen Prediger zurück. Der Name des Gründers ist nicht bekannt, wie auch heute niemand mehr weiß, wann es zum Nonnenkloster wurde. Versteckt zwischen den Bergen und fernab der Handelsstraßen, bot das Kloster im Angesicht drohender Gefahr den Frauen aus der Umgebung Unterschlupf. Dessen ungeachtet ist es mehrmals in den rund 1000 Jahren seines Bestehens geplündert und niedergebrannt worden, besonders häufig während der persischosmanischen Kriege. Aus jenen Jahrzehnten berichten die Chroniken von an den Nonnen und den im Kloster Zuflucht suchenden Frauen verübten Greueltaten. Viele Frauen sollen keinen anderen Ausweg gesehen haben, als sich lebendigen Leibes von den Zinnen der Klostermauern in die Tiefe zu stürzen.

Das endgültige Schicksal des Alten Schuamta aber besiegelte die kachetinische Königin Tinatin, die zu seinen Füßen ein neues, das Untere Kloster, bauen ließ. Die oben gelegene Anlage geriet mit den Jahren in Vergessenheit, so lange zumindest, bis man sich erneut seiner für die Geschichte bedeutsamen Rolle besann. 1939 begannen die Restaurationsarbeiten, die ihr neues Leben als architektonisches Denkmal einer versunkenen Zeit verliehen.

Die typisch kachetinischen Wehrmauern aus grob behauenen Steinen verschiedener Größe und Form umschließen drei im gleichen Stil errichtete Kirchen, von denen eine jede ihre Zeit repräsentiert. Das älteste der Gotteshäuser ist die Dreikonchen-Basilika bzw. ihre Ruinen. Die Seitenschiffe sind durch geschlossene Wände voneinander getrennt, was charakteristisch ist für die frühe Periode des georgischen Kirchenbaus, ebenso wie die vier einfachen Säulen und die drei von ihnen eingefassten Rundbögen, die das zentrale Kirchenschiff von der Altarapside trennen. Die zweite, im nördlichen Teil des Areals befindliche Kirche erinnert mit ihren vier Seitenapsiden an Dshwari bei Mzcheta, während die dritte Kirche im Osten, ein Kreuzkuppelbau, die jüngste der drei Schwestern ist und deshalb wohl auch am besten erhalten. Die Fresken in allen drei Kirchen stammen, wie die Gotteshäuser selbst, aus verschiedenen Jahrhunderten und lassen 1000 Jahre georgischer Kunst und Geschichte lebendig werden.

Neu-Schuamta

Das Neue Schuamta entstand 1000 Jahre nach dem Alten. Seither hatten sich in der georgischen Architektur einige Veränderungen vollzogen, die sich im Vergleich mit den oben gelegenen Bauten anschaulich nachvollziehen lassen. Der zentrale Bau des Neuen Schuamta ist eine ›klassische‹ Kreuzkuppelkirche, mit den für die Spätzeit der georgischmittelalterlichen Baukunst charakteristischen schlanken Proportionen und den großen Kreuzen, die als beherrschender Blickfang in die Fassaden eingelassen sind. Auf persische Einflüsse geht die Verkleidung der Kuppel mit blauen Kacheln zurück, von denen Reste bis heute überdauert haben. Solche Kacheln wurden in der georgischen Architektur erstmals in Kachetien verwandt, sie nahmen der Kirche ihre asketische Strenge und näherten sie in ihrer Wirkung der weltlichen Architektur an. Eindrucksvoll sind die erhaltenen Fresken im Innenraum, besonders im unteren Bereich. Wie die Kirche selbst stammen sie aus der Mitte des 16. Jahrhunderts. Von der Westwand des südlichen Seitenschiffes blicken die Stiftorin des Klosters, die kachetinische Königin Tinatin (1520-1574), ihr Gatte, König Lewan I., und Sohn Alexander in den Kirchenraum. Königin Tinatin liegt in der Kirche begraben, neben den Tschawtschawadses, die sich um den Erhalt des Klosters verdient gemacht hatten und deshalb das Anrecht auf eine Familiengruft erhielten.

Der Wehrturm auf dem Gelände des Klosters diente der königlichen Familie während ihrer Aufenthalte in Schuamta als Wohnort, ebenso wie als Gästehaus für hochrangige Gesandte.

Alawerdi

Nordwestlich von Telawi, hinter dem Abzweig nach Ikalto, biegt eine Landstraße nach rechts in das Zentrum des Alasani-Tals ab. Der Weg ist zu beiden Seiten von Bäumen bestanden, jenseits derer sich bis zu den Füßen der Bergketten im Norden Felder ausbreiten. Plötzlich taucht in Fahrtrichtung ein weißer Fleck auf, der größer wird und ausschaut wie ein weißer Schwan, der sich im blauschimmernden Gewässer eines imaginären Sees niedergelassen hat. Doch was einem bei klarem Sonnenwetter als flimmernde Wasseroberfläche erscheint, ist die Ebene, und der Schwan verwandelt sich bald in das von einer wehrhaften Mauer umschlossene Alawerdi, das Schmuckstück kachetinischer sakraler Baukunst und das neben Sweti Zchoweli in Mzcheta, der Bagrati-Kathedrale in Kutaissi und der Gottesmutter-Kirche von Gelati erhabenste Gotteshaus in Georgien.

Georgskirche

Die Kirche des heiligen Georg ist mit ihren 51 Metern nicht nur der höchste georgische Kirchenbau, sondern auch der in seinen Proportionen feingliedrigste. Erbaut wurde sie im 11. /12. Jahrhundert, während des Goldenen Zeitalters der georgischen Geschichte und Kultur. Die äußere Zurückhaltung und Bescheidenheit unterstreichen das Erhabene und Feierliche dieses in die von Bergen umrandete Ebene gesetzten Bauwerkes. Seine aus Feldsteinen errichteten Seitenwände waren einstmals mit sandsteinfarbenen Platten verkleidet, die erst in späteren Jahrhunderten ihren kalkweißen Anstrich erhielten.

Wie die meisten der georgischen Kathedralen ist auch Alawerdi von einer Wehrmauer umgeben, die angesichts ihrer robusten Wandung, der Strebepfeiler, der Zinnen und Schießluken nicht nur von symbolischem Wert gewesen sein muss. Die Türme zu beiden Seiten des Eingangs und die mächtigen Tore unterstreichen diesen Eindruck. Man fühlt den Willen der Erbauer, diesen Ort nur um einen hohen Blutzoll Eroberern überlassen zu wollen.

Die Georgskirche von Alawerdi

Karte S. 177

Die Georgskirche ist ein Kreuzkuppelbau. Das durch Aussparungen in der Kuppel einfallende weiche Tageslicht erhellt den Innenraum in seinem Zentrum und verliert sich im Schatten der Seitenwände. Es hat den Anschein, als wichen sie von dannen und verlören im Dunkel ihre Materialität, als bestünde die Kirche nur aus hohen, sich auf Licht stützenden Bögen.

Einst war Alawerdi berühmt für seine Wandmalereien. Überdauert haben nur Reste der Fresken in der östlichen Apside; die anderen litten nicht nur unter der Achtlosigkeit andersgläubiger Eroberer, sondern vor allem unter dem verheerenden Erdbeben von 1742.

Auf dem Kirchengelände, im Schutz der Wehrmauern, erbaute sich einer der persischen Statthalter Schah Abbas I. seine Residenz; das andere erhalten gebliebene Gebäude stammt aus dem 17. Jahrhundert und diente den georgischen Bischöfen als Wohnstatt.

Jährlich am letzten Sonntag im September ist Alawerdi traditionell Schauplatz eines der berühmtesten georgischen Feste, an dem Menschen aus dem ganzen Land, unabhängig von Nationalität und Glaubensbekenntnis, teilnehmen. Bei Strömen von jungem Wein, gegrilltem Fleisch und Bergen von Obst und Gemüse feiern die Menschen die neue Ernte und danken Gott oder den Göttern für den gespendeten Segen. Wer an diesem Tag nach Alawerdi kommt, wird kein Fremder bleiben, sondern mit offenen Armen begrüßt und eingeladen, an der ungetrübten Lebensfreude teilzuhaben.

Gremi

Wie erwähnt, war die eigentliche Hauptstadt Kachetiens Gremi, eine Stadt jenseits des Alasani-Tals, zu Füßen des Kaukasus. Nach Gremi gelangt man, aus

Alawerdi ist von einer wehrhaften Mauer umgeben

Telawi kommend, über die nach Kurdgelaurigremi führende Straße. Hinter der Brücke über den Alasani, circa 15 Kilometer von Telawi entfernt, biegt rechts die Straße nach Gremi ab, das man dann nach weiteren wenigen Minuten Fahrt erreicht.

Der Blick von Gremi auf die Hänge des Kaukasus ist malerisch. Die über der Stadt thronende winzige Festung scheint der von der Natur geschaffenen majestätischen Bergwelt Paroli bieten zu wollen, aber nicht vor den Gipfeln sollte sie schützen, sondern vor den Menschen.

Gremi war seit Urzeiten ein befestigtes Bergdorf, das sich König Lewan I. nach der Trennung Kartlis und Kachetiens, in der Mitte des 15. Jahrhunderts, als Hauptstadt erwählte. An den Hängen des Kaukasus und etwas abseits der traditionellen Handelswege gelegen, bot der Ort zuverlässigeren Schutz als Telawi, das leicht zu belagern war. König Lewan befahl den Bau einer Festung, und bereits Ende des 15. Jahrhunderts berichten die Chroniken davon, dass sich der ehemals verschlafene Ort in eine geschäftige Metropole des jungen Königreiches verwandelt hatte. Eine große

Zukunft war der Stadt nicht vergönnt, aber die kurze Periode der Blüte schuf der Nachwelt die Respekt gebietende Zitadelle und eine Ahnung von den Wechselfällen der Geschichte.

Festung

Der Weg zur Festung ist steil; man erreicht sie nur zu Fuß. Der Eingang führt über eine zwischen zwei mächtigen Türmen angelegte Treppe. Die beiden Türme stützen sich auf zwei Felsvorsprünge, wie ein sich seines Sieges gewisser Boxer sich mit den Ellbogen auf die Seile des Boxrings stützt. Doch leider, die Siegesgewißheit Gremis verwandelte sich in Resignation, als die Erben der Erbauer feststellen mussten, dass die Gemäuer zwar den Pfeilen, Lanzen und Rammspornen von Belagerern standhielten, nicht aber den Geschützen der Krieger von Schah Abbas, die 1622 Gremi zerstörten und die Zitadelle eroberten. Alle Bewohner, die sich nicht rechtzeitig in Sicherheit gebracht hatten, wurden nach Persien vertrieben und gezwungen, zum Islam überzutreten. Die Festung zu zerstören gelang den Eroberern nicht, aber ihre militärische Bedeutung hatte sie ohnehin eingebüßt.

Aus den Gemäuern ragt die Spitze der Erzengel-Kirche hervor, die auf einem Plateau innerhalb der Zitadelle erbaut wurde. Errichtet unter König Lewan I., ist sie ein typischer Kreuzkuppelbau und faktisch eine Schwester der Kirche in Neu-Schuamta. Die Erzengel-Kirche, die Ruinen des Königspalastes, der mit einem Glockenturm aus dem 19. Jahrhundert überdachte Turm, die kleine Kirche der Entschlafenen Gottesmutter und das Grün der Bäume sind neben der Stille alles, was von der einstigen Zwingburg erhalten blieb. Die Stille aber ist von einer besonderen Art. Es ist, als wäre die Zeit mit dem Brand Gremis und dem Wehklagen der vertriebenen Bewohner der Stadt eingefroren und würde den Besucher von heute an das Leid und den unerbittlichen Verlauf der Geschichte und, wenn man so will, des Schicksals, erinnern wollen.

Wer die kleine Mühe nicht scheut, den Turm zu ersteigen, wird mit einem wunderschönen Rundblick auf die Berge und Täler und Ebenen Kachetiens für die kleine Mühe entschädigt.

Nekresi

Höher noch als Gremi gelegen ist das Kloster Nekresi. Der Aufstieg nach Nekresi beginnt in dem kleinen Ort Sabue, einige Kilometer hinter Gremi, und erfordert festes Schuhwerk sowie ein wenig Anstrengung, die belohnt wird durch den Anblick eines der ältesten und kompaktesten klösterlichen Ensembles in Georgien. Die **Basilika** datiert aus der ersten Hälfte des 4. Jahrhunderts und ist damit einer der ältesten georgischen Kirchenbauten. Nur zwei der einst drei Kirchenschiffe haben die Zeiten überdauert. Im 8. und 9. Jahrhundert wurde die Basilika baulicher Teil der Bischofspalastes und verlor dadurch ihr linkes Seitenschiff. Die Wirkung, die der Bau erzielt, ist zweideutig: Einerseits fasziniert das aus ihr sprechende asketische Selbstbewusstsein einer noch jungen Religion, andererseits vermittelt sein Anblick ein Unbehagen, das aus der Ahnung oder dem Wissen um die Unnachgiebigkeit einiger der ersten Missionare entsteht.

Auch Nekresi steht mit dem Wirken der 13 syrischen Prediger im Zuammenhang. Vater Abibos, der bis in diesen entfernten Winkel Kachetiens gewandert war, gründete hier ein Kloster und mühte sich, das Heidentum der Kachetiner mit Stumpf und Stiel auszurotten. Eigenhändig ver-

▶ Karte S. 177

löschte er die Flamme eines in der Nähe befindlichen zoroastrischen Tempels. Von den Priestern ob des Frevels verurteilt, wurde er zu Tode gesteinigt.

Zum Klosterensemble gehören auch die auf einem Berghang stehenden **Ruinen einer Dreikonchen-Basilika** aus dem 6./7. Jahrhundert. Sie ähnelt der Antschißchati-Basilika in Tbilissi. Die Fresken im Innern stammen in Komposition und Farbigkeit aus der Zeit um die Jahrtausendwende, wurden aber in späteren Jahrhunderten mehrmals restauriert.

Eine **weitere Kirche** steht jenseits der Klostermauern. Sie stammt aus der Zeit des Baus des Bischofspalastes und ist ein kurioses Stück Architektur einer Übergangsperiode, da die klassische Basilika der Kreuzkuppelbauweise wich. Was entstand, ähnelt dem einen und dem anderen, hat aber mit beiden nicht viel zu tun, da sich die klassischen Proportionen von Basilika und Kreuzkuppel zu sehr voneinander unterscheiden, um sie miteinander zu verschmelzen. So wirken die sich zylindrig aus dem Bau schälende Kuppelbasis und die sich auf ihr erhebende sechskantige, von einer echten Wölbung Generationen entfernte Kuppel mit ihren hohen Lichtnischen eher improvisiert denn einem künstlerischen Programm folgend. Der Architekt dachte noch nicht an eine der Kuppel einzig gerecht werdende quadratische Grundfläche, aber man mag sein Bemühen um Neuerung bewundern, ebenso wie seinen ›typisch‹ kachetinischen Starrsinn, mit dem er sich bemühte, sein gestelltes Ziel zu erreichen.

Wie auch in Gremi gesellte sich im 16. Jahrhundert ein **Wehrturm** zum Kirchenensemble, der auch als Wohnraum genutzt wurde. Von seiner Höhe öffnet sich ein noch majestätischeres Panorama Kachetiens und des Kaukasus als vom Turm der Zitadelle in Gremi.

Neben den beschriebenen historischen Denkmalen trifft man in Kachetien auf Schritt und Tritt auf die Ruinen vieler weiterer Festungen und Kirchen. Unweit von **Alawerdi** befinden sich die Überreste einer einst mächtigen Zitadelle der Bagratiden-Könige; auf andere, kleinere Burgen stößt man in **Kwareli**, **Bochorme**, **Kwereti** und anderen Orten. Und überall wird sich jemand finden, der dem Besucher von den Ruinen und ihrer Geschichte und dem Leben in jenen fernen Zeiten zu erzählen vermag.

Im Lagodechi-Naturpark

Der Naturpark von Lagodechi

Folgt man der M 5 in Richtung der aserbaidschanischen Grenze, gelangt man in der Gegend des Städtchens Lagodechi zum gleichnamigen Naturpark an den Hängen der Vorberge des Kaukasus. Hier gedeihen dutzende typisch kaukasischer Pflanzenarten in einer einzigartigen und urwüchsigen Mannigfaltigkeit. Da sich das Naturschutzgebiet über georgisches und aserbaidschanisches Gebiet erstreckt, empfiehlt es sich, die Dienste eines ortskundigen Führers in Anspruch zu nehmen (siehe S. 307).

Kloster Dawit Garedscha

Eines der aufregendsten und ungewöhnlichsten, wenn auch nur mit einigem Aufwand und Glück zu genießenden Erlebnisse ist ein Besuch der Höhlenklöster von Dawit Garedscha im Südosten Kachetiens, zum Beispiel im Rahmen eines Tagesausflugs von Tbilissi. Öffentliche Verkehrsmittel verkehren unseren Erfahrungen zufolge nicht in diese Gegend, weshalb man entweder auf die Dienste einer der auf S. 331 erwähnten Agenturen (Tagesausflug ca. 120 Euro pro Fahrzeug) oder auf den eigenen PKW bzw. die eigene Phantasie angewiesen ist.

Anfahrt: Man gelangt nach Dawit Garedscha entweder über Rustawi, am günstigsten aber über die oben beschriebene Route in Richtung Telawi, der M 5 bis Sagaredsho folgend. Hinter dem Ort weist ein Hinweisschild nach links in Richtung Georgitsminda (1 Kilometer). Weiter der Hauptsstraße folgend, passiert man rechter Hand das fabrikähnliche Gebäude einer Weinkelterei, hinter der ein asphaltierter Fahrweg nach Süden abzweigt. Diesem folgt man etwa zwei Kilometer, bis er sich gabelt. Man fährt nach links, über einen staubigen Feldweg bis zu einem umgestürzten Eisenbahnwaggon, hinter dem man nach rechts abbiegt, den Iori überquert, hinter dem man sich links hält und nach 22 Kilometern Fahrt den Ort Udabno erreicht. Das Land ist flach wie ein Brett und von einer die Sinne betäubenden Kargheit. Unvorstellbar fast, dass hier bis zum 16. Jahrhundert Wälder wuchsen, die von den Türken zur besseren Kontrolle der eroberten georgischen Fürstentümer sytematisch abgeholzt wurden.

Dawit Garedscha erstreckt sich über mehrere Ebenen

Udabno liegt in einem Meer von gelbblühenden Rapsfeldern. Es gibt zwei Orte dieses Namens: das alte und das neue Udabno. Im neuen leben Swanen, die im verheerenden Winter 1987 ihr Dach über dem Kopf verloren und hier eine neue Existenz gründeten. Man durchfährt den Ort und hält sich nun in Richtung Südwest. Der Weg führt jetzt durch versteppptes, von Salzseen und Wacholderbüschen unterbrochenes Land. Schon bald tauchen Hügel am Horizont auf, und das Ziel der Reise ist nun fast erreicht. Nach 43 Kilometern Fahrt, gemessen vom Abzweig hinter Sagaredsho, weist ein Hinweisschild nach links in Richtung Dawit Garedscha, das man nach nochmals eineinhalb Kilometern Fahrt erreicht. Schon kurz hinter dem Abzweig taucht rechts ein Wachturm auf, Teil eines ausgeklügelten Frühwarnsystems vor anrückenden Feinden.

Dawit Garedscha ist der östlichste Vorposten des historischen Christentums. Hinter dem Namen verbergen sich 13 in den Hügeln des Steppenlandes verborgene Klöster, von denen das östlichste, das für seine Fresken aus dem 13. Jahrhundert und insbesondere die Porträts Tamaras und ihres Sohnes Giorgi Lascha

▲ Karte S. 177

berühmte Bertubani, heute auf Aserbaidschanischem Hoheitsgebiet liegt. Lediglich die zwei ältesten Klosteranlagen – das Höhlenkloster, an dessen Füßen der beschriebene Weg endet, und das etwas höher gelegene Udabno – sind ohne größeren Aufwand und Gefahren zu besichtigen. Von den anderen sind häufig nicht mehr als Ruinen übrig und der Zugang ist schwierig. Wer das Porträt von König Dawit im ungefähr 12 Kilometer nordwestlich gelegenen Natlismtsemeli betrachten möchte, muss sich auf einen Fußweg einlassen und sollte das nicht ohne die Begleitung eines der Mönche oder Restaurateure tun. Für die Besichtigung des Komplexes ist es ratsam, nicht weniger als drei Stunden einzuplanen. Angesichts der ständig wachsenden Zahl von in Dawit Garedscha lebenden Mönchen ist es wichtig, auf die eigene Bekleidung zu achten, die Männern lange Hosen und den Frauen Röcke oder ebenfalls lange Hosen sowie bedeckte Arme abverlangt. Ebenso empfehlenswert ist es, sich mit Wasser und anderen Getränken zu bevorraten und vielleicht auch an Proviant zu denken.

Geschichte des Klosters

Die Ursprünge des Klosterkomplexes gehen auf einen der 13 Syrischen Väter namens Dawit zurück, der, nachdem ihn die Einwohner von Tbilissi für nicht begangene Frevel steinigen wollten und ihm in Reue und Buße später eine Kirche errichteten, die Einsamkeit der Wüste dem Lärm der Städte vorzog. Er zog sich, gefolgt von einigen Schülern, in eine der natürlichen Höhlen an den Hängen der Garedscha-Hügel zurück. Seine wachsende Schar von Schülern grub weitere Höhlen in den weichen Sandstein, so dass mit den Jahrzehnten eine Klosteranlage entstand, ähnlich denen in Syrien und Kappadokien. Zwei der treuesten Anhänger Dawits, Dodo und Lukiani, zogen weiter und gründeten eigene Klöster: Dodos Rqa und Natlismtsemeli. Ihre Gräber befinden sich in der aus dem 9. Jahrhundert stammenden Peristswaleba-Kirche, dt. : Christi-Verklärung, auf der ersten Ebene des Höhlenklosters.

Neben dem weltlichen Uplisziche bei Gori und Wardsia in Chawachetien wirkt der Klosterkomplex Dawit Garedscha zwar vergleichsweise bescheiden, doch diese Bescheidenheit erzeugt auch heute noch Ehrfurcht vor dem kargen Leben der hier lebenden Mönche. Für das georgische Geistesleben und insbesondere die Freskenmalerei gingen von Dawit Garedscha Impulse aus, die im ganzen Land nachwirkten.

Im 10. Jahrhundert von den Seldschuken zerstört, erlebten die Klöster mit der Regentschaft Dawit des Erbauers (1089-1125) und seiner Nachfolger die Zeit ihrer großen Blüte. Neue Klöster entstanden neben den wiedererrichteten, die Zahl der Mönche stieg auf mehrere hundert, und unter seinem Abt Onopre Garecheli wurde Dawit Garedscha, neben der Akademie von Ikalto, zum wichtigsten kulturellen Zentrum Ostgeorgiens. Dies blieb so bis zur Invasion der Mongolen, die ebenso wie nach ihnen Timur-Lenk und später die Perser und Türken die Höhlen und Bauten zerstörten und die Mönche entweder vertrieben oder ermordeten. Nie aber hat Dawit Garedscha seinen Reiz verloren, und immer wieder ließen sich Einsiedler hier nieder, die in der mehr als tausendjährigen Einsamkeit um eine Wiedergeburt des heiligen Ortes rangen. So auch heute wieder, wovon die seit 1988 stetig wachsende Zahl der Mönche und die vor allem im Höhlenkloster betriebenen Restaurationsarbeiten zeugen.

Besichtigung des Höhlenklosters

Das Höhlenkloster erreicht man vom Parkplatz über einen in den Sandstein gehauenen **Fußsteig**. Die Rillen im Stein sind die Reste eines raffiniert angelegten Systems zum Auffangen des Regenwassers, mit dem unter anderem die Gärten bewässert wurden. Das **Steintor** zum Kloster stammt aus der Zeit um die Wende vom 17. zum 18. Jahrhundert, als der Komplex unter dem Abt Onopre Machutadse eine letzte Nachblüte erlebte. Erst wenn man durch dieses Tor das Kloster betreten hat, vermag man mit einigem Staunen zu würdigen, mit welchem sicheren Gespür für den Raum und das Gestein die Mönche es vermochten, ihre Höhlen vor unbefugten Blicken zu verbergen. Es heißt nicht umsonst, dass die 13 Syrischen Väter eigentlich Georgier waren, die in Kappadokien und Syrien die Kunst des Höhlenbaus erlernt hatten und später ihre Kenntnisse an ihre Landsleute weitergaben.

Die linker Hand südwestlich gelegenen Höhlen stammen noch aus der Zeit Dawits, des Gründers der Anlage; in einer von ihnen hatte sich der Einsiedler im sechsten Jahrhundert niedergelassen. Die meisten anderen Höhlen, jede für sich eine kleine Kirche mit zumeist gewölbter Decke, sind von seinen Schülern und Nachfolgern in den Sandstein getrieben wurden. In vielen finden sich neben dem Wohngemach winzige in den Stein gemeißelte Verliese, in die sich die Mönche, mitunter tagelang, zum einsamen Meditieren und Fasten zurückzogen.

Mit der wachsenden Zahl von Mönchen, die das Kloster anzog, wuchs die Anlage in drei Ebenen bergan. In der bereits erwähnten **Christi-Verklärungs-Kirche** aus dem 9. Jahrhundert sind neben den Gräbern Dodos und Lukians Reste eines Ikonostas aus dem 14. Jahrhundert zu besichtigen. Den Südhang hinauf gelangt man auf der mittleren Ebene zu zwei Höhlen, von denen die eine als **Backstube** und die andere als **Refektorium** diente. Die Backstube erkennt man an den beiden Löchern in der Decke; durch das eine erhielten die Bäcker Licht, durch das andere zog der Rauch ab.

Weiter hinauf gelangt man zum aus dem 16. Jahrhundert stammenden **Turm des kachetinischen Königs Alexander II.**, in welchen sich dieser oft für mehrere Tage zum Meditieren und zum Gebet zurückzog. Die nur noch fragmentarisch erhaltenen Wand- und Deckenverzierungen verraten den zu jener Zeit beträchtlichen Einfluss Persiens auf die ostgeorgischen Künste.

Verlässt man den Klosterkomplex durch das hintere Tor auf der dritten Ebene und erklimmt den steilen Hang in seinem Rücken, gelangt man nach fünf Minuten zu einer Höhle, in der aus einer **Quelle** kühles und frisches Wasser sprudelt. Den Mönchen galt die zu Zeiten der Klostergründung einzige Quelle als heilig, und sie nannten sie ›Dawits Tränen‹. Der Ort bietet eine günstige Gelegenheit, vor dem Aufstieg zum Kloster Udabno eine letzte Rast einzulegen.

Fresken in Dawit Garedscha

▶ Karte S. 177

Das Kloster Udabno

Der Pfad nach Udabno beginnt hinter der Höhle mit den ›Tränen Dawits‹ und führt mehr als einen Kilometer bergan. Mit etwas Glück findet man einen Führer, doch sollte es auch möglich sein, sich allein zurechtzufinden. In jedem Fall aber ist festes Schuhwerk angebracht, da sich in dem hohen Gras Schlangen tummeln, von denen einige giftig sind. Vom Gipfel des Berges bietet sich ein faszinierender Blick auf das Höhlenkloster.

Udabno ist vor allem für seine aus dem späten zehnten und frühen 11. Jahrhundert stammenden **Fresken** in der Kirche und im Refektorium berühmt. Zu jener Zeit begannen die Mönche in Udabno, die georgische Freskenmalerei zu revolutionieren, indem sie den byzantinischen Kanon aufbrachen und neben Motiven aus dem Alten und Neuen Testament Bilder aus dem Leben georgischer Heiliger in die Wandmalereien einfügten und so einen eigenen, georgischen Malstil schufen.

An der **Nordwand** der Kirche blieben einige Fragmente aus einem Bilderzyklus erhalten, der das Leben des heiligen Dawit von Garedscha zum Thema nahm, und möglicherweise an der Südwand seine Fortsetzung fand. Eine der gut erhaltenen Szenen zeigt Dawit, flankiert von Lukian und einer Hirschkuh. Der Legende zufolge stellte Lukian, als er und Dawit nach tagelanger Wanderung die Hügel von Garedscha erreicht hatten, seinem Meister die Frage, wie sie in dieser Einöde überhaupt leben könnten, da der Durst sie schon zu übermannen drohe. Dawit soll daraufhin geantwortet haben: »Gott wird es richten.« Und prompt sei eine Hirschkuh erschienen, deren Milch ihnen das Leben rettete. Unter dem Dawit-Zyklus an der Nordwand finden sich Porträts kachetinischer

Höhlen im Kloster Udabno

Fürsten und Könige, die das Kloster in der ein oder anderen Weise gefördet hatten. Die Szenen aus dem Jüngsten Gericht an der **Ostwand** sind die ersten bekannten Darstellungen zu diesem biblischen Thema in Georgien.

Die **Wandmalereien im Refektorium** wiederum präsentieren Szenen aus dem Alten und dem Neuen Testament, darunter das Abendmahl, sowie Porträts der 13 Syrischen Väter, unter ihnen Simeon von Aleppo, der spirituelle Vater des Dawit von Garedscha. In der einer Apsis ähnlichen Nische in der Ostwand findet sich eine Darstellung der Deesis, das heißt des thronenden Christus mit Maria zur einen und Johannes dem Täufer zur anderen Seite.

Mit diesem Erlebnis endet ein Besuch in Dawit Garedscha in der Regel, so man nicht Unterkunft in einem der Dörfer in der Umgebung nehmen möchte oder von den Mönchen bzw. Restaurateuren oder Arbeitern aus irgendeinem Grund zum Bleiben veranlaßt wird. Es sei noch angemerkt, dass zu Füßen des Klosterkomplexes seit 1975 jährlich am zweiten Sonntag im Mai ein Fest, das **Garedschoba**, begangen wird.

Zweihundert Kilometer windet sich die seit Uhrzeiten bekannte, gefürchtete und bewunderte georgische Heerstraße über den Großen Kaukasus, vorbei am sagenumwobenen Kasbek. Sie verbindet Russland und Georgien und bietet dem Reisenden einzigartige An- und Ausblicke.

Die Georgische Heerstraße

Eine Fahrt auf der Georgischen Heerstraße

Die frühesten schriftlichen Überlieferungen von der Existenz des Karawanenweges, der kürzesten, zugleich aber auch beschwerlichsten Route zwischen dem Norden und dem Orient, stammen vom griechischen Geographen Strabon aus dem 1. Jahrhundert vor Christus. Schon zu jener Zeit war der Bergweg hart umkämpft. Nicht allein die Launen der Berge, die mit Steinschlag, plötzlichen Wetterwechseln, Lawinen und Nebel die Überquerung des Kaukasus zu einem waghalsigen Unternehmen machten, auch die Menschen – Räuber, selbstherrliche Bergfürsten und nomadisierende Krieger nordkaukasischer Stämme – waren den Reisenden und Händlern eine Plage bis ins frühe 19. Jahrhundert hinein. Um den Weg zu schützen, ließ der iberische König Mirwan den nördlichen Zugang, die Darjal-Schlucht, blockieren. Römische Legionäre schützten den Weg, und als das Römische Imperium zerfiel und Georgien immer öfter das Opfer dreister Raubzüge der zwischen Don und Asowschem Meer beheimateten sarmatischen Stämme, insbesondere der Alanen (die späteren Osseten), wurde, ließ Wachtang Gorgassali, der Gründer Tbilissis, in der Darjal-Schlucht mächtige Befestigungsanlagen anlegen. Aus jener Zeit stammt auch der königliche, mit Urkunde und Siegel bekräftigte Auftrag an die georgischen Bergvölker der Region, den Schutz der Trasse zu übernehmen.

Kurzzeitig ruhig und sicher wurde der Weg im 11. und 12. Jahrhundert, als Dawit der Erbauer die Festung Darjal errichten ließ. In den Jahrhunderten der mongolischen, persischen und osmanischen Eroberungen wagte sich jedoch angesichts der Gefahren kaum jemand über den Kaukasus, was sich erst änderte, als Georgien mit dem Traktat von Georgiewsk unter russischen Einfluss geriet. 1799 wurde der 207 Kilometer lange Weg, angesichts seiner strategischen Bedeutung, offiziell zur Heerstraße, mit regelmäßiger Verbindung zwischen Wladikawkas und Tbilissi. Russische Kosaken übernahmen ihren Schutz, und russische Ingenieure schlugen bis 1863 eine Trasse in den Stein.

Nur 20 Jahre vergingen und die Georgische Heerstraße verlor mit der Fertig-

Landschaft an der Südseite der Georgischen Heerstraße

▲ Karte S. 203

stellung des Eisenbahnnetzes, das Wladikawkas über Baku und Tbilissi mit Poti am Schwarzen Meer verband, ihre wirtschaftliche Bedeutung. Ihre militärische hatte sie zu jener Zeit mit dem für Russland siegreichen Krieg gegen die Türkei 1878 bereits eingebüßt.

Zu Ruhm gelangt ist die Trasse jedoch nicht allein durch ihre Geschichte und Bedeutung für die russische Kolonialisie-

Die Georgische Heerstraße

rung Transkaukasiens. Mehr noch war sie das schmale Band, auf dem sich der Austausch zwischen georgischer und russischer Kultur vollzog. Puschkin und Lermontow besangen sie, auf ihr reisten Gribojedow, Tolstoi, Ostrowski, Tschechow, Tschaikowski, Repin und Gorki. In umgekehrter Richtung machten sich junge Georgier auf den Weg, um an den Universitäten Moskaus und St. Petersburgs zu studieren. Man nannte sie Tergdaleulni, das heißt ›die vom Wasser des Tergi (Terek) tranken‹. Und auch Westeuropäer entdeckten ihre Schönheit, beschrieben erlebte Abenteuer: Alexandre Dumas, zum Beispiel, in seinem Buch ›Gefährliche Reise durch den Wilden Kaukasus‹, oder der norwegische Schriftsteller Knut Hamsun (›Im Märchenland‹) oder Ernst Haeckel in seinen Reisebriefen.

Nachdem die staatliche Ehe zwischen Georgien und Russland geschieden war, Aserbaidschan Ausland und die Trasse entlang des Schwarzen Meeres durch Abchasien blockiert war, hatte die Georgische Heerstraße in den 90er Jahren zunächste ihre wirtschaftliche Bedeutung zurückgewonnen. Es war der kürzeste Weg nach Russland, sieht man

Unterwegs auf der Georgischen Heerstraße

▲ Karte S. 203

Kleiner Markt am Straßenrand

vom Flugzeug ab. Seit dem russisch-georgischen Krieg und Südossetien ist der Grenzübergang gesperrt.

Befahrbar ist die Trasse über den Kreuzpass mit seinen 2375 Metern Höhe jedoch nur von April bis Oktober. In den Wintermonaten wird sie von meterhohen Schneebergen blockiert und von Lawinen bedroht.

Ihre Reize kennenzulernen und der Faszination einer einzigartigen Bergwelt zu erliegen – dafür bieten sich verschiedene Möglichkeiten. Am einfachsten und bequemsten ist es, bei einer der georgischen Reiseagenturen einen Ausflug nach Kasbegi zu buchen, inklusive eines Abstechers zur Darjal-Schlucht, denn die muss man erlebt haben. Das bietet mehrere Vorteile: Man reist mit Führer, kann auf Zwischenstops fotografieren und entledigt sich aller Sorgen um ein Transportmittel für den Rückweg. Bricht man rechtzeitig aus Tbilissi auf, erreicht man um die Mittagszeit Kasbegi und ist am Abend zurück in der Hauptstadt.

Aber auch Individualisten können problemlos reisen: mit dem Bus oder Kleinbus von Tbilissi aus zu den größeren

Orten an der Strecke wie Passanauri (88 Kilometer), Gudauri (120 Kilometer), Kasbegi (160 Kilometer). Busse und Kleinbusse nach Norden verkehren vom Bahnhof Didubé in Tbilissi, ebenso Taxis. Wenn man in Etappen fahren möchte, findet man auf dem Weg in allen drei Orten Unterkunft in einem der Hotels. Eine Ausreise nach Russland bzw. eine Einreise aus Russland ist für Ausländer nicht möglich.

Wer mit dem eigenen Wagen oder einem Mietauto unterwegs ist, wird keine Probleme haben, die Straße ist gut ausgebaut und bis auf die obligaten Schlaglöcher und einige schwierige Abschnitte zu beiden Seiten des Passes bequem befahrbar. Ihr Zustand prädestiniert sie auch für Fahrradtouren. Es mag beschwerlich und ermüdend sein, Dutzende Kilometer fast ununterbrochen bergan zu fahren, aber die Abfahrt auf der wenig befahrenen Straße, versicherten uns Radfahrer, ist mehr als eine Entschädigung für die Mühe – sie ist ein Rausch.

Zwischen Tbilissi und Duscheti

Wenn man Tbilissi in nördlicher Richtung verlassen und Mzcheta sowie das Lermontow- und Ilja-Tschawtschawadse-Denkmal passiert hat, gabelt sich die Straße. Die Georgische Heerstraße (M 3) führt schnurgerade in Richtung der im Dunst verschwimmenden Bergketten, während die M 1 nach Westen abschwenkt. Man passiert nun das weite, vom Aragwi gebildete Tal von Muchrani. Von drei Seiten durch Bergrücken begrenzt, wachsen hier Wein, Obst, Weizen und Gemüse.

Bei Kilometer 46 biegt nach links eine Straße zum **Bazaleti-See** ab. Die neue Hotel und Apartmentanlage wirkt etwas überdimensioniert, aber das milde Klima, die reizvolle Landschaft am Fuß des Kaukasus, mit Möglichkeiten zu Ausflügen in die Berge, nach Mzcheta und Tbilissi machen sie zu einem guten wenn auch kostspieligen Ausgangspunkt für Touren in der Umgebung (Bazaleti Tourist Komplex, Tel./Fax 00995/32/755366, www.bazaletilake.ge, 80 bis 100 Euro pro Person).

Neun Kilometer vom See entfernt, umgeben von niedrigen bewaldeten Hügeln, liegt das alte Städtchen **Duscheti**. Zu besichtigen dort sind die Ruinen der Stadtfestung, der Gutsbesitz, der den Namen ›Weißes Schloss‹ trägt, sowie einige kleine Kirchen und Kapellen aus dem XIV. und XV. Jahrhundert. In der Nähe des Sees werden die grauen georgischen Bienen gezüchtet, die einen hervorragenden Honig produzieren.

Chewsuretien

Weiter geht es auf der Georgischen Heerstraße bis nach **Shinwali**, wo man auf den **Damm und das Kraftwerk** eines Ende der 80er Jahre fertiggestellten Stausees trifft, der die Wasser des Aragwi und seiner Nebenflüsse auffängt. Am Stausee biegt rechts eine Straße in eine der reizvollsten und am wenigsten er-

Landschaft in Chewsuretien

schlossenen Gegenden Georgiens ab, nach Chewsuretien. Inmitten gewaltiger Bergriesen leben in kleinen Bergsiedlungen aus altertümlichen Bauten die Chewsureten, ein kleines Volk, das seine alten Volkslieder und Legenden nicht nur nicht vergessen hat, sondern sie bis auf den heutigen Tag lebt.

Tschargali

In Tschargali, einem Dorf in einer malerischen Schlucht, etwa 30 Kilometer von Shinwali entfernt, erblickte der Sänger dieses Volkes, der Schriftsteller und Naturphilosoph Wascha Pschawela, 1861 das Licht der Welt. Das bescheidene Häuschen, in dem er den größten Teil seines Lebens verbrachte, ist heute ein Museum, dessen liebevoll zusammengestellte Sammlung ahnen lässt, was den Dichter zu seiner Kunst inspiriert hat. In früheren Jahren veranstalteten die Bewohner Tschargalis im Frühherbst stets ein rauschendes Fest zu Ehren des Dichters, das sie Waschaoba, ›der Tag Waschas‹, nannten und zu dem Gäste aus dem ganzen Land anreisten.

Barissacho

Von Tschargali bis zum Zentrum Süd-Chewsuretiens, dem Dorf Barissacho, sind es noch einmal 16 Kilometer. Früher gab es hier ein Hotel. Wer jetzt hier übernachten möchte, muss sich eine Privatunterkunft suchen. Der Ort bietet sich als Ausgangspunkt für Wanderungen auf den zahlreichen Bergpfaden an, durch die Wälder, über die Weiden, entlang der Flussläufe, über Bergrücken bis zu den Gipfeln des Tschauchi-Massivs westlich der Roschki-Schlucht, das aus festestem Diabasgestein, einem Verwandten des Basaltgesteins, besteht. Unterhalb dieses Massivs liegen inmitten subalpiner Wiesen gigantische Felsbrocken verstreut, zwischen denen blaugrüne, tiefe und bis auf den Grund durchsichtige Bergseen wie azurblaue oder smaragdgrüne Augen den Himmel spiegeln.

▸ Karte S. 203

Die Chewsureten in den kleineren Ortschaften tragen auch heute noch ihre Volkstrachten aus Wollstoff, auf denen die Ornamentik der Stickereien – Kreuze, Sonne und Blitz – ins Auge stechen. Die traditionelle Ausrüstung der chewsuretischen Krieger dagegen bestand aus Kettenhemd, metallenen flachen Kopfbedeckungen mit rund herum hängenden Kettennetzen, Arm- und Beinschienen, biegsamen Metallabdeckungen für Hand und Finger, kleinen runden Schilden und geraden, nicht sehr langen Schwertern.

Schatili

Von Barissacho führt die Straße nach Nord-Chewsuretien, immer steiler die Berge hinauf, immer mehr an einen Feldweg, mancherorts gar nur Hirtenpfad erinnernd, bis nach Schatili. Dieser auf einem Felsvorsprung gelegene Ort ist besonders sehenswert! Die Häuser sind hier jedes für sich kleine, aus massiven Schieferplatten aufgeschichtete Festungen, über denen sich – streng und stolz – die Wehrtürme erheben. Das Dorf als ganzes ist eine Burg, eines der ältesten Baudenkmäler seiner Art im zentralen Kaukasus. Vor der Unabhängigkeit gab es im Ort ein Hotel, heute sind nur Übernachtungen in Privatzimmern möglich. Eine Fahrt nach Chewsuretien wäre aber eine eigene Reise wert und keinesfalls

Wehrturm bei Schatili

nur einen Abstecher auf der Tour über die Georgische Heerstraße, die wir an dieser Stelle nur gedanklich und nur für wenige Augenblicke verlassen haben, während sich die Chaussee am westlichen Rand des Stausees entlangwindet. Gut einen Kilometer hinter dem Staudamm von Shinwali passiert man eine linker Hand liegende Einbuchtung in der Felswand, aus der der Wind den unwiderstehlichen Geruch von über offenem Feuer gegrilltem Fleisch herüberträgt. Der ideale Platz für eine Rast, wenn sich der Tag seinem Ende zuneigt.

Die Festung Ananuri

Nächster Halt auf der Strecke ist die Festung Ananuri am nordwestlichen Zipfel des Stausees. Ursprünglich bestand die Burg aus zwei baulichen Ensembles, von denen das untere, ebenso wie das gleichnamige Dorf zu seinen Füßen, der Flutung des Tales zum Opfer fiel. Von Ananuri aus regierten die im benachbarten Duscheti ansässigen Eristawi (in ihrem Status vergleichbar etwa mit den Kur- oder Reichsfürsten) und kontrollierten in nahezu uneingeschränkter Autonomie das strategisch wichtige Aragwi-Tal. Die Fürsten von Aragwi waren ein stolzes und kriegerisches Geschlecht. Keiner von ihnen starb eines natürlichen Todes; die Burg erlebte nicht nur eine Belagerung. So zum Beispiel 1739, als der benachbarte Fürst von Ksani, Schansche III., mit einer Horde muselmanischer Lesghier aus Dagestan Ananuri überfiel und den regierenden Fürst Bardzim samt aller anwesenden Familienangehörigen niedermetzeln ließ. Nachdem Nadir Schah, der persische Statthalter in Ostgeorgien, Schansche vertrieben hatte, setzte er den rechtmäßigen Erben Bardzims als neuen Fürsten in Ananuri ein. Dieser stellte die Festung wieder her und ließ die Mariä-Himmelfahrt-Kathedrale ausmalen. Einige der Szenen stellen das erschütternde Schicksal seiner Familienangehörigen dar; so sieht man Bardzim und seine nächsten Verwandten mit ausgestochenen, blutenden Augen, bevor sie von den Eroberern hingerichtet werden.

Die gut erhaltene Oberburg ist eines der wohl imposantesten Bauwerke der Georgier aus der unheilvollen Epoche der persischen und osmanischen Invasionen. Auf relativ kleinem Raum beherbergt die Festung zwei Kirchen – die kleinere und etwas ältere Erlöserkirche (eine Kuppelbasilika) sowie die Kirche der Mariä Himmelfahrt (ein Kreuzkuppelbau), einen Glockenturm, einen sechsgeschossigen Wehrturm an der Westseite, zwei mit der Wehrmauer verbundene Wirtschaftsbauten und ein Badehaus. Alle Gebäude stammen aus dem 17. Jahrhundert und sind zumindest äußerlich gut erhalten. Überwältigend ist der Blick auf die mit einem überdimensionalem Kreuz verzierte Südfassade der Mariä-Himmelfahrts-Kirche hinter dem in die Wehrmauer eingelas-

Die Festung Ananuri

▲ Karte S. 203

Das Südportal der Festungskirche

senen Torturm, dem einzigen offiziellen Zugang zur Burg. Triumphierend, würdevoll und Respekt heischend zugleich grüßt das Kreuz den Ankömmling. Den Reliefsockel schmückt, als Symbol des von Christus bezwungenen Bösen, ein Drachenpaar. Zu beiden Seiten des Kreuzes sind je ein Engel, ein Lebensbaum in Gestalt eines rebenbehangenen Weinstocks, der aus dem Stab emporwächst, und ein heraldischer Löwe abgebildet, die den Triumph des christlichen Glaubens versinnbildlichen. Den persisch-safawidischen Einfluss jener Zeit verraten die Arabesken im Bogen des Südportals.

Aragwi-Tal

Hinter Ananuri tritt die Georgische Heerstraße in das Tal des Aragwi ein. Die Berge links und rechts der Trasse gewinnen mit jedem Kilometer an Höhe, und der Blick in die von den Nebenflüssen des Aragwi gegrabenen Täler und Schluchten steigt bald auf bis zu den Almen jenseits der Baumgrenze. Die Bergbäche, die in den Sommermonaten friedlich in ihrem Kiesbett dahinfließen oder mitunter sogar gänzlich versiegen, schwellen bei heftigen Regenfällen und zur Schneeschmelze mächtig an. Sie verwandeln sich dann in wütende trübe Ströme, und wären da nicht die Steinwälle am Ufer des Aragwi, würden sie alles von Menschenhand im Tal Geschaffene mit sich fortschwemmen.

Auch in dieser Gegend lebt die Vergangenheit fort. Linker Hand, in der Nähe der Ortschaft **Bodorna**, lässt sich auf einem Berg eine kleine Kuppel-Kirche ausmachen. Sie gehört zu den Höhlen von Bodorna, die die Bewohner des Tals während der Mongolenüberfälle in unzugänglicher Höhe in den Fels schlugen und in denen sich der Überlieferung nach Greise, Frauen und Kinder verbargen, wenn sich Feinde dem Ort näherten. Ende des 18. Jahrhunderts eilten 300 Aragwiner aus den Bergdörfern Tschartali, Warschlobi und Pawliauri König Irakli II. zu Hilfe, um Tbilissi vor den Horden Agha-Mohammed-Khans zu schützen. Keiner von ihnen kehrte zurück, woran in Tbilissi ein Denkmal erinnert, das sich an der Metro-Station ›300 Aragwiner‹, an der Königin-Ketewan-Straße (unweit des Metechi-Palace-Hotels) befindet.

Passanauri

Nach weiteren 30 Kilometern Fahrt von Ananuri erreicht man Passanauri (1014 Meter ü. d. M.). Das Dorf stammt aus dem 19. Jahrhundert und verdankt seine Entstehung der Befestigung und dem Ausbau der Heerstraße. Sein Name leitet sich ab von ›sapasse adgili‹, was soviel bedeutet wie ›überteuerter Ort‹. Die wenig romantische Bezeichnung bezieht sich auf die Geschäftspraktiken

Das Aragwi-Tal

gerissener Kaufleute, die hier bei den Bauern Kerosin, Salz und Werkzeuge für ein Vielfaches des eigentlichen Wertes gegen landwirtschaftliche Erzeugnisse eintauschten.

Begrenzt wird Passanauri im Osten durch die Ausläufer des Bergrückens von Gudamakari und im Westen vom Bergrücken Lomissi. Die reizvolle Landschaft, die belebende Gebirgsluft und die zahlreichen Mineralquellen in der Siedlung und in ihrer Umgebung haben Passanauri einst zu einem der beliebtesten subalpinen Urlaubsorte im zentralen Kaukasus werden lassen. Davon ist zwar heute nur wenig zu spüren, aber das wird sich wohl ändern. Die beliebtesten Wanderungen führen zum Wasserfall in der Schlucht von Tschabaruchi und in die Gudamakari-Schlucht. Besonders häufig trifft man hier auf kleine Kult- und Gebetsstätten – unbehauene Felssteine, in deren Nischen Ikonen untergebracht sind. Man findet sie sowohl in der Nähe kleiner Gebirgsdörfer als auch in einiger Entfernung von ihnen oder an schwer zugänglichen, höher gelegenen Stellen. Jede dieser Gebetsstätten hatte einst einen eigenen Priester, die mehr Einfluss und größeres Ansehen genossen haben sollen als die offizielle Kirche.

Passanauri ist auch der Ort, wo die zwei Schwestern Aragwi, von denen die eine, aus den nordöstlichen Bergen kommend, Schwarze und die andere Weiße Aragwi genannt wird, aufeinandertreffen. Das hat mit Mystik nichts zu tun. »Die Flüsse verdanken ihre verschiedene Farbenzeichnung dem Schlamm, den sie führen, und dieser wiederum ist je nach dem Gestein des Flussgebietes verschieden. Wo das Gestein hart ist, bleibt das Wasser klar, der Fluss sieht dunkel aus, weil der Grund durchschimmert, und wird also ›schwarz‹ genannt. Rinnt der Fluss über mürbes Gestein, so führt er Schlamm mit sich, dessen Farbe von der Gesteinsart abhängt.« (F. Nansen, Durch den Kaukasus zur Wolga).

Weiter führt der Weg hinauf in Richtung des Passes. Noch in weiter Ferne, aber scheinbar zum Greifen nah, erwachsen riesige Bergrücken, deren Gipfel auch im Hochsommer ihre Schneemützen nicht verlieren. Der eine von ihnen, ein faltiger Riese, sieht mit seinen sich in den von

▲ Karte S. 203

der Spitze auseinanderlaufenden Senken ansammelnden Schneestreifen aus wie ein Zebra. Schon am frühen Vormittag umspielen weiße Wolkenballen die Wipfel, während im Tal noch eine heiße Sonne scheint. Bauernhäuser mit den typischen umlaufenden Veranden beleben das Tal. Mais wird hier angebaut, auch Wein, Gemüse und Obst. Die Hänge sind mit Buchen, Eichen, Pappeln, Platanen und Kiefern bestanden, die immer rarer werden und in macchiagrüne alpine Matten übergehen.

17 Kilometer hinter Passanauri passiert die Trasse die ehemalige **Festung Georgiewsk**, wo Irakli II. 1783 das Abkommen unterzeichnete, das Ostgeorgien russischem Schutz unterstellte und den Weg bahnte für den Anschluss Georgiens an das Russische Imperium. Außerdem befindet sich hier eine Kultstätte zur Verehrung des Pudris Angelori, des örtlichen Schutzengels des heimischen Herdes. Besondere Verehrung genießt bei den Einwohnern des benachbarten Ortes Mtiuleti der heilige Georg von Lomissi (so der Name des im Westen aufsteigenden Bergrückens), dessen Fest - Lomissoba - am siebten Sonntag nach Ostern begangen wird.

Passanuri

Das **Hotel Aragwi** in der Nähe des Zusammenflusses der Weißen und Schwarzen Aragwi ist ein schlichter Betonbau, eine ›Bausünde‹, wie Alfred Renz 1985 schrieb, ca. 15 Euro pro Nacht.

Unterkunft in Passanauri findet man in der unscheinbaren, aber sehr sauberen, zweistöckigen Herberge mit Swimming Pool im Ortszentrum. Die Übernachtung mit Frühstück kostet hier, je nach Kategorie, umgerechnet 10 bis 15 Euro pro Person.

Libelle an einer Sinterquelle

Mleti und Gudauri

Der letzte Ort vor dem Aufstieg der Straße zum Kreuzpass ist Mleti. Hier ist die Schwarze Aragwi erst 20 Kilometer jung. Sie entspringt einem Bergsee am Hang des Nepris-Kalo. Geradezu öffnet sich das tief eingeschnittene und düstere Gud-Tal, das von einem Berg gleichen Namens, dem sogenannten ›Zebra‹, gekrönt wird. Einer Legende zufolge lebte in diesem Tal einst ein Einsiedler. Von allen Bergbewohnern wegen seiner guten Taten und Weisheit geliebt, entbrannte der Greis plötzlich in heftiger Liebe zur schönen Nino. Die aber hatte einen jungen Geliebten, einen Hirten, dem sie ewige Treu schwor. Der Alte verlor ob seiner Leidenschaft fast den Verstand, und als er dem verliebten Pärchen eines Tages auflauerte und die beiden in inniger Umarmung fand, brach er in ein so lautes, verzweifeltes Gelächter aus, dass die Berge erbebten und Steinlawinen niedergingen, die die Liebenden erschlugen. Davon zeugt noch heute das riesige Steinfeld am Eingang zur Gud-Schlucht. Der russische Dichter Lermontow, selbst ein Experte in unterdrückten

Wer unberührte Berge liebt, ist hier richtig

Leidenschaften, legte die Legende vom Einsiedler Gud seinem bekannten Poem ›Der Dämon‹ zugrunde.

Hinter dem Ortsausgang von Mleti steigen die Berge zu beiden Seiten des Gud-Tales steil in die Höhe. Man kann beim besten Willen nicht erkennen noch erraten, wie sich denn die Georgische Heerstraße über die senkrechten Wälle einen Weg bahnen soll. Fast 1000 Meter Höhenunterschied trennen Mleti noch vom Kreuzpass, und es überkommt den Betrachter eine Ahnung davon, mit welchen Anstrengungen und Gefahren die Erbauer dieser Trasse zu kämpfen hatten, um sie in den Sandstein und Fels zu hauen. Von 1857 bis 1863 erfolgte der intensive Ausbau dieser Wegstrecke durch den russischen Ingenieur B. J. Statkowskij. Ein Augenzeuge berichtete damals, dass »sich die Arbeiter an Seilen hängend über den Abgrund herablassen mussten, um Stufen für die Straßenführung in den Fels schlagen zu können.«

▲ Karte S. 203

Skizentrum Gudauri

In 18 haarnadelscharfen Serpentinenkurven windet sich die Trasse bergan, bevor sie das auf einer Hochebene gelegene Dorf Gudauri (2196 Meter ü. d. M.), eine Ansammlung von über die Hänge verstreuten Gehöften und Villen, erreicht.

In der zweiten Hälfte des 19. Jahrhunderts war Gudauri eine belebte Post- und Passstation, deren Einwohner so manchem Reisenden, der in den Bergen vom Weg abgekommen oder von Lawinen verschüttet worden war, das Leben retteten.

Heute ist der Ort eines der beliebtesten Skisportzentren in Georgien und über die Landesgrenzen bekannt. Ein System von Sesselliften, einschließlich einer Bergstation in 3000 Metern Höhe, sorgt für die nötige Mobilität, und die Aussicht auf die umliegenden Berge ist atemberaubend. Es gibt auch Möglichkeiten zum Heliskiing, ein Viersternehotel unter österreichischer Regie sowie eine Reihe von einfacheren Hotels sorgen für Unterkunft. Die Saison dauert von Dezenber bis April.

Mosaik aus der Sowjetzeit an einem Aussichtspunkt nördlich von Gudauri

Gudauri

Das Schweizer Unternehmen Alpin Travel GmbH, Postfach 14, CH-8880 Walenstadt, Tel. 081/7202121, Fax 7202120, www.alpintravel.ch, offeriert in den Wintermonaten Heliski in Gudauri. Auch Unterkünfte und Wandertouren kann man über das Unternehmen buchen.

Infos über Pisten und Unterkünfte unter www.gudauri.info. Hotelbuchungen auch unter www.exotour.ge möglich.

Da Gudauri in erster Linie ein Wintersportort ist, sind die Preise während der Skisaison höher.

Sport Hotel Gudauri, Resort Gudauri, Tel. 00995/32/202900, www.gudauri.ge. EZ ab 120 Euro, DZ ab 200 Euro, inclusive Vollpension. Viersternehotel direkt am Skilift. Im Winter und im Sommer geöffnet, Skiverleih, Organisation von Ausflügen und geführten Wanderungen.

Hotel Sno 1 & 2 Inn, unweit des Sporthotels, ca. 70 Euro pro Person mit Vollpension.

Kreuzpasshotel, auf einer Anhöhe am Dorfeingang, aus Tbilissi kommend, 40 bis 75 Euro, mit Frühstück.

Cottage ›Gvirila‹ bei Frau Nana Gvelebiani, Tel. 00995/99/507606, EZ 35, DZ 70 Euro, Vollpension jeweils inbegriffen.

Cottage ›Shamo‹, Tel. 00995/99/500142, EZ 40, DZ 70 Euro, Vollpension inbegriffen.

Der Kreuzpass

Weiter geht es in Richtung des Kreuzpasses, entlang der südwestlichen Hänge des Bergrückens, über alpine Matten, auf denen gelbe Azaleen und sattblauer Enzian blühen. Über die Abfahrt Linker Hand gelangt man zu einer Aussichtsplattform. Das Panaroma, das sich hier bietet, ist einzigartig. Unter einem das Tal, winzig die Ortschaften, die Wach- und Signaltürme der Bergvölker, das sich silbern schlängelnde Band der Aragwi und die Berge »Schneeferner und Gletscher überall, durch tiefe Schluchten und Klammen getrennt, zwischen deren senkrechten Wänden in tiefem Grund die weiße Gischt der Flüsse brauste. Wir blicken in den Gud-Chewi, die Teufelsschlucht hinab, durch die die Aragwi vom Gebirge herabbraust, ein enger, schwindelnd tiefer Abgrund zwischen fast lotrechten Wänden.« (Nansen). »Man möchte jubeln angesichts dieses Panoramas und wird doch ganz still«, schreibt der Reiseschriftsteller Alfred Renz.

Noch einige Meter, und der Kreuzpass in 2395 Meter Höhe ist erreicht. Der Pass verdankt seinen Namen einem hölzernen Kreuz, das erstmals im Jahre 1803 auf der Passhöhe errichtet wurde. Der Bürgermeister von Chewi, Gabriel Kasbegi, ließ es 1809 erneuern, und 1824 ersetzte es der russische Major Kanonow durch ein auf einem mächtigen Granitsockel ruhendes Steinkreuz mit der Inschrift: »Zum Ruhme Gottes und auf Anordnung des Infanteriegenerals Jermolow vom Major Kanonow, Gouverneur der Bergvölker, 1824 errichtet.«

Geographisch gesehen ist der Pass ein Hochgebirgs-Flachsattel zwischen zwei Gipfeln, dem Brutsabdsela (3010 Meter) im Osten und dem Charissari (3773 Meter) im Westen. Gleichzeitig ist der Pass Wasserscheide für die Einzugsgebiete der Aragwi und des Terek, der in Richtung Norden fließt und dessen Lauf die Georgische Heerstraße bis nach Wladikawkas folgen wird.

Landschaft nördlich des Kreuzpasses

Jenseits des Passes stürzt die Trasse, wieder in scharfen Kurven, in die für ihre Steinschläge und Lawinen berüchtigte Bajdur-Schlucht, die in das Chewi-Tal, durch das sich der Terek windet, übergeht. **Mineralquellen** säumen ihren Weg und in der Ferne, die sehr nah zu sein scheint – trotz des Dunstes, der an den meisten Sommertagen wie ein feiner Schleier über der Landschaft liegt – bewachen die schneebedeckten Gipfel des Koro (4007 Meter) im Nordosten das Tal.

Die erste Ortschaft auf der Nordseite des Passes ist **Kobi**, gefolgt von **Sioni**. Am Rande von Sioni, auf einem Berg, erheben sich in der Nachbarschaft eines kleinen heiligen Haines die Ruine eines sechsgeschossigen, pyramidalen Wehrturms aus dem 10. bis 12. Jahrhundert und eine dreischiffige Basilika aus dem 10. Jahrhundert. Die Kirche genoss einst in der gesamten Region große Verehrung. Man muss den Felsen von Norden her umgehen, um sie zu erreichen.

Die Landschaft wird von den zahlreichen Nebenflüsses des Terek in eine Vielzahl tiefer, baumloser, unwirtlicher Schluchten zerteilt, an deren steilen Hängen mancherorts Schafe weiden. Geformt von erstarrten Lavamassen, die sich vor Urzeiten aus den Vulkanen des Kaukasus über die Berge ergossen, haben die Berghänge mitunter wundersame Formen angenommen, die der Natur einen Hauch Schöpferwillen verleihen; als wäre diese Täler von unsichtbarer Hand, wie gedankenverloren, geformt worden.

Die nächste Ortschaft ist **Arscha**, eine kleine Siedlung, die der Erwähnung nicht wert wäre, gäbe es in ihrer Nähe nicht eine Festung gleichen Namens, die von der Georgischen Heerstraße allerdings nicht auszumachen ist. »Sie ist von unmenschlicher Hand auf hohem Felsen erbaut, von Felsen umgeben und für Menschen nicht zugänglich«, schreibt W. Bagrationi in seiner ›Biografie Georgiens‹. Zur Festung führt ein Fahrweg, der von der Heerstraße nach Norden (links) abzweigt.

Von Arscha erreicht man durch das Sno-Tal sowie die Ortschaften Sno und Djuta den Roschka-Pass, der nach Chewsuretien führt. Diese Tour ist nur mit einem allradgetriebenen Wagen, per pedes oder mit dem Pferd zu bewältigen, und das auch nur von Juli bis Oktober. Soweit uns bekannt, gibt es keine offiziellen Anbieter für Touren in dieser Region.

Kasbegi/Stepantsminda

Noch einige Kilometer, und die Heerstraße erreicht den Ort Kasbegi, das in vorsowjetischen Zeiten bereits einmal Stepantsminda hieß und vor einigen Jahren rückbenannt wurde (auf Landkarten kommen beide Namen vor). Der Ort ist 160 Kilometer von Tbilissi entfernt und das Verwaltungszentrum der Region Chewi. Es liegt 1700 Meter über dem Meer; »unmittelbar am Fuß des Berges

▲ Karte S. 203

Kasbek und befindet sich im Besitz des Fürsten Kasbek«, wie Puschkin notierte, als er auf seiner Kaukasus-Reise den Ort passierte. Der Dichter nennt diesen Feudalherren einen ›Riesen‹. Er traf ihn in der Schenke, wo der Hüne aus einem Ochsenfell jungen Rotwein sog. Den Weinsauger hat Brecht in seinem ›Kaukasischen Kreidekreis‹ auf die Bühne gestellt, dem wohl einzigen deutschen Theaterstück, das im Kaukasus spielt.

Als vor gut einhundert Jahren zwei Franzosen die Gegend bereisten, begegnete ihnen ein Hirte mit seiner Schafsherde. Sie hatten sich verirrt, sprachen kaum georgisch, geschweige denn den örtlichen Dialekt, und versuchten, sich dem Hirten mit Mühe und Not verständlich zu machen. Der hörte sich ihr von heftigen Gebärden begleitetes Gestammel eine Weile an und winkte dann ab. Die beiden Herren aus Frankreich wollten schon alle Hoffnung fahren lassen, als ihnen ihr Gegenüber nun in reinstem Französisch antwortete und den Weg erklärte. Als sie, angekommen in Tbilissi, voller Euphorie erzählten, dass in den Bergen selbst die Hirten französisch sprächen, ernteten sie Gelächter, sie waren nämlich nicht irgendeinem Schäfer begegnet, sondern einem der berühmtesten des Landes – Alexander Kasbegi (1848-1893), seines Zeichens Schriftsteller und Autor zahlreicher Romane, von denen einige auch ins Deutsche übersetzt wurden. In einem von ihnen taucht ein Held auf, der mit unendlicher Willenskraft alle Widrigkeiten des Lebens auf sich nimmt, der kämpft und kämpft, als hätte er mehrere Leben. Dieser Held hieß Koba. Er war Stalins Lieblingsromanfigur und einer seiner Spitznamen.

An den Schriftsteller Kasbegi erinnert ein **Denkmal** im Zentrum des Ortes.

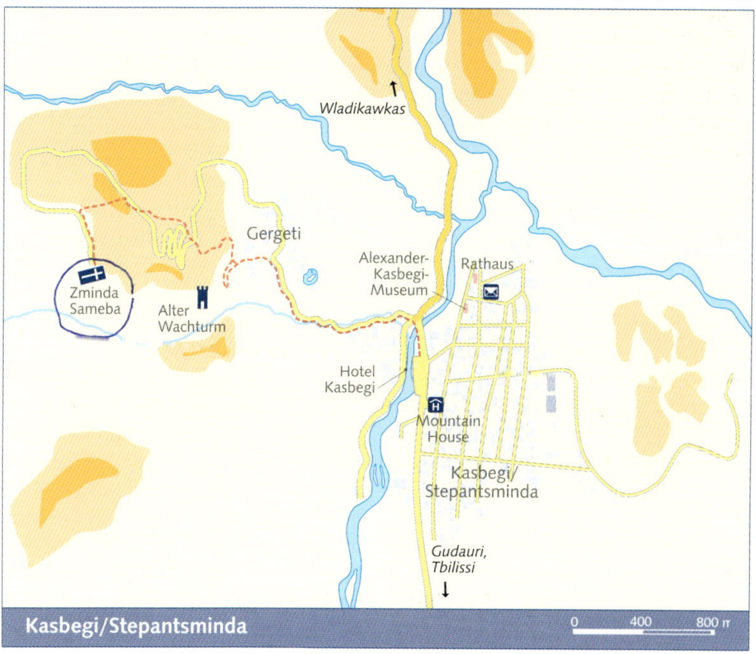

Ausgeschilderter Wanderweg bei Kasbegi

Sein Geburtshaus gegenüber dem Denkmal beherbergt heute das **Heimatmuseum**, in dem unter anderem Originalmanuskripte seiner Werke und Briefe zu sehen sind. Daneben gibt die Ausstellung Auskunft über Geschichte, Alltagskultur und Brauchtum der Einwohner von Chewi. Zu den wertvollsten Exponaten gehören Teile eines antiken Schatzes, der 1877 auf dem Gelände der Ortschaft gefunden wurde – Silberbecher, Eisenkrüge und armreifen sowie bronzene Tier- und Menschenstatuetten. Die Funde aus dem 4. und 5. Jahrhundert vor Christus belegen, dass die georgische Kultur nicht nur in der kolchischen Tiefebene, sondern auch in den unzugänglichen Bergregionen eine frühe Blüte erlebt hatte. Außerdem werden im Museum Säbel und Tabakspfeife Alexander Puschkins aufbewahrt, die diesem 1829 auf seiner Reise nach Erserum geschenkt worden waren und die er später in Tbilissi der Familie der Fürstin Manana Orbeliani als Andenken überließ. Auf dem Hof der Kirche, am Rande der Familien-Kapelle der Kasbegis, befindet sich das **Grab Alexander Kasbegis**. Aber nicht allein ihm und auch nicht dem Kasbek, dem mit 5033 Meter zweithöchsten Berg Georgiens (georgisch: Mkinwarzweri, dt. : Eisgipfel), verdankt der Ort hieß, seinen Namen, sondern einem Mann namens Kasibeg Tschopikaschwili, dem Aufseher über die Heerstraße in diesem Gebiet. (War er vielleicht der von Puschkin beschriebene weinsaugende Riese?) Für seine in der Mitte des vorigen Jahrhunderts erworbenen Verdienste um den Brückenbau in der Darjal-Schlucht war Tschopikaschwili mit dem Adelstitel belohnt wurden, was seine Nachfahren zum Anlaß nahmen, ihren Familiennamen zu ändern und sich von nun an Kasbegi zu nennen. Alexander Kasbegi war der Sohn dieses Mannes.

Nordwestlich Kasbegis überragt der Kasbek die Szenerie – ein imposanter, vergletscherter Riese, an dessen Wand, der griechischen Sage zufolge, einst Prometheus für seinen Frevel, den Menschen das Feuer gebracht zu haben, büßen musste. Der Kasbek ist nicht der höchste Gipfel des Kaukasus, aber einer der fotogensten und beliebt bei Alpinisten aus aller Welt. Nur in den frühen Morgenstunden und bei klarem Wetter zeigt er sich in seiner ganzen Pracht, und er liebt es, sich schon am Vormittag in undurchdringliche Wolkenhaufen zu hüllen; nicht wie ein scheues Mädchen,

▲ Karte S. 215

sondern eher wie ein mürrischer, der Welt überdrüssiger Alter. Der Engländer Douglas Freshfield war der erste Mensch, der den Kasbek bezwang, und zwar am 19. Juli 1868.

Hoch über deiner Brüder Chor,
Kasbek, strebt stolz dein Zelt empor
Und strahlt, im ewgen Eise flimmernd.
Weiß hinter Wolkenschleiern schimmernd,
Schwebt Noahs Arche gleich im Raum
Dein altes Kloster, sichtbar kaum.

Zminda Sameba

Das ›alte Kloster‹, das Puschkin mit seinem Gedicht meint, ist die Kuppelkirche von Zminda Sameba (Dreifaltigkeitskirche), einschließlich ihres Glockenturms, die beide auf einem dem Kasbek vorgelagerten Berg, dem Kwemi Mta (2170 Meter) thronen. Die Kirche stammt aus der Ära Giorgis V. (1318 bis 1346), aus einer Zeit also, da die georgische Kirche sich besonders um ihre während der Mongolenkriege vernachlässigten Schäflein in den Bergen kümmerte. Die waren nämlich, ohnehin nie besonders gefestigt in ihrem christlichen Glaubensbekenntnis, inzwischen zu ihren heidnischen Riten und Bräuchen zurückgekehrt. Zminda Sameba avancierte zum Wallfahrtsort und ist es auch heute wieder. Die Seilbahn, die einst zur Kirche hinaufführte, ist schon lange außer Betrieb, so dass der Besucher entweder mit dem Fahrweg über Gergeti (in Gergeti an der Straßengabelung rechts halten, Gehzeit etwa 4 Stunden) vorliebnehmen oder aber auf einem Bergpfad aufsteigen muss (in Gergeti links halten, am Wachturm auf dem Felsen vorbei, Gehzeit 2 bis 3 Stunden, dafür steiler).

Der Aufstieg ist mühsam, aber lohnend: Zminda Sameba

Betlemi-Höhle

Noch höher in den Bergen, in 3675 Meter Höhe auf dem Gergetigletscher, befindet sich der Zugang zu einer Höhle. Alte georgische Quellen erwähnen sie als Höhle von Betlemi, die Mönche bereits im zehnten Jahrhundert in das Eis und Gestein getrieben hatten. Den Eingang verschließt eine massive, mit Eisen beschlagene Tür, hinter der eine Kette herabhing, an welcher sich die Gottesdiener einen etwa 300 Meter hohen Felsen hinaufzogen. Als die Höhle Ende der 40er Jahre systematisch erforscht wurde, entdeckte man darin eine Kirche, Mönchszellen, einen Kerzenständer und eine Ikone, aus der das Gründungsdatum hervorgeht. Forscher vermuten, dass sich in ihrer Umgebung noch weitere Höhlen befinden.

Um Betlemi ranken sich Legenden. Eine von ihnen berichtet von einigen jungen georgischen Kriegern, die zur Zeit der Mongolenstürme aus Tbilissi nach Betlemi ritten. In ihren Satteltaschen trugen sie den Staatsschatz mit sich, den sie im Auftrag des Königs in der Höhle versteckten. Damit niemand das Geheimnis verraten konnte, erdolchten sie sich an-

Georgische Heerstraße

schließend gegenseitig. Auch gilt die Höhle als überlieferte Stätte der Fesselung Amiranis, des georgischen Prometheus, dem ein schwarzer Rabe täglich Brot und Wein bringt, während sein treuer Hund Qurscha unermüdlich an den Ketten nagt. Doch schlagen an jedem Gründonnerstag von Gott bauftragte Schmiede mit schweren Hämmern auf den Amboß und geben der zerbrechlichen Kette ihre ursprüngliche Festigkeit zurück.

Kasbegi (Stepantsminda)

www.kasbegi.info, ein Projekt zur Förderung des lokalen Tourismus, das vor allem Unterkünfte bei lokalen Privatvermietern vorstellt.

Im Sommer öffnet das lokale WWF-Ökotourismuszentrum in Kasbegi und versorgt Wanderlustige mit Karten und weiteren Infos.

Hotel Kasbegi (früher Stepantsminda), am großen Platz, Tel. 009 95/99/ 18 22 96, 20 Zimmer, schöner Ausblick, DZ mit Halbpension ab 50 Euro.

Mountain House, oberhalb des Hauptplatzes, Tel. 009 95/99 16 00 12, www.mountainhouse.ge. Pro Person mit Verpflegung ab 25 Euro, Internetanschluss. Bergführer, Trekking-Touren. In der Nachbarschaft befindet sich ein kleines Alpinismus-Museum.

Die beiden folgenden Unterkünfte liegen im Gergeti-Teil, d. h. am Hang gegenüber dem großen Platz:

Vano Sujashvili, Tel. 009 95/245/ 524 18, Handy 009 95/99/42 04 14, dvs72@mail.ru. Vano ist sehr nett und hilfsbereit und spricht englisch. Die Unterkunft ist sehr einfach, aber das ist am schönsten Ende der Welt ganz in Ordnung. Ca. 12 Euro pro Person und Tag. Vano hat auch gute Kontakte und kann Fahrer, die einen zum jeweiligen Einstieg einer Tour bringen, oder auch Verpflegung organisieren, da es kaum ein Restaurant gibt dort oben. Außerdem kennt ihn auch jeder Fahrer der Sammeltaxen, die einen nach Kasbegi bringen.

Genri Sujashvili, Tel. 009 95/245/ 524 80, Handy 009 95/895/50 09 89, etwas komfortabler als bei Vano. Preis etwa gleich.

Weitere Hotels und Gästehäuser sind auf der Website des Tourismusministeriums gelistet: www.tourism.gov.ge.

Die Darjal-Schlucht

Hinter Kasbegi folgt die Heerstraße dem Terek in die fast kahle, beklemmende und sagenumwobene Darjal-Schlucht. An ihrem Eingang liegt die Ortschaft Gweleti, einst der Ausgangspunkt für Bergtouren zum Kasbek. In der kleinen Kirche des Ortes sind Wandmalereien aus dem 14. Jahrhundert erhalten. Hinter Gweleti senkt sich die in den Stein gehauene Straße in das Tal, und es ergreift den Reisenden ein Gefühl, als würde er sich dem Höllenschlund nähern und der Terek wäre nichts anderes als der Fluss Lethe aus der griechischen Sage, der das Reich der Lebenden von dem der Toten trennt. Die Darjal-Schlucht, so wird vermutet, leitet ihren Namen vom persischen darija (Tor) her. Der römische Schriftsteller Plinius d. Ä. berichtete im ersten Jahrhundert nach Christus, dass »ein Eisentor, die Sarmatische Pforte, jene großartige Schöpfung der Natur« verschlossen halte. Jenes Ei-

▲ Karte S. 203

sentor mag nicht mehr als ein Allegorie sein, aber dass die Römer am Ausgang der Schlucht ein Fort errichteten, um ihren Zugang vor den Überfällen der barbarischen Stämme aus dem Norden zu sichern, das ist gewiß. Die Überreste dieser auf einem Felsen gelegenen Darjal-Festung, die in den späteren Jahrhunderten von den Georgiern verstärkt und ausgebaut wurde, sind bis heute erhalten. Ihr ursprüngliches Aussehen hatte sie bis in die Mitte des 19. Jahrhunderts bewahrt, wurde dann aber beim Ausbau der Heerstraße beschädigt.

Ein alter Volksglaube berichtet, dass die Festung ursprünglich einer Königin gehörte, Daria mit Namen, die hier ein munteres Leben führte und alle Karawanen ausraubte, die ihre Domäne passierten. Nach ihr seien die Festung und die Schlucht benannt, glauben die Alten. Lermontow hörte die Geschichte auf seiner Durchreise und ließ sich zu einem Gedicht inspirieren:

Wo der Terek im nebligen Schleier
Durchbraust den Pass von Darjal,
Da ragte auf morschem Gemäuer
Ein Turm auf felsigem Wall.
Im Turm bei der Winde Gestöhne
Tamara, die Königin, saß;
Ein Engel an himmlischer Schöne,
Ein Dämon an Tücke und Haß.

Warum Lermontow Darjal durch Tamara ersetzte – ein Geheimnis der Metrik vielleicht? Jedenfalls führten seine Zeilen zu einiger Verwirrung, da einige Leichtgläubige von nun an die Tamara aus dem Gedicht mit der Königin Tamara verwechselten, womit sie Letzterer sicher Unrecht taten.

Die Darjal-Festung thront über dem engsten Teil der Schlucht, den heute ein Tunnel umfährt. An ihrem Ausgang errichtete die russische Armee 1846 ein Fort, das seit langem ungenutzt ist und allmählich verfällt. Man befindet sich nun am Ende des über georgischen Boden führenden Teils der Heerstraße. Überquert man den Terek, ist man bereits in Russland, in Nordossetien. Die Brücke, die den Ausgang aus der Schlucht markiert und gleichzeitig Grenze ist, wurde 1850 von russischen Pionieren anstelle der Teufelsbrücke über den Fluss gespannt.

Talschluss nahe Kasbegi

Almwirtschaft

Das Innere Kartli, einst Teil eines mächtigen Königreichs und das Zentrum Georgiens, vermag es bis heute, einen faszinierenden Eindruck von sakraler Baukunst und Geschichte des Landes zu vermitteln.

Inneres Kartli

Das Kernland Georgiens

Die Region erstreckt sich auf einer von sanften Tälern durchfurchten Hochebene, die an ihren Längsseiten von Bergketten – dem Großen Kaukasus im Norden und dem Kleinen Kaukasus im Süden – umgeben ist, welche bei klarem Wetter weithin sichtbar aus dem Tal bis zu den gezackten, schneebedeckten Gipfellinien aufsteigen. Durch Kartli führte einst die berühmte Nordroute der Seidenstraße. Das Mtkwari-Tal begrenzt die Hochebene im Süden; einige Kilometer nördlich verläuft die M 1, die meistbefahrene Fernverkehrsstraße Georgiens, die Tbilissi mit dem Schwarzen Meer verbindet. Entlang dieser Trasse oder in ihrer unmittelbaren Nähe liegen die meisten historischen Bauten, die der Provinz ihren unvergleichlichen Reiz verleihen.

Auf knapp 30 000 Hektar wird hier Obst angebaut, und bereits im 17. Jahrhundert schrieb der französische Reisende Jean Chardin, dass man »nirgendwo in Europa bessere Äpfel und Birnen« ernte als im Tal der Mtkwari und ihrer Nebenflüsse. Im Frühjahr liegt ein weißrosa Schleier blühender Apfel-, Quitten-, Birnen-, Kirsch- und Aprikosenbäume über dem Land. Bis zu 160 in geschmacklichen Nuancen und Aussehen verschiedene Pfirsichsorten kultivieren die kartlischen Bauern, was damit zusammenhängt, dass die klimatischen Verhältnisse und Bodenbeschaffenheit in jedem Tal verschieden sind.

Das Innere Kartli ist die am dichtesten besiedelte Gegend Georgiens. Die Dörfer sind kompakt angelegt, entlang der schmalen Straßen reihen sich ein- bis zweistöckige Ziegelhäuser mit ziegel- oder schiefergedeckten Dächern auf Fundamenten aus Feldsteinen. Obligates Interieur sind die geräumigen Keller zur Aufbewahrung von Früchten, Wein und Gemüse. Im Gegensatz zu Kachetien liegen die Obst- und Weingärten in der Regel außerhalb der Siedlungen.

▲ Karte S. 223

Mzcheta

Mzcheta ist die altehrwürdigtse der georgischen Städte und deshalb eine Schatzgrube für Archäologen. Die in ihrer Umgebung ans Tageslicht gelangten Funde stammen aus einer Zeit, da das Mittlere Ägyptische Reich und Babylon im Zenit ihres Ruhmes standen. Fast 1000 Jahre, von der Mitte des ersten Jahrtausends vor bis zur Mitte des ersten Jahrtausends nach Christus, war sie die Hauptstadt der iberischen und kartlischen Könige, die hier im vierten Jahrhundert zum Christentum übertraten und es zur Staatsreligion erklärten.

Am Zusammenfluss der beiden wichtigsten Flüsse Ostgeorgiens – der Mtkwari und des Aragwi – und im Zentrum Kartlis gelegen, war Mzcheta, bevor der Stern des benachbarten Tbilissi auf- und sein eigener unterging, eine der wichtigsten Handelsstädte zwischen Kaspischem und Schwarzem Meer an der Seidenstraße. Die georgischen Chroniken wie auch die Römer Plutarch, Strabon und Plinius wissen von einer Stadt von beachtlicher Ausdehnung zu berichten, die aus mehreren miteinander verbundenen Festungen bestand. Die größte von ihnen war Armasis Ziche, wobei ›ziche‹ im Georgischen soviel wie Festung, Zitadelle bedeutet und Armasi der Name des Hauptgottes der polytheistischen Iberer war. Die Mauern der Zitadelle umschlossen den Königspalast und den Tempel, vor dem eine überlebensgroße Statue des Gottes stand. Über die Bedeutung von

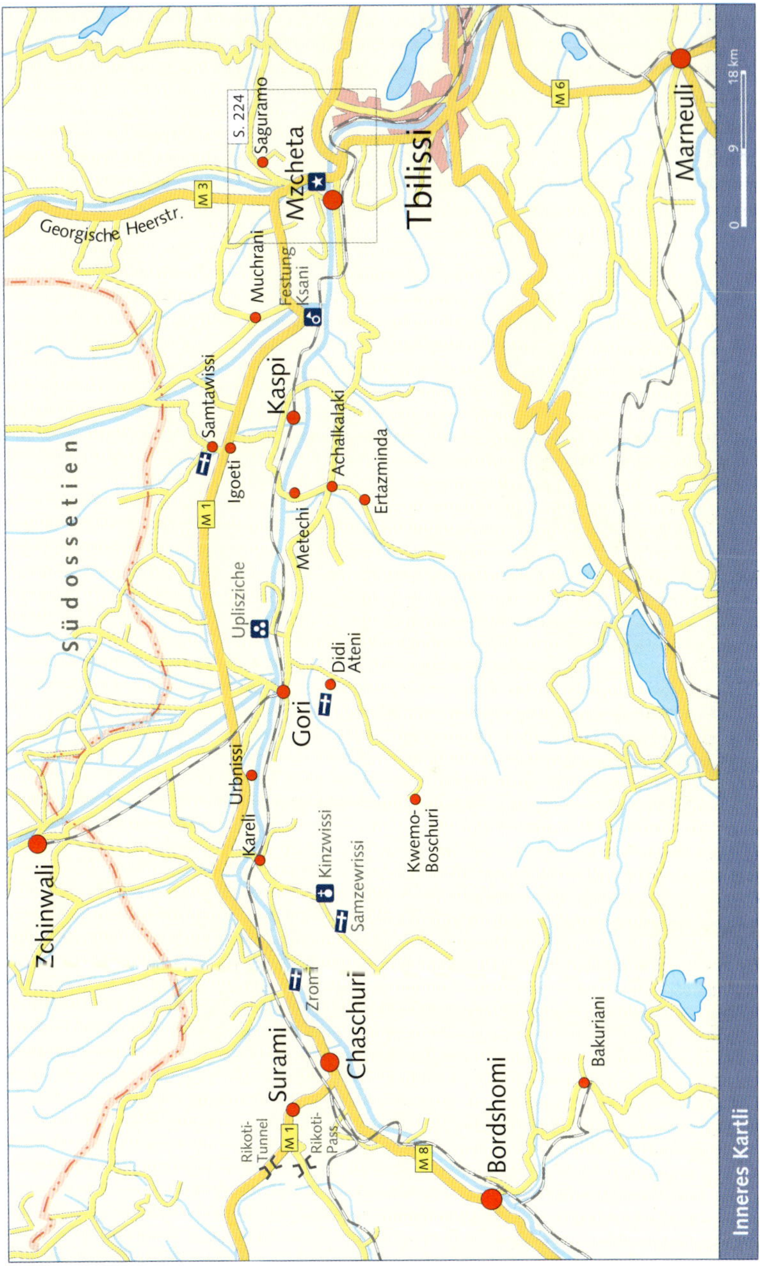
Georgische Heerstr.
M 3
S. 224
Saguramo
Mzcheta
Tbilissi
M 6
Marneuli
0
9
18 km
Muchrani
Festung Ksani
Kaspi
Samtawissi
Igoeti
Achalkalaki
Ertazminda
Metechi
M 1
Südossetien
Uplisziche
Didi Ateni
Gori
Urbnissi
Kwemo-Boschuri
Kareli
Kinzwissi
Samzewrissi
Zchinwali
Zromi
Chaschuri
Surami
Bakuriani
Bordshomi
Rikoti-Tunnel
Rikoti-Pass
M 1
M 8
Inneres Kartli

Armasi streiten sich die Geister: die einen meinen, er sei der Gott des Krieges, die anderen der des Mondes, und die dritten behaupten, Armasi sei ein Erntegott gewesen. Berücksichtigt man, dass sein wichtigstes Fest im Herbst begangen wurde, könnte Letzteres der Wahrheit am nächsten kommen.

Die Festung und ihr Gott überlebten die antiken Jahrhunderte ebenso wie die ›Besuche‹ der römischen Legionen. Den Römern war der Glauben der Völker, die sie sich unterwarfen oder zu Bundesgenossen machten, egal. Das änderte sich mit der Annahme des Christentums, in dessen Name anstelle der alten Kultstätten neue entstanden und die alten Götter vertrieben wurden.

Sehenswert in und um Mzcheta sind vor allem die Kirchen Sweti Zchoweli und Samtawro, beide direkt im Ort gelegen, sowie das ebenfalls in der Altstadt liegende Museum. Gegenüber der Mündung der Aragwi in die Mtkwari thront weithin sichtbar auf einem Felsen die kleine Dshwari-Kirche, die in den letzten Jahren restauriert wurde und zum Weltkulturerbe gehört.

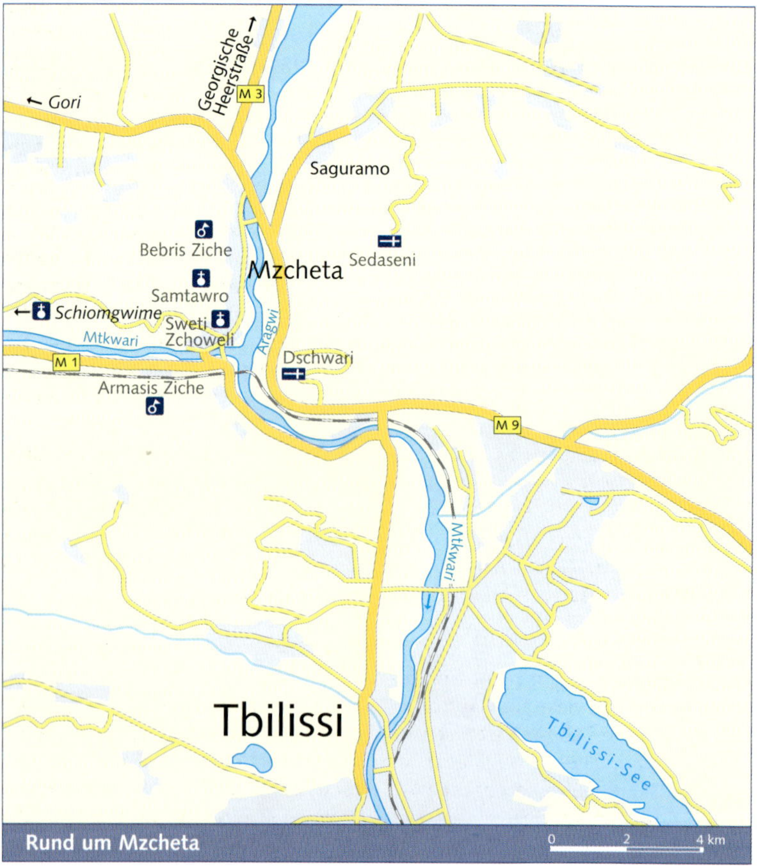

Rund um Mzcheta

Mzcheta

Es gibt eine kleine Touristeninformation gegenüber der Zweti-Zchoweli-Kirche.

Unterkunft bietet das Mzcheta Palace, Agmaschenebelistraße, Tel. 00995/ 532/910202, Preise von 120 bis 150 Euro pro Person und Übernachtung.

Wer in Mzcheta essen möchte, findet kurz hinter dem Abzweig von der M 1 in Richtung Mzcheta ein an der Straße gelegenes Restaurant, ›Salobie‹, dessen Küche hervorragend ist und dessen Terrasse einen wunderschönen Blick auf die Dshwari-Kirche und die am gegenüberliegenden Mtkwari-Ufer gelegene Altstadt bietet. Die etwas unbequeme Besonderheit des Restaurants besteht darin, dass man am Tresen bestellt und Essen und Getränke dann an den Tisch gebracht werden. Das Restaurant ist von 10 bis 22 Uhr geöffnet.

Sweti Zchoweli

Die erste Kirche von Mzcheta, eine kleine Basilika aus den 30er Jahren des vierten Jahrhunderts, wurde im 11. Jahrhundert durch einen Kreuzkuppelbau ersetzt: ein Schmuckstück altgeorgischer Baukunst und bis heute eines der wichtigsten Gotteshäuser im Land und Wallfahrtsort der Georgier. Den Vorgängerbau ließ König Gorgassali in eine Drei-Konchen-Basilika umbauen, die durch Murwan den Tauben zerstört, Ende des achten Jahrhunderts wiedererrichtet und noch mehrmals in ihrem Äußeren verändert wurde, bis sie endgültig dem architektonisch völlig verschiedenen Kreuzkuppelbau weichen musste. Die **Stierkopfpaare** über dem östlichen Fenster und dem Haupteingang sind nicht die einzige Erinnerung an ihre Existenz. Auch ihren Namen Sweti Zchoweli, was soviel bedeutet wie ›lebenspendender Stamm‹, vererbte die Basilika dem Neubau.

Die christliche Tradition kennt wundertätige Ikonen und viele Arten von Kreuzen, doch Sweti Zchoweli ist eine rein georgische Erfindung. Und wie so oft geht der Name auf eine **Legende** zurück, die mit nichts geringerem als dem Hemd von Jesus zu tun hat, das dieser bei der Kreuzigung trug. Als die Jerusalemer Rabbiner nämlich zu Gericht saßen über Jesus und seine Lehre, luden sie Rechtsgelehrte aus allen entfernten Provinzen ein, darunter auch Elias aus Mzcheta. Dessen Schwester Sidonia gab ihrem Bruder mit auf den Weg, keinesfalls für eine Verurteilung zu stimmen, doch Elias kam zu spät, Jesus war bereits gekreuzigt worden. Er begab sich auf den Berg Golgatha und bestach einen der römischen Leginäre, ihm das Hemd des Gekreuzigten zu überlassen. Mit dem blutgetränkten Hemd von Jesus kehrte er nach Mzcheta zurück. Sidonia, die ihn auf der Schwelle des heimatlichen Hauses enpfing, bat Elias, ihr das Hemd zu geben. Sie nahm es, presste es an ihre Brust und sank wie vom Schlag getroffen zu Boden. Noch im Tod wollten ihre Hände das Hemd nicht freigeben, so dass sie gemeinsam mit ihm begraben werden musste. Aus dem Grab aber wuchs eine mächtige libanesische Zeder.

Knapp 300 Jahre später kam die Syrerin Nino nach Mzcheta und bekehrte zunächst die Königin und nach ihr den König zum christlichen Glauben. König Mirian ließ eine Kirche errichten, die besagte Basilika, und ließ sieben mächtige Bäume fällen, die das Gebäude tragen sollten. Einer der Stämme aber widersetzte sich der Bearbeitung und wollte sich nicht in die rechte Lage bringen lassen. Nino betete und bat ihren Gott um Hilfe bei dem ihm geweihten Werk. Und plötzlich erschien ein Leuchten am Himmel, und ein Engel kam hernieder. Der Engel hob die Arme, und unter Hunderten Zeugen hob sich der Baum in die Höhe und stellte sich, von unsichtbarer Hand gelenkt, an den für ihn vorgesehenen Platz. Aus seinem Stamm traten Tropfen eines wundersamen Balsams, der all jene, die ihn berührten, von allem körperlichem Leid erlöste. Daher also der Name Sweti Zchoweli, lebenspendender Stamm.

Da der Grundriß der Basilika beim Bau des Kreuzkuppelbaus Berücksichtigung fand, ist das Kirchenschiff in der Länge gestreckt. Über dem Kreuz erhebt sich eine mächtige sechzehnkantige **Kuppel** mit einer pyramidalen Überdachung. In den 16 Kantflächen befinden sich schmale, vertikale Öffnungen, durch die das Licht und in stets wechselndem Winkel die gebündelten Sonnenstrahlen im Innern des Baus phantastische Lichteffekte schaffen. Unter der Kuppel streben die vier Kreuzarme auseinander.

Auch Sweti Zchoweli entging nicht dem Schicksal fast aller sakralen Bauten: Die Kirche wurde entweiht – von den Arabern für ihre Kamele und den Seldschuken für die Schafe als Stall benutzt – von den Mongolen und Persern, zerstört, wiederaufgebaut und wieder zerstört, das letzte Mal von Aga Mohammed Khan. Unter König Irakli II. entstand die Wehrmauer um die Kirche, und als der russische Imperator Alexander I. Anfang der 20er Jahre des 19. Jahrhunderts Georgien einen Besuch abstattete, entfernte man aus diesem Anlaß die verfal-

▲ Karte S. 224

Ein Schmuckstück: die Kirche Sweti Zchoweli

lenen seitlichen Anbauten bis auf die Fundamente und ›hellte‹ das Innere der Kirche mit neuen Wandmalereien auf.

Nach mehrjährigen Restaurierungsarbeiten, die zum Teil bis heute andauern, wurde Sweti Zchoweli nach und nach wieder zu dem, was sie nach dem Willen ihres Baumeisters einmal gewesen ist. Dieser Baumeister, Arsukidse mit Namen, gehörte zu den Künstlern seiner Zunft, die ihre Spuren auf phantasievolle Art zu hinterlassen pflegten. So befindet sich an der äußeren Nordwand eine bis zum Ellbogen aus dem Stein gemeißelte Hand und darüber der Spruch: »Die Hand des Sklaven Gottes Arsukidse. Gedenket seiner«. Man erzählt sich auch die Geschichte, die Hand sei dem Künstler in alter Tyrannentradition abgehauen worden, auf dass er nie wieder ein so prächtiges Bauwerk schaffe.

Dieser Hand, ihrem Besitzer und Sweti Zchoweli ist der in viele Sprachen übersetzte historische Roman ›Die rechte Hand des Meisters‹ Konstantin Gamsachurdias, der auch verfilmt wurde, gewidmet.

Die Gestaltung des **Innenraums** der Kirche ist ebenso bescheiden wie feierlich. Besonders prachtvoll sind die erhalten gebliebenen Fresken und dekorativen Elemente an der Südwand. Die Grabplatten im Kircheninnern erinnern an den hier beigesetzten König **Wachtang Gorgassali**, und die letzten beiden georgischen Monarchen – **Irakli II.** und **Giorgi XII**. Auch Dawit-Ulu und sein von den Mongolen hingerichteter Sohn Demetrius sollen hier ihre letzte Ruhestatt gefunden haben.

Im südlichen Seitenschiff befindet sich eine weitere Kirche – die winzige Kopie der Heilig-Kreuz-Kirche in Jerusalem über der Grabstätte von Jesus Christus. Dieses kleine Modell einer der heiligsten Stätte der Christen war im 13. /14. Jahrhundert für all jene Georgier errichtet worden, die es sich nicht leisten konnten, wenigstens einmal in ihrem Leben nach Jerusalem zu pilgern. In ihm soll sich das Hemd von Jesus befinden, das Elias mit nach Mzcheta brachte. Ganz in der Nähe, unter dem steinernen Baldachin aus dem 14. Jahrhundert, liegen der Legende nach die Überreste des dem Grab Sidonias entwachsenen Zedernstammes.

Als Andenken an die Vergangenheit sind im Innern des Kirchraumes die **Fundamente der ersten Basilika** aus dem vierten Jahrhundert freigelegt. Sie sind durch eine Glasabdeckung geschützt und werden beleuchtet. Auch die Kuppel am Eingang soll noch aus den Zeiten des ersten Kirchenbaus stammen. Sie war einst mit massivem Gold ausgekleidet, das von Timur Lenk geraubt wurde.

Alljährlich am 14. Oktober wird in ganz Georgien das **Sweti-Zchoweli-Fest** begangen, ein kirchlicher und staatlicher Feiertag – der ›Sweti-Zchwoloba‹.

Dshwari

Von wo aus man sich Mzcheta auch nähert, ob von Nordwesten über die M 1 und die Georgische Heerstraße oder von Süden über die gleiche Trasse aus Tbilissi kommend oder von Westen, über die dem Tal der Mtkwari folgende Nebenstraße – ein Panorama hat man stets vor Augen: das eines Berges, dessen nach Westen über hunderte Meter steil abfallende Felswand von einem aus der Ferne winzig wirkenden Bauwerk gekrönt wird. Dieses Bauwerk ist die Dshwari-Kirche, eines der vollkommensten erhalten gebliebenen Denkmäler frühgeorgischer Baukunst, die ausschaut, als wäre sie dem Berg entwachsen, nicht aber ihm von Menschenhand aufgesetzt worden.

Von der M 1 zweigt zwischen der alten und der neuen Brücke eine Straße ab, die in Serpentinen und langen Kehren den Berg hinaufklettert und an einem Parkplatz zu Füßen der Kirche endet. Das Panorama von der Höhe des Berges auf das zu Füßen liegende Tal, das von diesen Höhen ebenso winzig ausschaut wie von unten die Kirche, ist einzigartig. »Weit ist es und atemversetzend gewaltig, aber gar nicht gigantisch, sondern groß vor allem durch den glücklichen Zusammenklang von Berghöhen und Flusstälern, vielfältig bewegt im Detail, und doch nur aus wenigen Elementen gebaut, als habe der Schöpfer ein Musterbild schöner Erde zeigen wollen. Von Norden, aus dem Kaukasus, fließt die Aragwi heran und mischt ihr graugrünes Wasser mit dem grünlichen der Mtkwari, die von Westen heranströmt und durch das stürmischere Temperament des Bergwassers ein wenig nach Süden abgedrängt wird.« (Alfred Renz)

Der in Terrassen nach oben wachsende Berg gegenüber am südlichen Mtkwari-

Ufer ist der Bagineti, von dessen Gipfel einst die Feste **Armasis Ziche** und der Königspalast die ihnen an seinen Hängen zu Füßen liegende Stadt und das benachbarte Mzcheta beherrschten. Bis auf einige wenige Ruinen des Schlosses, unter denen sich ein Säulensaal und ein römisches Bad identifizieren ließen – beide aus der Zeit nach der Zerstörung Mzchetas durch Pompeius –, ist davon nichts übriggeblieben. Auf der dem Blick abgewandten Seite des gleichen Berges kamen bei Ausgrabungen das Grab einer georgischen Fürstin und eine Nekropole für die höchsten Würdenträger des Staates zum Vorschein. Was die Archäologen dort fanden, ist heute im Historischen Museum von Tbilissi zu besichtigen.

Wenn dieser Panorama-Blick allein schon die Auffahrt lohnt, dann um so mehr noch die Dshwari-Kirche, die dem Gipfel ›entwachsen‹ zu sein scheint und mit der sie umgebenden Landschaft ein vollkommenes Ensemble bildet. Kein Zweifel, dass dieser weithin sichtbare Ort, über dem Zusammenfluss zweier Flüsse, geradezu dafür prädestiniert ist, zu einer Kultstätte zu werden. Sie war es auch für die heidnischen Götter, bevor die heilige Nino an dieser Stelle ein Kreuz errichtete, das König Guaram VI. durch eine kleine Kapelle ersetzte. Guarams Sohn Stefanos, sein Bruder Demetrius und der Thronfolger Adarnese stifteten dann an der Schwelle vom sechsten zum siebten Jahrhundert eine größere, die Dshwari-Kirche, was in der Übersetzung ›Kirche zum Heiligen Kreuz‹ bedeutet.

Man kann sich leicht vorstellen, mit welchen Schwierigkeiten der Architekt vor knapp 1500 Jahren zu ringen hatte, um die Kirche so zu positionieren, dass sie weithin sichtbar und doch fest über dem Abgrund vom Stolz eines Glaubens und eines Volkes kündet. Nicht ganz gelang es ihm, das auch heute noch erhaltene, achteckige Fundament des Nino-Kreuzes genau in der Raummitte unterzubringen, weshalb die Seitenarme des Kreuzes in ihrer Länge ein wenig voneinander abweichen. Doch der Kreuzbau mit seinen die Kreuzarme in alle Richtungen abschlies-senden halbrunden Apsiden schafft einen Raum, der in seiner Architektur die Kreuzkuppelkirchen späterer Jahrhunderte vorwegnimmt. Das Innere von Dshwari ist in ein Halbdunkel getaucht, in das nur spärlich Licht durch die schmalen, vertikalen Fensternischen in den Seitenwänden fällt. Doch wenn man sich daran gewöhnt hat, weckt die Empfindung des Raumes ein »Wohlgefühl, das Zentralbauten vermitteln und verbindet es mit der feierlichen Wirkung »eines Raumes, der seine an sich bescheidenen Dimensionen überstiegt, der wächst, je länger man in ihm verweilt und der noch immer bergende Hülle bleibt.« (Alfred Renz)

Die Kirche besitzt zwei Eingänge. Den Haupteingang an der Südseite überwölbt ein halbrundes Tympanon mit der Darstellung der Auferstehung Christi. An der Ostfassade befindet sich ein Relief mit der Darstellung des vor Christus knieenden Stefanos, ihm zur Seite Demetrius und Adarnese.

Samtawro

Im Radius von nur 25 bis 30 Kilometern um Mzcheta befinden sich in und um die Ortschaften entlang der Flüsse Mtkwari, Aragwi und Ksani mehrere Dutzend historischer Denkmale aus den verschiedensten Perioden georgischer Geschichte.

Eines der bedeutendsten von ihnen ist das Frauenkloster Samtawro, nur 10 bis 15 Minuten Fußweg von Sweti Zchoweli

▲ Karte S. 224

Gedeckter Tisch für eine Rast unterwegs

entfernt. Auf dem Gelände des Klosters stößt man auf die Überreste des Palastes von König Mirian, desjenigen Monarchen, der das Christentum zur georgischen Staatsreligion erklärte, sowie eine kleine Kapelle – der definitiv erste christliche Sakralbau auf dem Territorium des heutigen Georgiens. Zu Zeiten König Mirians und seiner Gattin Nana war der Palast ein ausgedehntes architektonisches Ensemble mit einem großen Garten. Nana, die von den Wundern der Nino und ihrer Mission gehört hatte, überzeugte sich selbst von der Heilkunst der Syrerin und lud sie in ihren Palast. Zum Meditieren aber zog sich Nino in den Garten zurück, und an der Stelle, die ihre liebste war, ließ König Mirian eine kleine quadratische Kapelle bauen. Sie stammt nachweislich aus dem ersten Viertel des 4. Jahrhunderts und hat ihr Aussehen bis heute nicht verändert. Die Restaurationsarbeiten von 1979 gaben lediglich der Fassade neue Frische. Die Kapelle ähnelt in ihrer Winzigkeit eher dem Modell einer Kirche, denn einem Gotteshaus, doch auch hier wirkt das Rauminnere durch die Besonderheiten der Architektur bedeutend größer, als seine Abmessungen es vermuten lassen. Die Kapelle ist der erste Kuppelbau auf georgischem Territorium.

Von den übrigen einst zum Ensemble gehörenden Bauwerken haben lediglich die Erlöserkirche, ein Glocken- und ein Festungsturm die Jahrhunderte überdauert. Die Erlöserkirche ist ein Kreuzkuppelbau aus dem 11. Jahrhundert und in ihrer Fassadengestaltung ein Meisterwerk. Die feinen Stuckarbeiten wurden mit einer solchen Akribie und offensichtlichen Liebe ausgeführt, dass sie, wenn auch Stein Stein bleibt, an das geprägte Pergament alter Handschriften erinnern. Das gilt insbesondere für die Nord- und die Südfassade. Im 13. Jahrhundert zerstörte ein Erdbeben die Kirche fast vollständig; sie wurde wiedererrichtet, geplündert und in den 70er Jahren des 20. Jahrhunderts erneut restauriert, diesmal nach den ursprünglichen Plänen. Die Fresken im Innern stammen aus dem 14. /15. Jahrhundert. Einer Legende zufolge sollen in der Südwest-Ecke der Kirche König Mirian und seine Frau Nana begraben liegen. Die Grabplatte, die darauf verweist, wurde jedoch erst Anfang des 20. Jahrhunderts gelegt.

Schiomgwime

In zwölf Kilometern Entfernung, westlich von Mzcheta, befindet sich auf einem hohen Hügel am nördlichen Mtkwari-Ufer die Klosteranlage vonSchiomgwime, deren Grundstein im 6. Jahrhundert von einem der 13 syrischen Prediger, Schiomgwimeli, gegründet wurde. Zunächst lebte der Missionar in einer Höhle und predigte in den umliegenden Dörfern. Als immer mehr Gläubige zu

Melonenstand

seiner Gemeinschaft stießen, ließ er erst eine Kirche bauen, um sie herum weitere Gebäude und eine Wehrmauer. Dazu gesellte sich im 11. Jahrhundert ein Palast, den König Giorgi II. errichten ließ und den sein Sohn, Dawit der Erbauer, um eine Gottesmutterkirche erweiterte, deren Fresken im 19. Jahrhundert leider übermalt wurden. Das Kloster Schiomgwime war für die georgischen Wissenschaften und Künste, insbesondere die Literatur, von ähnlicher Bedeutung wie die beiden Akademien, Gelati im Westen und Ikalto im Osten. Neben dem Gründer Schiomgwimeli, der selbst einige theologische und philosophische Schriften verfasste, wirkte hier der Philosoph Arsen Ikaltoeli.

Die Umgebung des Klosters ist reich an natürlichen Höhlen, in denen sich die Bauern der Region und selbst die Bewohner Mzchetas bei drohenden Überfällen verbargen. Im Laufe der Jahrhunderte wurden die Höhlen erweitert und mit dem zum Überleben Notwendigsten ausgestattet. Sie sind auch heute zu besichtigen. Sollten keine Touristenführer vor Ort sein, sind die Mönche, die sich hierher gern zum Meditieren und zum Fasten zurückziehen, in der Regel gern bereit, Besucher auf einem Rundgang zu begleiten.

Da das Kloster noch immer genutzt wird und die Mönche hier ihrem Tagewerk nachgehen, empfiehlt es sich, vor Video- oder Fotoaufnahmen mit dem Abt oder einem der Vorsteher zu reden.

Sedaseni

Von der Georgischen Heerstraße zweigt in Höhe des nördlichen Ortsausgangs von Mzcheta eine Nebenstraße nach Sedaseni ab, die nach einigen Kilometern auf den mit 1350 Metern höchsten Berg des Saguramogebirges führt. Dieser Berg heißt Sedaseni, und auch die Basilika auf dem Gipfel trägt seinen noch aus der heidnischen Ära stammenden Namen. Sedaseni war ein Volksheld, der immer mit offenem Visier kämpfte, niemals Hinterhalte legte und viele Feinde besiegte, bevor er selbst in ungleichem Kampf unterlag. Ihm zu Ehren errichtete man auf dem Berg ungefähr 100 Jahre vor Christus einen Tempel, den die ersten Christen zerstörten.

▲ Karte S. 224

Als im 6. Jahrhundert die 13 Syrischen Väter nach Georgien kamen, verirrte sich einer von ihnen, Johann, in die Gegend. Er hörte von Sedaseni und errichtete auf dem steilen Felsen eine kleine Kapelle. Sie überdauerte ihn um 200 Jahre, war aber unterdessen baufällig geworden und wurde an der Schwelle zum achten Jahrhundert durch eine Basilika ersetzt. Auf dem Berg richteten sich Mönche ein, dank deren Übersetzungen unzähliger theologischer und philosophischer Schriften Sedaseni zu einem kulturellen Zentrum des georgischen Mittelalters wurde.

Im 18. Jahrhundert fielen immer wieder Lesghier, islamische Krieger aus dem Nordkaukasus, über die Georgische Heerstraße in das Land ein. Sie erwählten sich das schwer zugängliche und doch in unmittelbarer Nähe Mzchetas, Tbilissis und des reichen Kachetiens gelegene Sedaseni als Ausgangspunkt für ihre Überfälle. Noch zu sowjetischer Zeit wurde das ehemalige Kloster, einschließlich der Kirche und Wehrmauer, restauriert. Vom Gipfel des Berges bietet sich eines der beeindruckendsten Panoramen im zentralen Teil Kartlis – über die Höhenzüge des Saguramo- und des Muchranigebirges, die silbern gleißenden Flüsse Mtkwari und Aragwi, bis nach Mzcheta und die nördlichen Vororte von Tbilissi.

Neben diesen Sehenswürdigkeiten in der Umgebung von Mzcheta sind außerdem, vorausgesetzt man ist mobil und nicht auf öffentliche Verkehrsmittel angewiesen, Armasis Ziche und der Bezirk von Bebris Ziche im Norden des Ortes mit ihren archäologischen Ausgrabungen einen Ausflug wert. Neben einer vor allem im Frühjahr und Herbst bezaubernden Landschaft trifft man dort auf eine Vielzahl weiterer historischer Denkmale.

Die Bischofskathedrale von Samtawissi

Die M 1 verlässt Tbilissi über Mzcheta und biegt einige Kilometer nördlich der alten georgischen Hauptstadt, bei Kilometer 30, von der Georgischen Heerstraße Richtung Westen ab. Auf den Hinweisschildern erscheint als Fahrtziel entweder Sochumi, Kutaissi oder Gori. Kurz nach dem Abzweig überquert die Straße eine Brücke über den Fluss Ksani, hinter welcher auf dem Gipfel eines Berggrates die Überreste der mächtigen **Festung von Ksani,** die einst über den Ort herrschte und die Handelswege schützte, sichtbar werden. Man ist nun bereits im Ostteil des Inneren Kartli.

Der erste Abstecher, der einen sehenswerten Einblick in die georgische Architektur des Hochmittelalters gewährt, bietet sich ungefähr 40 Kilometer hinter Mzcheta, auf Höhe des Ortes Igoeti. Hier verlässt man die M 1 nach rechts und folgt der beschilderten Abfahrt in

Die Kathedrale von Samtawissi

Richtung eines Dorfes mit dem eigenartigen Namen Samtawissi, was soviel bedeutet wie ›drei Häupter‹. Nach einem Kilometer auf der Landstraße stößt man auf die Wehrmauer der Bischofskathedrale gleichen Namens. Das Areal dieses Gotteshauses betritt man durch das mit einem Glockenturmaufsatz versehene Nordtor, und man hat die Welt bereits hinter sich gelassen.

Der Bau der Kathedrale, die zum Typus der Kreuzkuppelkirchen zählt, wurde 1030 vom Bischof Ilarion Kantaschwili in Auftrag gegeben; vollendet worden ist sie 138 Jahre später von einem Bischof Johannes. Die Wehrmauer entstand im 15. bis 17. Jahrhundert. Wie die meisten Kirchen des Inneren Kartli und anderer Teile Georgiens litt auch Samtawissi unter Plünderungen, der berechnenden Zerstörungswut islamischer Eroberer und den Erdbeben, die hin und wieder den Kaukasus erschüttern. Die von den Horden Timur Lenks zerstörte Kuppel entstand im 15. Jahrhundert unter Wahrung der ursprünglichen Proportionen neu, während die Rekonstruktionsarbeiten im 19. Jahrhundert, denen die beiden baufälligen Portiken zum Opfer fielen, mit weniger Sorgfalt ausgeführt wurden.

Samtawissi gehört nicht zu den repräsentativsten Sakralbauten des georgischen Hochmittelalters und verdankt es allein den herrlichen Plastiken ihrer im ursprünglichen Zustand erhalten gebliebenen **Ostfassade**, dass sie zu den berühmtesten Bauwerken jener Epoche gezählt wird. Lediglich die Bischofskirche von Nikorzminda in der Provinz Ratscha kann es hinsichtlich der Eleganz, Akkuratesse und geistigen Klarheit ihrer Fassadenplastik mit Samtawissi aufnehmen. Während aber Nikorzminda durch die barock anmutende Spielerei der Formen eher ein Gefühl von Schwerelosigkeit und Frohsinn hervorruft, ist die Ostfassade von Samtawissi ein bestechendes Beispiel für eine auf wenige Ornamente reduzierte Darstellung der christlichen Kosmologie in Form eines aufstrebenden Lebensbaumes. Gegliedert wird sie von Blendfassaden sowie zwei in die Mauer getriebenen eleganten Nischen, deren Ränder kunstvoll von fast freischwebenden lilienartigen Verzierungen abgeschlossen werden. Die Lilie gilt als das Symbol Marias und der reinen Liebe, die in der Vereinigung von Gott und Mensch besteht.

Auf den verschlüsselten Gehalt der Komposition als Lebensbaum-Motiv verweist das pflanzliche Ornamentwerk an den beiden Kreuzarmen. Nach unten läuft das Kreuz in einem kreisförmigen Motiv aus, dessen halbkuglige Wölbung sternförmig durchbrochen ist – möglicherweise eine stilisierte Andeutung des Golgatha-Hügels, auf dem sich das Kreuz erhebt. Darunter folgen der Rechteckrahmen des Apsisfensters, der in der gleichen Art ornamentiert ist wie die Kreuzarme, und der bis zum Fundament reichende ›Stamm‹ des Lebensbaumes, von dem rechts und links je ein hochgestelltes Quadrat abzweigt. Die Einheit von Rechteck und Quadrat ist die magische Zahl Vier: die vier Elemente, Jahreszeiten, Himmelsrichtungen, Evangelisten etc. – die Einheit der Welt schlechthin. So symbolisiert das Kreuzbild, reduziert auf wenige geometrische Elemente und die florale Ornamentik, eine der Quintessenzen der christlichen Lehre. Das gleiche gilt für die Komposition der Blendarkaden zu beiden Seiten, die nicht nur rein formal als Einfassung des Lebensbaum-Kreuzes gedacht sind, sondern auch inhaltlich mit ihm korrespondieren. So könnten die bogenförmigen Ab-

▲ Karte S. 223

schlüsse der beiden Nischen und Blendarkaden als symbolische Anspielungen auf das Himmelszelt verstanden werden und die sich aus den beiden Dreiviertelkreisnischen herausschälenden Kreuze als nochmaliger Hinweis auf Golgatha. Darüber hinaus sprießen pflanzliche Formen (Halbpalmetten, Palmettenkelche, Weintrauben und Pinienzapfen) aus den an den Ecken aufwärts strebenden Nebenstäben hervor.

Der Reisende bekommt in Georgien viele Kirchen zu Gesicht, eine Fassadengestaltung wie in Samtawissi wird er jedoch nirgends mehr entdecken.

Gori

Weiter geht die Fahrt in Richtung Westen auf der M 1, entlang fruchtbarer, von Erlen, Pappeln und Robinien umzogener Felder, auf denen Sonnenblumen, Tabak, Mais und Wein wachsen, die aber heute einen recht verwahrlosten Eindruck machen (der täuschen kann). Von Tbilissi aus gerechnet, erreicht man nach 86 Kilometern die Abfahrt nach Gori, der mit circa 65000 Einwohnern sechstgrößten Stadt Georgiens an der Mündung des Flusses Liachwi in die Mtkwari. Die Stadt selbst ist kein Kleinod georgischer Architektur, aber als Ausgangspunkt für Ausflüge in die unmittelbare Umgebung bestens geeignet.

Festung Gori

Urkundlich wurde Gori erstmals im 12. Jahrhundert erwähnt, bestand aber als Siedlung nachweislich bereits in vorchristlicher Zeit, ebenso wie die weithin sichtbare Felsenfestung Goris-Ziche, die »wie ein Schiff durchs Meer durch das Dächergewirr der alten Häuser pflügt« (Alfred Renz) und der die Stadt Gori ihren Namen verdankt. »Man stelle sich einen eintausendfünfhundert Fuß hohen steilen Felsen vor mit einer Riesentreppe aus Mauern und Türmen, die sich von unten bis zum Gipfel in sieben aufeinanderfolgenden Umwallungen ringförmig übereinander aufbauen. An allen Vorsprüngen ist die Anlage durch Wehrtürme verstärkt. Ganz oben befand sich eine achte Ringmauer um die Schlossruine mit dem Hauptturm.« (A. Dumas)

Ihren nachweislich ersten Kriegsruhm aus nachchristlicher Zeit erwarb sich die Festung im Jahre 65 gegen den römischen Feldherren Pompeius, dessen Legionen vergeblich gegen sie anrannten. Dawit der Erbauer ließ sie verstärken, das aber, was an Resten heute zu besichtigen ist, stammt aus dem 17. Jahrhundert, als Goris-Ziche eine Schlüsselrolle im Kampf gegen die Türken spielte. Die hatten die Festung 1590 erobert und mit einer starken Besatzung versehen. Als sich 1598/99 die Bevölkerung von Kartli gegen die Osmanen erhob und die Festung belagerte, leisteten die Janitscharen des Sultans zehn Monate Widerstand, mussten sich aber letztendlich geschlagen geben. Besonders das Eingangstor mit seinem Kielbogen und den Ziegelornamenten erinnert an die Ära der islamischen Eroberer, während einige Mauerreste in den höheren Lagen mehr als 2000 Jahre alt sein sollen. Zugang zur Festung erhält man durch zwei erhalten gebliebene Tore an der Süd- und der Westseite. Von der Spitze des Berges schweift der Blick weit über die Mtkwari-Ebene, den Zusammenfluss von Mtkwari und Liachwi zu den Höhenzügen des Kleinen Kaukasus und des Trialetischen Gebirges.

Stalinmuseum

Gori verdankt seine Berühmtheit Iossif Wissarionowitsch alias Koba alias Stalin. Und die Einwohner Goris lieben den

Sohn ihrer Stadt, mehr als jedes andere ihrer Kinder, und sie sind stolz auf ihn, woran sie weder das Chrustschowsche Tauwetter noch Gorbatschows Perestroika und Glasnost hindern konnten. In Gori steht auch nach dem 20. Parteitag der sowjetischen Kommunisten, der den Personenkult und die Verbrechen Stalins anprangerte, noch ein Denkmal für den Generalissimus, und das Stalin-Museum erfreut sich ungeachtet aller Wetterwechsel in der großen Politik stets des Zulaufs von Verehrern und Schaulustigen. »Eine breite Achse führt auf einen Garten zu, gabelt sich vor ihm, an dessen Ende vor dem klassizistisch-neugeorgischen Museumsbau das Ziel dieser Via triumphalis steht: ein Säulenpavillon aus Marmor als Schrein für ein altes, ganz bescheidenes und ärmliches Ziegelhäuschen. Gewaltig ragt Stalins Denkmal auf dem weiten und langweilig-öden Hauptplatz. Das Museum – mehr Kultstätte und Lehr- und Propagandaschau als Aufbewahrungsort von irgendwelchen originalen Reliquien, können wir getrost unbesucht lassen: es zeigt nichts, weil es die Wahrheit verschweigt.« (A. Renz). Ein Besuch lohnt sich dennoch, weil das Museum eine der ganz wenigen Gelegenheiten bietet, mit einigem Abstand die eigenartige Atmosphäre zu spüren, die das sowjetische 20. Jahrhundert beherrschte.

Viel mehr hat Gori dem Touristen nicht zu bieten. Auf jeden Fall lohnenswert aber sind die Ausflugsziele – ein Muss für jeden in Geschichte und Architektur vernarrten Georgien-Reisenden: die Höhlenstadt Uplisziche, das Dorf Didi Ateni und die Ateni-Schlucht im Trialetischen Gebirge, das Kloster Kinzwissi und die Kreuzkirche von Samzewrissi.

Da Gori unweit der Grenze zu Südossetien liegt, war die Stadt während des georgisch-russischen Konflikts im August 2008 teilweise von russischen Truppen besetzt gewesen. Durch den Konflikt wurde Gori in gewisser Weise zur ›Frontstadt‹. Bis heute befinden sich Kontingente von EU-Beobachtern im und in der Umgebung des Ortes. Die Kommunikationswege werden noch immer verstärkt kontrolliert.

Gori

Wer in Gori nicht übernachten möchte, könnte auch morgens von Tbilissi mit dem Zug (Express nach Kutaissi) oder dem Bus bzw. Kleinbus (Abfahrt an der Metrostation Didubé) anreisen und sich dann ein Taxi zu den verschiedenen sehenswerten Orten in der näheren Umgebung nehmen. Ein Stundenpreis von umgerechnet 5 Euro sollte dafür angemessen sein, der mit steigender Personenzahl auch etwas höher ausfallen kann.

Hotel Viktoria, Königin-Tamara-Str. 76, Tel. 00995/32/951272. EZ ca. 35 Euro, westlicher Standard, befindet sich ca. 10 Minuten vom Bahnhof entfernt, erst Bahnstrecke, dann Fluss überqueren, danach 1. Seitenstrasse rechts noch etwa 300 Meter, geht auch mittels O-Bus oder Sammeltaxi bis zur ersten Kreuzung.

Im ehemaligen **Intourist-Hotel** residierten lange Jahre wie überall im Land abchasische Flüchtlinge, inzwischen kann man dort wieder bescheidene Unterkunft finden, Stalinprospekt 22, Tel. 370/22676.

Auch **Privatleute** bieten Zimmer an. Wo, das erfragt man am besten am Busterminal oder am Bahnhof.

▶ Karte S. 223

Uplisziche

Die Höhlenstadt Uplisziche liegt zwölf Kilometer östlich von Gori am nördlichen Ufer der Mtkwari. Sie ist nicht die einzige Anlage dieser Art in Georgien, unterscheidet sich aber deutlich von Wardsia und Dawit Garedscha. Ihr Alter wird auf dreitausend Jahre geschätzt. Die ältesten, bis heute von Erdbeben, den Horden Timur Lenks und vom Zahn der Zeit verschont gebliebenen Bauten datieren aus dem 2./3. Jahrhundert nach Christus. Die Bewohner Uplisziches ernährten sich überwiegend vom Handel, sprich den an ihr vorüberziehenden Karawanen auf der Seidenstraße. Im Mittelalter, zur Zeit ihrer Blüte, sollen hier 20000 Menschen gelebt haben, was übertrieben scheinen mag angesichts der Ausdehnung der Stadt. Der Verfall begann mit dem Abbruch der Handelsbeziehungen zu Westeuropa nach dem Zerfall des byzantinischen Reiches; die letzten Bewohner verließen Uplisziche im 18. Jahrhundert. Seitdem ist die Höhlenstadt stumme Zeugin der Vergangenheit und dennoch eine der merkwürdigsten Schöpfungen der Georgier, so merkwürdig, »dass selbst der Reisende, welcher die Ruinen von Rom, Theben, Heliopolis und Palmyra gesehen, hier noch Stoff zur Verwunderung findet« (Moritz Wagner, Reise nach Kolchis und nach den Kolonien jenseits des Kaukasus. Leipzig 1850).

Einen großartigen Eindruck vermittelt die Höhlenstadt nicht, aber anhand der erhaltenen Reste lässt sich die einstige Anlage rekonstruieren. Danach befand sich in der Unterstadt, der südöstlichen Zone, das Handwerks- und Handelsviertel, von dem aus ein steiler Aufgang in das zentrale Wohnviertel führte. In dessen oberen Bereich lagen die Kirchen und der Palastbezirk. Das sich über der Oberstadt im nordwestlichen Teil an-

Die Höhlenstadt Uplisziche

schließende Areal gibt noch Rätsel auf, denen archäologische Untersuchungen auf der Spur sind.

Anfahrt: Um von Gori nach Uplisziche zu kommen, verlässt man die Stadt über den Stalin-Prospekt und biegt nach der Eisenbahnüberführung nach links ab. Nach etwa drei Kilometern weist ein Schild wieder nach links. Von hier aus sind es noch einmal sechs Kilometer bis zu einer Hängebrücke zum jenseitigen Mtkwari-Ufer. Am anderen Ufer wendet man sich nach links und erreicht nach knapp einem Kilometer das bei der Anfahrt bereits gesichtete Uplisziche. Nimmt man in Gori ein Taxi nach Uplisziche, sollte man sich mit dem Fahrer auf einen Preis von ca. 15 Euro, inklusive Wartezeit vor Ort, einigen können. Für den Eintritt zur Anlage zahlt man einen Preis von 15 Lari. Führungen (auf Russisch) kosten noch einmal das Gleiche.

Besichtigung

Um Uplisziche zu besichtigen, wählt man am besten den Aufstieg durch die Poterne, einen Fliehgang ungefähr 50 Meter hinter dem offiziellen Aufgang. Über eine

In den Stein gehauene Wohnräume

Holztreppe im Innern gelangt man zunächst auf ein im Südwesten liegendes Felsplateau, an dessen steil abfallendem Hang die späthellenistische Anlage liegt. Man erkennt sie an der ungewöhnlichen Giebelarchitektur. Das Tonnengewölbe mit seiner an römische Traditionen erinnernden Kassettierung reicht hier bis an die Spitze des Giebeldreiecks. Man vermutet, dass dieser Teil der Anlage eine antike Nekropole mit vorgelagertem Zeremonialplatz war.

Wendet man sich von hier aus ostwärts, gelangt man auf den aus der Unterstadt aufwärts führenden Hauptweg, der am mittelalterlichen Palastkomplex vorbeiführt. Unterhalb der dreischiffigen Felsenbasilika wendet man sich nach links, wo man auf den Zugang zu einer herrschaftlichen Felsenwohnung, den ›Saal der Tamara‹, stößt. Hier haben sich die georgischen Bauleute etwas ganz besonderes einfallen lassen, denn dieser ›Saal‹ ist nichts anderes als eine in den Fels gehauene Nachbildung eines gewöhnlichen georgischen Holzhauses. Ursprünglich war der Raum durch zwei viereckige Pfeiler in zwei Schiffe geteilt. In den Stein getriebene Nachbildungen von Holzbalken zieren die Decke. Die bogenförmigen Öffnungen in den Seitenwänden führen zu Nebenräumen, die als Vorratskammern und Schlafgemächer dienten. Der Name des Saals legt die Vermutung nahe, dass es Königin Tamara war, die ihn in dieser Gestalt anlegen ließ. Von dieser herrschaftlichen und luxuriösen Ausführung einer Felsenwohnung unterscheiden sich die Standardausführungen erheblich. Sie bestanden aus einem einfachen Zentralraum mit einer Feuerstelle, wo gekocht wurde und sich die Familien überwiegend aufhielten. In dem kleinen rückwärtigen Raum schlief man; die Vorräte lagerten in den Wandnischen.

▶ Karte S. 223

Ateni

Biegt man hinter der oben erwähnten Eisenbahnüberführung in Gori nach rechts ab, gelangt man in Richtung des Dorfes Didi Ateni zum grünen, engen **Tal der Tana**, eines rechten Nebenflusses der Mtkwari. Dieses Tal ist auf einer Länge von nur 40 Kilometern eines der geschichtsträchtigsten in der ganzen Region und obendrein von einer spröden, doch behaglichen Schönheit, die, wenn man sich auf die Hitze des Tages und den lärmenden Chor der Zikaden in den Abendstunden einzulassen gewillt ist, zur Rast von der Schnellebigkeit des Alltags einlädt. Die Hänge zu beiden Seiten des Tals gehören schon zum Trialetischen Gebirge, in dem die ältesten Spuren früher, in Georgien beheimateter Kulturen gefunden wurden. Mit ihren schroffen Gesteinsverwerfungen und auffaltungen ist die Landschaft auch für Geologen interessant; ebenso wie für die Liebhaber guter Weine, wird doch im Tana-Tal seit altersher Weinbau getrieben.

Mehr als 50 Kulturdenkmäler, die meisten aus dem 7. bis 10. Jahrhundert, säumen das Tal, und viele von ihnen sind legendenumwoben. Wie zum Beispiel die **Chungala-Kapelle**, deren Ruinen rechts von der Straße auf einer Anhöhe von der traurigen Geschichte einer unglücklichen Liebe erzählen, von zwei Geschwistern, die einander sehr lieb hatten, jedoch von Kriegen und bösem Geschick getrennt wurden. Jahre später, vom Leben gereift, trafen sie einander wieder, ohne zu ahnen, wer sie sind. Die Liebe flammte erneut auf zwischen ihnen, doch ehe sie sich das Ja-Wort geben konnten, ließ ein mächtiger Donnerschlag die Kapelle zerbersten und verhinderte die blutschänderische Verbindung.

Auf dem Berg gegenüber der Kapelle erblickt man die **Kirche Danachwisi**. Wer den Aufstieg, der ungefähr drei Stunden in Anspruch nimmt, nicht fürchtet, dem bietet sich vor dem Panorama des Kleinen Kaukasus ein weiter Blick über ganz Kartli. In früheren Zeiten brannten hier, wenn ein Feind sich näherte, Signalfeuer, die die Bewohner des Tals warnten und zu den Schwertern riefen. In Danachwisi findet jährlich ein Kirchenfest statt, zu dem in alter Tradition unzählige Gläubige aus der näheren und ferneren Umgebung gepilgert kommen.

Didi Ateni

Das eigentliche Ziel der Exkursion durch das Tana-Tal jedoch ist die verträumte Siedlung Didi Ateni. Bereits im 9. Jahrhundert, also noch vor Gori, ist sie in den georgischen Chroniken als Stadt erwähnt worden, die überwiegend von Georgiern, Armeniern und Juden bewohnt war. Eine rechts der Straße gelegene Festung aus dem 10. Jahrhundert, deren Ruinen bis heute überdauert haben, diente einst ihrem Schutz.

Durch ein Spalier von Weinreben gelangt man zur **Zionskirche von Ateni,** die auf einem festungsartigen Sockel malerisch über dem Dorf thront. In ihrer exponierten Lage und ihrem Aussehen erinnert sie an die Dshwari-Kirche von Mzcheta und ist tatsächlich eine fast originalgetreue Kopie von ihr. Über die Entstehungszeit streitet sich die Fachwelt, für die einen ist sie ein Bau aus dem 7. Jahrhundert, andere datieren ihre Errichtung ins 10. Jahrhundert. Leider sind bei Restaurationen im 16. Jahrhundert, bei der die Kuppel erneuert und Veränderungen an der Fassade vorgenommen wurden, viele bauplastische Details verfälscht und wenig kunstfertige Reliefs hinzugefügt worden.

Folglich ist zum Beispiel an der **Ostfassade** lediglich eine Szene zweifelsfrei identifizierbar: Samsons Kampf mit dem Löwen an der Nordecke. Mit einiger Phantasie lassen sich auch andere abgebildete Figuren identifizieren, unter anderem an der **Westfassade** die des Mate, des georgischen Hubertus, der nach der Christianisierung Georgiens auf seinem heidnischen Glauben beharrt haben soll, sich dann aber eines Besseren besann, als ihm auf der Jagd in einem Hirschgeweih das Bildnis Christi erschien. Darüber hinaus entdeckt man an der **Nordfassade** den Heiligen Lukian, der eine Hirschkuh melkt, sowie an der Westseite einen Drachen und ein Stifterproträt mit einem Modell der Kirche in Händen. Das Relief am Tympanon des Nordportals zeigt zwei Hirsche, die eine Scheibe flankieren. Dieses Symbol ist auch in Westeuropa als Metapher für Taufgnade und Erlösung verbreitet, wobei die beiden Hirsche die Seelen der Gläubigen und die Scheibe die Quelle, aus der sie trinken, symbolisieren; gemäß Davids 42. Psalm: »Wie der Hirsch nach frischem Wasser schreit, so schreit meine Seele, Gott, zu dir!«

Der Ruhm der Ateni-Kirche gründet sich auf dem Eindruck, den die meisterhaft ausgeführten **Wandmalereien** vom Ende des 11./Anfang des 12. Jahrhunderts im Innern des Kirchenraumes hervorrufen. Wenn auch die Fresken, besonders in der Kuppel, nur noch fragmentarisch erhalten sind, so lassen sie dennoch die Feierlichkeit und innere Anteilnahme ahnen, die den Gläubigen bei ihrem Anblick erfasst haben müssen. Zion gilt nach christlicher Überlieferung als Grabesstätte der Gottesmutter, weshalb Maria mit dem Kind in der Altarapside der zentrale Platz zukommt. Flankiert wird sie von den Erzengeln Michael und Gabriel, darunter die zwölf Apostel und die orthodoxen Kirchenväter. Im Tonnengewölbe vor der Altarapside thront Christus Pantokrator mit je zwei Propheten ihm zur Seite.

An den Wänden des südlichen und nördlichen Kreuzarmes dominiert der Zyklus der zwölf Kirchenfeste, der sich im Süden mit der Mariengeschichte überschneidet. Dort sind zu sehen: Verkündigung an Joachim und Anna (die Eltern der Gottesmutter), Geburt Mariens und Besuch im Tempel, Verkündigung an Maria, Heimsuchung, Josephs Traum, Geburt Christi und Marientod. Im Norden folgen: Taufe, Kreuzigung, Verklärung, Auferweckung des Lazarus, Auferstehung, Frauen am Grabe und Pfingstwunder. Im Westarm schließt sich das Jüngste Gericht mit der Deesis (Darstellung des thronenden Christus mit Maria und Johannes dem Täufer neben sich) an. Unten rechts verewigte man in der unteren Zone die Stifter (von links nach rechts): Königin Izducht, die Gemahlin König Giorgis II., König Giorgi II., der armenische König Smbat mit seinem kleinen Sohn an der Hand (oder Sohn des Aschot), König Bagrat IV., Dawit IV. (›Erneuerer‹) sowie sein Berater Bischof Giorgi Tschkondideli.

Urbnissi

Wieder folgt man der M 1 Richtung Westen. Südlich der Trasse, auf einer Hochebene über dem Fluss Urbnissi, etwa 20 Kilometer von Gori entfernt, befindet sich ein Dorf gleichen Namens. Zwischen dem 4. und 7. Jahrhundert war das von einer hohen turmbewehrten Mauer geschützte Urbnissi eine der vier bedeutendsten Städte Georgiens.

Aus dieser Zeit (6. Jahrhundert) stammen die **Überreste einer der ältesten georgischen Basiliken**, einer Rechteckkirche, mit der für die georgische Kirchenarchitektur typischen geraden Abschlußmauer, welche die innere Wölbung des Altarraumes verbirgt. Vier kreuzförmige Pfeilerpaare teilten den Kirchraum in die drei Längs- und fünf Querschiffe (Joche) und man täuscht sich nicht, wenn man sich im Innern an die burgundische Romanik erinnert fühlt (siehe auch Kapitel über die georgische Architektur).

▶ Karte S. 223

Das Kloster Kinzwissi

Um das Kloster Kinzwissi (etwa 35 Kilometer von Gori entfernt) zu erreichen, folgt man der M 1 in westlicher Richtung und biegt dann nach links zur Ortschaft Kareli (in lateinischen Buchstaben ausgeschildert) ab, die man durchquert und sich dann westlich hält, wo eine schlecht asphaltierte Straße zum Örtchen Kinzwissi führt. Man durchquert Kinzwissi und erblickt am Ortsausgang ein Hinweisschild, das die Richtung zum Kloster anzeigt. Von nun an wird die Straße zu einem Alptraum, der bei gutem Wetter glimpflich abläuft, aber nach Regenfällen sollte man sie nicht befahren. Zu Fuß sind es bis zum Kloster etwa 45 Minuten. Der Weg führt zunächst an den letzten Häusern und Gärten von Kinzwissi vorbei, überquert dann Wiesen und mündet schließlich in ein Waldstück. Oben beim Kloster gibt es herrliche Picknickmöglichkeiten und südöstlich, etwas abseits gelegen, eine Quelle mit kaltem Wasser zur Erfrischung. Das Kloster liegt abgeschieden am Hang eines zum Kleinen Kaukasus gehörenden Höhenzuges, in den der Kinzwuri-Bach ein freundliches Tal geschnitten hat.

Das berühmte Kinzwissi-Blau

Über die Geschichte des Klosters ist wenig bekannt. Von der einstigen aus drei Kirchen bestehenden Anlage blieb der Nachwelt nur die dem heiligen Nikolaus geweihte Hauptkirche vollständig erhalten, ein Kreuzkuppelbau, in der für das 13. Jahrhundert üblichen Weise aus Ziegelsteinen errichtet und außen fast schmucklos belassen. Die einzigen bauplastischen Verzierungen sind die in den georgischen Kirchen öfter anzutreffenden Kirchenmodelle in den Giebelspitzen.

Die Fresken von Kinzwissi

Doch nicht der Fassaden wegen lohnt der Aufstieg. Betritt man die Kirche, verschlägt es einem dem Atem. Ein Traum in Blau! Einem Blau einer ganz besonderen Art, das in die Geschichte der Malerei eingegangen ist – als ›Kinzwissiblau‹ und das dem Raum Leichtigkeit, Frohsinn und Feierlichkeit verleiht; ein intensives, weiches Himmelblau, das die Haupt- und Hintergrundfarbe aller Fresken bildet, mit Ausnahme der wohl früher ausgemalten Kuppel. Es würde genügen, sich dem Zauber dieses Raumes hinzugeben, um ihn nie wieder zu vergessen.

Doch verdienen einige Details besondere Aufmerksamkeit, unter anderem die drei in betender Haltung dem Altar zugewandten Personen königlichen Geblüts im unteren, der irdischen Kirche vorbehaltenen Fresken-›Rang‹ an der Nordwand. Nur zwei Fresken-Porträts der legendenumwobenen Königin Tamara sind in Georgien erhalten geblieben – das eine in Wardsia, das sie mit ihrem Vater Giorgi III. zeigt, als unverheiratete Mitregentin, und das andere hier in Kinzwissi. Flankiert von Vater und Sohn, trägt die Königin den Kopfschmuck verheirateter Frauen unter einer Krone.

Die Gottesmutter in der östlichen Apsis

Tamara und ihr Vater sind in byzantinische Prunkgewänder gekleidet, während Giorgi Lascha das Gewand eines georgischen Adligen seiner Zeit trägt. Die Gesichter sind nur noch in Konturen erhalten und verraten doch den hervorragenden Zeichner. Der verhangenskeptische Blick Tamaras aus den großen Augen unter schmalen, langen Brauen, die Nase schmal und leicht gebogen, der Mund klein und voll – diese Königin war Herrscherin und Frau zugleich, während Giorgi III. als machtvolle und willensstarke Persönlichkeit dargestellt ist.

Im Mittelfeld an der Nordwand gehört die zugleich schwebende und thronende Gestalt des Engels in der Szene ›Die drei heiligen Frauen am Grabe des Herren‹ zu den unübertroffenen Meisterwerken georgischer Freskenmalerei. Beachtenswert ist auch der heilige Georg, der Schutzpatron Georgiens, südlich gegenüber, dessen durchgeistigtes und zugleich weltlich waches Jünglingsgesicht in seiner irdischen Schönheit an antike Darstellungen erinnert.

In der georgischen Fachliteratur werden die Fresken der Nikolaikirche als Beispiel für die georgische Renaissance erwähnt. Beginnend mit Dawit dem ›Erneuerer‹ bis zu den Jahren der Herrschaft seiner Urenkelin Tamara setzte sich in der georgischen Kunst und Philosophie eine diesseitsbezogene, lebensbejahende Haltung durch, der Glaubensfanatismus und Askese fremd waren. Die Kirche des heiligen Nikolaus und ihre Fresken könnte man als Programm und Symbol dieser Geistes- und Lebensphilosophie interpretieren. Abweichend von der byzantinischen Ikonographie nimmt hier den höchsten Ehrenplatz in der Kuppel nicht das Pantokrator-Motiv des die Welt richtenden Christus, sondern eine schlichte Darstellung des Kreuzes ein, das im Verständnis des frühchristlich-kaukasischen Kreuzkultes Symbol für das Leben und den Triumph des Glaubens ist. Ebenso weicht die intensive Verehrung der Gottesmutter – einer Frau – von dem, was im oströmischen Reich üblich war, ab; ihr gehört in der Nikolaikirche der zentrale Platz in der Ostapside. Das sinnliche Kinzwissiblau schließlich holt den Himmel eines klaren kartlischen Sommertages in die Gemäuer des Gotteshauses, als würde es Diesseits und Jenseits, Gott und die Welt miteinander versöhnen wollen. Und mit dem ›Engel von Kinzwissi‹ letztendlich hat die georgische Freskenmalerei die Qualität der späteren westeuropäischen Rennaissance vorweggenommen und zu einer Synthese von durchgeistigter Spiritualität und menschlicher Schönheit und Sinnenfreude gefunden.

Angemerkt sei noch, dass das Fotografieren der Fresken von Ateni und Kinzwissi mit Blitzlicht nicht erlaubt ist.

▶ Karte S. 223

Die Kreuzkirche von Samzewrissi

Wenn man von Kinzwissi aus in Richtung M 1 zurückfährt und sich westlich hält, erblickt man auf Höhe der Ortschaft Agara links auf einem wermutbewachsenen Hügel eine kleine Kirche aus der ersten Hälfte des 7. Jahrhunderts. Die Kirche liegt inmitten eines Friedhofs, was wohl auf ihre ursprüngliche Bestimmung als Grabkirche hinweist. Die Kirche von Samzewrissi ist eine verkleinerte Kopie der Dshwari-Kirche von Mzcheta, mit der sie jedoch nicht nur wie so viele andere ihrer Nachahmungen das Aussehen, sondern auch den Namen teilt. Ein Kreuz im Tympanon des Südeingangs erinnert daran. Es heißt, dass die Kirche dem heiligen Georg gewidmet gewesen sei, dessen Kopf dort als Reliquie aufbewahrt wurde. Den Portikus der Kirche zerstörte 1940 ein Erdbeben. Bemerkenswert sind die schlangenartigen Einfassungen des Chorfensters, die möglicherweise auf einen in dieser Gegend praktizierten Schlangenkult zurückgehen. Die Inschrift an der Ostfassade weist darauf hin, dass die Kirche über ein Kanalsystem mit Wasser aus der Mtkwari versorgt wurde.

Nördlich von ihr befindet sich ein kleines **Backsteinmausoleum der Fürstenfamilie Zizischwili** aus dem 16. Jahrhundert. Die Ostseite im Innern des Mausoleums und die Südfassade sind bemerkenswert durch die Keramikreliefs, in deren Ornamentik orientalische Einflüsse unverkennbar sind. Das Friedhofsgelände, in dem sich Kirche und Mausoleum befinden, wird auch heute noch genutzt. Mitunter ist die Zugangstür verschlossen. Doch kein Grund zur Enttäuschung, denn in der Nähe des Friedhofs streichen so gut wie immer Kinder herum, die Rat wissen.

Gegenüber auf dem Hügel erheben sich die **Ruinen einer gewaltigen Festung**, vermutlich der Familiensitz der Zizischwilis. Ausgrabungen auf dem Burggelände haben zum Teil viertausend Jahre alte Funde ans Tageslicht gebracht. Im Mittelalter diente die Festung dem Schutz der Seidenstraße. Aus dieser Zeit stammt auch die **Burgkirche**, ein schlichter Saalbau, während der **Wohnturm** und die **Überreste der Befestigungen** wohl aus der unruhigen Zeit der osmanischen und persischen Eroberungen stammen, als die Fürsten ihre Besitzungen in nahezu uneinnehmbare Zwingburgen verwandelten.

Zromi

Zurück auf der M 1, durchfährt man Gomi und erreicht nach etwa acht Kilometern einen Polizeiposten, wo man links auf eine Straße, die über die Mtkwari führt, abbiegt und am jenseitigen Ufer des Flusses nach etwa sechs Kilometern zurück in Richtung Osten die Ortschaft Zromi erreicht. Hier befindet sich eine Kirche, die als Vorläufer des klassischen Kreuzkuppelbaus gilt und dem Kunsthistoriker E. Neubauer zufolge »der älteste bekannte georgische Sakralbau mit der Konstruktion einer auf vier Pfeilern ruhenden Kuppel« ist. (E. Neubauer, Altgeorgische Baukunst, Leipzig, 1976). Dass die **Kirche von Zromi** dennoch eine Übergangsform ist, hat mit dem Rechteckcharakter der Grundform zu tun, der sich an die West-Ost-Achsengliederung der Basilika hält.

Als weitere Neuerung in der Architektur gelten die zwei tief in den Bau einschneidenden Dreiecksnischen an der Ostfassade, die als gestalterisches Element – in Verbindung mit der Flachnische, die das Apsisfenster einfasst – erstmals an der Kirche von Zromi auftauchte und in der Folgezeit zu einem wesentlichen Element der Fassadengestaltung wurde.

Die Kirche von Zromi geht auf die Zeit der Herrschaft des Königs Ardanas zurück, dessen Sohn, Stefanos Hypatos, in einer Inschrift an der Südfassade als Bauherr genannt wird. Stefanos bestieg den georgischen Thron 635, so dass man als Bauzeit der Kirche die Jahre von 624 bis 635 vermutet. Ein Erdbeben zerstörte Kuppel, Tambour und Teile der Einwölbung.

Die Kirche war – der Tradition ihrer Entstehungszeit folgend – nicht ausgemalt, sondern mit einem goldglänzenden Apsismosaik geschmückt, dessen spärliche Reste man im Museum in Tbilissi zu sehen bekommt. Mit Zromi verbindet sich die Erinnerung an den heiligen Raschden, einen zum Christentum bekehrten Perser, der mit seinen neuen Glaubensbrüdern gegen seine ehemaligen Landsleute kämpfte. In persische Gefangenschaft geraten, wurde er als Verräter entlarvt und zur Strafe ans Kreuz genagelt.

Surami

Der M 1 weiter nach Westen folgend, gelangt man bei Kilometer 136 in die Stadt **Chaschuri**. Vom Zentrum des Ortes zweigt links eine Chaussee in Richtung Bordshomi ab. Die M 1 verlässt das Mtkwari-Tal, dem sie bis hierher gefolgt ist, wendet sich nach Nordwesten und steigt nun auf zum Suramigebirge (auch Meßchetisches Gebirge genannt), das Ost- von Westgeorgien trennt.

▶ Karte S. 223

Bald erblickt man linker Hand auf einem Felsen die Surami-Festung, deren Gründung auf König Wachtang Gorgassali zurückgeht. Eine alte Volkslegende berichtet von ihrem Bau. Immer und immer wieder stürzten die Mauern der Festung ein, so sehr sich ihre Erbauer auch mühten, ihnen Festigkeit zu verleihen. Der Feind war nahe, Angst machte sich breit. Da besann man sich einer Prophezeiung, die ein menschliches Opfer zur Rettung aller verlangte. Ein Jüngling sollte lebendigen Leibes in den Burgwall eingemauert werden. Dieser Jüngling war Surab, und seine Tränen sickern bis heute aus dem Mauerwerk. Die Festung aber wurde uneinnehmbar. In der georgischen Literatur ist das Thema des Menschenopfers von Surami von zwei diametral entgegengesetzten Standpunkten aus behandelt worden. In der 1858 geschriebenen Erzählung, dem einzigen überlieferten Prosawerk des 30jährig verstorbenen Schriftstellers Daniel Tschonkadse, prangert dieser Feudalverhältnisse und Leibeigenschaft an, die das Opfer sinnlos machen, während sich der Junge in Sergej Paradshanows Film ›Die Surami-Festung‹ freiwillig für seine georgische Heimat opfert.

Der Ort **Surami** ist ein bekannter Luftkurort, der zu sowjetischen Zeiten vor allem Kindern vorbehalten war, heute jedoch überwiegend von Flüchtlingen aus Abchasien bewohnt ist. Zu beiden Seiten der Chaussee laden Dutzende Restaurants zur letzten Rast in Ostgeorgien ein, bevor die M 1 in einem Tunnel verschwindet, der den **Bergrücken von Lichi** (1926 Meter) unterquert. Für die Benutzung des Tunnels wird eine Mautgebühr in Höhe von umgerechnet einem Euro je Fahrzeug erhoben. Besonders im Frühjahr ist der Weg über die alte Straße, die den Sattel von Rikoti überquert, aufgrund seiner Aussichten über die mit Laubwald und zahlreichen gelben Azaleen bewachsenen Berge sehr reizvoll.

Georgisches Kunsthandwerk

Der Kleine Kaukasus

Das für sein Mineralwasser berühmte Bordshomi und die Bakuriani-Schlucht, welche für ihre wunderschönen Berglandschaften, als Zentrum des Wintersports und sommerliche Wanderungen gepriesen wird, sind die bekanntesten Reiseziele im Kleinen Kaukasus und als solche die einzigen im ganzen Land. Über Bordshomi führt zudem der Weg nach Wardsia, dem wohl beeindrukkendsten Höhlenkloster auf georgischem Boden.

Von Tbilissi aus gelangt man nach Bordshomi über die M 1 in Richtung Kutaissi, der man 136 Kilometer in Richtung Westen bis zum Städtchen **Chaschuri** folgt, wo sich die Trasse im Ortszentrum gabelt. Die M 1 beschreibt einen nordwestlichen Bogen, die von ihr südwestlich abzweigende M 11 führt in Richtung der Berge des Kleinen Kaukasus, die man nach gut einem Dutzend Kilometer Fahrt durch eine fruchtbare Ebene erreicht. Bei Kilometer 28 beginnt die **Bordshomi-Schlucht**, die dem Kurort ihren Namen gab. In etwa 800 Meter Höhe über dem Meeresspiegel am Zusammenfluss dreier Flüsse gelegen, trennt die Schlucht zwei Bergrücken des Kleinen Kaukasus, das Meßchetische Gebirge im Westen und das Trialetische im Osten. Die Gipfel in der unmittelbaren Umgebung Bordshomis klettern bis zu 2500 Meter in die Höhe und schützen den Ort vor extremen Witterungswechseln. Im Sommer klettern die Temperaturen selten über 25 °C, und in den schneearmen Wintern sinken sie nur wenige Grade unter den Gefrierpunkt.

Holzvilla aus der Zarenzeit in Bordshomi

▲ Karte S. 245

Bordshomi

Seit jeher war Bordshomi Fürstensitz, wovon die Reste dreier über der Mtkwari thronenden Burgen bis heute zeugen. Nicht ihnen aber verdankt der Ort seine über die Landesgrenzen hinaus reichende Berühmtheit, sondern einem Schatz, der in unerschöpflichen Reservoirs im Innern der Berge ruht und seit Generationen menschliche Leiden gelindert hat: dem Mineralwasser. Es heißt, dass russische Soldaten das geheimnisvolle Wasser in der Welt bekannt machten. Einer dieser Soldaten klagte seit langem über schlimme Magenschmerzen. Er trank täglich aus einer Quelle, deren warmes Wasser ihm schmeckte und Linderung verschaffte. Er blieb lange genug in Bordshomi, um nicht nur eine spürbare Verbesserung seines Zustandes zu erfahren, sondern eines Tages sogar gänzlich schmerzfrei zu werden. Der Arzt der Truppe schickte eine Probe des ›Wunderwassers‹ nach Petersburg, wo man seine Zusammensetzung prüfte und dem gewissenhaften Doktor zur Entdeckung der ersten mine-

Der Kleine Kaukasus

ralischen Heilquellen auf dem Territorium Russlands gratulierte. Der Soldat, dessen Magengeschwür den Anlaß zur Entdekkung gegeben hatte, erhielt als Anerkennung einen Silberrubel. Nur wenige Jahre später, Mitte des 19. Jahrhunderts, begannen russische Pioniere mit dem Ausbau Bordshomis zum Kurort.

Dieser Kurort gehörte der Zarenfamilie, und nur sie bestimmte über die Nutzung der entlang der Mtkwari angelegten Parks und der im Schatten seiner Bäume errichteten Sanatorien und Paläste. Der originellste dieser Paläste ist das bis heute erhaltene Likani-Palais, ein Geschenk des Zaren Alexander II. an seinen Bruder Michail. In den 70er Jahren des 19. Jahrhunderts entstand auf dem Gelände des Parks das erste auf dem Territorium Georgiens errichtete Kraftwerk. Es diente zur nächtlichen Erleuchtung der Grünanlage während der rauschenden Feste des russischen und georgischen Adels.

Auf dem Territorium des Parks befinden sich bis heute die wichtigsten im Ort gelegenen Heilquellen mit ihren kohlensäure-, hydrokarbonat- und natriumhaltigen natürlichen Mineralwässern, deren chemische Zusammensetzung, Temperatur (je nach Quelle 18 bis 36 °C) und mineralische Masse von sechs bis sieben Gramm je Liter sich in den mehr als 100 Jahren ihrer Ausbeutung nicht verändert hat. Die Wässer der verschiedenen Quellen haben ihre heilende Wirkung bei der Behandlung verschiedener Krankheiten des Magen-Darm-Trakts, bei Stoffwechselstörungen, Herz- und Gefäßleiden, Erkrankungen des Bewegungsapparates sowie bei Nervenleiden unter Beweis gestellt.

Bereits 1896 entstand eine erste Fabrik zum Abfüllen des Wassers in Flaschen. Seine erste internationale Anerkennung,

Eine Seilbahn führt hinauf zu einem Vergnügungspark mit Riesenrad

einen Grand Prix, errang das Bordshomi-Wasser 1907 im belgischen Kurort Spa; ihr folgten viele weitere.

Die beste Therapie mit dem Wasser aber ist die vor Ort, in einem der acht Sanatorien auf dem Gelände des ehemaligen **Zarenparkes** oder aber in denen außerhalb seiner Umzäunung. In den vergangenen zwei Jahren hat sich der Zustrom von Erholungsuchenden, insbesondere aus Kreisen des Moskauer und Petersburger Establishments, verstärkt. Das Gelände des ehemaligen Zarenparks wird deshalb scharf bewacht und ist in den Monaten Juli und August nicht zugänglich. Ein Aufenthalt kostet etwa 45 Euro in einem der gewöhnlichen Sanatorien und bis zu 90 Euro pro Tag bei Unterbringung im Likani-Palais, inklusive Verpflegung und Behandlung. In den übrigen Kurheimen liegen die Tagespreise bei 25 bis 30 Euro.

▲ Karte S. 247

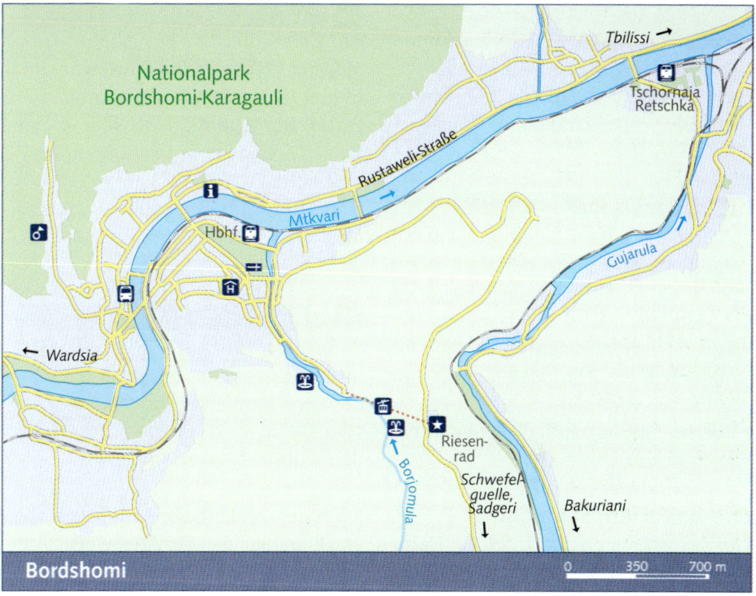

Bordshomi

Auf einem Felsen am dem Zarenpark gegenüberliegenden Ufer der Mtkwari liegen die Ruinen der **Petrisziche-Festung** aus dem 10. /12. Jahrhundert. Eine Legende berichtet vom Streit zweier Brüder fürstlichen Geblüts um den väterlichen Nachlaß. Anstatt sich zu einigen, zogen die Brüder es vor, ihr Erbe zu zerstören. Die Stele vor dem Likani-Palast mit den zwei ineinander verschlungenen, verbissen kämpfenden Adlern versinnbildlicht den Streit der beiden Fürstensöhne und ist zugleich das Wappen Bordshomis.

Zwei weitere Festungen flankieren die Schlucht im Norden, nämlich **Gorgisziche** (Festung des heiligen Georg) im Nordwesten und **Gwirgwina** im Nordosten. Beide Burgen befinden sich auf Sichtweite zueinander und liegen auf scheinbar unbezwinglichen Felsen in beträchtlicher Höhe über dem Fluss.

Südöstlich von Bordshomi liegt das **Dorf Sadgeri**, das in Chroniken des 11. bis 13. Jahrhunderts als bestens befestigte und ›unbezwingbare‹ Stadt erwähnt wird. Teile der Befestigungen sind bis heute gut erhalten, ebenso wie eine Kirche aus dem 17. Jahrhundert mit einigen von König Wachtang VI. gestifteten Ikonen. In der Nähe Sadgeris ist die vorzüglich erhaltene Georgskirche aus dem 13./14. Jahrhundert einen Abstecher wert. Nach dem Weg fragt man am besten vor Ort.

i Bordshomi

Die Hauptsraße des Ortes ist die Rustaweli-Straße entlang der Mtkwari, hier befindet sich die Marschrutka-Haltestelle, der Bahnhof, die Post, eine Bank mit Geldautomat, eine Apotheke sowie viele Läden und Restaurants.

In Bordshomi gibt es zwei Bahnhöfe.

Die Züge aus Tbilissi (zweimal täglich) halten am Bahnhof am Bordshomi-Park in der Rustaweili-Str.
Vom Bahnhof Tschornaja-Retschka am nördlichen Ortsrand fahren Züge nach Bakuriani.

Zwischen dem Busbahnhof Tbilissi-Didubé und Bordshomi bestehen stündliche Minibusverbindungen, Dauer ca. 2 Stunden.
Von Bordshomi nach Bakuriani kann man etwa alle 2 Stunden fahren (Dauer ca. 45 Minuten).
Ebenso gibt es häufige Verbindungen nach Achalziche.

Am Bahn- und am Busbahnhof trifft man auf Vermieter von Privatzimmern. Es gibt viele Hotels und Sanatorien.
Hotel Bordshomi, Holzvilla in der Tsminda-Nino-Str. 3, Tel. 00995/267/22212.
Hotel Bordshomis Cheoba, Rustaweli Str. 107a, Tel. 00995/267/23072, 23073.

Entlang der Rustaweli-Str. gibt es zahlreiche Restaurants und Schaschlikstände. Sehr empfehlenswert ist das Restaurant im ehemaligen Wartesaal des Bahnhofs am Bordshomi-Park.

Die Bakuriani-Schlucht

Um Bordshomi erstreckt sich ein Naturpark, in dem sich auch der WWF engagiert, unter anderem mit Programmen zum sanften Tourismus (s. S. 250).
Verlässt man in Bordshomi die M 11 nach Südosten, gelangt man in die Bakuriani-Schlucht. Die Straße führt hinauf in die Bergwelt des Trialetischen Gebirges.
Der **Kurort Bakuriani** selbst liegt an der Grenze zur subalpinen Zone in einer Höhe von 1600 bis 1800 Metern über dem Meeresspiegel. Die reine Bergluft und zahlreiche Mineralquellen in seiner unmittelbaren Umgebung prädestinieren ihn zudem als Luftkurort zur Behandlung von Erkrankungen der Atemwege, insbesondere Asthma. Um Unterkunft und Verpflegung muss man sich in Bakuriani ebenso wenig sorgen wie überall im Land. Wie auch Bordshomi kann Bakuriani etwa 2000 Erholungssuchende gleichzeitig aufnehmen. Da die Wanderwege nicht markiert sind, ist man jedoch auf Bergführer angewiesen. In den Wintermonaten verwandelt sich der Ort in ein lebendiges **Skisportzentrum**, das bereits zu Sowjetzeiten zehntausende Sportler anzog. In den letzten Jahren wurden die Liftanlagen modernisiert.

Bakuriani

Fast alle örtlichen hauptstädtiischen Veranstalter bieten Exkursionen nach Bakuriani und Bordshomi an (siehe Reisetipps S. 331), ebenso das Besucherbüro des Nationalparks Bordshomi Kharagauli (siehe S. 250).

In den letzten Jahren entstanden in Bakuriani einige neue Hotels, unter anderem das komfortable **Trialeti**, Tel. 00995/77/774409 (Mobil) oder 00995/32/967271, DZ ca. 70 Euro.
Eines der besten Hotels in Sachen Gemütlichkeit, gutes Essen und Preis-/Leistungsverhältnis ist das **Apoloni**, Tel. 00995/77/730772.
Hotel Tbilissi, EZ ca. 35 Euro, an der Hauptstraße auf der rechten Seite. Tel. 00995/77/955200, mob. 00995/55/393393

▶ Karte S. 245

Der Nationalpark Bordshomi Kharagauli

Der Nationalpark Bordshomi Kharagauli erstreckt sich auf über 76 000 Hektar – das ist immerhin ein Prozent der gesamten Landesfläche Georgiens – und begeistert durch eine vielfältige Flora und Fauna sowie atemberaubende Landschaften. Urwüchsige kolchische Wälder, subalpine und alpine Matten sind Heimat zahlreicher und teils seltener Pflanzen- und Tierarten. Auch einige endemische Tierarten wie das schwarze kaukasische Moorhuhn leben im Park. Es gibt stabile Populationen von Braunbären, Wölfen, Luchsen, Gemsen und Rotwild. Jedes Jahr im Frühjahr und im Herbst überqueren große Schwärme von Zugvögeln den Park.

Die Geschichte dieses Nationalparks reicht lange zurück, denn bereits im Mittelalter wurde das Gelände von ortsansässigen Adeligen als Jagdrevier geschützt. Als Georgien im 19. Jahrhundert Teil des russischen Reiches wurde, war die Zarenfamilie begeistert von der kaukasischen Bergwelt, und Michail Romanoff zäunte weite Teile des Waldgebietes um Bordshomi ein und reglementierte den Holzeinschlag und die Jagd. Dieses Gelände bildete später die Keimzelle des Bordshomi-Kharagauli-Nationalparks.

Die georgische Regierung hat erkannt, dass im umweltverträglichen Tourismus auch wirtschaftliches Potential steckt und gründete den Park mit Unterstützung der deut-

Die Ranger-Station in Marelisi

schen Bundesregierung und des WWF (World Wide Fund for Nature). Im Jahre 2001 konnte der Park offiziell eingeweiht werden, und er steht seit 2003 auch Besuchern offen. Neun Wanderwege wurden angelegt, die ein- oder auch mehrtägige Touren in Höhen zwischen 800 und 2642 Metern mit zum beeindruckenden Aussichten ermöglichen, besonders im Sommer, wenn die subalpinen Matten in allen Farben blühen. Die Touren bieten unterschiedliche Schwierigkeitsgrade. Ein Teil dieser Wegstrecken bietet sich auch für, ebenfalls ein- oder mehrtägige, Reittouren an.

Es ist zwar nicht verboten, auf eigene Faust zu wandern, aber es wird empfohlen, die vorgeschlagenen Touren nur mit einem Führer zu unternehmen, der von der Nationalparkverwaltung vermittelt wird.

Ein besonderes Erlebnis ist auch die Rhododendronblüte im April und Mai. Für Landschaftsfotografen empfiehlt sich der September und Oktober als beste Reisezeit. Die meisten Wege sind von Mai bis Oktober geöffnet. In vier einfach eingerichteten, aber schön gelegenen Touristenhütten kann am Wegesrand übernachtet werden.

Auf dem Gelände des Nationalparks liegen auch einige Klöster, die man besichtigen kann.

Wer im Nationalpark unterwegs ist, sollte sich selbstverständlich an die Regeln halten: Feuer ist außerhalb der vor den Hütten befindlichen Feuerstellen untersagt, zum Schutz der Tierwelt sollte kein unnötiger Lärm verursacht werden, und der eigene Abfall muss natürlich wieder mitgenommen werden. Ebenso ist es streng verboten, Pflanzen zu sammeln, zu jagen oder zu fischen Für die Übernachtung in den Hütten ist ein Schlafsack erforderlich.

Die **Nationalparkverwaltung** befindet sich in Bordshomi, Meskhetistr. 23, Tel. 00995/367/22117, 00995/99/233449, www.borjomi-kharagauli-np.ge. Hier können Führungen durch den Park, Übernachtungen, Bergführer und Pferdeausflüge gebucht werden. Auf der Internetseite findet sich neben Informationen zum Park auch eine Übersicht der Wanderwege.

Direkt am Verwaltungsgebäude beginnt ein **Umwelterlebnispfad**, der für Kurzbesucher einen Einblick in die Tier- und Pflanzenwelt bietet. In Marelisi am Nordrand des Nationalparks unterhält die Parkverwaltung ein kleines Gästehaus mit vier Doppelzimmern. Nach Marelisi gelangt man aus Tbilissi mit dem Zug in Richtung Poti bzw. Batumi. Fahrzeit ca. 2 Stunden oder mit dem Bus bzw. Kleinbus. Weitere Übernachtungsmöglichkeiten bestehen in einfachen Wanderhütten auf dem Gelände des Nationalparks.

Auch die in den Reisetipps genannten Reiseveranstalter in Tbilissi sind bei bei der Organisation und Buchung einer Tour durch den Park behilflich.

Wanderhütte im Nationalpark

Von Bordshomi nach Achalziche

Folgt man der M 11 von Bordshomi aus weiter in Richtung Süden, die Mtkwari flussaufwärts, gelangt man nach etwa neun Kilometern an einen nach links führenden Abzweig. Über ihn erreicht man nach wenigen Minuten Fußmarsch das aus dem neunten Jahrhundert stammende **Tschitachi-Kloster** mit seiner noch aus den Gründungsjahren stammenden Kirche, einem Glockenturm aus dem 15. Jahrhundert und einer Kapelle. Vom Kloster aus beginnt der gut zwölf Kilometer lange Aufstieg zum **Babadsweli-Bergplateau**, auf dessen Höhe einige wunderschöne, von Wäldern umgebene Bergseen liegen, die man auch von Bakuriani aus erreicht und die eines der lohnenswertesten Ausflugsziele in diesem Teil des Kleinen Kaukasus sind.

Je weiter man Bordshomi der M 11 folgend hinter sich lässt, desto spürbarer verändert sich die Landschaft. Die Vegetation an den das Tal säumenden Berghängen wird spärlicher, nach und nach lichten sich die Wälder, bis das Tal sich öffnet und der Blick sich weitet. Hier endet das von Tolstoi gepriesene ›irdische Paradies‹ und man ist nun bereits bis auf Tuchfühlung zu den unwirtlichen Hochplateaus des armenischen und türkischen Erserum-Berglandes vorgedrungen. Kein Gebirgszug schützt diese im Norden vom Kleinen Kaukasus begrenzte Hochebene vor den im Winter kalten und im Sommer heißen, trockenen Luftmassen aus dem Süden, während die Ausläufer des Meßchetischen Gebirgeszuges im Westen die feuchten Winde vom Schwarzen Meer auffangen.

Die Landschaft mit ihren bräunlich-gelben, steil aufragenden oder bucklig krummen Bergrücken und den wie Dinosaurierskelette in der Landschaft liegenden Festungsruinen bildet einen merklichen Kontrast zur Üppigkeit Bordshomis und Bakurianis. Zu Zeiten Dawits und Tamaras das Kernland Georgiens, verödete die Gegend bis in die Mitte des 19. Jahrhunderts derart, dass die zaristische Regierung hier russische Siedlungen errichten ließ und an russische Bauern Land verpachtete.

Bei Kilometer 27 hinter Bordshomi befinden sich die Ruinen der einst mächtigen **Atzkuri-Feste**, die im Laufe vieler Jahrhunderte fremden Eroberern den Weg ins Innere Kartlis verwehren sollte und doch nur ein schwaches Bollwerk gegen überlegene Feinde war. Unweit der Festungsruinen, im Dorf gleichen Namens, werden die Überreste einer mittelalterlichen Stadt ausgegraben, vor deren Toren König Irakli II. 1770 eine seiner unglücklichsten Schlachten schlug. Vom russischen General Todtleben, der ihm zur Hilfe kommen sollte, im Stich gelassen, nahm es Iraklis Heer mit einer Übermacht osmanischer und nordkaukasischer Krieger auf, der es nach großen Verlusten schließlich doch weichen musste.

Die größte Stadt und das Verwaltungszentrum der Region ist **Achalziche**, ein für seine Schwefelbäder bekannter Kurort. In sieben Kilometern Entfernung von Achalziche, auf einem Berg über der Mtkwari, befand sich einst eines der berühmtesten südgeorgischen Klöster: Sapara. 12 Kirchen beherbergte das Ensemble, von denen nur drei erhalten sind – die Bischofskirche des heiligen Sawwa aus dem 13. /14. Jahrhundert, die Muttergotteskirche sowie eine Basilika aus dem 10. Jahrhundert.

Ungefähr 30 Kilometer westlich von Achalziche befindet sich im Meßchetischen Gebirge der bekannte Hochgebirgskurort **Abastumani** mit seinen warmen Quellen und in seiner Nähe ein

einst mit modernsten Teleskopen ausgestattetes Observatorium.
Wer diese Gegend heute bereist, befindet sich auf touristischem Neuland. Als Georgien zur Sowjetunion gehörte, war das gesamte Gebiet jenseits Bordshomis für Ausländer gesperrt und selbst Georgiern nur mit spezieller Genehmigung zugänglich. Nur wenige Kilometer südlich von Achalziche beginnt türkisches Staatsgebiet und die Grenze zur Türkei, die gleichzeitig die Südflanke der Nato war. Sie wird bis heute von russischen Grenzsoldaten bewacht, aber die Straße nach Wardsia, ebenso wie die Trasse über den Goderdsi-Pass nach Batumi, sind heute ungehindert befahrbar.

Durch seine Lage gut geschützt: das Kloster Wardsia

Wardsia

Um nach Wardsia zu gelangen, lässt man die Abfahrt nach Achalziche rechts liegen und folgt der M 11 weiter entlang der Mtkwari über Aspindsa, bis man nach etwa 70 Kilometern Chertwisi erreicht, wo man nach rechts abbiegt. Immer dem Lauf der Mtkwari folgend, erreicht man nach noch einmal 30 Kilometern Fahrt das Höhlenkloster. Die Straßen sind, wenn auch unter zum Teil erheblichen Schwierigkeiten, selbst für PKWs passierbar.
Hinter Achalziche hat sich die Mtkwari ein enges Tal in den Sandstein geschnitten. Die Trasse windet sich entlang der Berge, die wie schlafende Riesen in der Landschaft liegen; fern im Norden die Ketten des Kleinen Kaukasus und dazwischen eine savannenartige Landschaft, die sich von den Menschen nur das Nötigste zum Leben abringen lässt. Am Himmel ziehen Adler und Falken ihre Kreise.
An der **Ortseinfahrt nach Aspindsa**, gegenüber einer Tankstelle, die aussieht als stünde sie hier schon seit Hunderten von Jahren, lädt ein ›Eating House‹ zu einer Rast ein. Da es das wohl einzige auf der gesamten Route ist, sollte man die Gelegenheit nutzen. Wirt und Wirtin sind sehr zuvorkommend und für jeden Wunsch aufgeschlossen. Die Zutaten zu den Gerichten stammen alle aus dem eigenen Stall oder Garten, und ein Picknick unter dem riesigen Baum am wackligen Tisch und auf wackligen Stühlen ist ein Erlebnis der besonderen Art. Die Situation gewinnt noch an Kolorit, wenn man sich 230 Jahre zurückversetzt. Wenige Tage nach der Schlacht bei Atzkuri kreuzten am Hang des gegenüberliegenden Mtkwari-Ufers die am Leben gebliebenen Krieger König Iraklis erneut ihre Säbel mit denen der siegestrunkenen Osmanen und Nordkaukasier – diesmal siegreich.
Einige Kilometer weiter erreicht man **Chertwisi**, den Chroniken des Landes zufolge eine der ältesten befestigten Städte auf georgischem Boden, was Ausgrabungen, die mehr als 2000 Jahre

▶ Karte S. 245

alte Funde ans Tageslicht brachten, bestätigen. Über die Stadt herrschen die geheimnisvollen Ruinen einer einst mächtigen Festung, der ersten Zwingburg, die die osmanischen Heere stets aufs Neue zu bezwingen hatte.

Hat man die M 11 vor Chertwisi rechter Hand verlassen, nimmt die Landschaft noch einmal überrachend neue Formen an, die, besonders wenn sie von der untergehenden Sonne beschienen werden, anmuten wie im Märchen. Allmählich weicht der Granit der Berge weichem, kalkhaltigem Tuffgestein, und hier und da erspäht man bereits in den rechts der Trasse sich auftürmenden Felswänden Höhlen, die alle einstmals bewohnt waren oder Viehtreibern in den Nächten oder bei Unwettern als Unterschlupf dienten und von den Dorfbewohnern aufgesucht wurden, wenn sich Feinde näherten. Der ganze Landstrich war einst von Wald bedeckt, der jedoch vom 16. bis zum 18. Jahrhundert den Äxten der Türken zur Gewinnung von Brennholz und zur besseren Kontrolle des Landes zum Opfer fiel.

Das Höhlenkloster

Höhlen waren die ersten Behausungen der Menschen und sie blieben es, bis unsere Vorfahren lernten, sich Häuser zu bauen. Jedoch auch in späteren Zeiten haben Höhlen nichts von ihrer Anziehungskraft eingebüßt, und in den ersten Jahrhunderten des Christentums waren es vor allem Asketen und Einsiedler, die in der Einsamkeit und Anspruchslosigkeit des Höhlenlebens Zuflucht vor den Launen und Wechselfällen des weltlichen Daseins fanden. Der heilige Dawit legte den Grundstein zum Kloster Dawit Garedscha in Kachetien, und auch am Flussufer der Mtkwari fanden Mönche in den natürlichen Höhlen eine Bleibe.

Der Anblick Wardsias ist ein unvergeßliches Erlebnis: Gut 500 Meter ragt eine Felswand vom Ufer der Mtkwari, die sich hier ein tiefes Bett gegraben hat, in die Höhe, und selbst mit bloßem Auge sind im zerklüfteten Hang Öffnungen erkennbar, die sich über mehrere, durch Treppen, Galerien und Terrassen miteinander verbundene Etagen erstrecken. Das ganze Ausmaß der Anlage lässt sich erst überschauen, wenn man ihr näher gekommen ist.

Man schreibt die Gründung Wardsias der Regierung Giorgi III. und seiner Tochter, Königin Tamara, zu, doch wird das Kloster, sei es als Einsiedelei oder mönchische Gemeinschaft, bedeutend älteren Ursprungs sein und erst unter dem König und seiner berühmten Tochter zu der Bedeutung und Größe gelangt sein, von der heute die Ruinen künden.

Dessen ungeachtet, dass die Grenzen des von Tamara regierten georgischen Reiches weit von Wardsia entfernt lagen, ließ die Königin den Klosterkomplex beträchtlich in die Tiefe des Berges und entlang des Hanges erweitern. Eini-

In den Stein gehauene Treppe

gen Quellen zufolge waren es bis zu 2000 Säle und Kammern, die von kilometerlangen Querstollen im Fels miteinander verbunden wurden. Zur Blütezeit Wardsias lebten hier 800 Mönche, die den Komplex erhielten, verwalteten und Lebensmittelvorräte anlegten. Die Höhlen konnten bis zu 50 000 Menschen aufnehmen, wenn feindliche Heere sich näherten und Städte und Dörfer mit Plünderung und Brandschatzung bedrohten. Das Wasser erhielten sie aus einem riesigen Reservoir, das sich aus Mineralquellen im Bergesinneren speiste und über unterirdisch verlegte keramische Röhren mit dem Fluss verbunden war. Über Öffnungen und raffinierte Windkanäle konnten auch die inneren Höhlen ständig mit Frischluft versorgt werden, ohne dass die vielen Menschen auf engstem Raum an ihren eigenen Ausdünstungen ersticken mussten. Ihre Notdurft verrichteten sie über spezielle Balkone an den Außenwänden.

Einer der Räume an der Außenwand ist bis heute als Apotheke erkenntlich, in der die Mönche in speziellen Vertiefungen Kräuterextrakte und verschiedenste Tinkturen aufbewahrten, deren Rezepturen leider verloren gingen. Besonderen Wert legten die Mönche, ähnlich denen in Ikalto, auf die Bevorratung mit Wein, der in mächtigen Aushöhlungen aufbewahrt wurde. Es heißt, dass jedem Mönch am Tag eineinhalb Liter zustanden, worauf sie nur dann verzichteten, wenn sie sich zu einsamen, oft tagelangen Meditationen in die dafür vorgesehenen speziellen Nischen im Innern des Berges zurückzogen.

Zugänglich war das Kloster über Leitern, die eingezogen wurden, wenn sich Feinde näherten. Daneben führten einige bestens getarnte unterirdische Gänge vom Ufer des Flusses in den Berg, durch

Fresken in der Kirche des Klosters

die man über ein Gewirr von engen Treppen und Falltüren ins Innere des Klosters gelangte. Wardsia war eine der bestbewehrten Festungen ganz Georgiens. Es heißt, dass sowohl die Mongolen als auch 1522 die Osmanen ihrer nur dadurch habhaft werden konnten, dass sie durch Verrat von den unterirdischen Gängen und ihren Geheimnissen erfuhren. Die Osmanen plünderten das Kloster und vertrieben die Mönche.

Die folgenden fast drei Jahrhunderte gehörte Wardsia und mit ihm ganz Meßchetien zum Osmanischen Reich. Die Bevölkerung Meßchetiens wurde gewaltsam islamisiert, vertrieben oder getötet, so dass die Region verwaiste und nur einigen wenigen Viehtreibern als Weideland diente. Die Höhlen von Wardsia aber dienten bei Unwettern und in den harten Wintermonaten als Ställe für das Vieh. Als ein Erdbeben Anfang des 19. Jahrhunderts die meisten Stollen und Säle zum Einsturz brachte, schien es um Wardsia gesche-

▲ Karte S. 245

hen und niemand würde sich mehr seiner erinnern, wenn nicht im 20. Jahrhundert erste Ausgrabungs- und Restaurationsarbeiten einen Teil des Klosters wiederbelebt hätten. In jahrzehntelanger mühevoller Kleinarbeit stellten georgische Archäologen einen Teil der an der Fassade gelegenen Räume wieder her und öffneten im Innern des Berges bereits mehr als 500 Höhlen. Trotz des knappen Budgets werden die archäologischen Arbeiten bis heute fortgeführt.

Den tiefsten Eindruck hinterlässt die kunstvoll restaurierte, einst in das Gestein gehauene **Kirche des Klosters** mit ihren wunderschönen **Fresken** aus der Blütezeit der Anlage. Die beeindruckendste Freske ist das an der Westwand befindliche gemeinsame Porträt Giorgis III. und seiner Tochter Tamara. Dies ist eine von nur zwei in Georgien erhaltenen Freskenabbildungen der großen Königin, die ein Modell der Kirche in ihren Händen hält; das andere befindet sich in Kinzwissi. Von künstlerischer Meisterschaft zeugen auch die Engel an den Fensternischen sowie die vielen anderen Details dieses in seiner Geschlossenheit und inneren Harmonie einmaligen Kirchenraums. Man ist geblendet, wenn man das Dunkel der Kirche verlässt und der Blick über die Weite des Tals schweift. Die Höhlen, die sich mit einem Feldstecher an der nordöstlich gegenüberliegenden Felswand ausmachen lassen, gehören zu den Überresten eines etwa zu gleicher Zeit entstandenen und zerstörten Frauenklosters, das bis heute leider noch nicht zugänglich gemacht werden konnte.

Trotz seiner Nähe zur türkischen Grenze war Wardsia ein beliebtes Urlaubsziel sowjetischer Bürger. Das in den 70er Jahren zu Füßen des Klosters gebaute Hotel ist heute eine Ruine. Wenn man in Wardsia übernachten möchte, wendet man sich am besten an den Chef der Museumsaufsicht am Aufgang zur Höhlenstadt. Seine Mitarbeiter, zumeist Archäologen, die den Komplex erforschen, sind zudem gegen einen verhandlungsfähigen Obolus von ungefähr 20 Euro pro Gruppe zu Führungen bereit. Das Recht auf Foto- und Videoaufnahmen kostet pro Person einen bis drei Euro, in Abhängigkeit davon, ob man sich auf eine Führung einlässt oder nicht.

Die Ausgrabungen von Dmanissi südwestlich von Tbilissi

Auf jeden Fall ist sie empfehlenswert, wenn man auch nur mit etwas Glück einen der wenigen englisch- oder deutschsprechenden Archäologen antreffen wird.

Bolnissi und Dmanissi

Im Süden von Tbilisi, an der M 6 bzw. unweit dieser Fernverkehrsstraße Richtung Armenien befinden sich in der Region Unteres Kartli die beiden Orte Bolnissi und Dmanissi (Karte S. 223).
Bolnissi trug vor knapp 200 Jahren, als der Ort von deutschen Siedlern gegründet wurde, den Namen Katharinenfeld. Etwa acht Kilometer westlich, zu erreichen über einen Fußweg, liegt die Siedlung Sioni. Die Sehenswürdigkeit von Sioni ist die **Sioni-Kirche**, der älteste Sakralbau auf georgischem Boden. Errichtet wurde die Basilika Ende des 5. Jahrhunderts. Die wenigen erhalten gebliebenen Fresken sind stark verblasst, sehenswert aber ist die Kirche allemal – wegen der ältesten auf georgischem Territorium erhaltenen Inschrift in der vom 5. bis ins 9. Jahrhundert gebräuchlichen Assomtawruli-Schrift und die für die frühchristliche Epoche typischen flachen Basreliefs, vor allem Tierfiguren.
Auf dem Weg nach Sioni befindet sich zudem die **Kirchenruine von Sugrugascheni** aus dem 11. Jahrhundert mit einer imposanten Zylinderkuppel. Die Steinmetzarbeiten an den Außenwänden sind gut erhalten. Die Kirche selbst ist nicht zugänglich.

Die Ausgrabungen von Dmanissi

In der Umgebung des südlich von Bolnissi gelegenen Ortes Dmanissi finden seit vielen Jahren Ausgrabungen statt, an denen auch Archäologen des Römisch-Germanischen Nationalmuseums Mainz teilnehmen. Hier fand Dr. Antje Justus 1991 – eher zufällig, Minuten vor Beendigung der Grabungssaison – einen 1,75 Millionen alten Unterkiefer eines Hominiden. Der Fund veränderte die Evolutionstheorie, war man doch bis dato davon ausgegangen, dass es den ersten Homo erectus in Afrika gegeben haben müsse, von wo aus er auf Wanderschaft gegangen ist. Dem ersten Fund folgten viele weitere – bis hin zu nahezu vollständig erhaltenen Skeletten und Schädelknochen.
In der Umgebung von Dmanissi finden seit vielen Jahren Ausgrabungen statt, weshalb das Georgische Nationalmuseum dort in einem kleinen Gebäude ein **Museum** eröffnet hat, wo es mittelalterliche Keramik, Münzen und Artefakte aus Metall und Glas zu sehen gibt. Der 1999 gefundene, arg ramponierte aber noch als solcher zu identifizierende Schädel eines knapp zwei Millionen alten Hominiden, der bereits viel auf Reisen war, befindet sich, falls er nicht wieder unterwegs ist, im Georgischen National-(Dshanaschia)-Museum am Rustaweliprospekt in der Hauptstadt. Zu den Sehenswürdigkeiten in Dmanissi gehören die Ruinen einer Stadt aus dem 12. Jahrhundert, die an einer der Routen der Seidenstraße lag.
Anfahrt: Da die Straßen Richtung Bolnissi, Sioni und Dmanissi in bedenklichem Zustand sind und man, so man ein öffentliches Verkehrsmittel (Marschrutka) nimmt, nur mit Umsteigen in die beiden Orten gelangt, empfiehlt es sich, bei einem der Anbieter in Tbilissi (s. S. 331) einen Tagesausflug zu buchen.

Die Sioni-Kirche bei Bolnissi

Als Sonnenland – Aia – bezeichneten die antiken Autoren die Ostküste des Schwarzen Meeres; vor allem aber unter seinem historischen Namen Kolchis ist das Königreich in die Mythologie und Geschichte der Griechen eingegangen.

»Pflanze einen Stock in die Erde, und er treibt und wird Früchte tragen«, heißt es in einer für ganz Georgien gültigen, aber in seinem Westen besonders zutreffenden Redensart.

Westgeorgien und Schwarzmeerküste

Die Kolchische Tiefebene

Der **Rikoti-Pass** bildet die natürliche Grenze zwischen Ost- und Westgeorgien und ist gleichzeitig die Wasserscheide zwischen den Einzugsgebieten des Rioni im Westen und der Mtkwari im Osten, zwischen dem Schwarzen und dem Kaspischen Meer. Hat man den Tunnel durchquert, senkt sich die M 1 in zahlreichen Kurven, über Dutzende Brücken, entlang der Bergrücken des Rikotula- und Dsirulatales hinab zur Kolchischen Tiefebene. Die Hänge der Berge sind bewaldet und mit dichtem Buschwerk bestanden, zwischen denen zahlreiche Dörfer oder einzeln stehende Gehöfte, die berühmten imeretischen Zeltdachhäuser, hervorlugen. Feigen-, Aprikosen-, Maulbeer- und Nussbäume wachsen in den Gärten und an den Hängen ebenso wie Rebstöcke. Der Honig aus den Höhenlagen der imeretischen Berge, der hinter dem Pass angeboten wird, ist wunderbar und von großer Heilkraft. Etwa drei Kilometer hinter dem Tunnelausgang

Töpfermarkt am Rikoti-Pass

▲ Karte S. 261

bieten Bewohnerinnen und Bewohner aus den umliegenden Dörfern Töpferwaren aus rostrotem Ton und andere Souvenirs an. Ein Abzweig rechter Hand, kurz vor dem Markt, führt zum Restaurant ›Märchen‹. Der Abstecher lohnt.

Man ist nun bereits in **Imeretien**, einer der fünf Provinzen Westgeorgiens. Die anderen sind Unteres und Oberes Swanetien, Ratscha, Megrelien und Gurien. Umrahmt von den Höhenzügen des Surami/Meßchetischen Gebirges erstreckt sich die Kolchische Tiefebene halbbogenförmig bis zur Küste des Schwarzen Meeres, wo sie im Norden die Ausläufer des Großen und im Süden die des Kleinen Kaukasus, die hier bis ans Meer reichen, berührt. Das Klima in dieser Region ist subtropisch, mit warmen, mitunter auch heißen Sommern, milden Wintern und häufig fallenden Niederschlägen.

Einst in den Flussniederungen von Urwald und Sümpfen bedeckt, wurde die kolchische Tiefebene nach den Meliorationsarbeiten in den 20er Jahren des 20. Jahrhunderts ein agrarisches Paradies, in dem Zitrusfrüchte, Feigen, Walnüsse, Granatäpfel, Äpfel, Aprikosen, rot- oder grünblättrige Wildpflaumen (für die berühmten Tkemalisaucen), Mais, Wein und Tee gedeihen. Durch die Dörfer flanieren Schweine, Rinder, Enten und Hühner. Im Unterschied zu den kompakten kartlischen Siedlungen bestehen die Dörfer des imeretischen Flachlandes aus von Gärten umgebenen, einzeln stehenden zweistöckigen Häusern, die von einer verglasten oder offenen Veranda umgeben sind. In der oberen Etage befinden sich die Wohnräume, während die untere für Küche, Wirtschaft und Vorratskammern vorgesehen ist.

Mit ihren Früchten beherrschten die georgischen Kolchosbauern einst den sowjetischen Markt, der unter permanentem Mangel litt. Die Zeiten des üppigen Wohlstands der Produzenten aber sind vorüber. Die einstigen Großplantagen wurden unter den Bauern aufgeteilt, Russland wird von holländischen oder moldawischen Agrarerzeugnissen überschwemmt, der Transport in den Norden ist teuer und vor allem gefahrvoll. Darüber hinaus kommt Abchasien als Transitland nicht in Frage, und auch der Bürgerkrieg hat seine Spuren hinterlassen. Der Verlust an Wohlstand und Überfluss fällt nicht als Not in die Augen, aber insbesondere in den Städten bekommt man zu spüren, dass Georgien nicht die glücklichste Epoche seiner Geschichte durchläuft.

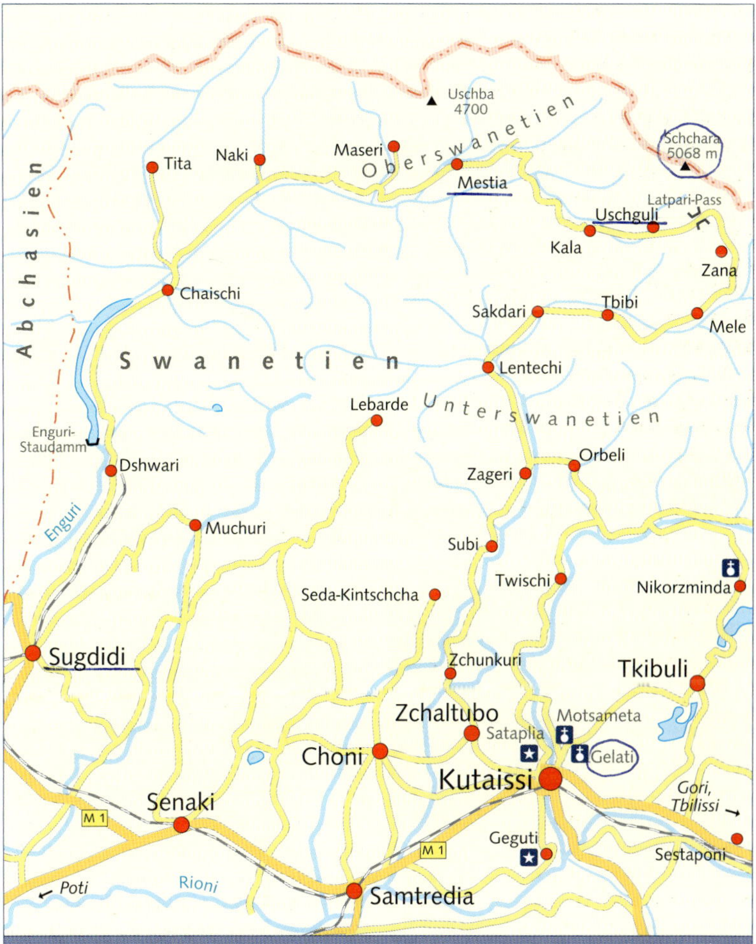

Westgeorgien, Imeretien und Swanetien

Westgeorgien und Schwarzmeerküste

Kutaissi

Noch auf dem Weg von Tbilissi nach Kutaissi durchquert man die zu Füßen der Surami-Berge liegende Stadt **Sestaponi**, an deren Ausgang rechter Hand die Industrieruinen einer der größten georgischen Eisenhütten, die einst Legierungen aus Eisen und dem in den imeretischen Bergen abgebauten Mangan herstellte. Seit Jahren stehen hier alle Räder still, was die Region vor dem ökologischen Kollaps bewahrte, aber auch tausende Menschen ihren Broterwerb kostete. Ein ähnliches Bild - zerstörte Ställe, Traktorenwracks, Brachflächen - bietet sich auch auf den letzten 30 Kilometern entlang der M 1 nach Kutaissi, der ›Hauptstadt‹ Imeretiens und mit gut 200 000 Einwohnern zweitgrößten georgischen Stadt. Man sieht ihr an, dass auch sie bessere Tage erlebt hat.

Dennoch beeindruckt Kutaissi den Besucher. Baumbestandene Plätze und die vielen Gärten um die Häuser mit ihren Obstbäumen, Magnolien und Myrtenbüschen, mit Oleander, Hibiskus, Lorbeer, mit Zypressen und vereinzelten Palmen tauchen Kutaissi in ein Meer aus Grün. Wie ein Wachturm erhebt sich das nördlich der Altstadt aufsteigende Bergmassiv von Ukimerioni mit den Ruinen der Kathedrale Bagrat III. (›Maria Entschlafen‹) über die Stadt. Ihm zu Füßen liegt, als wollte es dort Schutz und Geborgenheit suchen, das alte Kutaissi. Die engen gepflasterten Straßen, die kleinen Plätze und sich aneinanderschmiegenden Ziegelhäuschen haben ihren ursprünglichen Charakter bewahrt und sind eines der ganz wenigen erhaltenen Kleinode georgischer urbaner Architektur. In der Altstadt findet man einige gemütliche Cafés mit sehr gutem Gebäck.

Kutaissi hat schon bessere Zeiten gesehen

▶ Karte S. 264

Geschichte der Stadt

Ausgrabungen im Stadtgebiet haben Funde ans Tageslicht gebracht, deren älteste Stücke aus der Altsteinzeit stammen. Erstmals erwähnt wurde die Stadt durch Apollonios von Rhodos (3. Jahrhundert vor Christus) in seinem Poem ›Argonautika‹. Nach ihm verweisen auch andere antike Autoren auf eine Stadt namens Kutäa oder Kutaia als Residenz der kolchischen (egressischen) Könige. Der Name der Stadt leitet sich von dem georgischen Wort kuata, was soviel wie ›steinig‹ bedeutet, ab. Gemeint damit sind die Geröllfelder, die der bedeutendste westgeorgische Fluss, der Rioni, mit Gestein aus den Bergen des Kaukasus zu dessen Füßen abgelagert hat. Den Rioni nannten die Griechen Phasis, der dem Fasan seinen Namen gab, so wie das Messing seine Bezeichnung dem Meßchetischen Gebirge verdankt.

Das antike Kutaissi besaß auf dem Ukimerioni eine Akropolis, die von einer Bastion geschützt wurde, ebenso wie die ihr zu Füßen liegende Unterstadt von Mauern und Türmen umgeben war. Ihre Blüte verdankt die Stadt den Arabern, die im 8. Jahrhundert Tbilissi er-

Blick über Kutaissi

oberten und König Artschil zwangen, die georgische Hauptstadt an den Rioni zu verlegen. Als das georgische Königtum zu neuer Macht erstarkt war, stieg das Verlangen des Hofes nach repräsentativen Bauten. Der prächtigste von ihnen war die unter Bagrat III. (973-1014) errichtete Staatskathedrale ›Maria Entschlafen‹, deren heutige Ruinen noch die einstige Größe erahnen lassen und die seit einigen Jahren wieder aufgebaut wird. Doch war Kutaissi eben nur eine Behelfshauptstadt und musste sich ab dem 12. Jahrhundert von seiner Vormachtstellung verabschieden, als Dawit der ›Erneuerer‹ Tbilissi zurückeroberte und mit seinem Hofstaat an die Mtkwari zog. Kutaissi blieb Mittelpunkt des Königreiches von Imeretien und erlebte, nach den Raubzügen Timur Lenks, vom 15. bis zum 17. Jahrhundert eine Nachblüte. Die imeretischen Könige verlegten ihre Residenz in einen von drei Seiten von Mauern und an der offenen Flanke vom Rioni eingefassten Palast, mit der poetischen Bezeichnung Okros Tschardachi (dt.: Goldenes Zelt).

Den vorläufigen Todesstoß versetzten Kutaissi die Osmanen, die die Stadt 1666 eroberten und mehr als ein Jahrhundert besetzt hielten. Sie sprengten den Königspalast und die Kathedrale Bagrats III.; die Bevölkerungszahl sank von 5000 auf 250 Einwohner. Im Jahre 1769 vertrieb ein russisches Korps unter General Todtleben auf Bitten des imeretischen Königs Solomon I. die Türken aus der Stadt. Was die Türken nicht zerstört hatten, fiel den russischen ›Befreiern‹ zum Opfer, die die alte Bastion von Ukimerioni mit ihren einst 20 Metern hohen Mauern, erzählt man sich, und den sieben stattlichen Ecktürmen schleiften und alle anderen Befestigungsanlagen sprengten. Im 19. Jahrhundert wurde der Palast der imeretischen Könige so umfassend restauriert, dass von seinem ursprünglichen Aussehen so gut wie nichts erhalten blieb. Als administratives Zentrum des gleichnamigen Gouvernements erholte sich Kutaissi unter russischer Herrschaft und entwickelte sich unter sowjetischer Ägide zu einem agrarindustriellen Zentrum.

Sehenswürdigkeiten in Kutaissi

Die eindrucksvollste Sehenswürdigkeit von Kutaissi ist die **Ruine der Kathedrale** ›Maria Entschlafen‹. Sie thront weithin sichtbar, auf einer Anhöhe, westwärts des Ukimerioni. Zu erreichen ist die Anlage über einen schmalen Fußweg, der rechts von der Kettenbrücke inmitten grüner Gärten den Hang hinaufführt. Die Restaurationsarbeiten an der Kathedrale begannen 1951 und wurden in den 80er Jahren auf die Überreste der

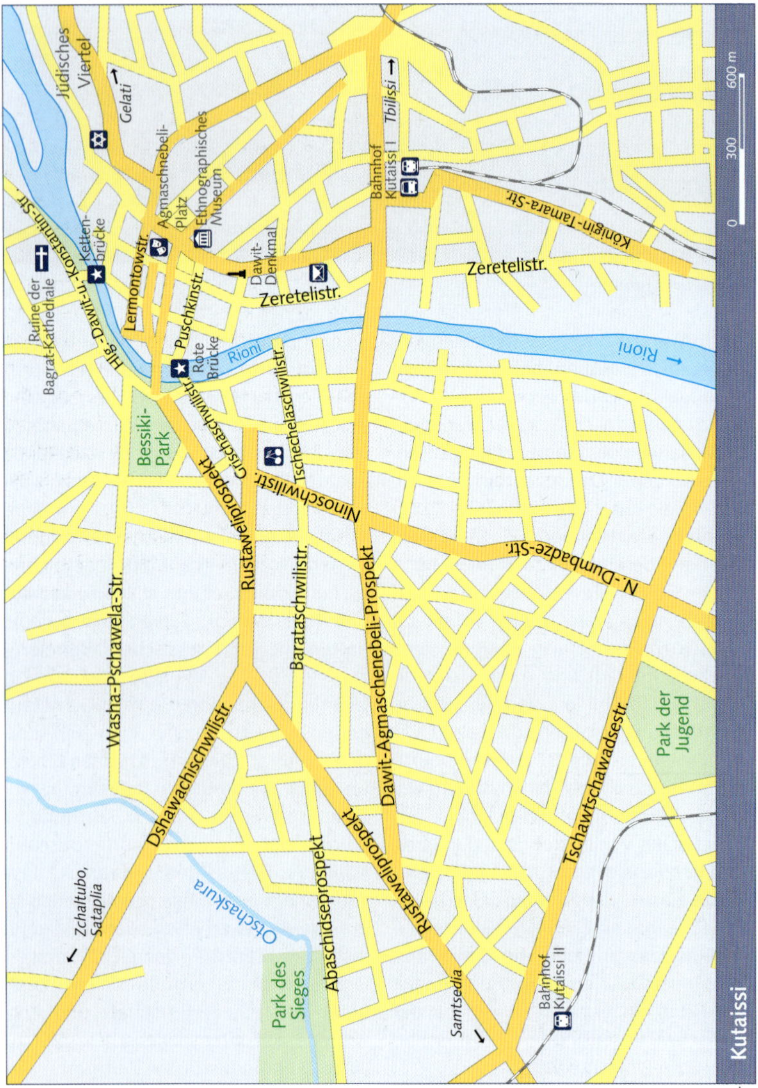

einstigen Festung ausgedehnt. Im Jahre 1994 wurde die Kathedrale ebenso wie die Akademie von Gelati zum Unesco-Welterbe erklärt. Auch wenn in den letzten Jahren einiges wieder aufgebaut wurde: der georgische Staat hat kaum Geld für seine Denkmäler, und man fühlt sich auf dem Plateau unter dem weiten kolchischen Himmel allein gelassen mit der Vergangenheit; ein Gefühl macht sich breit, wie nach einem Fest, zu dem man sich verspätet hat – die Tafeln sind abgeräumt, die Gäste fort und nur wenige Spuren künden noch von einem ereignisreichen Mahl. Man möchte sich auf den Rasen legen und dem Zug der Wolken folgen.

Eine Inschrift an der Nordfassade der Kathedrale lautet: »Als der Fußboden fertiggestellt war, schrieb man das Jahr 223.« Diese Zahl entspricht dem Jahr 1003 christlicher Zeitrechnung. Zur Einweihung lud Bagrat »die nächsten Herrscher, Patriarchen, Erzbischöfe und Äbte aller Klöster und alle Würdenträger der unteren und oberen Schichten der Besitzungen seines und der anderen Königreiche« ein, wie es in einer alten Chronik heißt. Und wirklich war die Kathedrale die bis dahin größte und ambitiöseste in Georgien.

Auch ohne Kuppel und Dach, die von den Türken 1692 zerstört wurden, präsentiert sich der heute leider unzugängliche Innenraum in stolzer Feierlichkeit. Die Königsfamilie und hohe Würdenträger hatten ihren Platz auf einer an der Westseite entlanglaufenden Empore gegenüber dem östlichen Sakralbereich; weltliche Macht auf der einen, die ›himmlische‹ auf der anderen Seite, dazwischen die Gemeinde. An der Südwestseite befand sich eine durchgehende, teils von Arkaden durchbrochene Galerie, während in der Nordwestecke ein dreigeschossiger Wohnturm stand, der entweder dem Erzbischof oder der königlichen Familie als Wohn- bzw. Aufenthaltsraum diente. Das Innere war von Mosaiken bedeckt; die mächtigen Säulen mit Verzierungen aus weißem Marmor geschmückt.

Monumental ist auch die Gestaltung der leidlich wiederhergestellten Fassaden

Die Ruinen der Kathedrale

mit ihren Blendarkaden, Nischen und Apsisfenstern. Die dem Südportal vorgesetzte Halle bietet einen besonders einladenden Anblick, der bei näherem Hinsehen noch durch die bauplastischen Verzierungen – zum Beispiel einen Adler, der einen Hasen in den Fängen hält – verstärkt wird. Die Kapitelle der Säulen in den Portiken zeigen neben floralen Motiven Löwen, Adler, Stiere und Fabelwesen wie geflügelte Pferde und Löwen. Im Großen und Ganzen ein beeindruckendes Erlebnis, das durch die weltbezogene Ornamentik noch verstärkt wird.

In der Ruine wird einmal wöchentlich ein Gottesdienst unter freiem Himmel abgehalten. Östlich der Kathedrale befinden sich die Ruinen der einstigen Bastion, die nur noch wenig von ihrem ursprünglichen Zweck verraten.

Das im Zentrum Kutaissis gelegene **historisch-ethnographische Museum** (11 bis 16 Uhr, Mo geschlossen, Eintrit 1 Lari) ist weniger reich bestückt als die Museen Tbilissis, bietet aber dennoch eine sehenswerte, auf Westgeorgien konzentrierte Sammlung, die von archäologischen Exponaten aus vorchristlicher Zeit bis zu Dokumentationen über die Gegenwart reicht. Die wichtigsten Stükke der Exposition sind ein Minotauros-Kopf aus Goldemail (11. Jahrhundert vor Christus), bronzene Gürtelschnallen mit ins Spiralige stilisierten Hirschen, Hasen und Vögeln (Ende des ersten Jahrtausends vor Christus), die griechische Bronzestatuette eines unbekleideten Mannes in offener Liebesbereitschaft, kolchische Silberdrachmen und der Stolz des Museums: eine kolchische Golddrachme aus dem 5. Jahrhundert vor Christus. Die wertvollsten Exponate sind in der Schatzkammer untergebracht, darunter eine aus dem 5. Jahrhundert stammende silberbeschlagene Staurothek zur Aufbewahrung einer Reliquie aus dem ›wahren Kreuz‹ Kaiser Konstantins, Silberikonen, liturgische Fächer (Rhapidien), Prozessionskreuze, feinziselierte Dolchscheiden und Schmuck. Von unschätzbarem Wert

In Kutaissi

Karte S. 264

sind obendrein die zumeist aus der Akademie von Gelati stammenden Folianten.
Desweiteren beherbergt das Museum eine ethnographisch-folkoristische Sammlung, bestehend aus einer aufwendigen Kollektion von Stoffen und Stickereien, landwirtschaftlichen und handwerklichen Geräten. Dazu kommen schließlich Zeugnisse der bürgerlichen Kultur aus dem 19. und beginnenden 20. Jahrhundert (Möbel, eine Kutsche, Musikautomaten, ein nostalgisches Telefon, vergilbte Fotos und Ansichtskarten) sowie ein nach Erlangung der Unabhängigkeit neustrukturierter Teil zur Geschichte Georgiens im Zeichen des Sowjetsterns.

Kutaissi

Vorwahl: 00995/331.
Kutaissi ist nicht nur die zweitgrößte Stadt Georgiens, sondern auch traditionell ein Verkehrsknotenpunkt. Von Kutaissi bis in die Hochgebirgsregionen des Unteren und Oberen Swanetien braucht man drei bis vier Stunden, bis nach Poti und in den Kurort Kobuleti am Schwarzen Meer nicht mehr als zwei Stunden.

Züge verkehren von und nach Tbilissi (4,5 Stunden, ohne Komfort); die Busse und Kleinbusse verkehren vom Bahnhofsvorplatz. Bis Tbilissi sind es ca. 2,5 Stunden (ca. 15 Lari). Auf den Kleinbussen sind die Reiseziele in der Regel in georgischen und lateinischen Lettern vermerkt. Ist man in kleineren Gruppen unterwegs, lohnt es sich oft – selbst bei größeren Entfernungen – ein Taxi zu nehmen.
Reisen nach Imeretien bieten die in Tbilissi ansässigen Reiseveranstalter an (siehe S. 331).

In Kutaissi Unterkunft zu finden, ist nicht schwer. In den vergangenen Jahren haben einige Gästehäuser geöffnet, die bescheidenen bis hohen Komfort bieten. Drei von ihnen befinden sich in der Debi-Ischkhnebelistr. auf dem Ukmeroni-Berg nördlich des Zentrums: **Lalaghiani**, Nr. 18, Tel. 48395, **Haus Nr. 24**, Tel. 45830, 70794, und **Beka**, Nr. 26, Tel. 48830.
In der Bagrationistr. 67 befindet sich das **Hotel Nakaduli**, eine Villa im mauretanischen Stil (Tel. 22441).
Auch zu empfehlen ist das **Hotel Sani** am Rustaweliprospekt 161 (Tel. 76752, Fax 71985). Für Übernachtungen sollte man 10 bis 30 Euro pro Nacht und Person, einschließlich Frühstück, einrechnen.
Hotel Europa, EZ 25 Euro, westlicher Standard, ca. 300 Meter vom Bahnhof Kutaissi II (Westbahnhof), entweder über die große Straßenbrücke oder wie landesüblich quer über die Gleise.

In Kutaissi gibt es eine Vielzahl von Restaurants, in denen man gut und für wenig Geld speisen kann.
Zu empfehlen sind das **Oda** in der Pirwelistr. 3 und das **Café Almano** in der Zeretelistr.
Muchchrani, Achalgasrdobis-Str. 12.
Palmebi, an der Samtredia-Brücke.
Sakartwelo, an der Kreuzung Agmaschenebeliprospekt und Goristraße.
Die Filialen der **Kette Europa Plus** (der Name eines russischen Radiosenders) im Retrostil bieten neben gutem Essen eine meist angenehme Atmosphäre, Paliaschwili-Str. 31.

Der Mythos vom Goldenen Vlies

Gottvater Zeus rettete die Geschwister Helle und Phrixon, Kinder der Göttin Nephele, vor ihrer irdischen Stiefmutter, indem er ihnen zur Flucht verhalf. Ein Widder mit güldenem Fell trug Bruder und Schwester hinfort durch die Lüfte. Helle, die sich aus Neugierde zu weit über den Leib des Tieres hinausgebeugt hatte, stürzte über den Dardanellen ab, die seitdem Hellespont genannt werden, und allein Phrixon erreichte das Sonnenland Aia, wo er vom König des Landes freundlich empfangen wurde und den Widder Zeus opferte. Das kostbare Vlies befestigte er an einer Eiche und ließ es von einem eisenzahnbewehrten Drachen bewachen.

Die Kunde vom Goldenen Vlies gelangte zu den Griechen, die sich teils zweifelnd, mehr aber noch neugierig und abenteuerlustig die erstaunlichsten Geschichten von Kolchis erzählten. Der Palast der Göttin der Morgenröte Aios stünde hier, und feuerspeiende Stiere mit kupfernen Hörnern würden die fruchtbare Erde pflügen. Jason endlich entschloss sich, der Geschichte auf den Grund zu gehen und scharte seine getreuesten Freunde um sich, bestieg das Schiff Argo und segelte gen Osten. Zu den illustren Gesellen, die sich ihm anschlossen, gehörte auch Herakles. Auf dem Weg nach Kolchis verlor er seinen Liebling Hylas an die Nymphen, erlangte jedoch unsterblichen Ruhm dadurch, dass er Prometheus von seinem Martyrium am Felsen des Kasbek erlöste. Unter vielen Gefahren gelangten die Argonauten nach Kolchis. Wie Phrixon in der Sage, genoß auch Jason die Gastfreundschaft des kolchischen Monarchen. Undank aber ist der Welten Lohn. Jason wollte das Goldene Vlies und sonst nichts, und wie so oft führte auch ihn der kürzeste Weg zum Ziel durch das leidenschaftliche Herz einer Frau. Medea, die Tochter des gastfreundlichen, doch misstrauisch gewordenen kolchischen Königs Aietes, verliebte sich in Jason, verriet ihm das Versteck des Goldenen Vlieses und betäubte mit ihren Zauberkräften den Drachen. Sie folgte Jason nach Griechenland, wo sie sich Ruhm erwarb durch ihre Kenntnisse der Kräuter und ihre Heilkunst. Jason aber verließ Medea, und sie soll aus Rache ihre gemeinsamen Kinder getötet haben. (Ein Männer-Mythos, wie Christa Wolf meint, die die Geschichte Medeas neu interpretierte.) Medea, wie auch immer, endete tragisch, aber noch heute begegnet sie uns täglich als etymologische Urmutter der ›Medizin‹.

Der altgriechische Historiker und Geograph Strabon (1. Jahrhundert vor Christus) hielt den Zug der Argonauten für eine historische Tatsache. Was die Griechen nach Kolchis zog, waren die Reichtümer des Landes: Silber, Gold, Mastholz, Teer, Flachs und Früchte, die »wie Gold glänzten«. Im 6. Jahrhundert löste das egressische Königreich Kolchis ab, das mit den Griechen in ständigem Austausch stand.

Das Schiff der Argonauten

Geguti

Etwa zehn Kilometer südlich von Kutaissi in einem ehemaligen, einst von jahrhundertealten Eichen bewachsenen Jagdgrund liegt die Ruine der ehemaligen Sommerresidenz der georgischen Könige. Ursprünglich befand sich dort ein zweistöckiges königliches Jagdhaus aus dem 8. Jahrhundert. Bis heute hat sein riesiger Kamin überdauert, in dem ganze Hirsche und Wildschweine gebraten werden konnten. Im 10. Jahrhundert wurde die Anlage zu einem Schloss erweitert, das von den Türken im 17. Jahrhundert bis auf die Grundmauern zerstört wurde. Königin Tamara liebte diesen Ort, in dem sie 1179 zur Mitregentin gekrönt wurde und in den Sommermonaten ihren Regierungsgeschäften nachging.

Der sich über eine Grundfläche von 2000 Quadratmern erstreckende Bau ruhte auf einem 2,5 Meter hohen Sockel aus behauenen Steinen. Die vom Sockel aufstrebenden Wände waren mit witterungsbeständigen Kachelziegeln bedeckt. In den Ecken der Anlage und in der Mitte der Seiten schoben sich runde bzw. halbrunde Wehr- und Wachtürme aus der monolithischen Wand. Zugänglich war der Palast durch einen von zwei Mauervorsprüngen flankierten Eingang im Norden. Durch ihn gelangte man, vorbei an Bad (rechts vom Eingang) und Wirtschaftstrakt (links) in den zentralen Raum, der von einer gewaltigen Kuppel mit einem Durchmesser von beachtlichen 14 Metern überwölbt wurde. Gegenüber dem Eingang befand sich der Thron, rechts von ihm die Gemächer des Königs und links die Schatzkammer. Von den prächtigen Wandmalereien sind nur Spuren erhalten geblieben, vom einst edlen Dekor, den Teppichen aus kostbaren Stoffen, den gold- und silberbeschlagenen Möbeln, den Kronleuchtern und mit Duftstoffen gespeisten Ampeln blieb nicht mehr als die Erinnerung. Bei Ausgrabungsarbeiten fand man ein mit einer Rosette verziertes Glasstück von annähernd 20 Zentimeter Durchmesser. Die Fenster müssen also verglast gewesen sein, im Mittelalter ein enormer Luxus. Der Palast verfügte zudem über eine Heißluftheizung.

In Geguti gingen Könige und Königinnen mit ihrem Hofstaat zur Jagd und zelebrierten Staatsgeschäfte, die nach dem strengen byzantinischen Zeremoniell verliefen. Zeigte sich der König dem Volk, so tat er das von einer eigens in drei Metern Höhe in der Südwand ausgesparten Tür, ganz so wie es die byzantinischen Kaiser im Goldenen Palast von Konstantinopel zu tun pflegten.

Der Naturpark Sataplia

Das Naturschutzgebiet von Sataplia ist eine der Attraktionen der imeretischen Hauptstadt. Nach Sataplia gelangt man über die Straße nach Zchaltubo, von der man kurz hinter dem Ortsausgang von Kutaissi an einer überdimensionalem Tafel mit der Abbildung von zwei Dinosauriern nach rechts abbiegt. Nach etwa zehn Kilometern Fahrt über eine schlaglochzerfressene Straße gelangt man zum Eingang des Naturschutzgebietes. Einige hundert Meter weiter befindet sich in einem Forsthaus die Verwaltung des Naturparks, von dem aus alle Wanderungen durch den Wald ihren Anfang nehmen. Man sollte sich rechtzeitig um einen Dolmetscher kümmern, denn Russisch und Georgisch sind die einzigen Sprachen, die hier gesprochen werden. Der Naturpark erstreckt sich auf einer Fläche von 354 Hektar über die Hänge eines erloschenen Vulkans, des knapp über 500 Meter hohen Sataplia-Berges.

›Sataplia‹ bedeutet so viel wie ›der Honigsüße‹, was sich wohl auf die wilden Bienenvölker bezieht, die hier einst in großer Zahl beheimatet waren. Eine Wanderung durch den natürlich gewachsenen Wald bietet die einzige Gelegenheit, in die Fauna und Flora einer Welt zu wechseln, die nach den Meliorationsarbeiten in den 20er Jahren diesen Jahrhunderts und nach der in Hunderten von Jahren systematisch betriebenen Abholzung fast aller Waldflächen Georgiens so gut wie gänzlich verloren gegangen ist. Nirgendwo sonst finden sich wie in Sataplia auf engstem Raume seltene Vertreter einer subalpinen Flora neben wärmeliebenden subtropischen Pflanzen. Mehr als 80 vom Aussterben bedrohte Baumarten gedeihen hier, außerdem über 300 verschiedene Gräser und Kräuter. In den abgelegenen Waldgebieten tummeln sich Wölfe, einige Bären und andere seltene Tiere, deren Lebensgrundlagen in den übrigen Landesteilen verloren gegangen sind.

Seinen Ausbau zum Naturschutzgebiet verdankt Sataplia zwei Funden des Hobby-Naturforschers P. Tschabukiani, die dieser bei seiner Suche nach den Spuren von Urmenschen 1925 im Waldmassiv von Sataplia machte: ein System von Karsthöhlen und seltsame Fußabdrücke. 1934 wurde Sataplia unter staatlichen Schutz gestellt. Die Karsthöhlen, mit ihrer exotischen Stalakmiten- und Stalagtitenarchitektur, sind für Touristen seit 1978 bequem zugänglich. Man durchquert sie entlang eines unterirdischen Flusses, der am Südhang des Sataplia aus dem Berg heraustritt. Entlang dieses Hanges schlängelt sich ein Weg, von dem sich ein herrlicher Blick über die Kolchische Tiefebene bis hin zu den westlichen Ausläufern des Kleinen Kaukasus bietet. Von einigen Stellen soll in

▲ Karte S. 261

Dinosaurier-Spuren im Naturpark Sataplia

der klaren Morgenluft sogar das Schwarze Meer zu sehen sein. An der ersten scharfen Rechtsbiegung: Vorsicht! Hier sonnt sich an warmen Nachmittagen eine Schlange, von der nicht einmal der Waldhüter weiß, zu welcher Art sie zählt. Er geht deshalb immer voran, um sie zu warnen. Noch einige hundert Meter, und man gelangt zur zweiten Entdeckung P. Tschabukianis. Einst, vor Millonen Jahren, war die Rioni-Niederung eine Meeresbucht gewesen, an deren Ufer sich allerlei Getier tummelte, zu dem auch Dinosaurier gehörten. Ihre Fußspuren, wie sich herausstellte, waren es, die der Hobby-Forscher in einer lehmhaltigen Mergelschicht gefunden hatte. Augenscheinlich waren hier Familien entlangflaniert, die einen – fleischfressende Räuber – vor 120 Mio. Jahren, die anderen – Vegetarier – 60 Mio. Jahre später.

Zehn Kilometer von Sataplia entfernt (Richtung Zchaltubo) entsteht derzeit ein weiterer Höhlenkompex, der nach spanischem Vorbild Tourismus mit Hochkultur (Konzerte, Ausstellungen, Performances) verbinden wird.

Die Akademie von Gelati

Es gehört zu den größten Errungenschaften des von Dawit dem Erbauer eingeleiteten georgischen Mittelalters, dass dieser König sich nicht allein auf seinen Willen und sein kriegerisches und organisatorisches Talent verließ, sondern der kulturellen und spirituellen Entwicklung Georgiens mehr Aufmersamkeit schenkte als irgendein Herrscher vor und nur wenige nach ihm. Als Zentrum des geistigen Lebens und Unterpfand für die Einheit Georgiens ließ Dawit die Akademie von Gelati errichten, bei deren Bau er selbst Hand anlegte. Es heißt, dass er sich bei den Arbeiten an der Kuppel der Kathedrale so schwer verletzte, dass man um sein Leben fürchtete. Da die besten Ärzte des Hofes versagten, schickte man nach einem berühmten Heiler namens Turmanidse. Der veranlaßte, zwölf Hirschkühe zu fangen und sie zu melken. Dann vermischte er die Milch mit Kräutern aus den Bergen, erwärmte sie und hieß den verletzten König in der Milch zu baden. Es half; schon nach wenigen Tagen kehrte Dawit zu seinen Regierungsgeschäften zurück. Eine Wundsalbe aber aus dem Extrakt der Kräuter und der Hirschkuhmilch – die soll es, in etwas modifizierter Rezeptur freilich, auch heute noch geben.

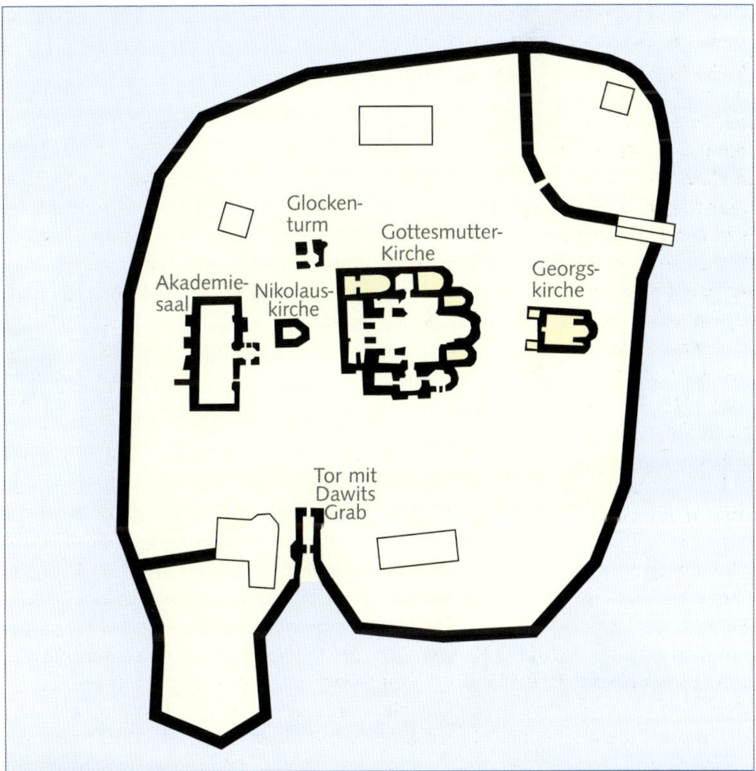

Die Akademie von Gelati

Um nach Gelati zu gelangen, verlässt man Kutaissi auf der nach Nordosten in Richtung Tkibuli führenden Landstraße. Auf der Strecke verkehrt auch ein Kleinbus. Ungefähr zehn Kilometer hinter Kutaissi biegt man auf Höhe der Akademie-Anlage, die sich rechter Hand an einem von Laubbäumen bedeckten Berghang vor dem Grün des Waldes abhebt, nach rechts auf einen Fahrweg ein, der direkt zur Akademie führt. Nur wenige Orte fügen sich so harmonisch in die umgebende Landschaft ein wie Gelati; man hat den Eindruck, die Akademie wäre in die Natur hineingewachsen.

Man betritt die Anlage durch das Nordtor, das einst auch von den Pilgern, die in der Herberge und Krankenstation der Akademie Unterkunft fanden, benutzt wurde. Von dieser Herberge, die etwa 200 Meter vor dem Parkplatz auf der linken Seite liegt, sind nur Ruinen erhalten geblieben. Aus dem niedrigen dunklen Torbogen der Einfahrt herausgetreten, ist es zunächst einmal die Weite des sich von der Anhöhe bietenden Blickes, der gefangennimmt. Sanft fallen die Hügel zu beiden Seiten des Tals ab, an dessen westlichem Ausgang der Ukimerioni und die Kathedrale Bagrat III. kaum noch mit bloßem Auge auszumachen sind. Mit der Sonne im Rücken überwiegen im Bild der Landschaft, die nichts Schroffes oder auch nur andeutungsweise Unwirsches in sich birgt, pastellweiche Farben – blau, grün und gelb. Es muss das Glück der Auserwählten gewesen sein, hier zu studieren oder in einer der Werkstätten als Übersetzer, Miniaturmaler, Gold- oder Silberschmied zu arbeiten.

Den Grundstein für die Akademie von Gelati legte König Dawit im Jahre 1106, als er sich gegen seine wichtigsten inneren und äußeren Feinde durchgesetzt hatte. Dawits Traum war ein starkes, geeintes Georgien und es liegt in der Persönlichkeit dieses Herrschers, der sich nicht mit dem Titel des Augustus (von Byzanz Gnaden) zufriedengab, sondern die Autokratie für sich beanspruchte, dass er seine Schöpfung – den geeinten georgischen Staat – nach Prinzipien errichtete, die in gewissem Sinne die westeuropäische Renaissance vorwegnahmen. (siehe auch das Kapitel zur Geschichte Georgiens) Die Akademie von Gelati, wie auch die von Ikalto im Osten des Landes, sollte die kulturelle Einheit Georgiens, die Wissenschaften und Künste fördern. Dawit lud namhafte Gelehrte nach Gelati, unter anderem Johannes Petrizi, ihren ersten Leiter, und Arsen Ikaltoeli, die an der Mangana-Akademie von Konstantinopel studiert und gewirkt hatten, ihrer neuplatonischen Ideen wegen aber aus Byzanz vertrieben worden waren. Beide Männer waren hervorragende Köpfe und Humanisten in einem Sinne, wie sie das abendländische Geistesleben erst einige hundert Jahre später hervorbrachte. Den Unterricht in Gelati organisierten sie nach dem Vorbild der Akademie von Konstantinopel – Geometrie, Arithmetik, Astronomie, Musik sowie Grammatik, Rhetorik und Dialektik –, und ihnen ist es auch zu verdanken, dass Zeitgenossen Gelati als ›ein zweites Jerusalem‹ und ›ein neues Athen‹ priesen. Auf jeden Fall gab Gelati der georgischen Kultur und dem georgischen Geistesleben die erhofften entscheidenden Impulse,

Kloster Gelati

die in den Goldenen Jahren der Regentschaft Dawits und seiner Erben auf dem Thron dem Georgischen Königreich ihre prächtig leuchtende Fassade gaben.
Auch heute ist Gelati nach den atheistischen Jahrzehnten der Sowjetmacht wieder Wallfahrtsort vieler Georgier. Man trifft hier nicht nur Touristen und Betende, sondern auch Schulklassen, Rekruten und Jungvermählte, die in der Vergangenheit den Stoff suchen, aus dem sie ihre Zukunft weben. Dabei hatte Gelati das Schicksal Georgiens geteilt. Von Eroberern geplündert, wiedererrichtet, erneut zerstört und im Geiste ›verstummt‹, bot es im 19. Jahrhundert, als Monsieur Dumas es besuchte, einen verwahrlosten Anblick: »Leider sind die Fresken fast verwischt«, schreibt der Franzose über die Wandbemalungen in den drei Kirchen. Doch erregten die Bilder und ihre kostbaren Rahmen seine Bewunderung. »Alle diese vom Klerus auf Kosten des abergläubischen, primitiven Volkes zusammengerafften Kostbarkeiten machten in der elenden und schmutzigen Umgebung einen merkwürdigen Eindruck. In der Sakristei war der Fußboden mit alten griechischen und sicher seltenen wertvollen Folianten und Pergamenten bedeckt. Aber dann zeigte man uns eine Truhe mit starken Vorhängeschlössern, die in einen zerschlissenen Teppich eingewickelt war. Man öffnete sie und nahm kostbare Priestergewänder heraus: mit Juwelen besetzte Tiaren, mit echten Perlen bestickte Überwürfe, Schmuckstücke und auch eine alte Königskrone von Imeretien. Bezeichnenderweise waren diese Kostbarkeiten in Lumpen gehüllt und wurden von Leuten vorgezeigt, die man nicht mit einer Zange hätte anfassen mögen, wurden in einem verfallenen Tempel, wo das reine Elend herrschte, aufbewahrt und konnten gegen eine kleine Spende besichtigt werden.« (A. Dumas). Einige dieser Kostbarkeiten kann man auch heute noch besichtigen, nur nicht in Gelati, sondern im Kunstmuseum von Tbilissi und einige wenige im Museum von Kutaissi, wie Folianten und Karten.
Das Ensemble von Gelati besteht aus drei Kirchen, dem Glockenturm und dem Gebäude der Akademie. Seit 1994 gehört die Anlage zum Unesco-Welterbe.

▶ Karte S. 271

Gottesmutter-Kirche

Die wichtigste Kirche ist die der Gottesmutter geweihte, im Zentrum des Areals, deren Bau unter Dawit 1106 begonnen und unter seinem Sohn Demetrius 1125 vollendet wurde. In der Fassadengestaltung ist dieser der byzantinischen Kreuzkuppelkirche nachempfundene Bau schlicht, in seinem Innern von einer berauschenden Farbigkeit auf dem Grundton Ocker. Für die Fresken gilt nicht nur das, was Dumas von ihnen sagte, sondern sie stammen ebenso aus verschiedenen Jahrhunderten, wobei die Qualität der Ausführung mit Annäherung an die Gegenwart abnimmt. Ihr sakraler und kunstwissenschaftlicher Wert wird dadurch jedoch kaum geschmälert.

Porträts an der Nordwand der Gottesmutterkirche

Die Anlage fügt sich harmonisch in die Landschaft

Der älteste Wandschmuck ist ein zu zwei Dritteln erhaltenes Mosaik in der Apsiskuppel gegenüber dem Eingang. Mosaikarbeiten sind typisch für die byzantinische Tradition; in Georgien sind sie die Ausnahme und in der Muttergotteskirche von Gelati zudem noch recht gut erhalten. Die Arbeit, eine Darstellung der Gottesmutter auf edelgesteintem Plateau, mit segnendem Christus in den Armen und flankiert von den Erzengeln Gabriel und Michael in smaragdgrünem bzw. silberlila Prunkgewand, lässt auf die hohe Meisterschaft des mit Gewißheit in Konstantinopel ausgebildeten Künstlers schließen.

Die Freskenmalerei hält sich an die orthodoxe Tradition: in der Kuppel Christus der Weltenherrscher, in den oberen Zonen an den Wänden und Gewölben Ereignisse aus dem Leben Christi, die in den zwölf großen Hauptfesten der Kirche gefeiert werden, die Leiden und Taten Christi, das Marienleben und die Heiligenlegenden, zuunterst die weltlichen Förderer der Kirche und lokalen kirchlichen Würdenträger. Zu letzteren zählen die Porträts an der Nordwand; von rechts nach links: Dawit IV., mit dem Modell der Muttergotteskirche in der Linken (die einzig erhaltene, wenn auch postume Darstellung des legendären Königs); der Katholikos Ewdemon Tschcheidse, der imeretische König Bagrat III. (16. Jahrhundert), seine Gattin Elena, ihr Sohn König Giorgi, dessen Gattin Russudan und ihr Sohn Bagrat. Unter den Freskenfragmenten des 13. und 14. Jahrhunderts im westlichen und südlichen Anbau befinden sich zwei gut erhaltene Porträts des Enkels der legendären Königin Tamara, Dawit Narin, die ihn einmal im weltlichen, dann im geistlichen Gewand zeigen (südlicher Anbau).

Georgskirche

Östlich der Muttergotteskirche erhebt sich ihre verkleinerte Kopie, die im 13. Jahrhundert errichtete Georgskirche. Die Fresken im Innern der Kirche stammen aus der ersten Hälfte des 16. Jahrhunderts und gelten als die besten Beispiele der spätmittelalterlichen Monumentalmalerei in Georgien. Es waren dies die Jahrzehnte, da Westgeorgien eine kurze Zeit der Blüte erlebte.

Nikolaikirche

Gänzlich aus der Reihe der klösterlichen Tradition fällt dagegen die sich im Westen der Hauptkirche anschließende Nikolaikirche (ebenfalls aus dem 13. Jahrhundert), die auf einem torgangähnlichen Geschoß mit seitlichen Arkadenöffnungen thront, an dessen Nordseite eine Treppe zur Kirchentür heraufführt. Die Schüler und Lehrer mussten den Torgang passieren, wenn sie, aus dem Gebäude der Akademie kommend, zum Gottesdienst oder stillen Meditation zur Muttergotteskirche heraufstiegen oder umgekehrt aus Gottes Haus zu ihren eher weltlichen Beschäftigungen in die Akademie zurückkehrten. Man mag darüber spekulieren, was die Bauherren zu dieser ungewöhnlichen architektonischen Lösung bewogen hat; sichere Quellen, die über ihre Motive Auskunft geben würden, existieren nicht, was der Phantasie Tür und Tor öffnet.

Weitere Sehenswürdigkeiten

Auch der Glockenturm, wenige Schritte neben der Nikolaikirche, stammt aus dem 13. Jahrhundert. Er erhebt sich über dem Brunnen des Klosters, der über Keramikrohre und einen kurzen offenen Kanal aus einer außerhalb des Areals befindlichen Quelle gespeist wurde. Ihr Wasser gilt auch heute noch als heilend.

Vom Gebäude der Akademie im äußersten Westen, das ein steiler Abhang begrenzt, haben nur grasüberwucherte Ruinen überdauert. Der östliche Portikus, in dessen Wölbung sich ein sehr schöner Reliefschmuck mit dem halbkugelförmigen Sonnensymbol befindet, stammt vom Ende des 13. Jahrhunderts.

König Dawits letzter Wille war es, hier begraben zu werden; nicht irgendwo unter einem exponierten Stein, sondern

In diesem Tordurchgang ist Dawit begraben

im Durchgang des Südtores, das seinerzeit der Haupteingang zum Areal war. Die Grabplatte an der Schwelle des Torbaus trägt die Psalmworte: »Dies sei für alle Zeiten meine Ruhestätte! Hier lasse ich mich nieder, denn so war es mein Wille!« Noch im Tode wollte der große König seinen Landeskindern Demut beweisen und legte sich ihnen zu Füßen, denn wer das Gelände der Akademie betrat, musste über das Grab des Königs schreiten.

König Dawit war der erste georgische König, der sich Gelati zum Begräbnisort erwählte; seine Nachfolger taten es ihm nach. So lange zumindest, bis sich der Westen und Osten Georgiens infolge der Mongolenkriege und des Erbfolgestreits voneinander trennten und ab dem 14. Jahrhundert sich allein die imeretischen Monarchen in der Muttergotteskirche bestatten ließen. Im Volk hielt sich hartnäckig die Legende, dass auch Königin Tamara heimlich in Gelati begraben

▶ Karte S. 271

wurde – in der südlichen Seitenkapelle, wie die Alten hinter vorgehaltener Hand behaupteten. Ausgrabungen freilich haben keine Anhaltspunkte dafür geliefert, was die wirklich Gläubigen in ihrer Meinung nur bekräftigt. An der Tradition, an jenem Ort alljährlich eine feierliche Messe zum Seelenheil der verehrten Königin abzuhalten, hat die Wissenschaft zumindest nichts ändern können.

Motsameta

Es heißt, dass der Hügel des ›Propheten Ilja‹, an dessen Westhang Gelati gelegen ist, einst von 200 Kapellen bedeckt war. Ob Legende oder Wahrheit – geblieben ist nichts von ihnen. Biegt man aber aus Kutaissi kommend circa einen Kilometer vor der Abfahrt zur Akademie nach rechts ab, gelangt man nach wenigen Minuten Fahrzeit zu einigen Meilern auf der rechten Seite der Straße, in denen Ziegel gebrannt werden. Hat man sie passiert, stößt von links ein Fahrweg auf die Straße, über den man nach wenigen Metern zu einer der historisch berühmtesten christlichen Wallfahrtsorte Georgiens gelangt, der auf einem steilen Felsvorsprung das Tal eines in der Tiefe schäumenden Bergflusses überblickt. Das Ensemble, zu dem eine Kapelle, ein Glokkenturm und das direkt am Abhang liegende Pfarrhaus gehören, ist den Brüdern Konstantin und Dawit geweiht, deren Reliquien hier aufbewahrt werden. Die beiden Brüder aus einem Fürstengeschlecht hatten sich gegen die Schrekkensherrschaft Murwans des Tauben (8. Jahrhundert) erhoben, der sie, als sie ihm in die Hände fielen, steinigen und die Leichen im Fluss versenken ließ.

Drei Mönche leben an diesem Ort, an dem seit 1956 die kleine Kapelle wieder allen Besuchern offensteht und die Reliquien, die in den 20er Jahren des 20. Jahrhunderts von den Kommunisten in einem atheistischen Triumphzug durch Kutaissi geschleppt und am Ufer des Rioni liegengelassen wurden, wieder an ihren angestammten Platz zurückgekehrt sind. Ein Gläubiger hatte sie damals heimlich geborgen und versteckt.

Die Kirche, in der die Reliquien aufbewahrt werden, ist architektonisch eher unscheinbar, aber im Innern von einer heiteren Feierlichkeit, die auch von den freundlichen Mönchen geprägt wird. Der Altar mit den Reliquien von Konstantin und Dawit befindet sich in der Ostapsis. Um in den Genuß ihrer Wunderkraft zu kommen, muss man durch einen engen Gang hindurchkriechen, was wohl den Leidensweg der beiden Fürsten symbolisiert.

Den Fahrweg von der Straße zur Kapelle säumen Sträucher und Bäume, an deren Ästen Stoffetzen hängen, die auf den ersten Blick eher auf einen heidnischen Wallfahrtsort denn auf einen christlichen schließen lassen. Doch toleriert die georgische Kirche anscheinend diese Art von Doppelbekenntnis, gilt doch Motsameta als Ort, wo Eltern und Großeltern ihre Kleinen durch Beten und eben diese Stoffetzen vor den Windpokken zu bewahren suchen.

Zchaltubo

Zu Sowjetzeiten war Zchaltubo der wohl berühmteste Kurort der Sowjetunion. Aus allen Gegenden des Landes und dem Ausland reisten Erholungsheischende an, um sich in den 20 Sanatorien des Ortes zu entspannen und alle möglichen körperlichen Gebrechen wie Gefäß- und Gelenkleiden, verschiedene Frauenkrankheiten sowie Herz-, Kreislauf- und Nervenerkrankungen behandeln zu lassen. Seinen Ruhm verdankte Zchaltubo den zahlreichen 33 bis 35 Grad warmen radonhaltigen Quellen, in denen schon die Krieger Tamaras ihre Wunden gebadet haben sollen. Im Kurpark der Stadt flanierten des Abends tausende glücklicher Sowjetbürger, besuchten die Freiluftkinos oder amüsierten sich bei einer Bootstour über den Kalten See, der auch eine Badeanstalt besaß.

Das Ende der Sowjetunion läutete auch den Untergang Zchaltubos ein. Der Ort ist heute eine Geisterstadt. Während des Bürgerkriegs Schauplatz von Pogromen, ließen sich 1994 tausende Flüchtlinge aus Abchasien in den Sanatorien und dem Intourist-Hotel der Stadt nieder. In den Parks und Gärten weiden Kühe, die statt der Kurgäste die klare Luft genießen. Nur ein einziges Sanatorium ist noch in Betrieb, und das ist Offizieren der georgischen Armee und des Geheimdienstes vorbehalten. Verhandlungen mit potentiellen Investoren, auch aus Deutschland, werden geführt, blieben aber bislang ergebnislos

Nikorzminda

Im Nordosten Imeretiens liegt die **Provinz Ratscha**, in deren nordöstlichstem Zipfel der Rioni entspringt. Das Rioni-Tal unterscheidet sich von dem des Zcheniszkali und des Enguri. Nur im Norden und Nordwesten von den Bergketten des Großen Kaukasus umsäumt, geht es am Mittellauf in eine freundliche Mittelgebirgslandschaft über.

▶ Karte S. 261

Nach Ratscha gelangt man auf zwei Wegen, die beide in Kutaissi beginnen und sich in Ambrolauri, der Hauptstadt Ratschas, begegnen. Der kürzere der beiden Wege führt von Kutaissi aus über Gelati und die Industriestadt Tkibuli, einem der einst bedeutendsten Steinkohlereviere der Sowjetunion, über den in etwa 1500 Metern Höhe gelegenen Nakerala-Pass, vorbei am Charistwala-See, über Nikorzminda bis Ambrolauri. Für den etwas mehr als 70 Kilometer langen Weg sollte man genügend Zeit einplanen. Das gleiche gilt für die Anfahrt über Letschchumi (siehe das Kapitel über Swanetien). Hinter Letschchumi, kurz vor dem Felsendurchbruch, der die Grenze zwischen Imeretien und Swanetien markiert, zweigt ein Fahrweg ab, der das Tal des Zcheniszkali mit dem des Rioni verbindet und diesem bis Ambrolauri folgt. Beide Strecken sind landschaftlich reizvoll. In Ambrolauri findet man preiswert Unterkunft in einem Hotel; es gibt zwei Tankstellen.

Die bedeutendste Sehenswürdigkeit in Ratscha ist die Bischofskirche von Nikorzminda, die auf einem Hügel über dem gleichnamigem Dorf liegt. Von hier aus schweift der Blick des Besuchers über das Rioni-Tal bis zu den im blauen Dunst verschwimmenden Bergketten des Großen Kaukasus.

Die Bedeutung des Namens Nikorzminda ist umstritten. Man bringt ihn sowohl mit dem heiligen Nikolaus in Verbindung als auch mit dem Namen einer Stierart und dem in dieser Gegend einst betriebenen Stierkult. Die Kirche entstand während der Herrschaft Bagrats III. Architektonisch gesehen ist sie mit ihren fünf Apsiden und dem rechteckigen Vorraum ein recht seltener Typus. Der westliche und südliche Vorbau stammen noch aus der ersten Hälfte des 11. Jahrhunderts, während der Glockenturm im 19. Jahrhundert wiedererrichtet wurde.

Adam und Eva im Innenraum der Kirche von Nikorzminda

Das Geschlecht der Adelsfamilie Zulukidse, die mit Nikorzminda im 17. Jahrhundert vom imeretischen König belehnt wurde, ließ den **Innenraum** ausmalen, wobei die Szenen aus dem Alten Testament, die den Vorraum zieren, zum Eigenartigsten gehören, was georgische Freskenmalerei zu diesem Thema hervorgebracht hat. 1992 wurde die Kirche durch ein Erdbeben in Mitleidenschaft gezogen.

Seinen eigentlichen Ruhm verdankt Nikorzminda den **Fassaden** der Kirche. Drei georgische Künstler haben hier ein Gesamtkunstwerk geschaffen, das den Höhepunkt georgischer Steinmetzkunst darstellt. Die Figuren und Ornamente sind mit einer Akribie und Leichtigkeit in den Stein gehauen, die nichts mit der strengen Askese der vorherigen christlichen Jahrhunderte gemein haben.

Die Reliefplatte an der **Ostfassade** ist eine Darstellung des Christi-Verklärungs-Motivs mit Petrus, Johannes und Jakobus in der unteren Reihe; im Giebel triumphieren der heilige Georg über die Schlange und der heilige Theodor über den Christenverfolger Kaiser Diokletian, der von den Hufen eines Pferdes zertrampelt wird. Diese beiden Heiligen erfreuten sich unter den Bergvölkern besonderer Beliebtheit und kehren deshalb gleich nochmals im Tympanon des Westportals wieder, wo sie Christus flankieren.

Die Bischofskirche von Nikorzminda

Karte S. 261

Das Giebelrelief an der **Westseite** greift außerdem das Motiv von Christus als Weltenrichter auf, das an der **Südfassade** durch die von den Posaunen der Engel verkündete Wiederkehr Christi zum Jüngsten Gericht ergänzt wird. Auch das Relief im **Tympanon des Westportals** feiert den Triumph Christi mit der Kreuzeserhöhung.

Eher bescheiden fällt die **Nordfassade** aus, die lediglich von einem Relief mit den beiden Erzengeln Gabriel und Michael geschmückt wird.

Das östliche und westliche Portal, der nördliche Türbogen, die Fenster und Reliefs der Tympana sind zudem mit breiten Schmuckbändern versehen, deren ornamentale Verschlingungen und Tiermotive den christlichen Szenen einen faszinierenden Rahmen geben.

Das Gurtband des **Kuppeltambours** greift mit den Greifen, Löwen, geflügelten Pferden etc. die Motive der Verzierungen auf. Sie sind ein Relikt vorchristlicher Zeiten, als der Tierkult zum täglichen Leben der Menschen gehörte. Diese Vorliebe teilen die Georgier mit ihren vorderasiatischen Nachbarvölkern, deren mythischer Bilderwelt sie Motive wie den Greif, geflügelte Pferde und Hunde entlehnten und sie in ihre eigene, bis ins Hochmittelalter lebendige Bildersprache integrierten. Es empfiehlt sich ein Fernglas, denn nicht alle Motive sind ohne weiteres mit bloßem Auge zu erkennen.

Eine Reise nach Swanetien

Die swanische Bergwelt ist eine der majestätischsten und erhabensten ganz Europas; unberührt von Massentourismus und in den Höhenlagen von kaum je einem Menschen betreten.

Unteres und Oberes Swanetien sind zwei von unzugänglichen Bergketten getrennte Verwaltungsbezirke. Das Untere Swanetien hat im Zuge einer Reform seine Eigenständigkeit eingebüßt und gehört seit 2005 zur Region Ratscha-Lechumi.

Die Swanen sind ein kriegerisches und stolzes Bergvolk mit Traditionen, die sich in der Abgeschiedenheit der Täler des Großen Kaukasus über Jahrhunderte erhalten haben. Schon frühantike Quellen erwähnen die Swanen und vermuten eine Verwandtschaft mit den Sumerern. Eine uralte swanische Legende berichtet von einigen jungen Burschen, die der Sklaverei entkommen wollten und den Enguri aufwärts zogen. Den Ort, an dem sie sich niederließen, nannten sie ›Sawané‹ – Hort der Sonne. Vielleicht waren sie Sumerer. Ähnlichkeiten in der Benennung der Götter legen diese Vermutung nahe. Der Sonnenkult aber hat vor allem mit der Bergwelt selbst zu tun. Nirgends ist man dem Himmel und der Sonne so nahe wie hier. Nirgends zeigt sie ihre Gesichter – das, welches Leben schenkt, und das, welches Leben verbrennt – so ungeschminkt. Die zahlreichen Oden der Swanen an die Sonne erzählen davon. Das Leben der Swanen war immer entbehrungsreich. Die Arbeit auf den kargen Feldern, das Suchen nach Weideplätzen für das Vieh, die Hitze in den Sommermonaten und die Lawinen im Winter, die Überfälle nordkaukasischer Stämme – die Menschen hier brauchten viel Mut, Kraft und einen gewissen Stoizismus, um allem Unbill zu trotzen, der ihrem Stolz auf dieses wunderbare Stück Erde, den Göttern so nahe, noch zusätzliche Nahrung schenkte. Christianisiert wurden die Swanen vor ca. 1000 Jahren, oft mit Feuer und Schwert, da sie sich zunächst weigerten, den neuen Glauben zu akzeptieren. Während einem ihrer christlichen Feste opfern sie auch heute noch einen weißen Stier.

Bekannt waren die Swanen bereits den Griechen. Das in den Bergflüssen des Kaukasus gewonnene Gold beflügelte die Phantasie der Hellenen ebenso, wie die Raubzüge der Swanen, die in ihren Kanus mit der Schneeschmelze plötzlich in der Ebene auftauchten, die reichen Handelsstädte überfielen und wieder verschwanden. Der uralte swanische Amiranis-Mythos, Amirani war ein Sohn der Göttin Dali, erinnert an die Prometheus-Legende, ebenso wie die griechische Mutter Erde Gaia Ähnlichkeiten

Unzugängliche Berge im Oberen Swanetien

aufweist mit der swanischen Erdmutter Gim. Strabon, der Geograph und Historiker, beschrieb die Swanen: »Sie sind ein mächtiges Volk, wie mir scheint das tapferste und kühnste überhaupt auf der Welt. Sie leben in Frieden mit allen Nachbarvölkern, sie haben einen König und einen Rat aus 300 Menschen. 200 000 Krieger können sie mobilisieren.« In seiner gesamten Geschichte bis zum 20. Jahrhundert hat sich dieses Volk nie einer fremden Macht unterworfen. Alle Angelegenheiten der Dorfgemeinschaften wurden von Ältestenräten entschieden, und in bedeutenden Fragen besaßen auch die Frauen Stimmrecht. Die größten Feinde der Swanen waren von jeher nordkaukasische Stämme, die in regelmäßigen Abständen die Bergdörfer überfielen und plünderten. Ihre Wehrhaftigkeit machte sie zu guten Kriegern. Der Überlieferung zufolge bestand die Leibgarde Königin Tamaras, die sich oft in Swanetien aufhielt, ausschließlich aus Swanen. Diesen Ruhm haben sie sich bis heute bewahrt. Es heißt: »Hast du einen Swanen als Begleiter, brauchst du nichts und niemanden zu fürchten.« Was überall in Georgien gilt, dass der Gast heilig und sein Wohl oberstes Gebot ist, das gilt in Swanetien besonders.

Die Swanen lieben ihre Berge, sind selbst meist hervorragende Reiter, Jäger, Alpinisten und Bergführer. Ohne ortskundige Begleitung sollte man keinen Ausflug in die Berge unternehmen.

Es gibt zwei Tore nach Swanetien: Zchaltubo, 15 Kilometer nördlich von Kutaissi gelegen, und Sugdidi, 80 Kilometer weiter nordwestlich. Die Trasse über Zchaltubo führt ins Untere Swanetien, die über Sugdidi ins Obere.

Unteres Swanetien

Die von Kutaissi über Zchaltubo und Letschchumi nach Lentechi und weiter in die Berge über den in fast 3000 Meter Höhe gelegenen Sagar-Pass ins Obere Swaneteien führende Trasse windet sich zunächst am Rand der Vorberge des Kaukasus bis zum Tal des Zcheniszkali, dem sie bis zur Quelle folgt. Zcheniszkali bedeutet so viel wie Pferdewasser. Das

Swanetische Kinder

Karte S. 261

Im Unteren Swanetien

Flusswasser ist schmackhaft und reich an verschiedensten Mineralien. Vielleicht verdanken die swanischen Pferde, die bis in die schroffen Höhenlagen das wichtigste Transport- und Fortbewegungsmittel der Swanen sind, gerade ihm ihre Widerstandskraft und Ausdauer. Widerstandskraft und Ausdauer benötigen auch Fahrer und Auto, die der Trasse entlang des Flusses folgen.

Hat man die Mündung des Pferdewasser-Flusses in die Kolchische Tiefebene erreicht, trifft man auf die erste als Rastpunkt ausgebaute mineralhaltige Quelle auf dem Weg – eine gute Gelegenheit für eine kurze Pause, denn das Wasser ist hervorragend. Das vom Zcheniszkali durchschnittene Tal ist eng. Zu beiden Seiten steigen die Berge steil in die Höhe und geben nur ab und an den Blick frei in die Seitentäler, wo die Gipfel mit jedem Kilometer wachsen, bis sie irgendwann die Schneegrenze erreichen und bei klarem Wetter der Anblick ihrer vergletscherten Kappen für alle bisherigen Mühen entschädigt. Die Hänge der das Tal säumenden Berge sind mit dichtem Buschwerk und Wäldern bewachsen. Wo immer möglich, haben die Bauern der Bergdörfer der Natur Boden für ihre Felder abgerungen, auf denen sie Kartoffeln, Roggen, Gerste, Hafer, Gemüse und selbst Wein anbauen. Einer der berühmtesten georgischen Weine gedeiht hier, der ›Namenlose‹, eine Rebenart, die nirgends sonst wächst und aus der ein Wein gekeltert wird, der sofort ins Blut geht und besser wirkt als jede Medizin. Die Plantage des ›Namenlosen‹ liegt rechter Hand, kurz vor einem schroffen Durchbruch, den sich das Wasser des Zcheniszkali in den Fels gesprengt zu haben scheint. Dahinter öffnet sich das Tal zu einer circa zwei Kilometer breiten und fünf Kilometer langen geröllbedeckten Hochebene, in der das Dorf Zageri liegt: das Zentrum der historischen Provinz Letschchumi. Am Ortsausgang gabelt sich die Trasse; der Abzweig rechter Hand führt über einen Pass nach Ratscha; geradezu passiert man nochmals eine abenteuerliche Felsenge, die zur Rechten von drei Burgruinen flankiert wird, Bauten aus den Zeiten der Königin Tamara. Sie markieren die Grenze zwischen Letschchumi und dem Unteren Swanetien.

Lentechi

Hinter dem von Tamaras Burgen flankierten Felsdurchbruch sind es noch einmal circa 15 Kilometer bis Lentechi, dem mit etwas mehr als 3000 Einwohnern größten Ort und Verwaltungszentrum des Unteren Swanetien. Lentechi liegt auf einer Höhe von rund 950 Metern über dem Meeresspiegel am Zusammenfluss dreier Bergflüsse. Im Unteren Swanetien leben auf 3000 Quadratkilometern circa 10 000 Menschen, die meisten von ihnen Swanen, in 54 Dörfern entlang des Pferdeflusses und seinen zahlreichen Seitentälern. Kurz hinter der Ortseinfahrt stehen rechter Hand die Reste eines für die Region typischen Wehrturms, in dem das örtliche Heimatkundemuseum untergebracht ist. Weiter fährt man über eine Brücke, hinter der geradeaus nach circa 100 Meter die Hauptstraße, die Stalin-Allee, ein im Mittelstreifen von zwei Baumreihen begrünter Prospekt, beginnt. Auf ihm spielt sich das öffentliche Leben des Städtchens ab, und in den langen Sommernächten promeniert hier die Jugend, was der Allee den Spitznamen ›Börse‹ eingebracht hat. Etwa in ihrer Mitte öffnet sie sich zu einem Platz, an dessen Längsseite Bürgermeister und Gouverneur ihren Verwaltungssitz in einem typisch sowjetischen Verwaltungspalast haben. Das rechte Eckhaus war einstmals Hotel.

Früher gab es in Lentechi ein aus mehreren Häuschen bestehendes Touristenlager, das aber heute von Flüchtlingen aus Abchasien belegt ist. Sowie der Tourismus nach Swanetien neue Impulse erhält – in sowjetischen Jahren kamen jährlich tausende Erholungssuchende, vor allem Bergsteiger, hierher –, wird sich das ändern.

Die meisten Menschen der Region ernähren sich von Gelegenheitsarbeit oder von dem, was Landwirtschaft oder ihre handwerkliche Geschicklichkeit hergeben. Die Mehrzahl der Häuser, in denen die Großfamilien leben, hat Warmwasser, ausgebaute Bäder, oft auch Sauna und natürlich Strom, so dass Reisende in der Regel bequem Aufnahme finden.

Auch für die medizinische Versorgung in den Bergen ist gesorgt. Lentechi besitzt ein Krankenhaus, das über die Grenzen Swanetiens hinaus für seine hervorragenden Ärzte berühmt ist. In jedem größeren Ort findet man zumindest einen Arzt, der im Ernstfall und bei leichteren Erkrankungen zu Rate gezogen werden kann. Obendrein sind die Bergführer, wie fast alle Bergbewohner, stets in der Lage, bei Unfällen fachkundige Erste Hilfe zu leisten.

Schweine dürfen überall frei herumlaufen

Die beste Zeit, im Unteren Swanetien Urlaub zu machen, sind die Sommermonate. Die Tage können in den windgeschützten Tälern sehr heiß werden, während die Nächte kühl sind. Die Sommer sind sonnig. Ab Ende Mai sind die Almen zugänglich und Ausflüge zu Fuß und Pferd möglich. Einen Monat später, wenn die Schneefelder bis in Höhen von 3500 Meter abgetaut sind, beginnt die Saison für Bergsteiger. In den klaren Gebirgsbächen kann man Forellen angeln, die, am offenen Feuer gegart, jeglicher kulinarischen Konkurrenz entbehren.

In und um Lentechi, wie auch an allen anderen Orten, entspringen mineralhaltige Quellen, deren Wasser gegen alle nur erdenklichen Leiden wirksam ist. Als vor einigen Jahren georgische Wissenschaftler die Qualität des Wassers im ganzen Land inspizierten, stellte sich

▶ Karte S. 261

heraus: das beste Wasser, hinsichtlich seiner mineralischen Bestandteile, organischen Sauberkeit und Heilsamkeit für Haut und Organismus, ist das eines Nebenflusses des Zcheniszkali unweit von Lentechi. Früher wurde hier eine berühmte Limonade produziert.

Die Winter in den Bergen sind kalt und schneereich. In manchen Jahren ist selbst Lentechi mitunter für Wochen von der Außenwelt abgeschnitten.

Wirtschaftlich sind die Perspektiven Swanetiens kaum abzuschätzen. Wichtigste Einnahmequellen sind die Viehwirtschft, vor allem die Rinderhaltung, der Anbau von Kartoffeln, Roggen, Gerste, Hafer, Obst und Gemüse sowie der Holzeinschlag. Das Holz wird billig in die Türkei verkauft und ist für viele Familien die einzige Einkommensquelle, obwohl jeder gefällte Baum Swanetien dem ökologischen Desaster ein wenig näher bringt. Denn der Staat hat kein Geld für Wiederaufforstungsprogramme, weshalb der dünne Boden an den steilen Hängen ohne den ihm von den Bäumen verliehenen Halt bei Regen und Schneeschmelze abzurutschen beginnt und als Morast von den Flüssen fortgespült wird. Ein Teufelskreis, denn die Menschen wollen heute leben, und so ist man gezwungen, auch dort Konzessionen für den Holzeinschlag zu erteilen, wo es eigentlich unverantwortlich ist.

In den swanischen Bergen findet man das, was ihnen schon im Altertum mythischen Ruhm beschieden hat: Gold. Der Lentechi nordwestlich überragende Berg trägt den Namen ›Goldshaba‹, und die Alten behaupten, dass Jason auf seiner Suche nach dem Goldenen Vlies bis hierher gekommen war. Die Vorkommen sind aber gering und lohnen den Aufwand nicht, sie zu ausbeuten.

In Swanetien trifft man auf zahlreiche Wehrtürme

Moaschi

Von Lentechi aus führt die einem befestigten Feldweg ähnelnde Trasse weiter entlang des Pferdeflusses. Das Tal weitet sich nun. An den Berghängen weiden Rinder. Nach etwa eineinhalb Stunden vorsichtiger Fahrt gelangt man in das Dorf Sassaschi, an dessen Ausgang ein Feldweg nach rechts in den Wald abzweigt. Kein Hinweisschild oder anderer Anhaltspunkt verrät, dass es hier entlang in das berühmte Touristendorf Moaschi geht, das in etwa 1600 Meter Höhe, umgeben von dichten Tannenwäldern, an einem malerischen Berghang gelegen, der beste Ausgangspunkt für Wanderungen in die umliegenden Berge war. Früher war es schwer, hier im Sommer einen Platz zu bekommen, heute ist das Lager mitunter wegen des Ausbleibens von Gästen geschlossen. Sein alter Wächter und guter Geist, Platon, hat aber noch nie jemanden abgewiesen, der hier nach Unterkunft fragt oder sein Zelt aufstellen möchte. Um Verpflegung aber muss man sich selbst kümmern. Bergtouren sollte man nicht ohne Führer unternehmen.

Das Touristendorf Moaschi bei Lentechi

▲ Karte S. 261

Mele und Seßcho

Der nächste Ort ist Mele, das letzte große Dorf, bevor die Trasse zum Pass aufsteigt. Von Mele heißt es, dass die Siedlung proportional zur Bevölkerung die meisten Wissenschaftler und ›Paten‹ hervorgebracht hat. Der rechter Hand steil aufsteigende, vergletscherte Felsen ist übrigens so etwas ein Grenzgipfel, zu dessen Füßen ein nur mit Pferden oder zu Fuß passierbarer Pass nach Ratscha, die östliche Nachbarprovinz Swanetiens, führt.

Von Mele bis zum Pass nach Oberswanetien sind es noch einmal etwa eineinhalb Stunden, die nur noch mit dem Jeep oder größeren Fahrzeugen zurückgelegt werden können. Das Tal des Pferdeflusses wendet sich hier nach Westen und verengt sich zu einem schmalen, fast 1000 Meter tiefen, malerischen Einschnitt in das kaukasische Schiefer- und Granitgestein. Rechts stürzt ein Wasserfall in die Tiefe, und das Seitental hinter ihm endet in einem Hochgebirgskessel. Von diesem Seitental aus führt ein Abzweig nach Seßcho, ein Alpinistenlager zu Füßen der bis zu 4800 Meter hohen, von Schnee- und Eishüten bedeckten Bergriesen. Kurz vor Seßcho passiert man einige Häuser, in denen das ganze Jahr über Familien leben. Fremde sind für sie, die jährlich lange Wintermonate ohne jeglichen Kontakt zur Außenwelt verbringen, eine seltene Abwechslung. Die Bewohner der kleinen Siedlung versorgen im Sommer Seßcho, und im Winter ernähren sie sich von der Jagd und dem, was ihre winzigen Felder und Gärten, der Wald und die Berge hergeben. Sie sind moderne Einsiedler, die ihre Häuser, trotz der harten Lebensbedingungen, um nichts in der Welt aufgeben würden.

Mehr als 10 Jahre war das in sowjetischer Zeit berühmte Camp geschlossen.

In Swanetien braucht man geländegängige Fahrzeuge

nur noch ein Bach, dem die Trasse weiter bis zu dessen Quelle folgt. Hier verschließt ein mächtiger, knapp 4000 Meter hoher Bergrücken das Tal. In Serpentinen windet sich der Weg nun am nordwestlichen Hang herauf zum Pass. Inmitten von Almen, Matten und blumenbewachsenen Wiesen, den 4000 und 5000 Meter hohen Riesen nun ganz nahe, hat man nun den mit 2950 Meter höchsten Punkt der Reise erreicht. Knapp fünf Stunden benötigt man mit dem Wagen bis hierher. Nur etwa drei Monate, von Ende Juni bis Mitte September, ist der Pass, die einzige für den Verkehr offene Verbindung zwischen Unterem und Oberem Swanetien, schneefrei und befahrbar. Öffentliche Verkehrsmittel überqueren ihn nicht.

Seit Sommer 2005 sind die Gebäude restauriert und eine Sauna entstand, so dass Seßcho wieder als Ausgangspunkt für ein- oder mehrtägige alpinistische Wanderungen mit unterschiedlichem Schwierigkeitsgrad genutzt werden kann. Geöffnet ist vom 20. Juni bis 20. September. Weitere Informationen erhält man über die Reiseagenturen in Tbilissi.

Pferdeflussquelle

Wer nicht nach Seßcho abbiegt, gelangt nach ungefähr weiteren 10 Minuten Fahrt in das in 1800 Meter Höhe gelegene, von nur wenigen Dutzend Menschen, und das auch nur im Sommer, bewohnte Zana. Der Pferdefluss ist hier

Oberes Swanetien

Uschguli

Vom Pass abwärts gelangt man nach nicht mehr als einer halben Stunde Fahrt nach Uschguli. Es ist mit 2200 Meter über dem Meeresspiegel einer der höchstgelegenen europäischen Orte. Von September bis Mai liegt Uschguli umhüllt

Das Wehrdorf Uschguli

von Eis und Schnee, und im kurzen Sommer verbrennt eine erbarmungslose Sonne die kahlen Berghänge.

Die Sprache der Vergangenheit dieses uralten Ortes sprechen die 46 **Wehrtürme**, zu deren Füßen moderne Wohnbauten mit zivilisatorischem Komfort die Brücke ins 20. und 21. Jahrhundert schlagen. Diese Wehrtürme, vor 100 Jahren waren es noch doppelt so viele, sind kleine Burgen, in denen die Großfamilien einst sowohl die kalten Winter überstanden als auch Überfälle von Eindringlingen. Sie bestehen aus drei bis vier Stockwerken und sind 20 bis 25 Meter hoch. Zuunterst befanden sich die Stallungen, die im Winter auch als Wohnraum benutzt wurden. In den darüber liegenden Stockwerken konnten sich bis zu 80 Personen aufhalten. Die höher gelegenen Stockwerke erreichte man über Leitern, die durch Luken eingezogen werden konnten. Selbst wenn etwaige Feinde in den Turm eingedrungen waren, mussten sie Etage um Etage belagern. Durch Schießscharten konnte zudem jeder Angreifer auf Distanz gehalten werden.

Einer dieser Wehrtürme, zu Füßen des kleinen Hügels linker Hand vom Dorfausgang Richtung Mestia, ist heute ein **Museum** mit wertvollen Ikonen und silberbeschlagenen Kreuzen. Die schwere Tür zum Turm ist meist verschlossen, doch braucht man nur eines der Kinder zu bitten, den Wärter zu verständigen, der auch, wenn er nicht gerade in den Bergen Kräuter sammelt, bald kommen wird.

Der gut erhaltene Wehrturm aber ist nicht das einzige Museum im Ort. Das andere verdankt Uschguli der unermüdlichen Arbeit eines anderen seiner Bewohner, der im Laufe mehrerer Jahrzehnte Dutzende Gebrauchsgegenstände – Kelche, Schüsseln, Kerzenhalter, einen Pferch für das Vieh, einen Webstuhl, einen Thron für das Familienoberhaupt etc. – geschnitzt und im Erdgeschoß eines zerstörten Wehrturms zusammengetragen hat.

▶ Karte S. 261

Mestia

Zu Füßen des Schchara-Berges befindet sich die **Quelle des Enguri**, der sich über Dutzende Kilometer durch die Berge schlängelt, kleinere Seitenflüsse und bäche in sich aufnimmt und sich wie der Zcheniszkali ins Schwarze Meer ergießt. Das Gebiet zu beiden Seiten des Enguri und seiner Seitentäler ist das Obere Swanetien mit seinem Zentrum in Mestia, zu Füßen des berühmtesten Berges Swanetiens, des steil aufragenden Uschba (4800 Meter).

Von Uschguli aus gelangt man nach Mestia und in die tiefer gelegenen Orte über eine Straße, die bis nach Sugdidi führt und etwas besser ausgebaut ist als die von Zchaltubo nach Lentechi.

Von Mestia aus lassen sich Bergtouren unternehmen – mit verschiedenen alpinen Schwierigkeitsgrad, mit oder ohne Pferd, über einen oder mehrere Tage – und auch die Kunstliebhaber werden im Oberen Swanetien auf ihre Kosten kommen.

Eine umfangreiche und wertvolle Sammlung von Ikonen sowie Gold- und Silberschmiedearbeiten befinden sich im **Museum von Mestia**, zu dessen Schätzen auch drei aus dem 9. bis 13. Jahrhundert stammende, formvollendet gestaltete georgische Handschriften der Evangelien mit einzigartigen Miniaturen gehören. Das Museum ist täglich, außer montags, von 10 bis 13 und 14 bis 17 Uhr geöffnet.

Ein **Bergsteiger-Museum** in Mestia, dessen Besuch ebenfalls zu den ganz besonderen Erlebnissen gehört, beherbergt die dem berühmten swanischen Bergsteiger, dem ›Tiger der Felsen‹ Mistichail Chergiani, in seinem Wohnhaus gewidmete Ausstellung. Es liegt in der Chergianistr. 27 und ist täglich von 10 bis 18 Uhr geöffnet.

Ein sehr sehenswertes **Museum in einem swanischen Haus** hat Familie Margiani eingerichtet. Das Wohnhaus aus dem 12. Jahrhundert und der noch ältere Wehrturm stehen im Ortsteil Lantschwali.

Auf dem Weg nach Sugdidi (s. S. 303), zu Füßen der Berge, wird der Enguri zu einem See gestaut, dessen Damm und Wasserkraftwerk die Dörfer mit Elekrizität versorgen.

Swanetien

Vor einigen Jahren hat sich eine Initiative gegründet, deren Ziel die Förderung von naturnahem Tourismus und die Unterstützung einheimischer Familien ist. Im 2006 eröffneten **Svaneti Tourist Center**, 200 Meter südlich vom zentralen Platz in Mestia werden Unterkünfte in ganz Swanetien, Transportmöglichkeiten, Trekkingtouren, Bergführer und viels mehr vermittelt. Informations- und Vorausbuchungsmöglichkeiten gibt es unter www.svanetitrekking.ge (auch auf deutsch).

Von Kutaissi nach Lentechi und weiter nach Melle verkehren Busse (30 Lari). Man kann sich aber auch ein Taxi für die etwa dreistündige Fahrt nehmen, wofür 30 bis 35 Lari pro Person, mindestens aber 125 Lari für das ganze Auto ein angemessener Preis wären. Die rumpligen Busse verkehren vom Busterminal in Kutaissi aus (neben dem Bahnhof); auch um ein Taxi kann man sich dort bemühen.

Von Tbilissi aus verkehren Busse bis Mestia, ebenso wie **aus Sugdidi**.

In Lentechi:

Gästehaus Maki Leparteliani, Prospekt Zarizy Tamary 36, Tel. 009 95/99/92 65 74 (gleichzeitig bis zu 12 Personen, Anmeldung auf russisch). 10 bis 15 Euro pro Person und Übernachtung. Die Preise für Ausflüge in die Berge variieren in Abhängigkeit vom Schwierigkeitsgrad und Anzahl der Tage.

In Uschguli:

Unterkunft in Uschguli erhält man in einfachen Blockhütten und Zimmern, z.B. bei Familie Dschelidse, Tel. 009 95/899/91 22 56 (gute Küche). Von Uschguli aus kann man mit erfahrenen Bergsteigern Touren in die bizarre Fels- und Gletscherwelt des Schchara-Bergmassivs (5200 Meter) unternehmen, das Uschguli im Norden als grandiose Kulisse überragt.

In Mestia:

Unterkunft in Mestia erhält man über **Nino und Eka Dshaparidse**, am zentralen Platz, Nr. 20, Tel. 009 95/899/57 28 50. Die Familie vermietet Zimmer mit Vollpension in ihrem Haus, besitzt auch mehrere Blockhütten und vermittelt Ausflüge und Taxifahrten.

Frau Nino Ratiani, Tamari-Str. 1, Tel. (mobil) 009 95/899/18 35 55, ninoratiani@gmail.com. Frau Ratiani bietet 2- und 3-Bettzimmer mit Vollverpflegung (leckeres regionaltypisches Essen, vegetarische Kost möglich) für 35 Lari pro Person an. Familiäre Atmosphäre, warme Duschen, Möglichkeit zum Wäschewaschen. Es wird Englisch und Russisch gesprochen.

Fresken und Ikonen Swanetiens

Neben den Wehrtürmen, die der architektonische Stolz der Swanen sind und über fast ein Jahrtausend ihre typische Form bewahrt haben, bieten auch die in ihrer Mehrzahl zwischen dem 9. und 14. Jahrhundert entstandenen Kirchen und mehr noch die Fresken- und Ikonenmalerei einen tiefen Blick in die Seele der Swanen. Die meisten der Kirchen sind kleine Saalbauten mit gen Osten ausgeformten Altarapsiden. Die Wände sind aus grob gehauenen Steinquadern errichtet, die Fassaden in der Regel schmucklos. Über den Eingangspforten einiger weniger Kirchen befinden sich aus dem Stein gemeißelte Tierköpfe.

Eine eigene Tradition in der Freskenmalerei begann sich in Swanetien Ende des 10. /Anfang des 11. Jahrhunderts herauszubilden. Die Malerei mag auf den ersten Blick etwas plump erscheinen, als wäre der Pinsel nicht gemacht für die groben Hände der in der Abgeschiedenheit der Bergwelt lebenden Menschen. Doch ihr eigener, von ihrer Natur und ihrer Biografie geprägter Blick auf die Welt offenbaren ein ästhetisches Empfinden, in dem sich heidnische Vorstellungen mit dem Christentum zu vermischen scheinen. Sichtbar wird dies sowohl in der Themenwahl als auch den Gesichtern. Sehr selten sind Darstellungen von Ereignissen aus dem Alten Testament und Bilder aus dem Christigeburts-Zyklus.

Dafür lieben die Swanen ihre Heiligen, vor allem den streitbaren Georg, was die Vorliebe der Swanen für das Heldenepos verrät. Davon zeugen auch die expressiven Gesichter der Figuren, in denen spröde Männlichkeit stolzes und kriegerisches Temperament verrät und herbe Weiblichkeit von Entbehrungen und Kampf erzählt. An einigen

Fresko in einer Dorfkirche

Kirchen findet man auch Fassadenmalereien, Darstellungen von Schlachtszenen und von Heiligen, die mit dem Schwert in der Hand für ihre Sache kämpften.

An den Nordfassaden der Kirchen von Laschtchweri und Tschashaschi sind Szenen aus dem Amirani-Mythos abgebildet, die aus dem 17. Jahrhundert datieren und den Helden der Sage im Kampf mit Drachen und Riesen abbilden. Die in ihrer künstlerischen Meisterschaft am meisten beeindruckenden Wandmalereien stammen von der Hand des ›Königskünstlers‹, Tewdore, in den Kirchen von Iprari (1096), Lagurka (1112) und Nakipari (1132). Archaischer als die Fresken Tewdores, aber in ihrer Dynamik bis zur Vollendung getrieben, sind die Malereien Mikel Maglakelis in der Christi-Erlöser-Kirche von Mazchwarischi (1140).

Neuerbautes Kirchlein in den Bergen

Bemerkenswert sind daneben auch die Arbeiten der swanischen Goldschmiede, die ebenfalls ihre eigene, auf die Traditionen Zentralgeorgiens zurückgreifende Schule schufen. Zu ihrer vollendetsten Entfaltung kam die metalltreibende Kunst in den Zieselierungen der bis zu drei Meter großen Altarkreuze, die sich um die Kreuzarme winden und auf denen Heiligenfiguren und Szenen aus ihrem Leben eingeprägt sind. Diese Kreuze stehen auf speziellen Erhöhungen vor dem Altar und werden bei kirchlichen Prozessionen nach außen getragen. Die eindrucksvollsten unter ihnen kann man in den Kirchen von Zwirmi, Jeli, Zeti, Tschashaschi und Lagurka besichtigen.

Die swanische Ikonenmalerei bezieht sich auf die gleichen Quellen wie die Fresken: Die Gesichter zeichnen sich durch erhöhte Emotionalität und die feine Zeichnung aus; im farblichen Spektrum dominieren rotbraune und graue Töne. Die Erzengel-Ikone in der Kirche von Iprari, die Gottesmutter mit Kind im Museum von Mestia und die Erlöser-Ikone und die Ikone des heiligen Georg aus der Kirche von Murkmeli gehören zum Schönsten, was im 12. und 13. Jahrhundert in Swanetien gemalt wurde. Die Swanen verteidigen ihre Ikonen um den Preis ihres Lebens. Kaum einer weiß wirklich, welche Schätze sie in ihren Kirchen aufbewahren. Unzählige Versuche, ihre Hüter zu überreden, wenigstens einige der Ikonen, um sie vor endgültigem Verlust zu bewahren, in Museen zu geben, scheiterten. Wie die Sammlung des Museums von Mestia zustande gekommen ist, wissen allein die Beteiligten. Die Swanen glauben bis heute an die Wunderkraft ihrer Ikonen. Und als schlimmste Vergeltung für ein Vergehen in Swanetien gilt, wenn jemand im Angesicht einer Ikone verflucht wird.

Adscharien

Georgien – das sind nicht nur die kaukasischen Berge und Hochebenen, sondern auch das Schwarze Meer, dessen Ufer das Land im Westen begrenzen und nach Europa hin öffnen. Von Sotschi in Russland bis Batumi an der Grenze zur Türkei im Süden reihen sich berühmte Erholungs- und Kurorte. Alljährlich suchten hier Millionen Menschen Erholung. Heute ist Sotschi Ausland, die abchasischen Kurorte Suchumi, Gagra und Pizunda sind zwar georgisches Hoheitsgebiet, für Touristen aber aufgrund des Konflikts um die autonome Republik unzugänglich. Den Georgiern und ihren Gästen bleiben deshalb nur die Strände der autonomen Republik Adscharien nördlich und südlich Batumis.

Adscharien erstreckt sich auf einem Territorium von 3000 Quadratkilometern entlang der Schwarzmeerküste bis ins Landesinnere, das nur wenige Kilometer hinter der Küste steil bis zu den Höhenlagen des Kleinen Kaukasus anzusteigen beginnt. Die geschützte Lage und die Nähe zum Meer sorgen mit jährlich 2000 Millimeter Niederschlag für ein mildes und feuchtes, subtropisches Klima und eine üppige Vegetation, in der unter anderem Agrumen, Tungbäume, Bambus, Eukalyptus, Dattelpflaumen und Granatäpfel gedeihen. Vor gut 150 Jahren begann man in Adscharien und anderen Gebieten Westgeorgiens mit dem Anbau aus China importierter Teebäume, die die Teeproduktion im 20. Jahrhundert zu einem der wichtigsten landwirtschaftlichen Zweige werden ließen.

Die autonome Republik Adscharien

Die Wurzeln der adscharischen Autonomie reichen zurück bis in das 16. Jahrhundert, als es von den Osmanen besetzt und von diesen bis zum Russisch-Türkischen Krieg 1877/78 behauptet wurde. Die Türken islamisierten die Bevölkerung, so dass man in Adscharien unter den Georgiern auch heute

▲ Karte S. 293

Der Hafen von Batumi

Die georgische Schwarzmeerküste

noch mehr Mohammedaner als Christen findet. Mit dem Anschluss Adschariens und Georgiens an die Sowjetunion erhielt die Region den Status einer autonomen Republik, obwohl die Adscharen ebenso Georgier sind wie die Kacheten oder Imeretiner. Während des georgischen Bürgerkriegs bewahrte Adscharien seinen Status und hielt sich, mehr noch, aus den Kämpfen heraus, indem es seine Grenzen für alle Kriegsparteien schloss.

Die Herrschaft des Abaschidse-Clans brachte Adscharien wirtschaftliche Prosperität, die in erster Linie auf den Einnahmen aus dem Zollgeschäft, dem Hafen, dem Tourismus und der Landwirtschaft beruhte. Da die lokalen Eliten jedoch eine Politik der Isolation und Loslösung vom Kernland betrieben, war der Konflikt mit einem nun stärker an nationalen Prioritäten und der Wiederherstellung der territorialen Einheit Georgiens orientierten Präsidenten vorprogrammiert. Aslan Abaschidse wurde im Mai 2004 zum Rücktritt gezwungen und ging nach Russland ins Exil. Die Wahlen im Juni 2004 gewann das Wahlbündnis ›Siegreiches Adscharien‹ von Präsident Saakaschwili mit 75 Prozent der Stimmen.

Nähere Informationen über Politik und Wirtschaft Adschariens erhält man unter www.adjara.gov.ge.

Anreise

Von Tbilissi aus gelangt man nach Batumi entweder mit dem Zug (Adscharien-Express) oder auf der Straße über Kutaissi mit dem Bus, Kleinbus oder PKW (siehe auch Reisetipps von A bis Z). Hinter Kutaissi führt die Trasse durch die kolchische Tiefebene durch verschlafene Ortschaften, in denen Katzen, Hunde, Schweine, Kühe und Enten, wie auch Schlaglöcher ernstzunehmende Verkehrshindernisse sind. Man sollte sich deshalb Zeit nehmen, wenn man sich auf den Weg nach Adscharien macht.

Die adscharische Grenze erreicht man nördlich Kobuletis. Bis zum Mai 2004 war diese Grenze mit quer über die Straße liegenden Betonträgern, schwer bewaffneten Polizisten und eisenzahnbewehrten Sperrketten gesichert. Hier erlebte der Machtkampf zwischen dem neuen georgischen Präsidenten Saakaschwili und dem langjährigen Präsidenten der autonomen Republik Adscharien, Aslan Abaschidse, seine symbolische Kulmination, als Saakaschwili im März 2004 am Betreten adscharischen Territoriums gehindert wurde. Die dramatische Episode, die fast einen Bürgerkrieg ausgelöst hätte, war der Beginn des schnellen Absturzes Abaschidses.

Die Spuren der Zerstörung der letzten eineinhalb Jahrzehnte sind auch in Adscharien sichtbar. Der erste größere Ort, den man hinter der Grenze passiert, ist das für seine Strände berühmte Kobuleti. Die Straße verläuft nur wenige Meter vom Meer entfernt. Linker Hand wird sie Kilometer um Kilometer von den Villen gesäumt, welche sich die einst am Tourismusgeschäft profitierenden Georgier haben erbauen lassen. Fast alle bieten Unterkunft und Verpflegung an. Die Straße trägt den Namen Agmaschenebeli. Rechter Hand tauchen aus dem Zedernwald dann und wann die Betonkolosse von Hotels und Sanatorien auf, die äußerlich einen verlassenen und trostlosen Eindruck bieten. Weiter führt die serpentinenreiche Trasse längs der rosa- bzw. blaufarbenen Glyzinienbüsche am Straßenrand und der sich bis zu den Hängen des Kleinen Kaukasus erstreckenden Teeplantagen bis nach Batumi.

▸ Karte S. 293

Das Schwarze Meer

Das Schwarze Meer bildete einst neben dem Kaspischen Meer einen Ausläufer des Urmeers Thetys, das sich bis in die Erdneuzeit von Spanien bis Südchina erstreckte. Seine endgültige Form erhielt es vor ungefähr 8000 Jahren, erdgeschichtlich gesehen also erst vorgestern, mit dem Bosporusdurchbruch, über den es mit dem Mittelmeer und über dieses mit den Weltmeeren verbunden ist.

Man weiß, dass bereits die Taurier und Skythen, die die nördlichen Küsten bewohnten, ihr Meer als ›dunkel‹ bezeichneten; im Vergleich zum Türkis des Mittelmeeres wahrscheinlich, wenn nicht andere, heute vergessene Mythen die Bezeichnung erklären. Die rationale Erklärung für die dunklere Färbung aber geben die zahlreichen unter der Wasseroberfläche lebenden Braunalgen.

Die frühen Griechen nannten das Schwarze Meer ›Pontos Axinos‹ – ›ungastliches Meer‹; vielleicht deshalb, weil sie zunächst kein Glück bei der Besiedlung der Küsten hatten oder ihre Schiffe den heftigen Stürmen nicht gewachsen waren. Einige hundert Jahre später korrigierten sie sich und verwandelten den Pontos Axinos in den ›Pontos Euxeinos‹, was ›gastliches Meer‹ bedeutet.

Der größte Reichtum des Schwarzen Meeres ist der in Küstennähe lebende, heute selten gewordene Stör, eine uralte Fischart mit einem zum beträchtlichen Teil noch verknorpelten Skelett. Ein Verteter der Störe aber ist der Hausen, den die Russen Beluga nennen und der bis zu sechs Meter lang werden kann. Er lebt gern vor den Mündungen größerer Flüsse, und das Weibchen des Hausen produziert den berühmten schwarzgrauen Beluga-Kaviar, der, einst als ›Arme-Leute-Nahrung‹ bezeichnet, im letzten Jahrhundert zu einer raren und teuren Delikatesse geworden ist. Im Vergleich zum Mittelmeer ist der Salzgehalt des Schwarzen Meeres gering, was dazu führt, dass viele typische Salzwasserfische hier nicht heimisch wurden. Der Fischfang als Wirtschaftsfaktor spielt deshalb in Georgien und den anderen Anrainer-Ländern eine untergeordnete Rolle.

Strandvergnügen am Schwarzen Meer

Batumi

Die Stadt, die als ›Batusi‹ erstmals im ersten nachchristlichen Jahrhundert von Plinius d. Ä. erwähnt wurde, liegt an einer tief eingeschnittenen Bucht am Delta des Tschoroch-Flusses. Ihr Name leitet sich, so erzählt man, vom griechischen ›limen bathys‹, tiefes Gewässer, ab. Dank seiner natürlichen Lage als Hafen geradezu prädestiniert, zog Batumi nacheinander Phönizier, Griechen, Römer, Kaufleute aus Venedig und Genua, der Türkei und Russland an. Sie ist die jüngste der georgischen Städte und entstand erst, als die Russen Adscharien den Türken entrissen hatten und sie zum wichtigsten südlichen Schwarzmeerhafen ausbauten. 1883 erhielt Batumi Anschluss ans transkaukasische Eisenbahnnetz, und die aus Baku hierher verlegte Erdölpipeline trug noch einmal zu einer Aufwertung des Hafens bei.

Sehenswürdigkeiten

Batumi ist eine grüne Stadt, mit vielen repräsentativen Gebäuden, Parks, Alleen und einer zwei Kilometer langen **Uferpromenade**, inklusive dem städtischen Strand. Gut 100 000 Menschen leben hier, von denen viele im Sommer ihren

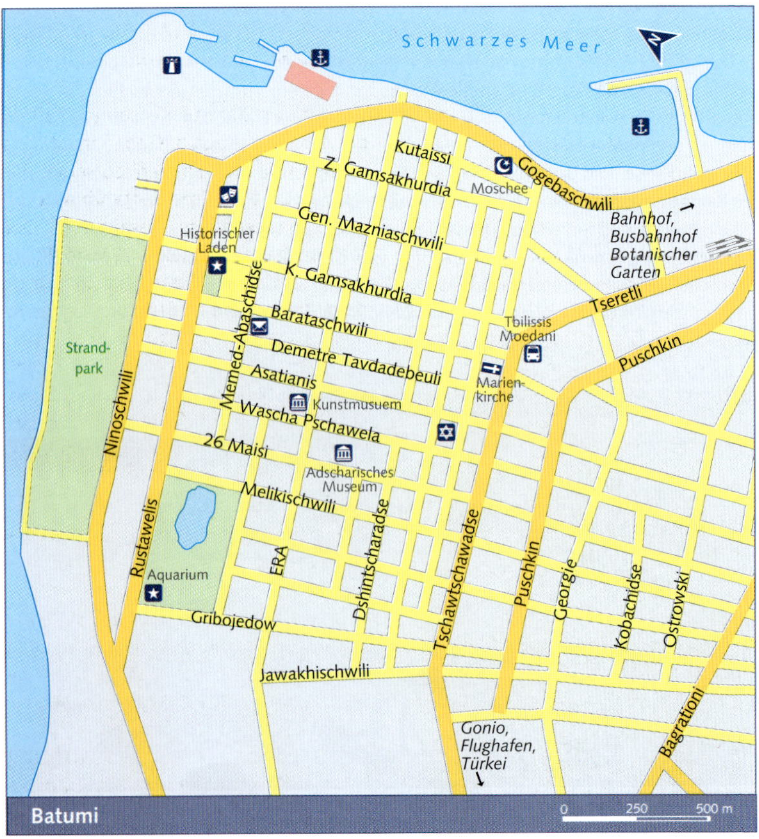

Landsitz in den Bergen der Hitze am Meer vorziehen. Die Stadt ist von Urlaubern nicht überlaufen, doch bietet sie unter allen georgischen Städten die wohl beste touristische Infrastruktur. Sie macht einen sauberen, gastfreundschaftlichen und geschäftstüchtigen Eindruck.

In Batumi leben Georgier, Armenier, Juden, Russen und Türken, weshalb man in der Stadt Synagogen neben orthodoxen Kirchen und Moscheen findet und sogar eine **katholische Kirche**, die im 19. Jahrhundert noch von zwei Brüdern für die damals nur 40 Katholiken in der Stadt gestiftet wurde. Nach dem Ende der Sowjetunion stellte sich heraus, dass es in der Stadt nicht ein einziges der georgischen Orthodoxie gehörendes Gotteshaus gab, weshalb der Katholikos Ilja II.den Papst bat, die katholische Kirche den georgischen Christen abzutreten. Seitdem finden dort georgisch-orthodoxe Gottesdienste statt.

Die schöne Strandpromenade von Batumi

Klassizismus im Stadtzentrum

Berühmt ist Batumi für seinen Kaffee, der der beste in ganz Georgien ist. Das Wissen um die Geheimnisse seiner Zubereitung ist ein Erbe der jahrhundertelangen türkischen Besatzung. Der schmackhafte, im heißen Sandbett zubereitete Kaffee wird unter anderem in dem Straßencafé in der Gogebaschwilistraße, gegenüber dem Fischereihafen und dem Zweite-Weltkrieg-Mahnmal, kredenzt. Sehenswert ist ein vom Anfang des 20. Jahrhunderts stammendes **Lebensmittelgeschäft** an der Ecke Rustaweli/Gamsachurdia-Straße mit seinem orientalisierenden Design.

Unter den Museen Batumis ist das **Meeresmuseum ›Aquarium‹** in der Ninoschwilistraße 37 das bekannteste. Das berühmte Delphinarium ist leider seit Jahren geschlossen, und es ist nicht abzusehen, wann die Alphine, die größte Delphinart des Schwarzen Meeres, wieder zu sehen sein werden.

Das außer montags täglich von 10 bis 17 Uhr geöffnete **Adscharische Staatsmuseum** in der Dshintscharadsestraße 4 besitzt neben weniger spektakulären Exponaten eine in ihrer Art einmalige Bronzekrone aus einem kolchischen Schatz sowie einige weitere Glanzstücke, darunter steinerne Götterfigürchen, antike Vasen und Amphoren, Gold- und Silberschmuck, Münzen sowie das Modell eines kolchischen Schiffes.

Das Stalinmuseum in der Puschkinstraße 10 ist nur für hemmungslose Nostalgiker interessant.

Ausflüge von Batumi

Ein sehenswertes Ausflugsziel ist der 1912 vom bekannten russischen Botaniker Andrej Krasnow gegründete **Botanische Garten**. Er erstreckt sich auf einer Landzunge nahe dem kleinen, für seinen Strand und das saubere Wasser beliebten **Kurort Seljonij Mijs (Grünes Kap)**, ungefähr neun Kilometer nördlich von Batumi. Krasnow hatte sich bleibende Verdienste bei der Erforschung der subtropischen Pflanzenwelt der Kaukasus-Region erworben und damit die Grundlagen für die Trockenlegung der Sümpfe im Rioni-Delta gelegt. Der 120 Hektar große Garten gliedert sich in acht geographische und landschaftliche Zonen mit insgesamt 5000 Arten und Sorten, darunter ein Stück kolchischen Regenwaldes mit seinen blattwechselnden Laubbäumen, dem immergrünen Unterholz und der wuchernden Fülle an Farnen und Lianen. Zum Botanischen Garten fahren Taxis sowie die Marschrutka Nr. 1.

Lohnenswert sind Touren zu den etwa zehn Kilometer südlich vom Batumi gelegenen **Ruinen der Festung Gonio**, die seit Mitte der 1990er Jahre systematisch ausgegraben und erforscht werden. Die Anlage stammt aus der Römerzeit und gilt als eine der ältesten in Georgien. Man erreicht sie mit dem Taxi oder mit der Marschrutka Richtung Sapi (Nr. 142, Grenze zur Türkei).

Berühmt ist Adscharien für seine **steinernen Bogenbrücken** über die einstmals reißenden Gebirgsflüsse, von denen einige noch aus der Regierungszeit von Königin Tamara stammen. Einige schön erhaltene Exemplare stehen im Tal des Flusses Adscharischkali, z.B. bei Keda und Dandalo. Sie liegen entlang der Straße zwischen Batumi und Achalziche. Man erreicht sie am besten mit dem Taxi.

Auch über das Department für Tourismus werden Touren und Exkursionen angeboten, z.B. in den Kurort **Kobuleti**

Mittelalterliche Bogenbrücke an der Straße nach Keda

▲ Karte S. 296

mit seinen kilometerlangen Stränden (ca. 25 km nördlich von Batumi), zu historischen Denkmälern, zur **Festung Schuachewi**, zum **Kloster Zchalta** und zur **Chichani-Festung** (beide aus dem 13. Jahrhundert) im adscharischen Hochland.
Auch mehrtägige **Wanderungen** sind möglich, zum Beispiel von Kobuleti ins Meßchetische Gebirge, durch die Tschorochi-Schlucht (mit einem der schönsten georgischen Wasserfälle) und über den Goderdsi-Pass zum Grünen See.
Der bekannteste Höhenkurort ist **Beshumi** (ca. 1900 m ü.M.), der - umgeben von Nadelwäldern - beste Voraussetzungen zur Heilung von Erkrankungen der Atemwege bietet.

Batumi

Vorwahl: 009 95/882 22.
Touristeninformation: Nach der Vertreibung Aslan Abaschidses vom Posten des Präsidenten Adschariens im Jahre 2004 hat die Region zwar einen großen Teil ihrer Autonomie eingebüßt, doch ist Adscharien der einzige Teil Georgiens, der starkes Interesse an Investitionen zeigt, besonders in die touristische Infrastruktur. So ist das **Tourismus-Department**, verglichen mit gleichartigen Einrichtungen in anderen Landesteilen, sehr aktiv. Sein Chef besitzt fast die gleichen Vollmachten wie ein Minister. Bei Redaktionsschluss stand der Behörde Vaja Diasamidze vor, an den man sich bei beliebigen Problemen wenden kann: Rustaweli-Straße 6, Batumi 6010, Tel. 009 95/ 222/747 02, vajadia@yahoo.com. Angeboten werden darüber hinaus Pilgertouren, Jagd- und Angeltourismus, Reit- und Tauchsport.
Exkursionen vermitteln auch die in Tbilissi ansässigen Reiseagenturen.
Das Department für Tourismus organisierte in nahezu allen größeren touristisch attraktiven Ortschaften der Region (z.B. Kobuleti) Niederlassungen (Informationszentren), die in der Regel mit Prospekten, Karten und anderem Informationsmaterial (auf englisch, russisch und teilweise auch auf deutsch) ausgestattet sind.
Tickets aller Art für Busse, Züge und Schiffe gibt es bei der **Agentur Adjara Tour**, 26 Maisi-Str. 36.

Durch Batumi verläuft die direkte Busverbindung zwischen **Istanbul und Tbilissi**. Aus Batumi verkehren zudem Dutzende Busse und Kleinbusse zum **Grünen Kap** (Botanischer Garten) und nach **Poti** bzw. **Kobuleti**. Der Busbahnhof liegt nordöstlich der Innenstadt an der Ecke Tseretlistr./Schawschetistr.
Es gibt häufige Marschrutki (Nr. 142) **nach Gonio** und weiter zur **türkischen Grenze nach Sarpi**, von wo aus man mit türkischen Kleinbussen weiter nach **Trabzon** fahren kann. Diese Kleinbusse fahren vom Markt am Tbilissi Moedani ab.
Weitere Busse sowie Marschrutki verkehren zwischen Batumi und Tbilissi.

Der Bahnhof von Batumi befindet sich in Machindschauri, einige Kilometer nördlich außerhalb der Stadt in Richtung Kolubeti. Hierher fahren Taxis und die Busse Nr. 101, 200 und 150.
Von Batumi nach Tbilissi (und vice versa) verkehren mehrmals täglich Züge, darunter auch Nachtzüge mit Schlafwagen. Die Züge sind ca. neun Stunden unterwegs und Verspätungen keine Seltenheit.

Der Zug nach Poti (Abfahrt morgens 9 Uhr) braucht für die nicht mehr als 150 Kilometer vier Stunden und ist sehr unbequem. Marschrutki sind dass bedeutend bequemere und auch nicht um vieles teurere Verkehrsmittel (ca. 20 Lari).

Kreuzfahrtschiffe, die auf dem Mittelmeer und dem Schwarzen Meer unterwegs sind, legen gern in Batumi an. Der Hafen wurde in den letzten Jahren modernisiert (www.batumiport.com). Fahrgastschiffe und Fähren verkehren vor allem in die Ukraine, Rumänien und die Türkei.

Aufgrund der andauernden georgisch-russischen Konflikte und der Blockade Georgiens durch Russland sind die Fährverbindungen nach Russland derzeit unterbrochen.

Derzeit gibt es regelmäßige Verbindungen nur nach **Poti** sowie nach **Odessa** in der Ukraine (www.ukrferry.com).

Es ist geplant, eine Fährverbindung nach Trabzon in der Türkei einzurichten.

In Batumi ist an Hotels aller Preisklassen kein Mangel:

Hotel Alik, Memet Abaschidsestr. 14, Tel. 75801, www.hotelalik.gol.ge. 60 bis 120 Euro. Viersternehotel mit europäischem Standard mit Restaurant, Sauna, Fitness etc. Englischsprachige Rezeption, Hilfe bei Flugbuchungen und Ausflügen.

Hotel L-Bakuri, Tschawtschawadse-Str. 121, Tel. 76923. DZ 30 bis 40 Euro. Schönes Mittelklassehotel mit Restaurant. Englischsprachige Rezeption, akzeptiert Kreditkarten.

Hotel Ritsa, z. Gamsachurdiastr. 16, Tel. 73292, www.hotelritsa.com. DZ 30 bis 60 Euro. Schönes Hotel in einem Gebäude im Neo-Jugendstil in zentraler Lage.

Hotel Beso, Surab-Beridse-Str. 15, Tel. 76669, 15 bis 25 Euro. Zentral in der Nähe des Tbilissi Moedani gelegen, gute und preiswerte Zimmer.

Hotel Oscar, Wachtang-Gorgassali-Str. 6, Tel. 76267, 15 bis 25 Euro. Nettes Gästehaus ohne Frühstück.

Hotel Piramida, Washa-Pschawela-Str. 43/2. Stock, Tel. 32204. Zehn Zimmer von 10 bis 18 Euro pro Person, Halbpension möglich.

Hotel Boni, Majakowskistr. 4, Tel. 71939, 12 bis 25 Euro.

Hotel Batumi, Majakowskistr., Tel. 72568, Mobil 00995/77423400.

In Kobuleti:

In Kobuleti ist fast jedes Haus in der Agmaschenebelistr. 210 bis 750 ein kleines Hotel, die Preise liegen bei 20 bis 40 Euro pro Person und Nacht:

Eden in der Nr. 468 mit 42 Zimmern und sieben kleinen Hütten, mit Fitnesszentrum und einem Swimmingpool auf dem Dach.

Sehr zu empfehlen ist auch die Nr. 670.

Batumi verfügt in den Sommermonaten über ein überreiches Angebot an kleinen Cafés und Restaurants, es gibt zudem unzählige Schaschlikstände.

Unter den Restaurants gilt das **Salchino** an der Uferpromenade, mit seiner Terrasse und phantastischem Ausblick auf Meer und Hafen, als das beste, Tel. 32965.

Internetcafés gibt es in der Abaschidse-Melikishvili-Str. 4823, der Era-Str. 31 oder der Barataschwili-Str. 4.

▲ Karte S. 296

Megrelien

Die Megrelen gehören zu den Kartvelen, dem georgischen ›Urvolk‹. Als sich das protokartvelisch in verschiedene Untersprachen aufspaltete, entstand vor etwa 3000 Jahren auch das Sanisch bzw. Megrelisch, wie es später genannt wurde. Megrelien mit seiner Schwarzmeer-Küste war Bestandteil des Königreiches von Kolchis-Lasika, später des geeinten Georgiens von Dawit dem Erneuerer bis zur Königin Tamara, gehörte dann zu Westgeorgien, seit Anfang des 19. Jahrhunderts zum russischen Reich und im 20. Jahrhundert zur Sowjetunion. In der Provinz leben heute ca. 500 000 Menschen, die sich vor allem von der Landwirtschaft - Tee, Zitrusfrüchte und Wein - ernähren. 1928 wurden in Megrelien die ersten Teesträucher angepflanzt. Heute ist ein Drittel der landwirtschaftlichen Nutzfläche von Teeplantagen bedeckt. Betrug die Ernte 1989 140 000 Tonnen, was einem Drittel der Teeproduktion Georgiens entsprach, sank sie bis 1996 auf 2500 Tonnen. Der Tee hat den Megrelen zu Reichtum verholfen; doch wenn man heute durch Megrelien reist, verraten die einst prächtigen Landhäuser den gleichen Geist des Verfalls und der Ratlosigkeit wie überall in Georgien.

Poti

Die heute neben Batumi wichtigste georgische Hafenstadt ist das auf etwa halbem Wege zwischen Batumi und dem abchasischen Suchumi gelegene Poti, an der Mündung des Rioni.

Fluss und Stadt sind aus der antiken Überlieferung als Phasis bekannt. Jason soll hier an Land gegangen sein. Nachdem ein Erdrutsch die noch bedeutendere griechische Schwarzmeerkolonie Dioskurien, südlich des heutigen Suchumi, ins Meer gerissen hatte, wurde Phasis zu einem der bedeutendsten Handelsorte an der Seidenstraße. Im 3. Jahrhundert vor Christus wurde hier die berühmte Kolchische Akademie gegründet, an der bis zum 6. nachchristlichen Jahrhundert in griechischer und georgischer Sprache Philosophie, Grammatik, Arithmetik und Rhetorik gelehrt wurden. Das antike Poti verschwand mit den Jahrhunderten im Sumpf des Rioni-Deltas. Im 16. Jahrhundert bauten die Türken in seiner Nähe eine mächtige Festung zur Beherrschung des Hafens, die sie Fasch-Kaleh nannten und 1829 an die Russen abtreten mussten.

Der Stadt und dem Fluss Phasis verdankt ein Geschöpf seinen Namen, dem Linné in seinem Artenspiegel den Namen Phasianus colchicus, Fasan, gab. Die Kolchische Tiefebene ist die Urheimat dieses Vogels, der heute leider zu den selten gewordenen Arten gehört.

Das 20. Jahrhundert gab der Kolchis ein neues Gesicht. Das Ringen der Menschen mit der Natur verwandelte die sumpfige Tiefebene zwar in eine blühende Landschaft; gleichzeitig aber fielen ihm die dichten kolchischen Urwälder zum Opfer, von denen heute nur Reste fortbestehen. Eine Ahnung von ihrem einstigen Ausehen kann man sich im Naturschutzgebiet am östlichen Ufer des Paleostomi-Sees, unweit von Poti, verschaffen. Dieser 17,3 Quadratkilometer große See ist eine ehemalige Nehrung des Schwarzen Meeres, deren Name auf das griechische ›Paläostoma‹, was soviel wie ›alte Mündung‹ bedeutet, zurückgeht. Einstmals waren die kolchischen Wälder artenreiche Mischwälder, in denen Linden, Eichen, Ahorn,

Ulmen, Eschen, Edelkastanien und Buchsbäume bis zu 13 und mehr Metern in die Höhe wuchsen, mit dichtem, fast undurchdringlichem Unterholz aus Holunder, Sauerdorn, Weißdorn, Stechpalme, Haselstrauch, wolligem Schneeball und Kirschlorbeer. Um die Bäume wanden sich Kletter- und Schlingpflanzen, unter denen der kolchische Efeu und die wilde Weinrebe am häufigsten auftraten.

Am Paleostomi-See in der Nähe Potis befindet sich eine Rennbahn, wo in jedem Jahr im Monat Mai während des Phasissoba-Festes Reiterwettkämpfe stattfinden.

Dem Touristen hat Poti wenig Sehenswertes zu bieten. Im Zentrum befindet sich eine Skulptur der ›Mutter Kolchis‹ und in ihrer Nähe eines der ältesten Theater in Georgien. An Jason und seine abenteuerlustigen Begleiter erinnert nur noch das Argo-Café am Nikoladse-Platz.

Poti

Die Marschrutka-Haltestelle liegt am Markt.

Übernachten kann man im **Hotel Ankora**, Gegidse-Str. 90, Tel. 00995/ 393/26000, 25308, Fax 24008. DZ ca. 50 Euro, englischsprachige Rezeption, gutes Restaurant, Hilfe bei der Buchung von Fährtickets nach Odessa.

Kloster Chobi

Zwischen Kutaissi und Sugdidi, am Ufer des gleichnamigen Flusses gelegen, befindet sich das Kloster Chobi. Aus Kutaissi kommend, biegt man vor der über den Chobi führenden Straße nach rechts ab und gelangt nach 5 Kilometern Fahrt zu den Ruinen dieses 554 gegründeten und damit ersten westgeorgischen Klosters. Der Überlieferung nach gab ein Mord für die Gründung des Klosters den Ausschlag, begangen von den beiden byzantinischen Heerführern Johannes und Rustikos am lasischen König Gubas. Bis in die Gegenwart erhalten geblieben sind eine Kathedrale aus dem frühen 13. Jahrhundert, ein Glockenturm, eine Schatzkammer aus dem Spätmittelalter sowie die Ruinen eines Palastes aus dem 18. und 19. Jahrhundert. Die Fresken im Inneren der Kathedrale stammen aus dem 13., 14. und 17. Jahrhundert. Außerdem befindet sich auf dem Klostergelände die Familienkirche des georgischen Nationalhelden Fürst Zotne Dadiani. Zum Helden wurde er im 13. Jahrhundert im Kampf gegen die Mongolen. Die beiden Dawits buhlten noch in der Wüste Karakorum um die Gunst des Khans, Königin Rusudan war bereits gestorben und das Land ohne König. Einige der

Auch das Hinterland der Schwarzmeerküste ist reizvoll

▲ Karte S. 293

Fürsten besannen sich ihres Stolzes und versammelten zuverlässige Krieger um sich, die zu verabredeter Stunde an einem geheimen Ort zusammentreffen und den Kern einer Befreiungsarmee bilden sollten. Doch wie so oft in heiklen Momenten kam Verrat ins Spiel. Der Statthalter der Mongolen kam der Verschwörung zuvor, ließ die Fürsten nach Tbilissi bringen und verhören. Sie beteuerten ihre Unschuld; ihre Zusammenkünfte hätten einzig und allein dem Ziel gedient, zu klären, wie man am besten die Steuern eintreiben könne. Der Statthalter glaubte ihnen kein Wort, brauchte jedoch ihr Geständnis. Um dieses zu erhalten, ließ er die Männer entkleiden, in der gleißenden Sonne an Pfähle binden und mit Honig bestreichen.

Einer der Verschwörer war Fürst Zotne Dadiani. Er hatte den weitesten Weg und verspätete sich. Rechtzeitig gewarnt, ließ er seine Krieger umkehren und verbarg seine Waffen. Allein, ohne seine Männer, erschien er in Tbilissi, ritt zu dem Ort, wo die anderen Fürsten ihr Märtyrium erduldeten, zog sich aus und befahl den mongolischen Wachen, ihn ebenfalls an einen Pfahl zu binden. Die staunten nicht wenig und brachten ihn zu ihrem Anführer. Dadiani erklärte, er hätte von den gegen seine Freunde erhobenen Vorwürfen gehört, wäre eiligst nach Tbilissi geritten, um deren Unschuld zu bezeugen, denn er auch er hätte an dem Treffen, das ihnen zum Verhängnis geworden war, teilnehmen sollen, sich aber verspätet, und da er nun sehen musste, dass die anderen Fürsten unschuldig zu qualvollem Tod verurteilt seien, wolle er deren schreckliches Los teilen. Die Erklärung Dadianis machte Eindruck. Die Fürsten kamen frei und durften auf ihre Besitzungen zurückkehren.

Sugdidi

Die Stadt Sugdidi war seit dem 17. Jahrhundert Residenz des megrelischen Fürstentums und ist wie Chobi aufs engste mit dem Fürstengeschlecht der Dadianis verbunden. Mitte des 11. Jahrhunderts war es der Fürst Bedian Dadiani, der den Grundstein legte für das über 750 Jahre in Megrelien herrschende Geschlecht der Dadianis. Seine Eigenständigkeit bewahrte es durch die Wirren der Türkenkriege bis zum Jahre 1804, als es seine Souveränität an die Russen verlor. Noch bis 1854 bestand Sugdidi als in Diensten Russlands stehendes Fürstentum fort.

Anfang des 19. Jahrhunderts ließen die Dadianis in der Umgebung ihres Palastes einen **Garten** anlegen, den die Witwe des letzten souveränen Fürsten, Ekaterina Tschawtschawadse (siehe auch über die Tschawtschawadses im Kapitel über Kachetien), ausbauen ließ und der in Transkaukasien, wie ein russischer Historiker schrieb, ›nicht seinesgleichen besaß‹. Den Türken, die 1855 während des Krimkrieges auch Megrelien und Sugdidi heimsuchten, scheint der Park nicht gefallen zu haben, denn sie fällten alle Bäume, so dass die heutige Anlage nicht mehr ist als ein Ersatz, den ein Mailänder Gartenarchitekt gestaltete. Auf Einladung Fürstin Ekaterinas verbrachte übrigens die österreichische Baronesse Bertha von Suttner ihre Flitterwochen in der Stadt. Die Appelle Ekaterinas an den russischen Zaren, das Fürstengeschlecht auch nach dem Tod ihres Ehemanns zu erhalten, verhallten ungehört.

An den Garten der Dadianis schließt sich das im ehemaligen **Fürstenpalast** befindliche Geschichts- und Volkskundemuseum Sugdidis an, das als unerwartete Kuriosität eine der drei Kopien von der Totenmaske Napoleon Bonapartes zu seiner Sammlung zählt. Sie gelangte zusammen mit einigen Möbelstücken aus dem Besitz des französischen Kaisers über Achilles Murat, den Enkel von Napoleons Marschall, nach Sugdidi. Er hatte 1869 die megrelische Fürstin Salome Dadiani, eine Tochter Ekaterinas, geehelicht und war mit ihr von Paris nach Westgeorgien übersiedelt.

Gleich hinter Sugdidi erheben sich die noch immer eindrucksvollen Ruinen der Festung Ruchi, die Fürst Lewan II. Dadiani in der ersten Hälfte des 17. Jahrhunderts zum Schutz vor den Türken errichten ließ. Ihr Areal bestand aus einem unteren und einem oberen Festungsteil. Die mancherorts acht Meter hohen Mauern waren bis zu vier Meter dick.

Hinter Ruchi überquert die Straße den aus dem Oberen Swanetien herabfließenden Enguri und geht auf abchasisches Territorium über.

i Sugdidi

Vor dem Bahnhof halten die Marschrutkas nach Batumi, Poti, Kutaissi und Tbilissi.

Es gibt zudem Zugverbindungen nach Batumi und Tbilissi.

Hotel Sugdidi, Kostawa-Str. 5a, Tel. 00995/215/54242.

Zu Pferd lassen sich die Nationalparks besonders gut erkunden

Karte S. 293

Naturtourismus in Georgien

Von Jörg Ratayczak

Die Kaukasusregion umfasst auf mehr als 500 000 Quadratkilometern die Länder Georgien, Armenien, Aserbaidschan, Russland, die Türkei und den Iran. Die großen Höhenunterschiede bringen klimatische Vielfalt und abwechslungsreiche Lebensräume mit sich. Das macht den Kaukasus zu einer biologischen Straßenkreuzung zwischen Europa, Asien und Nordafrika. An isolierten Stellen trifft man auf Endemiten, also nur hier im Kaukasus vorkommende und somit einzigartige Tier- und Pflanzenarten. Großräumige Abholzungen, Überweidung, Wilderei, illegaler Tierhandel und das Sammeln von Brennholz verursachen ernsthafte Umweltprobleme.

Ganz Georgien ist ein Wanderparadies. Die Nationalparks sind die Naturjuwelen des Landes. Daher finden sie hier vorrangig Beachtung. Das Kasbegigebiet besitzt zwar (noch) keinen Nationalpark, ist aber eine der am leichtesten erreichbaren Hochgebirgsregionen Georgiens und soll daher mit erwähnt sein. Gute Vorbereitung und Information minimieren die Risiken, welche Wandern im Hochgebirge mit sich bringen kann, und erhöhen den Naturgenuß.

Organisation eines Nationalparkbesuches

Um einen georgischen Nationalpark betreten zu dürfen, ist manchmal eine Genehmigung nötig. Diese ist problemlos und unbürokratisch bei der jeweiligen Nationalparkverwaltung erhältlich (seinen Reisepass sollte man für alle Fälle dabeihaben).

In Schutzgebietsnähe finden sich oft kleine Hotels oder Familienpensionen. Unterkunft und Transport - ein geländetüchtiger Wagen ist optimal - können von Tbilissi aus organisiert werden. Ansprechpartner sind verschiedene hauptstädtische Touranbieter (Siehe Reisetipps von A bis Z S. 331). Auch der WWF (World Wide Fund For Nature) mit Sitz in der Aleksidsestr. 11, Tbilissi (Tel. 00995/32/330154, -55) gibt gerne Auskunft zu den Schutzgebieten, Transport, Unterkunft und Aktivitäten vor Ort.

Alle Ziele sind per Minibus, Bus oder Bahn erreichbar, wobei der Fahrpreis meist deutlich unter 20 Lari liegt. Ausnahmen sind das Luxusschlafwagenabteil im Nachtzug Tbilissi-Batumi mit 23 Lari und die Geländewagen-Taxifahrt von Alvani ins tuschetische Omalo mit mehr als 30 Lari. Zu innergeorgischen Busverbindungen siehe auch S. 360.

Bei Wanderungen sollten immer genügend Wasser, Verpflegung und Allwetterbekleidung im Rucksack sein. Viele Gebiete sind abgelegen. Es empfiehlt sich daher, nicht unnötig allein unterwegs zu sein.

Wanderkarten sind nur spärlich vorhanden. Eine physische Landkarte Georgiens (Maßstab 1:500 000) von 1998 ist in einigen Buch- und Schreibwarenläden Tbilissis erhältlich. Kompass, GPS und ortskundige Begleitung sind von Vorteil. Naturführer bekommt man in den Buchläden Parnassus in der Melikischwilistraße und im Prospero's am Rustaweliprospekt.

Schutzgebiete in höheren Lagen lassen sich im Sommer gut erkunden, während jene im Tiefland eher im Frühjahr und Herbst attraktiv sind.

Der Bordshomi-Kharagauli Nationalpark

Der Bordshomi-Kharagauli-Nationalpark ist der älteste und bekannteste Nationalpark der Kaukasusregion (siehe auch S. 286).

Der Nationalpark liegt in Zentralgeorgien an den Hängen des Kleinen Kaukasus. Mit fast 1 Prozent der Fläche Georgiens – über 70 000 Hektar – ist er einer der größten Europas. Weitgehend unberührte Bergwälder blieben hier bewahrt. Bereits in den 1990ern unterstützten Deutschland und der WWF die Einrichtung des Nationalparks. Schon die russische Zarenfamilie war fasziniert von den Wäldern und erklärte sie zum Jagdgebiet, in dem weitere Nutzungen stark eingeschränkt wurden.

Der Nordteil des Parks ist feucht, halb subtropisch und damit eher Kolchis-typisch, während die trockene Meskheti-Jawachetien-Region den Südteil des Parks beeinflusst. Diese klimatische Vielfalt erzeugt großen Tier- und Pflanzenreichtum.

Traditionelle Bewirtschaftungsweisen und mittelalterliche Kirchen laden zum Kennenlernen ein. Eine weitläufige Berühmtheit ist das Bordshomi-Mineralwasser. Seit langer Zeit als Heilwasser geschätzt, war es eines der beliebtesten in der ehemaligen Sowjetunion.

Ein Netzwerk von Wegen ermöglicht Wanderungen in alpine Bereiche von über 2500 Meter über dem Meeresspiegel. Hier eröffnet sich dem Wanderer im Juni und Juli die Hauptblütezeit. Die Rhododendronblüte im April und Mai sollte man sich aber auch nicht entgehen lassen. Aufmerksame sehen eventuell die Spuren von Braunbär und Wolf oder hören Wildkatzen. Das endemische Kaukasusbirkhuhn stellt seine spektakuläre Balz im Mai und Juni zur Schau. Ein weitere Einzigartigkeit ist der Kaukasische Salamander. Wandernd oder hoch zu Roß sollte man hauptsächlich gemeinsam mit den Rangern das Gebiet erkunden.

i NP Bordshomi Kharagauli

Die Nationalparkverwaltung in Bordshomi (Meskhetistr. 23, Tel. 00995/267/22117) informiert über Transport und Übernachtung. Ein Blick auf die Webseite www.borjomi-kharagauli-np.ge offenbart eine gute touristische Infrastruktur. Von Tbilissi-Didubé fahren täglich Marschrutkas binnen zwei bis drei Stunden nach Bordshomi. Züge fahren vom Bordshomski-Bahnhof neben dem Tbilisser Hauptbahnhof ab.

Tuschetien-Nationalpark

Im Sommer ergibt sich die einzigartige Möglichkeit, die tuschetische Region im zentral-östlichen Teil des Großen Kaukasus zu erkunden. Rhododendron säumt die Berghänge, und auf dem Weg nach Tuschetien lädt eine Mineralwasserquelle nahe Torguas Abano zum Verweilen ein. Der Tuschetien-Nationalpark wurde 2003 gegründet und ist mit einem Naturreservat und einem Landschaftsschutzgebiet verbunden. Zusammen machen diese drei Zonen einen Teil Tuschetiens zum größten Schutzgebiet Georgiens. Bewahrt werden gleichermaßen unberührte Bergwälder, alpine Matten und traditionelle Bewirtschaftungsmethoden. Traditionelle Schafhaltung überformt seit langer Zeit die Naturlandschaft. Geographisch gesehen befindet sich dieses weitläufige Schutzgebiet bereits an den Nordhängen des Kaukasus.

▲ Karte siehe Umschlagklappen

Es bieten sich Wandermöglichkeiten bis in Höhen von über 4000 Meter über dem Meeresspiegel. Zu Pferd oder zu Fuß locken lokale botanische Besonderheiten genauso, wie die reichhaltige Bergtierwelt mit Luchs, Bartgeier, Kaukasusbirkhuhn oder Ostkaukasischem Tur (einer Bergziegenart) aufwarten kann.

i NP Tuschetien

Die Nationalparkverwaltung befindet sich in Omalo. Daneben geben der WWF in Tbilissi und Touranbieter gerne weiter Auskunft. Empfehlenswert für einen Ausflug nach Tuschetien ist beispielsweise der Veranstalter Kaukasus Reisen: www.kaukasusreisen.de.
Übernachtungsmöglichkeiten bei tuschetischen Familien in den jeweiligen Dörfern und ortskundige Wanderführer organisiert man am besten über die Nationalparkverwaltung oder über Tbilisser Touranbieter.
Von Tbilissi-Ortatschala fahren täglich Marschrutkas ins kachetische Telavi. Über das Dorf Alvani gelangen geländetüchtige Taxis in die tuschetische Bergregion zum Hauptdorf Omalo.

Lagodechi-Nationalpark

Im äußersten Nordosten Kachetiens, an der dagestanischgeorgischaserbaidschanischen Grenze, liegt das älteste Schutzgebiet Georgiens: Lagodechi. Zusammen mit dem dagestanischen (Russische Föderation) Tlyarata-Schutzgebiet und dem aserbaidschanischen Zakatala-Naturreservat entstand hier ein grenzüberschreitender Rückzugsraum für den Ostkaukasischen Steinbock.

Lagodechi war Schauplatz für ein wichtiges Stück kaukasische Naturwissenschaftsgeschichte. Der Pole Ludwik Franciszek Mlokosiewicz ließ sich hier im vorletzten Jahrhundert nach einem wechselvollen Leben nieder. Er war zwar kein ausgebildeter Naturwissenschaftler, aber als interessierter Laie sammelte er akribisch Pflanzen und Tiere. Diese schickte er zur wissenschaftlichen Untersuchung an europäische Institute. Es stellte sich heraus, dass einige der von Mlokosiewicz gesammelten Lebewesen eigene, bisher unbekannte Arten waren. So wurde er Namensgeber für das Kaukasusbirkhuhn Tetrao mlokosiewiczi – heute ein Markenzeichen des Kaukasus.

Bereits seit 1912 genießen die subtropisch beeinflussten Wälder aus Kastanie und Orientalischer Buche und in den höheren Lagen alpine Matten Schutz vor wirtschaftlicher Ausbeutung. Vom Dorf Ninigori aus lockt eine reizvolle Tageswanderung entlang des Flusses Ninozchevi zu einem imposanten Wasserfall.

i NP Lagodechi

Marschrutkas fahren mehrmals täglich von Tbilissi-Isani innerhalb von drei Stunden in die Dörfer Ninigori und Lagodechi. Übernachten kann man bei Familien, z. B. bei Schuldirektor Simoni in Ninigori. Für weitere Infos zu Übernachtung, Transport, Aktivitäten und Zutrittsgenehmigung steht die Parkverwaltung in Lagodechi (http://lagodekhi-national-park.blogspot.com) zur Verfügung.
Um den Nationalpark kennenzulernen, empfiehlt sich z. B.der Veranstalter Kaukasus Reisen, der Touren zu Fuß und Pferd anbietet bzw. Übernachtungen organisiert, www.kaukasusreisen.de.

Mtirala-Nationalpark

Dieser jüngste Nationalpark Georgiens wurde im Juni 2006 offiziell eröffnet und umfasst ca. 15000 Hektar des westlichen Kleinen Kaukasus. Extrem hohe Artenvielfalt und hoher Endemismus zeichnen das Gebiet aus. Bei weit über 3000 mm Niederschlag pro Jahr entfaltet sich ein subtropischer Bergwald, in dem noch Pflanzenarten vergangener geologischer Zeitalter, so genannte Reliktarten, überlebt haben. In diesem teilweise immergrünen Laubwald tummeln sich Braunbär, Goldschakal, Uhu, verschiedene Spechtarten und der einzigartige Kaukasische Salamander. Die Strauchschicht dominiert Rhododendron. Im Herzen des Parks liegt der 1334 Meter hohe Namensgeber: der Mtirala-Berg.

Wer einen Eindruck vom ›kaukasischen Regenwald‹ erheischen will, sollte sich dieses Fleckchen Erde nicht entgehen lassen.

i NP Mtirala

Die Parkverwaltung in Batumi ist behilflich bei Eintrittsgenehmigung, Logistik und Aktivitäten im Schutzgebiet. Mit den Hotels und Pensionen Batumis bieten sich zahlreiche Übernachtungsmöglichkeiten. Ein täglich verkehrender Nachtzug ist die angenehmste Variante, um die Strecke Tbilissi-Batumi zu bewältigen. Er erreicht morgens gegen 7 Uhr diesen südwestlichsten georgischen Schwarzmeerbahnhof. Weitaus weniger bequem sind die Minibusse, welche von Tbilissi kommend nach sieben bis acht Stunden Batumi erreichen. Vom zentralen Marschrutka-Bahnhof in Batumi fährt mehrmals täglich eine Marschrutka ins ca. 45 Minuten entfernt gelegene Dorf Chala. Dieser Ort ist ein möglicher Ausgangspunkt, um das scheinbar undurchdringliche grüne Dickicht zu erkunden.

Waschlowani-Nationalpark

Im südöstlichen Georgien nur wenige hundert Meter über dem Meeresspiegel gelegen, treffen Naturliebhaber auf eine trockene Region mit Plateaus und spektakulären Schluchten. Wüstenartige Mondlandschaft (badlands) wechselt sich mit steppenähnlicher Vegetation ab. Das in der ersten Hälfte des 20. Jahrhunderts eingerichtete Schutzgebiet wurde 2003 erweitert und insgesamt 20000 Hektar zum Nationalpark erklärt. Botanische Besonderheiten sind die Tulpenblüte im Frühjahr und für Georgien einzigartige Pistazien-Wacholder-Wälder. Eine Vielzahl an Greifvögeln wie Mönchs-, Schmutz- oder Gänsegeier wachen über die Fressensreste von Bär, Wolf, Streifenhyäne und Luchs. Für Furore sorgten vor wenigen Jahren im Gebiet entstandene Videoaufzeichnungen des extrem seltenen Leoparden. Wer sich sicherer vor der giftigen Levantinischen Viper und anderen Reptilien fühlen will, sollte hohe Wanderschuhe tragen und seine Umgebung im Blick behalten. Am aktivsten sind die Kriechtiere im Frühjahr. Die Monate April, Mai und der Frühherbst empfehlen sich als beste Ausflugszeiten für dieses Gebiet.

i NP Waschlowani

Von Tbilissi-Isani fahren mehrmals täglich Marschrutkas innerhalb von vier bis fünf Stunden ins Verwaltungszentrum Dedoplistskaro. Die Nationalparkverwaltung (www.vashlovanipa.ge) liegt in diesem südostkachetischen Dorf und erteilt wie der WWF in Tbi-

▶ Karte siehe Umschlagklappen

lissi weitere Auskünfte. Die Nationalparkmitarbeiter informieren gerne über Touren und Übernachtung unter Tel. 00995/(8)99/536544 und 932535. Eine Übernachtung im Gästehaus des Nationalparks inkl. Frühstück kostet 30 Euro pro Person. Eine Tagestour durch den Nationalpark kostet inkl. Benzingeld und Fahrer 50-70 Euro.

Kolchis-Nationalpark

Im Jahre 1999 gegründet, umfasst dieses Schutzgebiet mehr als 30000 Hektar Fläche. Viele Feuchtgebiete, vor allem der weitläufige Paliastomi-See, prägen die flache Landschaft. Das Klima ist mild, feuchtwarm. Reichhaltiger Niederschlag verteilt sich gleichmäßig übers Jahr hinweg. Auf den vermoorten Flächen wachsen Torfmoose und insektenfressender Sonnentau. Neben Erlenwäldern birgt der Park botanische Besonderheiten wie die Kaukasische Flügelnuß.

Die Lage auf einer der afrikanischeurasischen Vogelzugrouten macht das Gebiet für Vogelbeobachtung sehr attraktiv. Tausende Wasservögel überwintern hier, während andere Arten, vor allem Greifvögel, im Frühjahr und Herbst durchziehen. Die Kolchis ist wahrscheinlich auch der Ursprung des Jagdfasans. ›Fasan‹ leitet sich von Phasis ab, der alten griechischen Bezeichnung für den nördlich vom Park verlaufenden Fluss Rioni. Bei uns als eingeführtes Jagdwild zahlreich anzutreffen, ist er in seiner eigentlichen Heimat selten geworden. Auch der weltweit bedrohte Krauskopfpelikan lässt sich zur Zugzeit in seiner ganzen Erhabenheit bewundern. Am angrenzenden Meer, das teilweise zum Nationalpark gehört, zeigen Delfine und Schweinswale dem aufmerksamen Beobachter immer wieder ihre Rückenflosse.

Gemäß der RAMSAR-Konvention zum Schutze der Feuchtgebiete erhielten einige Bereiche 1996 internationalen Schutzstatus. Beobachtungstürme und ansprechendes Informationsmaterial verstärken den Genuß der hiesigen Tier- und Pflanzenwelt.

i NP Kolchis

In sechs bis acht Stunden fahren mehrmals täglich von Tbilissi-Didubé Marschrutkas und vom Hauptbahnhof ein Tages- und ein Nachtzug in die Schwarzmeerstadt Poti, das Tor zum Nationalpark. Informationen zu Übernachtung und Transport können bei der Parkverwaltung in Poti eingeholt werden: 222 St. Guria Street, 384690 Poti, Tel. 00995/393/23055 Fax 23065, www.knp.ge.

Im Kolchis-Nationalpark

Jawachetien-Nationalpark

Die karge Bergregion im Süden Georgiens mit ihren von Vulkankegeln durchbrochenen Hochebenen soll in naher Zukunft zum Nationalpark erklärt werden. Mit internationaler Hilfe versucht man hier, an der Grenze zu Armenien und der Türkei, diese eigenwillige Landschaft zu bewahren. Die großen Seen bersten während der Zugzeit vor Leben: sie sind willkommene Ruheplätze für tausende Zugvögel. Im Frühjahr und Herbst können beispielsweise Krauskopfpelikane beobachtet werden.

i NP Jawachetien

Von Tbilissi-Didubé fahren Marschrutkas in die Regionalzentrem Achalkalaki und Ninozminda. Von dort – oder besser schon ab Tbilissi – sollte ein geländetüchtiger Wagen gemietet werden, um diesen Naturschatz angemessen erkunden zu können.

Die Landschaft um Kasbegi

Kasbegi ist zwar kein Nationalpark, aber eine einfach erreichbare Hochgebirgslandschaft, die bezaubert. Am Nordhang des Großen Kaukasus gelegen befindet sich das Städtchen Kasbegi knapp 1800 Meter über dem Meeresspiegel am Laufe des Tergi, russisch Terek. Vogelliebhaber können auf Wanderungen den Anblick des auffallend roten Berggimpel-Männchens, des Riesenrotschwanzes (einem größeren Verwandten unserer Garten- und Hausrotschwänze), des Kaukasischen Birkhuhns und des Kaukasischen Schneehuhns genießen. Man muss sich nicht einmal viel bewegen, um einprägsame Naturerlebnisse zu haben: über die Siedlung streifen regelmäßig Gänse- und Bartgeier hinweg. Die Besteigung des über 5000 Meter hohen und praktisch vor der Haustür gelegenen Mkwinwartsweri (Kasbek-Berges) machen Bergführer an vier Tagen möglich.

Wandertouren auf eigene Faust plant man besser genau: das Hochgebirge ist steil und felsig, das Wetter kann sich schnell ändern. Eindrucksvolle Tageswanderungen führen ins Truso-Tal und in die Dschuta-Region (beides südlich von Kasbegi). Westlich Kasbegis gelangt man auch über die Zminda-Sameba-Kirche an den Gergetigletscher und westlich des Tergi, vor der russischen Grenze, führen Pfade zum Devdorakigletscher.

i Kasbegi

Von Tbilissi-Didubé fahren Marschrutkas mehrmals täglich nach Kasbegi. Im Sommer öffnet das lokale WWF-Ökotourismuszentrum seine Pforten und versorgt Wanderlustige mit Karten und weiteren Infos. Es liegt in der Stepantsmindastraße, ca. 15 Minuten Fußmarsch vom zentralen Platz Kasbegis entfernt. Unterkunft bieten das Hotel am Platz, Familienpensionen in Gergeti, dem Nachbardorf Kasbegis, und in Kasbegi selbst zum Beispiel die Familie Pitskelauri in der Stepantsmindastr. 7 (Mail auf Deutsch an leo_pizchel@yahoo.de, Handy 895/411977). Übrigens ist Stepantsminda der alte Ortsname und hat vor kurzer Zeit wieder das sowjetische ›Kasbegi‹ offiziell ersetzt (siehe auch S. 214).

▶ Karte siehe Umschlagklappen

Wanderer im Lagodechi-Nationalpark

Sprachführer

Im Georgischen werden weder einzelne Buchstaben oder Silben im Wort betont, noch kennt die Sprache eine ausgeprägte Intonation im Satzgefüge. Ausgenommen davon sind die in verschiedenen Gegenden gesprochenen Dialekte bzw. emotional geladene Situationen.

Das Georgische kennt keine Klein- und Großbuchstaben. Die Sätze werden von links nach rechts gelesen. Es gibt kein grammatisches Geschlecht. Will man das natürliche Geschlecht eines Lebewesens unterstreichen, ergänzt man ein geschlechtsspezifisches Wort, zum Beispiel männliche Ente, weibliche Ente, oder Stier-Hirsch bzw. Kuh-Hirsch. Besonders kompliziert im Georgischen sind die Verben; ein-facher und freier dagegen die Wortstellung im Satz.

Für weitere Details empfiehlt sich: Lascha Bakradse, Georgisch Wort für Wort, Reise Know-How Verlag.

Das georgische Alphabet

	deutsche Umschrift	**nationale (engl.) Umschrift**	**Aussprache**
ა	a	a	wie in Sand
ბ	b	b	wie in Bank
გ	g	g	wie in Gold
დ	d	d	wie in Dank
ე	e	e	wie in Bett
ვ	w	v	wie in Wind
ზ	s	z	stimmhaft wie in Sonne
თ	t	t	wie in Tisch
ი	i	i	wie in Bild
კ	k (unbehaucht)	k	wie ck in Glück
ლ	l	l	wie in Löwe
მ	m	m	wie in Mann
ნ	n	n	wie in Name
ო	o	o	wie in Bottich
პ	p (unbehaucht)	p	wie in Lappen
ჟ	sch	zh	stimmhaft wie in Regie
რ	r	r	gerollt wie italienisch prego
ს	s (ß vor ch)	s	stimmlos wie in Essen
ტ	t (unbehaucht)	t	wie spanisch Tortilla
უ	u	u	wie in Busch
ფ	p	p	wie in Papier
ქ	k	k	wie in Kegel

	deutsche Umschrift	nationale (engl.) Umschrift	Aussprache
ღ	gh	gh	angedeutet wie in französisch toujours
ყ	q	q	wie ch in Lachen
შ	sch	sh	wie in Schule
ჩ	tsch	ch	wie in Tschechien
ც	z	ts	wie in Zeit
ძ	ds	dz	wie ds in Fundsache
წ	z (unbehaucht)	ts	stimmhaftes ts
ჭ	tsch (unbehaucht)	ch	kurzes tsch
ხ	ch	kh	wie ch in Buch
ჯ	dsch	j	stimmhaft wie Jim
ჰ	h	h	wie in Held

Deutsch	Umschrift	Georgisch
Zahlen		
1	[erti]	ერთი
2	[ori]	ორი
3	[ßami]	სამი
4	[otchi]	ოთხი
5	[chuti]	ხუთი
6	[ekwßi]	ექვსი
7	[schwidi]	შვიდი
8	[rwa]	რვა
9	[ßchra]	ცხრა
10	[ati]	ათი
11	[tertmet'i]	თერთმეტი
12	[tormet'i]	თორმეტი
13	[zamet'i]	ცამეტი
14	[totchmet'i]	თოთხმეტი
15	[tchutmet'i]	თხუთმეტი
16	[tekwßmet'i]	თექვსმეტი
17	[tschwidmet'i]	ჩვიდმეტი
18	[twramet'i]	თვრამეტი
19	[zchramet'i]	ცხრამეტი
20	[ozi]	ოცი
21	[ozdaerti]	ოცდაერთი
22	[ozdaori]	ოცდაორი

Deutsch	Umschrift	Georgisch
30	[ozdaati] (20 + 10)	ოცდაათი
31	[ozdatertmet'i] (20 + 11)	ოცდათერთმეტი
40	[ormozi]	ორმოცი
50	[ormozdaati]	ორმოცდაათი
100	[aßi]	ასი

Anrede

Guten Tag!	[gamardshoba]	გამარჯობა
Plural bzw. Höflichkeitsform	[gamardshobat]	გამარჯობათ
Antwort auf den Gruß	[gagimardshos]	გაგიმარჯოს
Antwort in der Höflichkeitsform oder im Plural	[gagimardshot]	გაგიმარჯოთ
Guten Morgen!*	[dila mschwidobißa]	დილა მშვიდობისა
Guten Abend!	[ßag'amo mschwidobißa]	საღამო მშვიდობისა
Gute Nacht!	[g'ame mschwidobißa]	ღამე მშვიდობისა
Schlaf' gut!	[dsili nebißa]	ძილი ნებისა
Herr	[bat'oni]	ბატონი
Frau	[kalbatoni]	ქალბატონი
Guten Tag, Herr Peter!**	[gamardshobat, batono petre!]	გამარჯობათ ბატონო პეტრე
Das ist Herr Peter.**	[es aris batoni petre.]	ეს არის ბატონი პეტრე

* Mschwidoba bedeutet Frieden; man wünscht sich also einen friedlichen Morgen

** Im Unterschied zum Deutschen gebraucht man bei der Anrede nicht den Familiennamen, sondern den Vornamen des oder der Angesprochenen.

Zeitangaben

heute	[dg'eß]	დღეს
morgen	[chwal]	ხვალ
gestern	[guschin]	გუშინ
vorgestern	[guschinz'in]	გუშინწინ
übermorgen	[seg]	ზეგ
am Morgen	[dilit]	დილით
am Abend	[ßag'amoß]	საღამოს

Deutsch	Umschrift	Georgisch
in der Nacht	[g'amit]	ღამით
jeden Tag	[qoweldg'e]	ყოველ დღე
früh	[adre]	ადრე
spät	[gwian]	გვიან
jetzt	[echla]	ეხლა
immer	[qoweltwiß]	ყოველთვის
oft	[chschirad]	ხშირად
selten	[ischwiatad]	იშვიათად
manchmal	[sogdsher]	ზოგჯერ

Jahreszeiten

Winter	[samtari]	ზამთარი
im Winter	[samtarschi]	ზამთარში
Sommer	[sapchuli]	ზაფხული
im Sommer	[sapchulschi]	ზაფხულში
Frühling	[gasapchuli]	გაზაფხული
im Frühling	[gasapchulse]	გაზაფხულზე
Herbst	[schemodgoma]	შემოდგომა
im Herbst	[schemodgomase]	შემოდგომაზე

Wochentage

Montag	[orschabati]	ორშაბათი
am Montag	[orschabatß]	ორშაბათს
Dienstag	[ßamschabati]	სამშაბათი
am Dienstag	[ßamschabatß]	სამშაბათს
Mittwoch	[otchschabati]	ოთხშაბათი
Donnerstag	[chutschabati]	ხუთშაბათი
Freitag	[paraskewi]	პარასკევი
Samstag	[schabati]	შაბათი
Sonntag	[kwira]	კვირა

Ortsangaben

wo?	[ßad?]	სად
dort	[ik]	იქ
weit	[schorß]	შორს
hinten/hinter	[ukan]	უკან
in der Nähe	[achloß]	ახლოს
Wo ist...?	[ßad aris]	სად არის

Deutsch	**Umschrift**	**Georgisch**
Personalpronomen		
ich	[me]	მე
du	[schen]	შენ
er/sie/es	[iß]	ის
wir	[tschwen]	ჩვენ
ihr	[tkwen]	თქვენ
sie	[ißini]	ისინი
ich bin	[me var]	მე ვარ
du bist	[schen char]	შენ ხარ
er ist	[iß aris]	ის არის
wir sind	[tschwen wart]	ჩვენ ვართ
Ihr seid	[tkwen chart]	თქვენ ხართ
sie sind	[ißini arian]	ისინი არიან

Erste Bekanntschaft

Wie heißen Sie?	[ra gkwiat]	რა გქვიათ
Wie heißt du? (bei der Anrede von Kindern)	[ra gkwia]	რა გქვია
Ich heiße	[me mkwia]	მე მქვია
Wo kommen Sie her?	[ßadauri chart]	სადაური ხართ
Ich bin aus Deutschland	[me war germaniidan]	მე ქარ გერმანიიდან
Wo arbeiten Sie?	[ßad muschaobt]v	სად მუშაობთ
Ich arbeite...	[me wmuschaob]	მე ვმუშაობ
... in der Schule	[ßkolaschi]	სკოლაში
... im Krankenhaus	[ßaawadmqopboschi]	საავადმყოფოში
Wie alt sind Sie?	[ramdeni z'lißa chart]	რამდენი წლისა ხართ
Ich bin ... Jahre alt	[me war ... z'liß]	მე ვარ ... წლის

Die wichtigsten Redewendungen

ja (höflich)	[diach]	დიახ
ja (umgangssprl.)	[k'i] (oder Fo cho)	კი
nein	[ara]	არა
nicht	[ar]	არ
nein, danke	[ara gmadlobt]	არა გმადლობთ
Ich trinke nicht.	[me ar wßwam]	მე არ ვსვამ
Ich kann nicht trinken.	[me wer wßwam]	მე ვერ ვსვამ

Deutsch	Umschrift	Georgisch
auf keinen Fall	[arawitar schemtchwewaschi]	არავითარ შემთხვევაში
gern, mit Vergnügen	[ßiamownebit]	სიამოვნებით
Es ist gut.	[k'argia]	კარგია
unbedingt	[auzileblad]	აუცილებლად
Bitte kommen Sie! (Einladung ins Haus zu kommen, sich zu setzen etc.)	[mobr zandi(t)]	მობრძანდით
Bitte schön! (wenn man etwas anbietet)	[inebe(t)]	ინებეთ
Was wünschen Sie?	[ra gnebawt]	რა გნებავთ
Nehmen Sie Platz!	[dabrdsandi(t)]	დაბრძანდით
Sprechen Sie Deutsch?	[lap'arakobt germanulad]	ლაპარაკობთ გერმანულად
... Englisch	[...inglißurad]	ინგლისურად
... Russisch	[...rußulad]	რუსულად
Ich will (möchte)	[me minda (msurs)]	მე მინდა
Darf ich?	[tu scheidsleba]	თუ შეიძლება
danke	[gmadlob(t)]	გმადლობთ
vielen Dank	[didi gmadloba]	დიდი მადლობა
nichts zu danken	[arapriß]	არაფრის
Es schmeckt.	[gemrielia]	გემრიელია
Entschuldigung!	[bodischi]	ბოდიში
Es tut mir leid!	[ßamzucharoa]	სამწუხაროა

Im Falle von Gefahr

Lassen Sie mich in Ruhe!	[tawi damanebe(t)]	თავი დამანებეთ
Weg von hier! Raus!	[gadi(t) akedan]	გადით აქედან
Hilfe!	[mischwele(t)]	მიშველეთ

Im Falle von Krankheit

Arzt	[ekimi]	ექიმი
Zahnarzt	[kbilis ekimi]	კბილის ექიმი
Apotheke	[aptiaki]	აფთიაქი
Mir ist schlecht	[zudad war]	ცუდად ვარ

Deutsch	Umschrift	Georgisch
Ich brauche eine Quittung	[me mtschirdeba qwitari]	მე მჭირდება ქვითარი
Es tut hier weh	[ak mt'kiwa]	აქ მტკივა
Wo ist ein Krankenhaus?	[ßad aris ßaawadmqopo]	სად არის საავადმყოფო

Verkehr

Wo ist...?	[ßad aris...]	სად არის
Straße	[kutscha]	ქუჩა
Bus	[awtobußi]	ავტობუსი
Bahnhof	[ßadguri]	სადგური
Flughafen	[aerop'ort'i]	აეროპორტი
Station	[gatschereba]	გაჩერება
Auto	[automankana]	ავტომანქანა
Fahrkarte	[bileti]	ბილეთი
Halten Sie bitte hier an!	[gaatscheret]	აქ გააჩერეთ

Geld und Banken

Geld	[puli]	ფული
US-Dollar	[amerik'uli dolari]	ამერიკული დოლარი
Geld wechseln	[pulis gadachurdaweba]	ფულის გადახურდავება
Wie ist der Wechselkurs?	[rogoria k'urßi]	როგორია კურსი
Lari	[lari]	ლარი
Tetri	[tetri]	თეთრი

Übernachtung

Hotel	[ßaßt'umro]	სასტუმრო
Zimmer	[otachi]	ოთახი
private Unterkunft	[kerdzo bina]	კერძო ბინა
Haben Sie ein Zimmer frei?	[gakwt tawißupali otachi]	გაქვთ თავისუფალი ოთახი
Was kostet das?	[ra g'irß]	რა ღირს
für eine Nacht	[erti g'amit]	ერთი ღამით
für eine Woche	[erti k'wirit]	ერთი კვირით
pro Person	[erti k'azi]	ერთი კაცი

Deutsch	Umschrift	Georgisch
mit Frühstück	[ßausmit]	**საუზმით**

Im Restaurant

Restaurant	[reßt'orani]	**რესტორანი**
Café	[k'ape]	**კაფე**
Frühstück	[ßausme]	**საუზმე**
Mittag	[ßadili]	**სადილი**
Abendbrot	[wachschami]	**ვახშამი**
Bringen Sie bitte	[moit'anet]	**მოიტანეთ**

Speisen

აჯაფსანდალი	Adshipsandali	Gemüseragout
აფხაზურა	Apchazura	eine Art Bouletten
ბადრიჯანი ნიგვზით	Badridshani Nigwsit	Auberginen mit Walnusspaste
ჩახოხბილი	Tschachochbili	dicke Hühnersuppe
ჩაქაფული	Chakapuli	Hammel mit Pflaumensauce
ჩანახი	Tschanachi	Gemüse-Hammel-Ragout
ღომი	Ghomi	Maisbrei
ქაბაბი	Kababi	Hackfleisch am Spieß
ხაჭაპური	Chatschapuri	Käse-Teigtaschen
ხარჩო	Chartscho	Reissuppe mit Tomaten
ხინკალი	Chinkali	Teigtaschen mit Fleisch (ähnlich Pelmeni)
კუპატი	Kupati	gegrillte Würstchen aus grobgehacktem Fleisch
ლობიო	Lobio	Kidney-Bohnen mit Zwiebeln, Knoblauch und Kräutern
მაწონი	Matzoni	Joghurt
მჭადი	Mtschadi	Maisfladen
ფხალი	Pchali	Gemüsepaste mit Walnuss und Kräutern
საცივი	Saziwi	kaltes Hühnerfleisch mit Nuss-Sauce
სულგუნი	Sulguni	eine Art georgischer Mozarella (auch geräuchert)

Geographische Namen

Regionen Georgiens

deutsche Umschrift	Umschrift	georgische Schreibweise
Abchasien	Apchaseti	აფხაზეთი
Adscharien	Adschara	აჭარა
Chewi	Chewi	ხევი
Chewsuretien	Chewsureti	ხევსურეთი
Dschawachetien	Dschawacheti	ჯავახეთი
Gurien	Guria	გურია
Imeretien	Imereti	იმერეთი
Inneres Kartli	Schida Kartli	შიდა ქართლი
Kachetien	Kacheti	კახეთი
Kaukasus	Kawkasia, Kawkasionas Kedi	კავკასია, კავკასიონის ქედი
Letschumi	Letschumi	ლეჩხუმი
Megrelien	Samegrelo	სამეგრელო
Meßchetien	Mescheti	მესხეთი
Mtiuleti	Mtiuleti	მთიულეთი
Pschawi	Pschawi	ფშავი
Ratscha	Ratscha	რაჭა
Schwarzes Meer	Schawi Sghwa	შავი ზღვა
Swanetien	Swaneti	სვანეთი
Tuschetien	Tuscheti	თუშეთი
Unteres Kartli	Kartli	ქვემო ქართლი

Städtenamen

Da die meisten georgischen Orte inzwischen zweisprachige Ortsschilder haben, wird hier die innerhalb Georgiens verwendete, ans Englische angelehnte Umschrift mit angegeben.

deutsche Bezeichnung	nationale (engl.) Umschrift	georgische Schreibweise
Achalziche	Akhaltsikhe	ახალციხე
Alawerdi	Alaverdi	ალავერდი
Ananuri	Ananuri	ანანური
Bakuriani	Bakuriani	ბაკურიანი
Batumi	Batumi	ბათუმი

deutsche Umschrift	nationale (engl.) Umschrift	georgische Schreibweise
Bodbe	Bodbe	ბოდბე
Bordshomi	Borjomi	ბორჯომი
Dawit Garedscha	Davit Gareja	დავითგარეჯა
Gelati	Gelati	გელათი
Gori	Gori	გორი
Ikalto	Ikalto	იკალთო
Kasbegi	Kazbegi	კაზბეგი
Kutaissi	Kutaisi	ქუთაისი
Lentechi	Lentekhi	ლენტეხი
Mestia	Mestia	მესტია
Mzcheta	Mtskheta	მცხეთა
Nikorzminda	Nikortsminda	ნიკორწმინდა
Ninozminda	Ninotsminda	ნინოწმინდა
Poti	Poti	ფოთი
Rustawi	Rustavi	რუსთავი
Signagi	Sighnaghi	სიღნაღი
Suchumi	Sukhumi	სოხუმი
Sugdidi	Zugdidi	ზუგდიდი
Tbilissi	Tbilisi	თბილისი
Telawi	Telavi	თელავი
Uplisziche	Uplistsikhe	უფლითციხე
Uschguli	Ushguli	უშგული
Wardsia	Vardzia	ვარძია

Nichtgeorgische geographische Namen

deutscher Name	Umschrift	georgische Schreibweise
Armenien	Sasomcheti	სასომხეთი
Aserbaidschan	Aserbaidschani	აზერბაიჯანი
Deutschland	Germania	გერმანია
Jerewan	Erewani	ერევანი
Georgien	Sakartwelo	საქართველო
Istanbul	Istambuli	სტამბული
Österreich	Awstria	ავსტრია
Schweiz	Schweizaria	შვეიცარია
Russland	Ruseti	რუსეთი
Türkei	Turketi	თურქეთი

Reisetipps von A bis Z

Allgemeines

Für die Sowjetbürger war Georgien das Land ihrer Sommer- oder Winterträume. Über drei Millionen Touristen besuchten jährlich die einstige Sowjetrepublik, unter ihnen viele Ausländer, vor allem aus den ehemals sozialistischen Ländern, die meisten aus der DDR.

Bürgerkrieg und Wirtschaftskrise hatten in den 90er Jahren die touristische Infrastruktur stark in Mitleidenschaft gezogen. Fast alle Hotels, Sanatorien und Herbergen waren mit Zehntausenden Flüchtlingen aus Abchasien belegt, die Einrichtungen samt Mobiliar zerstört. Die Urlauberströme aus der Ex-Sowjetunion versiegten.

Mit dem Amtsantritt des neuen Präsidenten Anfang 2004 verbanden sich große Hoffnungen auf eine touristische Renaissance, nachdem die bis Ende der 1980er Jahre hervorragende touristische Infrastruktur durch Bürgerkrieg und Krise zerstört worden war. Die neue Regierung erklärte die Förderung des Tourismus zu einem ihrer wichtigsten Ziele. An die Spitze der Tourismusbehörde rückte ein Mann, der sich seit mehr als zehn Jahren als Direktor einer der wirtschaftlich erfolgreichsten Reiseagenturen, ›Caucasus Travel‹, einen Namen im In- und Ausland gemacht hat – Saba Kiknadse. Was ihn auszeichnet, ist nicht nur Sachkenntnis, sondern vor allem sein Enthusiasmus. Bereits im Sommer 2004 erreichte er eine beträchtliche Absenkung der Visagebühren und steuerliche Erleichterungen für die noch junge private Tourismusindustrie. Der frische Wind führte sofort zu neuen Investitionen in der Branche. Zahlreiche alte und neue Reiseagenturen unterbreiten ihre Angebote mittlerweile auch im Internet.

Bis das touristische Potential auf einem Niveau angelangt ist, das dem der ›klassischen‹ Touristik-Regionen entspricht, wird es noch viele Jahre brauchen. Wer auf einen bequemen Urlaub in luxuriösen Hotels mit dem im Westen gewohnten Komfort hofft, wird ihn nur mit entsprechendem finanziellem Aufwand finden. Von Tbilissi aus bieten verschiedene Agenturen, unter anderem ›Caucasus Travel‹, Ein- oder Mehrtagesausflüge zu den wichtigsten Sehenswürdigkeiten und Urlaubszentren an.

Wer sich aber vor Unwägbarkeiten, kleinen Risiken und Überraschungen nicht fürchtet, Spontaneität der Organisation vorzieht und Abstriche an Bequemlichkeit und zivilisatorischer Perfektion bereit ist in Kauf zu nehmen, der wird in jedem Fall auf seine Kosten kommen, die georgische Gastfreundschaft am eigenen Leib spüren und unvergeßliche Eindrücke mit nach Hause nehmen.

Die Straßennamen in den Städten sind mittlerweile zumeist georgisch geschrieben, was entsprechende Verständi-

Signagi an der Kachetinischen Weinstraße

gungsschwierigkeiten bereiten kann. Ausnahme ist Batumi, wo die meisten Straßenschilder den Namen auch in lateinischen Buchstaben verraten.

Anreise mit dem Auto

Die Einreise auf dem Landweg über Russland ist für Ausländer nicht möglich.

Bei der Anreise über die Türkei bietet es sich an, aus Italien oder Griechenland mit der Fähre in einen der türkischen Schwarzmeerhäfen und von dort an der Küste nach Batumi zu reisen. Oder man fährt auf der den alten Karawanenwegen folgende Transitstrecke durch die Türkei zum Grenzpunkt Sarpi (Name des Grenzortes auf türkischer Seite: Hopa). Die Trasse ist gut ausgebaut und der Service entspricht dem mitteleuropäischen. Die Abfertigungsformalitäten an der Grenze wurden in den letzten Jahren vereinfacht, so dass lange Wartezeiten für PKW unwahrscheinlich sind. Der Aufenthalt in Georgien mit eigenem Auto ist auf 20 Tage (bei Transitreisen 10 Tage) beschränkt. Sollten die Fristen ohne Antrag auf Verlängerung überschritten werden, drohen empfindliche Geldstrafen.

Anreise mit der Bahn

Von Westeuropa aus ist die Anreise nach Georgien mit dem Zug derzeit nicht möglich. Eine Alternative wäre die Zugverbindung Berlin–Odessa (ca. 37 Std., Schlafwagen mit Platzkartenpflicht) und vom südlich von Odessa gelegenen Hafen Ilyichevsk mit der Fähre nach Poti oder Batumi. Wegen der Karten wendet man sich am besten an eine spezialisierte Bahnagentur; die Ticketschalter der Deutschen Bahn sind damit hoffnungslos überfordert (Empfehlung: Bahnagentur Spindlersfeld, im S-Bahnhof Spindlersfeld, Ernst-Grube-Straße, 12555 Berlin-Köpenick, Fax 030/65472802, bahnagentur.spindlersfeld@t-online.de, mit Ticketversand).

Züge nach Tbilissi verkehren aus Erevan (Armenien) und Baku (Aserbaidschan), Kiev (Ukraine) und Moskau (wenn der Boykott aufgehoben wird). Auf dem Hauptbahnhof in Tbilissi sollte man größte Vorsicht walten lassen, da dort – wie auf allen größeren Bahnhöfen der Welt – der Taschen- und Gepäckdiebstahl mit professioneller Geschicklichkeit betrieben wird.

Der Hauptbahnhof in Tbilissi ist gleichzeitig Schnittpunkt der beiden Metrolinien der Hauptstadt und Busbahnhof (Ausgang Richtung Osten).

Anreise mit dem Bus

Eine weitere Möglichkeit, nach Georgien zu gelangen, ist die Anreise mit dem Bus aus Istanbul, entlang der Südküste des Schwarzen Meeres über Trabzon, Batumi und Kutaissi. Die Busse verkehren täglich, die Fahrt kostet ab 65 Euro. Sehr ermüdend sind die oft langen Wartezeiten an der Grenze. Manche Abenteurer fliegen auch bis Trabzon (mit der Onur Airline von Istanbul nach Trabzon kostet das Ticket ca. 55 Euro), fahren dann bis zur georgischen Grenze (ca. 4 Stunden), die sie zu Fuß überqueren, und dann weiter mit dem Kleinbus bis Batumi.

Weitere Busrouten verbinden Tbilissi mit Erevan und Baku. Die Busse und Kleinbusse von und nach Erevan und Baku sind schneller als der Zug.

Anreise mit dem Fluzeug

Flüge aus **Westeuropa nach Tbilissi** boten im Jahr 2009 die folgenden Fluglinien an: Georgian Airways, www.airzena.com (Frankfurt, Amsterdam, Paris, Wien, Prag, Kiev, Moskau, Athen), Lufthansa (Frankfurt), Germania Airlines

In Swanetien

(Köln/Bonn), Turkish Airlines (Istanbul), British Airways (London) und Austrian Airlines (Wien).

Ein Hin- und Rückflug zwischen Frankfurt und Tbilissi kostet mit Georgian Airways derzeit etwa 500 Euro. Die günstigsten Angebote stammen gegenwärtig von Baltic Airlines – bei rechtzeitiger Buchung (nur im Internet) kostet ein Flug hin und zurück, über Riga ca. 350 Euro, www.airbaltic.de – sowie die tschechische Fluggesellschaft CSA, über Prag, Hin- und Rückflug ca. 370 Euro, inklusive aller Gebühren.

Vom Airport Tbilissi gelangt man am besten mit dem Taxi (ca. 45 Lari, 20 Euro) oder mit einem Bus (ca. 25 Lari) ins Zentrum bzw. zu einem der Hotels in der Stadt.

Der im Herbst 2006 von Russland gegen Georgien verhängte Boykott betraf auch alle Flugverbindungen zwischen **Russland und Georgien**, da Georgien – nach offizieller russischer Begründung – seine Gebühren für die Nutzung der Flughäfen und Trassen nicht entrichtet hatte. Bis Redaktionsschluss waren noch immer alle Linienflüge zwischen russischen und georgischen Flughäfen eingestellt. Anfang 2010 flogen einige Chartermaschinen zwischen Tbilissi und Moskau. Wann und ob der reguläre Linienbetrieb wieder aufgenommen wird, stand bei Redaktionsschluss nicht fest.

Seit einigen Jahren bietet Turkish Airlines regelmäßige Flüge zwischen **Istanbul und Batumi** an, so dass man mit einmal Umsteigen auch von zahlreichen deutschen Flughäfen nach Batumi kommt, bei frühzeitiger Buchung beginnen die Preise ab ca. 200 Euro.

Anreise mit dem Schiff

Die regelmäßigen Fährverbindungen zwischen den Schwarzmeerstädten wurden Anfang der 90er Jahre eingestellt. Fährverbindungen gibt es derzeit zwischen Poti/Batumi und Ilyichevsk in der Ukraine (südlich von Odessa).

Eine einfache Fahrt (Dauer ca. 2 Tage) von Ilyichevsk nach Batumi kostet zwischen 175 und 255 Dollar pro Person, in der Doppelkabine mit Vollpension. Kontakt und Buchung: UKR FERRY, Shipping company, Vladlen Tarashenko, Marketing & Projektmanager (Kontaktperson, spricht fließend englisch), Head Office 4a, Sabansky Lane, Odessa/Ukraine 65014, Tel. +380/482/347995, 346708, vyt@ukrferry.com, www.ukrferry.com.

Eine Schiffsverbindung zwischen Trabzon in der Türkei und Batumi ist in Aussicht gestellt.

Aus Poti und Batumi gelangte man früher in den Sommermonaten mit dem Schiff oder Schnellboot nach Sotschi in Russland (Visum für Russland erforderlich!). Besonders die nächtliche Überfahrt mit dem altehrwürdigen Schiff, der

›Svetlov‹, war strapaziös, aber angesichts der Nähe zum ›wahren Leben‹ an Bord ein Erlebnis. Alternierend mit der ›Svetlov‹ verkehrten die Schnellboote vom sowjetischen Typ ›Raketa‹. Von Batumi bis Sotschi sind es ca. 11 Stunden Fahrzeit, mit Anlegen in Poti. Es ist unklar, ob und wann diese Verbindungen wieder aufgenommen werden..

Bahnverkehr

Die Eisenbahn war lange Zeit das Stiefkind des georgischen Transportwesens. 1871 wurde die erste Bahnlinie eingeweiht, die vom Hafen Poti über Kutaissi nach Tbilissi führte. Heute verkehren Züge zwischen Tbilissi und Kutaissi, Tbilissi und Batumi, Tbilissi und Telawi. Die Strecke zwischen Tbilissi und Kutaissi ist im Sommer 1999 erneuert worden, so dass der Express nur noch wenig mehr als vier Stunden für die gut 200 Kilometer benötigt und dem Kleinbusgeschäft keine Konkurrenz macht. Eine Fahrkarte kostet etwa 12 Lari, erster Klasse etwa 18 Lari.

Von Tbilissi nach Batumi gelangt man mit dem Nachtzug, dem Express ›Adscharien‹. Der Platz im Schlafwagen (4-Personen-Abteil, kupejnij) kostet 25 Lari, erster Klasse (Abteil für zwei Personen) 35 Lari.

Vom Hauptbahnhof gelangt man mit dem Zug in folgende Richtungen: nach Baku (täglich entweder mit dem Luxuszug, der drei mal wöchentlich verkehrt, Fahrtzeit ca. 11 Stunden, oder dem Passagierzug, der mehr als 15 Stunden für die 550 km benötigt) und Erevan (dreimal wöchentlich - ca. 15 Stunden für 374 km, dafür aber spottbillig) , Kiev (zweimal wöchentlich - über Baku).

In folgende georgische Städte bestehen tägliche Zugverbindungen: Sugdidi, Bordshomi, Poti, Batumi, Kutaissi.

Busverkehr innerhalb Georgiens

Das schnellste und am besten ausgebaute Verkehrsnetz verläuft über die Straße. Aus Tbilissi gelangt man mit dem Bus und dem schnelleren, meist auch bequemeren Kleinbus in fast jede Ortschaft Georgiens.

Als 1991 das ehemals sowjetische Verkehrswesen zusammenbrach, nutzten Kleinunternehmer die Lücke auf dem Markt und schafften sich Kleinbusse an, die sogenannten ›Marschrutki‹. Sie verkehren nach Fahrplan, aber nicht immer, und warten meist so lange, bis auch wirklich der letzte Quadratzentimeter mit Passagieren bzw. Gepäck besetzt ist. Größtes Problem bei der Nutzung der Verkehrsmittel ist wohl die Entzifferung des Fahrtziels auf den Schildern hinter der Windschutzscheibe, die den Zielort nur manchmal auch in lateinischen Buchstaben anzeigen.

Fahrten mit den Reisebussen, einige noch aus sowjetischen Beständen, sind zwar billiger, kosten aber bedeutend mehr Zeit. Gerade auf den Nebenstrecken sind die Busse meist überfüllt und die Fahrten deshalb, vor allem bei größeren Entfernungen, ein strapaziöses Unternehmen.

Überlandbus

Die Touren aus Tbilissi starten von vier Busbahnhöfen, genaue Abfahrtszeiten anzugeben, ist jedoch aufgrund häufiger Fahrplanwechsel nicht möglich. Geben Sie an den Busbahnhöfen auf Ihr Geld und Gepäck acht, besonders der Busbahnhof von Kutaissi ist für seine Taschendiebe berühmt.
Die folgenden Abfahrtszeiten sind ungefähre Richtlinien. Sobald die Busse bzw. Kleinbusse voll besetzt sind, reisen sie ab.

Hauptbahnhof
Metro: Wagsliß Moedani (Hauptbahnhof)
Von hier aus gelangt man vor allem in den Westen Georgiens.

Kutaissi (Bus)	tägl. 9 bis 20 Uhr stündlich, 15 Lari
Kutaissi (Kleinbus)	tägl. 8 bis 20 Uhr, etwa eineinhalbstündlich, 15 bis 22 Lari
Bakuriani, über Gori (Bus)	1x tgl., 14 Lari
Mestia (Bus)	mittwochs, 45 Lari
Achalziche, über Bordshomi (Kleinbus)	1x tgl.
Batumi (Bus)	4x tgl., 20 Lari
Batumi (Kleinbus)	6x tgl., 30 Lari
Sugdidi (Bus)	5x tgl., 20 Lari
Sugdidi (Kleinbus)	5x tgl., 35 Lari
Poti (Bus)	1x tgl., 20 Lari
Poti (Kleinbus)	5x tgl., 25 Lari
Zchaltubo (Bus)	1x tgl., 16 Lari

Didubé
Metro: Didubé
Ausgangspunkt für Touren in den Westen und Norden, einschließlich der Busse und Taxen Richtung Kreuzpass. Auf diesem Bahnhof herrscht angesichts des benachbarten Basars ein unbeschreibliches Gewimmel.

Samgori
Metro: Samgori
Von Samgori verkehren Reisebusse Richtung Osten.

Manawi	2x tgl., 7 Lari
Cirnasi	1x tägl., 7 Lari
Telawi	12x tgl., 12 Lari
Achmeta	3x tgl., 12 Lari
Alwani	2x tgl., 12Lari
Udabno	Mo, Mi, Fr, 12 Lari
Kwareli	2x tgl., 12 Lari
Bodbe	3x tgl., 12Lari
Gurdshaani	10x tgl., 10 Lari

Ortatschala
Dieser Busterminal ist der übersichtlichste und am wenigsten überlaufene in Tbilissi. Von hier aus verkehren Busse nach Istanbul (über Batumi) und Griechenland; Busse und Kleinbusse nach Erevan und Baku.

Batumi	3x tgl.
Kutaissi	9 bis 16 Uhr zu jeder vollen Stunde
Sugdidi	4x tgl.
Telawi	8 bis 18 Uhr, etwa halbstündlich
Kwareli	8. 30 bis 18. 30, etwa halbstündlich
Gurdshaani	9 bis 17 Uhr stündlich

Diplomatische Vertretungen

Deutsche Botschaft
Die Diplomatische Vertretung der Bundesrepublik Deutschland befindet sich in Tbilissi, in der Dawit-Agmaschenebeli-Straße 166, das Gebäude wird derzeit renoviert, deswegen ist die Botschaft bis auf weiteres im ›Sheraton Metechi Palace Hotel‹ untergebracht,

Telawistr. 20, 0103 Tbilissi, Tel. 00995/32/447300, 910332, 911263, 95333-26. Fax 447364, www.tiflis.diplo.de.
Mobilfunknummer des Bereitschaftsdienstes: 899/586191 (innerhalb Georgiens), Anwahl von Deutschland: +995/99/586191.
Die Visastelle und die Konsularabteilung befinden sich bereits im Botschaftsgebäude in der Dawit-Agmaschenebeli-Straße 166.

Konsulat von Österreich
Abaschidsestr. 46 a,
Tel. 00995/32/7782-14, -15 bzw. 250299
Fax 773217

Botschaft der Schweiz
Krtsanisistr. 11
Tel. 00995/32/753001-02
Fax 753006
tbilisi@sdc.net

Einreisebestimmungen

Für Bürger der EU, die nicht länger als drei Monate im Land bleiben, wurde 2005 die Visumspflicht aufgehoben. Wer länger als drei Monate im Land zu bleiben beabsichtigt, sollte sich rechtzeitig an die Konsulate bzw. Botschaft Georgiens im Heimatland wenden:

Botschaft Georgiens in Deutschland
Heinrich-Mann-Str. 32
13156 Berlin
Tel. 030/4849070
www.emb.mfa.gov.ge
Mo, Di, Do und Fr von 9–12 Uhr

Georgische Botschaft in Österreich (Konsulat)
Marokkanergasse 16
A-1030 Wien
Tel. 0043/1/7103611
Fax 7103610
georgia@magnet.at

Georgische Botschaft in der Schweiz
Rue Richard Wagner 1,
Geneva 12102,
Tel. 004122/9191010
geomission.geneva@bluewin.ch
Website (englisch) des Georgischen Außenministeriums: www.mfa.gov.ge.

Ernährung

Was überall in der Welt gilt, hat auch in Georgien seine Berechtigung: Man sollte kein ungewaschenes bzw. ungeschältes Obst und Gemüse essen, besonders in den im Sommer heißen Regionen in Kolchis und um Tbilissi.

Die georgische Küche mit ihrer ausgeglichenen Mischung aus Gemüse- und Fleischgerichten ist für den westeuropäischen Geschmack und Magen sehr bekömmlich. Viele Köche im Land bereiten hervorragende Fleisch- und Fischmarinaden zu, und bei manchen einheimischen Beilagen vergisst man das Fleisch auf dem Teller. In fast allen Cafés und kleinen Restaurants kann man gut essen; in manchen vorzüglich. Eines der beliebtesten Gerichte für den kleinen Hunger zwischendurch sind die Chatschapuri (Käse-Teigtaschen), die in jeder Region anders zubereitet werden und sehr sättigend sind.

Der zentrale Markt von Kutaissi ist ein orientalisches Schauspiel und schon deshalb unbedingt einen Besuch wert. Gewürze, insbesondere das berühmte swanische Salz, Pasten und Saucen, getrocknete Früchte, Khlapi (gemostete und dann getrocknete Sauerfrüchte), Tschutschchrelo (in Weingelee eingelegte Nüsse am Bindfaden), Obst und Gemüse, die frischen und getrockneten Kräuter und die Fleisch- und Käsestände verleihen ihm ein unverwechselbares Flair.

Außerdem gibt es im ganzen Land Lebensmittelgeschäfte, wenn auch die Qualität der Waren mitunter zu wün-

Marktstand in Kutaissi

schen übrig lässt. In den großen Städten erfreuen sich Supermärkte mit fast ausschließlich importierten und überteuerten Lebensmitteln kaum der Beliebtheit der Einheimischen (in Tbilissi: Agmaschenebeli 86–90, Tschawtschawadse 52, Kostawa 54).

Das Leitungswasser in den Städten gilt zwar als trinkbar, da aber die Leitungssysteme selten gereinigt werden, sollte man dennoch lieber auf die Mineralwässer zurückgreifen, von denen es Dutzende Sorten gibt. Sehr schmackhaft sind die Limonaden, Biere und Wasser der Kasbegi-Fabrik. Das Bier wird mit französischer Technologie gebraut.

Schwierig ist es nach wie vor um die georgischen Weine bestellt. Viele der in den Geschäften angebotenen Flaschenweine sind Fälschungen oder billige Verschnitte. Auch die in manchen Orten am Straßenrand angebotenen selbstgekelterten Tropfen sollte man mit Vorsicht genießen. Vor allem in den kachetinischen Dörfern entlang der ›Weinstraße‹ wird man aber wunderbare Entdeckungen machen können. Ausgeführt darf Wein nur in fabrikmäßig abgefüllten Flaschen. Die Originale bekommt man nur in spezialisierten Geschäften (S. 173).

Was Zigaretten betrifft, so sind zwar so gut wie alle klassischen Marken im Land erhältlich, aber die meisten Sorten werden in Georgien hergestellt – mit spezifisch ›nationalem Aroma‹.

Feiertage

Neujahr: 1. Januar
Weihnachten: 7. Januar
Dreikönige: 19. Januar
Muttertag: 3. März
Ostersonntag: der erste oder zweite Sonntag nach dem katholischen bzw. protestantischen Osterfest
Unabhängigkeitstag: 26. Mai
Tag der Verfassung: 24. August
Marioba (Mariä Himmelfahrt): 28. August
Sweti-Zchwoloba (Tag des lebensspendenden Stamms): 14. Oktober
Giorgoba (Tag des heiligen Giorgi): 23. November

Fotobedarf

In den großen Städten bieten Spezialgeschäfte Filme von Kodak und Fuji sowie deren automatische Entwicklung an. Diafilme oder Spezialfilme sind nur schwierig zu erhalten, weshalb es sich empfiehlt, sich vor der Reise ausreichend zu versorgen. Das professionellste Angebot (einschließlich sachgerechter Lagerung) bietet der Fotoladen in der Melikischwili-Straße 6 in Tbilissi, etwa 200 Meter vor der Universität, gegenüber einem Weingeschäft, Tel. 00995/32/221749.

Internet

In den letzten Jahren haben auch in Tbilissi, Batumi und Kutaissi die ersten Internet-Cafés geöffnet. Sie sind zu erkennen an der einheitlichen Außenwerbung – ein Telefonhörer und der Aufschrift ›Internet‹.

Karten

Für Reisen durch Georgien empfiehlt sich die von International Travel Maps of Vancouver BC herausgegebene Karte im Maßstab von 1:625 000, die man zum Beispiel in Berlin über die geographische Fachbuchhandlung Schropp bekommt: Hardenbergstr. 9a, 10623 Berlin, Tel. 030/23 55 73 20.

Die Firma GiziMap Budapest publiziert zudem eine Kaukasus-Karte im Maßstab 1:1 000 000, die neben Georgien auch Aserbaidschan, Armenien, Teile des Irans und der Türkei umfasst.

Englischsprachige Karten sind in Georgien schwer zu bekommen, mit Ausnahme von Tbilissi-Stadtplänen.

Sehr gute Reiseführer und Karten auf Englisch werden von der Firma Yellow Pages Tbilissi produziert. Sie sind an den Zeitungskiosken und in einigen ausgewählten Buchläden in Tbilissi – Tschatschawadse-Str. 22 (neben der Universität), Puschkin-Str. 10, Leselidse-Str. 33 – erhältlich. Weitere Informationen: www.yellowpages.ge.

Mietwagen

Einige der wichtigsten europäischen Autoverleiher besitzen auch in Georgien Filialen. Darüber hinaus vermieten manche Reiseveranstalter Autos. Angesichts des Zustands der Straßen im Land, der Qualität des Kraftstoffs und der wenigen Werkstätten empfiehlt es sich, Autos russischer Bauart, zum Beispiel den robusten und pflegeleichten ›Niwa‹ (ein Allrad-Wagen), zu mieten.

Hertz: Tbilissi, Lesselidsestr. 44, Tel. 009 95/32/99 91 00, 98 74 00, www.hertz.com. Filialen befinden sich in Tbi-

In Tbilissi

lissi im Sheraton-Hotel und am Flughafen. Die Tagesmiete bewegte sich 2009 zwischen 65 Euro für einen ákoda-Kombi und ungefähr 100 Euro für einen Honda CRV (100 Kilometer frei).

AVIS: Tbilissi, Rustaweliprospekt 1, Tel. 009 95/32/92 35 94, www.avis.ge, Filiale auf dem Flughafen.

Caucasus Travel: Tbilissi, Lesselidsestr. 44, Tel. 009 95/32/93 11 75, www.caucasustravel.com.

Medizinische Versorgung

Es sind keine Impfungen vorgeschrieben. Reisemediziner empfehlen allerdings außer den auch in Mitteleuropa wichtigen Immunisierungen (Tetanus, Polio, Diphterie und Hepatitis A) ggf. zusätzliche Impfungen gegen Hepatitis B, Typhus und Tollwut. Dies gilt vor allem dann, wenn man einen Aufenthalt unter einfachen Bedingungen plant (z. B. eine Trekkingtour). Für Kulturtouristen, die eine Pauschalreise mit Aufenthalten in guten Hotels gebucht haben, ist dies sicher nicht nötig.

Wer die Sommerhitze nicht verträgt, sollte Kohletabletten, Magnesium und

Calcium im Reisegepäck haben. Man bekommt den Apotheken das Nötigste. Nicht zu empfehlen sind die Apotheken-Kioske, da die Arzneien in der Regel unsachgemäß gelagert werden.

Selbst in kleineren Ortschaften wie Lentechi, der ›Hauptstadt‹ des Unteren Swanetien, gibt es ein Krankenhaus und zuverlässige Ärzte, die Reisenden bei größeren Beschwerden oder Unfällen zur Seite stehen.

Über die Formalitäten der Bezahlung medizinischer Dienstleistungen sollte man sich vor einer Reise mit seiner Krankenkasse verständigen, denn die medizinische Versorgung in Georgien ist kostenpflichtig. Auf jeden Fall empfiehlt sich der Abschluß einer privaten Reisekrankenversicherung, die auch die Kosten eines evtl. erforderlichen Rücktransportes abdeckt.

Die Deutsche Botschaft empfiehlt für ambulante Behandlungen den MediClub Georgia (englischsprachig), Tschawtschawadsestr. 5, Tbilissi, Tel. 251991 (24-Std.-Mobilnummer: 899/581991) bzw. die Kontaktaufnahme mit dem deutschsprachigen Vertrauensarzt der Botschaft (Name und Telefon sind über die Botschaft erhältlich, Tel. 00995/32/ 910332, 911263).

Dorftankstelle

Wanderer im Kleinen Kaukasus

Ein qualifizierter Rettungsdienst mit englischsprachigem Personal ist unter der Nummer 009 zu erreichen.

In Tbilissi, in der Lagidsestr. 5, gibt es eine internationale Apotheke.

Eine private Arztpraxis mit englischsprachigem Service befindet sich in Tbilissi in der Arakaschwilistr. 2, Tel. 00995/32/ 251948, Notfallservice: 899/550911, 551911.

Die im ganzen Land gültige kostenlose Nummer für den medizinischen Notdienst ist 03.

Aktuelle Gesundheitsinformationen finden sich auf der Länder-Website des Auswärtigen Amtes.

Printmedien

In Tbilissi kommt in unregelmäßigen Abständen die deutschsprachige Zeitung ›Kaukasische Post‹ heraus, die von der Gesellschaft zur Förderung der Kultur und Natur in Georgien herausgegeben wird, www.kaukasischepost.de.

Englischsprachige Zeitungen in Georgien sind ›The Georgian Times‹ und ›Resonance‹. Eine weitere englischsprachige Zeitschrift, ›Georgian Profile‹, erscheint unregelmäßig im Abstand von mehreren Monaten. Alle drei sind, wenn vorrätig,

in Tbilissi am Zeitungskiosk auf dem Rustaweliplatz, neben der Akademie der Wissenschaften, erhältlich.
In Berlin publiziert die Georgische Gesellschaft ein Mitteilungsblatt, das man über folgende Adresse beziehen kann: Brigitta Schrade, Berliner Str. 25, 15831 Mahlow, Tel. 033 79/393 53, Fax 39355, brischra@aol.com.

Reiseveranstalter in Deutschland

Einige Reiseveranstalter bieten sowohl Pauschal- und Studienreisen als auch individuelle Touren nach Georgien an.

GoEast Reisen
Bahrenfelder Chaussee 53
22761 Hamburg
Tel. 040/896 90 90, Fax 89 49 40
www.go-east.de

Ikarus Tours
Postfach 1220
61425 Königstein
Tel. 061 74/290 20
www.ikarus.com

Erka Reisen GmbH
Robert-Stolz-Str. 21
76646 Bruchsal
Tel. 072 57/930 39-0, Fax -2,
www.erkareisen.de

Kulturreisen Gordion
Königsallee 43
71638 Ludwigsburg,
Tel. 071 41/48 87 23-0, Fax -2
www.kulturreisen-gordion.de

Ventus Reisen
Krefelder Str. 8,
10555 Berlin
Tel. 030/39 10 03 32
Fax 3995587
www.ventus.com

Georg (Gogi) Tschelidse
Am Berge 7
58313 Herdecke
Tel./Fax 023 30/747 34
georg@tschelidse.de
www.kaukasus-georgien.de
Wanderungen und Naturbeobachtungen in kleinen Gruppen in der Gegend um Kasbegi und in Chewsuretien.

Paradeast.com
Adlerweg 6a
92637 Weiden
Tel. 09 61/634 41 68
www.paradeast.de

AchiTours
Archil Tsintsadze
Faulerstraße 2
79098 Freiburg
Tel. 07 61/383 68 50
www.achitours.de

Ex Oriente Lux Reisen
Neue Grünstr. 38,
10179 Berlin
Tel. 030/62 90 82 05
www.eol-reisen.de

TSA Travel Service Asia
Nelkenweg 5
91093 Hessdorf-Niederlindach
Tel. 091 35/73 60 68-0
www.tsa-reisen.de

Reiseveranstalter in Georgien

Als Ansprechpartner für Individualreisende bieten sich zahlreiche Reiseagenturen an, deren Service die Vermittlung von Unterkünften, Transfers, Exkursionen in die Berge des Kaukasus und mehrtägige landeskundliche Touren umfasst.
Die älteste, gleich nach Erlangung der Unabhängigkeit entstandene Reiseagentur ist **Caucasus Travel**. Das Personal ist hochqualifiziert; jede(r) Angestellte(r) der Firma spricht mindestens eine europäische Fremdsprache. Zum Programm von Caucasus Travel gehören mehr als 200 Touren sowie die Organisation von Kur-, Urlaubs- und Geschäftsreisen nach individuellen Bedürfnissen. Mit ihren Vertragspartnern in Mittelasien und im

Fernen Osten ist die Agentur in der Lage, Reisen entlang der gesamten Seidenstraße zu organisieren. Kontakt:
Tbilissi, Leselidsestr. 44/2
Tel. 00995/32/987400, 931175, 931692, Fax 987399,
www.caucasustravel.com

Georgica Travel
Tbilissi, Schanidsestr. 22
Tel. 00995/32/252199, Fax 9856607
www.georgica.caucasus.net
Kultur- und Abenteuertourismus in ganz Georgien, inclusive Bergwanderungen und Alpinismus. Alle Angestellten sprechen mehrere Sprachen

Georgian Travel Guide
Tbilissi, Digomistr. 2/19/30
Tel. 00995/32/937751,
www.travelguide.ge.
Spezialisierte Touren zu christlichen Pilgerorten, architektonischen Kleinoden und mythischen Stätten. Malkurse und Fahrradtouren.

Explore Georgia
Tbilissi, Schevschenkostr. 5
Tel. /Fax 00995/32/921911
www.exploregeorgia.com
Extremtourismus, vor allem in den Bergen.

Tbilisi Tourist Center
Tbilissi, Achwledianistr. 5
Tel. 00995/32/985075, 982966,
Fax 922603, 999134
ttc@wanex.net, www.ttc.ge
Hotels und preiswerte Privatquartiere, Autovermietung, Organisation von Transfers jeder Art, Stadtführungen, Tagesausflüge, mehrtägige Exkursionen. Deutschsprachige Website, hervorragender Service.

Visit Georgia
Tbilissi, Nischnianidsestr. 14
Tel./Fax 00995/32/996829
www.visitgeorgia.ge
Deutschsprachige Website.

Kaukasus-Reisen
Tbilissi, Dschandschgawa 14
Tel. 00995/99/570554, 175854,
Fax 00995/32/659427
www.kaukasusreisen.de
Deutsch-georgisches Familienunternehmen, plant, organisiert und begleitet Touren in die verschiedenen Regionen Georgiens, vielfältiges Angebot, Zimmervermittlung in Tbilissi.

Caucasus Birding Ltd.
PO Box 56 Tbilisi 0160
Nutsubidze Plateau 3, 1710, Tbilisi,
Tel. 00995/32/326496, 537478,
Fax 537478,
www.birding-georgia.com
Spezialanbieter für ornithologische Reisen.

Restaurants

Sie sind alle gut, manche besser und einige unübertrefflich. Wo immer man auch einkehrt – es schmeckt, und die Gerichte sind preiswert. Nähere Hinweise in den Kapiteln über die einzelnen Urlaubsziele. Generell gilt, dass man unbesorgt in jedem Restaurant oder an jedem Imbissstand, auf den man unterwegs trifft, essen kann. Trinkgelder sind üblich, insbesondere wenn Service und Küche den Erwartungen entsprechen oder sie gar übertreffen. Eine kleine Liste verbreiteter Gerichte samt georgischer Schriftzeichen steht auf S. 319.

Sicherheit

In den zwei Jahrzehnten nach Erlangung der Unabhängigkeit haben der wirtschaftliche Verfall und die schamlose Korruption in Georgien zu mehr Kriminalität geführt. Diese zu bekämpfen war eines der vornehmlichen Ziele der Regierung unter Präsident Saakaschwili. Die Reorganisation aller Machtorgane und bessere Entlohnung der Polizisten

Restaurant in Batumi

sowie einige im ganzen Land durchgeführten Sonderoperationen gegen das organisierte Verbrechen haben Resultate gezeigt. Über die allgemeine Sicherheitslage informiert aktuell die entsprechende Internetseite des Auswärtigen Amtes, www.auswaertigesamt.de. Allgemein gilt, dass man in Begleitung von Einheimischen sicherer ist als allein. Man sollte das Risiko sehr gut abwägen, sofern man sich entschließt, das Land auf eigene Faust zu erkunden.

Vorsicht ist überall geboten, wo große Menschenmengen unterwegs sind – auf Märkten zum Beispiel oder im Zentrum von Tbilissi. Es empfiehlt sich, darauf zu verzichten, Geld außerhalb der Wechselstuben zu tauschen oder von ›zufälligen‹ Händlern angebotene Schmuckstücke bzw. antiquarische Werke zu kaufen. In den Cafés und Restaurants sollte man, vor allem wenn die Tische auf belebten Bürgersteigen stehen, auf Taschen, Fotoapparate und Jacken achten.

Auch in den Bergen sollte man es an Vorsicht nicht fehlen lassen. Nicht, dass man dem Reisenden hinter jeder Wegbiegung auflauern würde, doch leben die Bergvölker nach eigenen Gesetzen, die man akzeptieren sollte. Auch sollte man als Reisender auf die Einheimischen hören. Wenn empfohlen wird, die eine Richtung der anderen vorzuziehen oder lieber erst am nächsten Tag aufzubrechen, so hat das meist seine Gründe. Vom Zelten in freier Natur wird grundsätzlich abgeraten.

Die Bergwelt des Kaukasus ist nicht mit den Alpen zu vergleichen. Außer im Gebiet von Bakuriani gibt es so gut wie keine markierten Wanderwege. Man braucht also unbedingt einen Bergführer, den man für umgerechnet etwa 10 Euro am Tag in jedem Dorf findet und der einen an jeden Ort der Wahl bringt.

Sollte dennoch etwas passieren, so gilt im ganzen Land die Nummer 02 als Notfallruf der Polizei. In Tbilissi bietet sie zusätzlich die Hotline 99 93 35 an.

Nach wie vor riskant sind Reisen nach Swanetien, vor allem ins Obere Swanetien, aber auch nach Tuschetien, wo Georgien an Tschetschenien grenzt.

Reisen nach Südossetien und Abchasien sind nicht möglich (siehe auch die Reisewarnungen auf der Homepage des Auswärtigen Amtes, www.auswaertigesamt.de).

Straßenverkehr

Die Straßen in Georgien sind keine Autobahnen, die wichtigsten Verkehrsadern zwischen den großen Städten (so von Tbilissi nach Telawi, nach Gudauri und Bordshomi) aber zumindest passabel. Die Ost-West-Magistrale von Tbilissi nach Poti am Schwarzen Meer über Kutaissi wurde in den letzteh Jahren

Unterwegs in den Bergen

ausgebaut und entspricht zumindest streckenweise westeuropäischem Standard.

Die Straßenplaner haben sich zumeist auf die Ortskenntnis der Autofahrer verlassen, und die Richtungshinweise sind nur auf den Transitstrecken in georgischer und lateinischer Schrift vermerkt. Die großen Tafeln vor wichtigen Abzweigungen vermerken links oder rechts unten die Entfernung bis zum eigentlichen Abzweig.

Wer ältere Karten besitzt, sollte berücksichtigen, dass die wichtigsten Straßen des Landes neue Bezeichnungen erhalten haben. Die Hauptstraßen sind mit einem ›M‹ und der dazugehörigen Zahl markiert. Im folgenden die wichtigsten Trassen:

M 1 Tbilissi-Kutaissi-Sugdidi
M 2 Senaki-Poti-Batumi
M 3 Georgische Heerstraße
M 4 Tbilissi-aserbaidschanische Grenze (Abzweig vom Autobahnring Tbilissi)
M 5 Tbilissi-Bakurziche-Lagodechi-aserbaidschanische Grenze
M 6 Tbilissi-Marneuli-Bolnissi und weiter nach Armenien
M 7 Tbilissi-Sadakcheo und weiter nach Armenien
M 9 Tbilissi-Stadtring, vornehmlich für LKW im Transitverkehr
M 10 Gori-Zchinwali und weiter über den Roki-Pass nach Russland (durch Südossetien, derzeit nicht befahrbar)
M 11 Chaschuri-Bordshomi-Achalziche-Ninozminda und weiter nach Armenien (von Achalziche gelangt man über einen Abzweig nach Wale in die Türkei).

In den Bergregionen verlieren die Trassen mit zunehmender Höhe über dem Meeresspiegel an Gestalt und gehen an mancher Stelle in Feldwege über, die mit gewöhnlichen Personenkraftwagen kaum noch zu befahren sind. Vorsicht vor Schlaglöchern, die mitunter sehr tief sein können. Generell eignen sich in Georgien, vor allem für Fahrten in die Bergregionen, am ehesten allradgetriebene Jeeps. Das zuverlässigste und robusteste Auto ist der russische Niwa, der sich sogar dort einen Weg bahnt, wo man selbst zu Fuß kaum noch von der Stelle kommt.

Diejenigen Kennzeichen auf den Nummernschildern, die mit A beginnen, sind aus Tbilissi, die mit B aus Batumi, C – Suchumi, N – Bordshomi, O – Gori, R – Kachetien, KZY – Radsha, PZY – Kasbegi.

Souvenirs und Ansichtskarten

Noch gibt es wenig Volkskunstadaptionen für den Massentourismus. Die drei oder vier Souvenirläden auf dem Rustaweliprospekt in der Hauptstadt sind die Ausnahme. Zu den beliebtesten Souvenirs gehören Trinkhörner, Tongefäße, Ikonen, landestypische Kleidungsstücke und Holzarbeiten. In einigen Gegenden, an der Georgischen Heerstraße und vor bzw. hinter dem Rikoti-Pass, verkaufen Bäuerinnen Wollstrümpfe, Hüte, verschiedene Arbeiten aus Ton und Hängematten. Die berühmten tuschetischen Schaffellmützen, Bochochi, bekommt man am günstigsten an der Georgischen Heerstraße, auf einem kleinen Markt vor dem Aufstieg nach Gudauri.

Wertvolle Ikonen, Bilder, Gemälde oder andere Kunstgegenstände (vor allem Antiquitäten) unterliegen entweder einem Ausfuhrverbot oder bedürfen einer speziellen Ausfuhrgenehmigung durch das Ministerium für Kultur.

Postkarten und Briefe, von denen erwartet wird, dass sie Ihren Empfänger recht bald erreichen, sollten in die Briefkästen der Hauptpostämter eingeworfen werden. Noch sicherer jedoch ist es, sie am Schalter abstempeln zu lassen.

Tanken

Für den Kraftstoff gilt das gleiche wie für den Wein: Es ist nicht immer drin, was drauf steht. Will man Superbenzin tanken, dann sollte man das an den Großtankstellen in den großen Städten tun. In den Bergregionen wird kaum qualitativ gutes Benzin angeboten, so dass es stets von Vorteil ist, sich zu bevorraten. In den letzten Jahren sind die Kraftstoffpreise erheblich gestiegen und haben fast westeuropäisches Niveau erreicht.

Taxi

In den Städten fährt es sich am besten mit Taxis, die durch ein entsprechendes Schild – zumeist hinter der Windschutzscheibe – kenntlich gemacht sind. Seit 2001 betreibt ein Taxi-Unternehmen in Tbilissi rote Fords und Nissans mit Taxametern, die auch tatsächlich meist eingeschaltet sind. Ein Kilometer kostet bei ihnen und der Konkurrenz umgerechnet etwa 35 Cent. In der Regel einigt man sich jedoch ohnehin mit dem Fahrer vor Beginn der Fahrt auf den Preis. Zur Orientierung: Eine Fahrt vom Zentrum Tbilissis bis in die Vorstädte kostet 12 bis 15 Lari, im Stadtzentrum 7 bis 10 Lari. Für die 10 Kilometer lange Strecke von Kutaissi nach Zchaltubo sollten einem keineswegs mehr als umgerechnet 10 Euro abverlangt werden.

Auch für Überlandfahrten ist das Taxi eine Alternative zum Bus oder Kleinbus. Von Tbilissi bis Kutaissi kostet es knapp gut 200 Lari, also ca. 100 Euro (für 300 km). Gekennzeichnet sind die Taxis lediglich in Tbilissi; auf dem Land fährt jeder, der Zeit und ein Auto hat. Sofern man zu erkennen gibt, dass man einen Wagen braucht, wird man auch einen bekommen; es hängt vom Verhandlungsgeschick ab, zu welchem Preis.

Telefonieren

Die internationale Vorwahl für Georgien ist 00995, die für Tbilissi 00995/32.

Aus Georgien ins Ausland wählt man zunächst die ›8‹, wartet auf das Freizeichen, wählt dann die ›10‹, anschließend des Landes-Vorwahl (Deutschland – 49), dann die Vorwahl der Stadt und dann die gewünschte Telefonnummer.

Die wichtigsten Vorwahlnummern innerhalb des Landes, die sich von den Vorwahlnummern aus dem Ausland unterscheiden, sind:

Tbilissi: 232
Mzcheta: 273
Gori: 270
Kutaissi: 331
Poti: 293
Sugdidi: 215
Kobuleti: 236
Batumi: 88222
Bakuriani: 2672
Bordshomi: 367
Lentechi: 221
Mestia: 224
Telawi: 250

Signagi: 255
Zchaltubo: 240

Für Gespräche vom Festnetz innerhalb des Landes wählt man eine ›8‹ wartet auf das Freizeichen und wählt dann die entsprechende Vorwahl sowie die gewünschte Nummer.

Telefonieren in Georgien war bis vor kurzem aufgrund des maroden Leitungsnetzes ein Problem, unter dem Geschäftsleute bis heute leiden. Seit dem Beginn der Handy-Ära hat sich das geändert. Eine Abdeckung durch Mobilfunknetze ist in der Regel im Umkreis der größeren Städte und Ortschaften, nicht aber in den Bergen gegeben. Man sollte sich vor der Abreise bei seinem Anbieter zu den Roaming-Konditionen erkundigen.

Die wichtigsten georgischen Anbieter sind: Magti, Geocell und Telekom Georgia. Die Preise unterscheiden sich nicht wesentlich. SIM-Karten sind in den großen Hotels, in spezialisierten Geschäften (z.B. am Rustaweli-Prospekt in Tbilissi) und an Kiosken erhältlich (man muss beim Kauf den Pass vorzeigen). Das am meisten verbreitete Netz wird von Geocell betrieben.

Wichtige Rufnummern:
Schnelle Medizinische Hilfe: 03 oder 901 (ARDI, eine private Firma)
Polizei: 02
Feuerwehr: 01 oder 225636
Vermittlung: 05
Vermittlung international: 07
Telegramm: 06
In Tbilissi:
Taxi: 23 11 47, 22 14 85
Vorwahl-Information: 95 07 01
Wettervorhersage: 95 02 20
Flughafen-Information: 99 76 13, 43 31 41
Bahnhof: 35 10 03, 35 10 02
DHL: 69 60 60

Unterkunft

Im Zuge der Privatisierungen entstanden Anfang der 1990er Jahre überall im Land private Hotels und Gästehäuser. Sie decken seit langem den Bedarf mit einem beträchtlichen Überschuss und sind die Reserve, sollte Georgien bald wieder größere Touristenströme anziehen. Eine Übernachtung lässt sich also im ganzen Land problemlos finden. Die gebotenen Bedingungen sind nicht überall berauschend, aber man hat meistens die Wahl.

In den größeren Orten haben wir Empfehlungen zu Unterkünften in Hotels und Pensionen gegeben. Auf den Bahnhöfen in Tbilissi, Kutaissi und Batumi gibt es zudem Vermittlungsbüros, die Wohnungen oder Zimmer an Reisende vermieten. Die Unterkünfte sind in der Regel recht billig, und oft übertreffen die bei der Vermietung gegebenen Versprechen den tatsächlichen Zustand.

In kleineren Ortschaften wird empfohlen, sich an die örtlichen Verwaltungen zu wenden, wenn man eine Unterkunft

Im Großen Kaukasusu

braucht. Auch kann man dort auf Unterstützung rechnen, so man ein Transportmittel zur Weiterfahrt benötigt. Zudem wissen die Angestellten am besten über die Sicherheitslage in ihrer Region Bescheid und geben entsprechende Hinweise.

Campingplätze sind in Georgien kaum zu finden, auch weil das Zelten in freier Natur nicht verboten ist. Entschließt man sich dazu, sollte man den Sicherheitsfaktor nicht außer acht lassen. Generell wird empfohlen, das Auto bei Einheimischen unterzustellen und möglichst das Zelt dazu.

Ist man im Land unterwegs und kennt ungefähr die Reiseroute, könnte es hilfreich sein, sich vorab an eine Agentur oder einen Reiseveranstalter zu wenden, nicht zuletzt deshalb, weil die teilweise recht teuren Hotelzimmer über einen Veranstalter in der Regel preiswerter zu buchen sind. Ein Bett und ein Dach über dem Kopf werden sich dennoch immer finden.

Verkehrsregeln

Die zulässige Höchstgeschwindigkeit auf Hauptstraßen beträgt bis auf gekennzeichnete Ausnahmen 90 km/h, in den Ortschaften 50 km/h.

Vor der Regierungszeit Saakaschwilis besaß die Verkehrspolizei den denkbar schlechtesten Ruf. Es gehörte zu ihren Gewohnheiten, alle paar Kilometer präsent zu sein und wahllos Autos anzuhalten. Die Kontrolle der Papiere endete zumeist mit der Entdeckung einer Ungenauigkeit oder eines technischen Defekts. Gegen einen meist geringen Obolus konnte man dann die Fahrt fortsetzen – bis zum nächsten Halt. Das System funktionierte reibungslos, so dass man sich lange den Witz erzählte: Frage: »Findet ein Esel am Wegrand genügend Nahrung? Antwort: Ja, wenn man ihn in die Uniform eines Polizisten steckt.« Der Machtwechsel setzte der Polizeiwillkür ein (vorläufiges?) Ende. Die Polizisten erhalten nun fünf- bis sechsfach erhöhte Bezüge und können auch bei kleineren Vergehen zur Verantwortung gezogen werden. Sie tragen Uniformen, die den amerikanischen ähnlich sind und fahren Opel. Das Recht, ein Fahrzeug anzuhalten, besitzen sie nur bei konkreten Ordnungswidrigkeiten. Dabei haben sie sich mit Name, Dienstgrad und Einheit vorzustellen. Bei Vergehen stellen sie Strafzettel aus, haben aber nicht das Recht, selbst zu kassieren. Alles Weitere ist dann, wie in Westeuropa, Sache der Ämter.

Die Georgier sind passionierte Autofahrer, und man sollte sich nicht wundern, wenn sie bei Rot Gas geben und bei Grün bremsen. Gefragt nach den Gründen, antworten sie bei Rot, dass sie das Risiko lieben und bei Grün, dass das alle Georgier tun. Sich wie in Europa auf die Vernunft allein zu verlassen, wäre fahrlässig, ebenso wie es den Georgiern nachzutun. Will man überholen, sollte man zunächst hupen.

Das wichtigste Verkehrshindernis in Georgien ist das Vieh. In stoischer Unkenntnis aller drohenden Gefahr räkeln sich wiederkäuende Kühe auf der Fahrbahn, überqueren Schweine, Hunde, Hühner, Enten, Schafe oder Ziegen gemächlich die Straße oder benutzen sie als Gehweg. Man sollte nicht glauben, dass die Hupe genügt, um die Tiere von dort zu vertreiben.

Alkohol am Steuer ist völlig untersagt.

Verständigung

Die meisten Georgier sprechen neben ihrer Landessprache ein oder zwei Dialekte und Russisch. Die Schulkinder lernen Englisch oder Deutsch, doch sprechen es die wenigsten. Das Georgische unterscheidet sich in Wort und Schrift erheblich von allem, was man bisher gewohnt war. Man sollte sich davon nicht einschüchtern lassen. Der Sprachführer in diesem Buch wird erste Hilfe leisten Die Mitnahme eines ausführlichen Sprachführers Russisch/Deutsch ist empfehlenswert, da Russisch immer noch die (wenn auch manchmal ungeliebte) Lingua franca darstellt.

Währung

Die Landeswährung ist der Lari (GEL). Ein Lari sind 100 Tetri. Lari ist ein altgeorgisches Wort für Geld. Tetri bedeutet ›weiß‹ und war der Name der kolchischen Silbermünzen. Anfang 2010 bekam man für 1 Dollar etwa 1,7 Lari und für 1 Euro etwa 2,4 Lari. Da der Lari an den Dollar gebunden ist, schwanken die Kurse entsprechend dem Wert des Dollars. Die beliebtesten Fremdwährungen sind Dollar und Euro, die man in den zahlreichen Wechselstuben problemlos tauschen kann. Vor Fahrten ins Landesinnere, insbesondere in die Bergregionen, sollte man sich mit ausreichend Lari versorgen, da die Wechselkurse in Tbilissi die vorteilhaftesten sind und in manchen Gegenden ausländische Währung generell nicht gefragt ist.

Geld- und Kreditkarten sowie Schecks werden bisher nur in den großen Hotels und einigen ausgewählten Geschäften akzeptiert. Die Banken sind an das internationale Geldkartensystem angeschlossen und verfügen über Bankautomaten, an denen man mit EC- und Kreditkarten problemlos Bargeld abheben kann. Im Landesinnern, außerhalb der großen Städte, gibt es weniger Möglichkeiten, sich elektronisch mit Bargeld zu versorgen. Geldüberweisungen sind über Western Union möglich.

Wasser und Strom

Die Wirtschaftskrise hatte sich nachhaltig auf die Wasser- und Stromversorgung ausgewirkt. Bis vor kurzem waren Abschaltungen die Regel. Das hat sich inzwischen geändert. Rigoros jedoch gehen die Versorger mit säumigen Zahlern um: Der Strom wird abgestellt, wovon mitunter das ganze Haus betroffen ist.

Die Stromversorgung erfolgt bei 220V mit 50Hz. Die Steckdosen sind zumeist zweipolig, also enger, und nicht für Schukostecker geeignet, weshalb manche Geräte einen Adapter voraussetzen, den man auf den Märkten oder in spezialisierten Geschäften bekommt.

Zeit

In Georgien gilt die Mitteleuropäische Sommerzeit nicht. Der Zeitunterschied beträgt also in den Sommermonaten plus zwei, in den Wintermonaten plus drei Stunden.

Zollbestimmungen

Es bestehen keine besonderen Einfuhrbeschränkungen, auch nicht für größere Geldmengen oder persönliche Ausrüstung. Die maximale Aufenthaltsdauer für private PKW beträgt 20 Tage (Transit 10 Tage). Wer länger mit dem eigenen Fahrzeug bleiben will, muss es ummelden oder eine Fristvrelängerung beantragen, ansonsten drohen hohe Geldstrafen. Die Ausfuhr von Teppichen und Antiquitäten muss vom Kulturministeriums genehmigt werden. Wertvolle Antiquitäten und bedeutende Kulturgüter dürfen nicht ausgeführt werden. Man sollte diese Fragen vor dem Kauf mit dem jeweiligen Händler klären.

Georgien im Internet

Ruft man ›georgia‹ auf, wird man zuallererst eine Unmenge Informationen erhalten, die man nicht möchte, nämlich über den gleichnamigen US-Bundesstaat. Darum empfiehlt es sich, unter ›sakartvelo‹, ›tbilisi‹ oder ›caucasus‹ zu suchen.

www.botschaftvongeorgien.de
Homepage der Georgischen Botschaft in Berlin, ausführliche Linksammlung.

www.tourism.gov.ge
Offizelle englischsprachige Seite des Tourismus-Ministeriums mit Informationen zum Land, zu Unterkünften, Reisemöglichkeiten etc.

www.georgiennachrichten.de
Private Sammlung von aktuellen Presseberichten in deutscher Sprache sowie zahlreichen weiteren Informationen zu Georgien.

www.tedsnet.de
Seite eines in Deutschland lebenden georgischen Geographen, in deutscher und englischer Sprache.

www.georgia.net.ge
Georgische Suchmaschine in englischer Sprache mit einer umfangreichen Linksammlung zu Georgien.

www.georgienshop.de
Kulinarisches, Bücher, CDs.

www.parliament.ge
Offizielle Seite der Republik Georgien, Informationen über politische Themen, zahlreiche Links zu kulturellen und touristischen Themen.

www.mfa.gov.ge
Seite des Georgischen Außenministerium, Einreisebestimmungen, Informationen über internationale Kontakte und Programme.

www.dgz-gelsenkirchen.de
Seite des Deutschgeorgischen Zentrums für Internationale Beziehungen, umfangreiche Informationen von Flugverbindungen und Veranstaltungen bis zu Tourempfehlungen vor Ort.

www.kaukasus-reisen.de
Links zu Seiten über Georgien und die anderen Kaukasus-Länder.

www.kaukasischepost.de
Seite der 1906 in Tbilissi gegründeten Zeitung, behandelt aktuelle Ereignisse in Georgien und im Kaukasus.

www.georgiennews.de
Internetzeitung zu Georgien

www.auswaertiges-amt.de
Stichhaltige Kurzinformationen, aktuelle Sicherheitshinweise, aktuelle Einreisebestimmungen.

www.fit-for-travel.de
Weltweiter reisemedizinischer Service mit Empfehlungen zum Impfschutz.

Literatur

Abuladze, Lia; Ludden, Andreas: Lehrbuch der georgischen Sprache, Buske Helmut Verlag 2005. Das Lehrbuch ist auch auf CD erhältlich.

Ansari, Nana: Die georgische Tafel. 150 Rezepte, Wien 2004.

Bakradse, Lascha: Georgisch Wort für Wort, Kauderwelsch Bd. 87, Bielefeld 1993. Kleiner, handlicher Sprachführer für Anfänger.

Bitow, Andrej: Auf der Suche nach Heimat, Suhrkamp 2003. Eine Übersetzung aus dem Russischen.

Dumas, Alexandre: Gefährliche Reise durch den wilden Kaukasus 1858-1859, Lenningen 1995. Eine Bildungsreise, die zum Abenteuer wird, mit scharfsinnigen, zum Teil bis heute zutreffenden Urteilen über die Landschaften und die Bewohner des Kaukasus.

Duve, Freimut; Tagliavini, Heidi (Hrsg.): Kaukasus – Verteidigung der Zukunft. 24 Autoren auf der Suche nach Frieden, Wien 2001. Von den OSZE-Mitarbeitern Duve und Tagliavini gesammelte Schilderungen von Autoren aus der Kaukasusregion und Russland, die ihre unterschiedlichen Standpunkte darlegen.

Eich, Clemens: Aufzeichnungen aus Georgien, Frankfurt a. M. 1999. Interessantes Zeugnis der Begegnung eines deutschen Schriftstellers mit dem Georgien der 90er Jahre.

Fähnrich, Heinz: Geschichte Georgiens von den Anfängen bis zur Mongolenherrschaft, Aachen 1993. Der Georgien-Experte Heinz Fähnrich, Leiter der Abteilung für Kaukasiologie an der Friedrich-Schiller-Universität in Jena, setzt sich in zahlreichen Büchern mit der Kultur Georgiens auseinander.

Ders. : Lexikon Georgische Mythologie, Wiesbaden 1999.

Ders. : Georgische Literatur, Aachen 1993.

Gelaschwili, Naira; Schewardnadse, Edouard: Georgien. Ein Paradies in Trümmern, Berlin 1993.

Gelaschwili, Naira: Georgische Prosa des 20. Jahrhunderts, Frankfurt a. M. 2000.

Gerber, Jürgen: Georgien. Nationale Opposition und kommunistische Herrschaft seit 1956, Baden Baden 1997.

Grischaschwili, Iosseb: Niemals hat der Dichter eine Schönere erblickt Mit Bildern aus dem alten Tbilissi von Oskar Schmerling. Herausgegeben von Leonhard Kossuth, übersetzt von Kristiane Lichtenfeld. NORA Verlagsgemeinschaft Dyck & Westerheide, Berlin 2007.

Jelden, Michael: Wörterbuch Deutsch-georgisch/Georgisch-Deutsch, Hamburg 2001.

Kalnein, Wend Graf von: Georgisches Tagebuch. Fünf Jahre kriegsgefangen im Kaukasus, Fibre Verlag 2003.

Kaufmann, Rainer: Kaukasus, München 2000. Ein Klassiker, beschreibt treffend die politischen Geschehnisse der 90er Jahre.

Mokhashvili, Marine: Einführung in die georgische Schrift, Buske Helmut Verlag 2007.

Morchiladze, Aka: Santa Esperanza, Pendo Verlag 2006. Georgische Prosa.

Nasmyth, Peter: Walking in the Caucasus – Georgia, I B Tauris & Co Ltd 2005. Trekking- und Wanderführer.

Neukomm, Ruth (Hrsg.): Georgische Erzähler der Neueren Zeit, Zürich 1970.

Nielsen, Fried: Wind, der weht. Georgien im Wandel, Frankfurt a. M. 2000. Nielsen schildert den Alltag, die Traditionen und Mentalitäten der in Georgien lebenden Völker in geschichtlichem Kontext.

Nielsen, Fried (Hg): Europa erlesen. Georgien, Wieser Verlag 2006.

Nielsen, Fried: Georgien im Wandel. Reportage, Wieser Verlag 2006.

Pasternak, Boris: Briefe nach Georgien, Frankfurt a. M. 1967.

Pleitgen, Fritz: Durch den wilden Kaukasus, Frankfurt a. M. 2002. Ein literarisch-politischer Reisebericht über den Kaukasus, seine Landschaften und Kulturen.

Renz, Alfred: Kaukasus. Georgien, Aserbaidschan, Armenien, München 1987.

Rustaweli, Schota: Der Mann im Pantherfell, Zürich 1991.

Scholl-Latour, Peter: Das Schlachtfeld der Zukunft. Zwischen Kaukasus und Pamir, München 1996.

Schewardnadse, Edouard: Die neue Seidenstraße. Verkehrsweg ins XXI. Jahrhundert, München 1999.

Shengelia, Michael; Wirth, Wolfgang: Volk ohne Krankheit. Die Schätze der georgischen Volks- und Klostermedizin für alle Heilungssuchenden zugänglich gemacht, Ennsthaler 1990.

Shurgaia, Gaga; Magarotto, Luigi; Günther, Hans-Christian (Hrsg): Nik'oloz Baratasvili. Ein georgischer Dichter der Romantik, Koenigshausen & Neumann 2006.

Steavenson, Wendell: Gestohlene Geschichten. Aus Georgien. Europäische VA 2004.

Schröder, Bernd (Hg.): Georgien – Gesellschaft und Religion an der Schwelle Europas, St. Ingbert 2005.

Tolstoj, Lew: Hadschi Muraut, Frankfurt a. M. 2000. Tolstoj setzte in diesem Werk 10 Jahre nach seiner Beteiligung am Krimkrieg den kaukasischen Stämmen ein literarisches Denkmal.

Danksagung

Dieser Reiseführer wäre niemals entstanden ohne die Unterstützung einiger Menschen, denen wir an dieser Stelle unseren Dank für ihre Anteilnahme und Gastfreundschaft bei unseren Reisen durch Georgien ausdrücken wollen.

Vor allem bedanken wir uns beim ehemaligen Chef der Verwaltung des Niederen Swanetiens, Herrn Dawit Liparteliani, der uns auf jede erdenkliche Weise unterstützt hat.

Unser besonderer Dank gilt Badri Bendeliani aus Lentechi, der uns furchtlos in die unwegsamsten Berggegenden begleitete und uns mit einigen Geheimnissen des swanischen Lebens und der Seele der Swanen vertraut machte.

Desweiteren danken wir Koba Schubitidse, dessen Lebensfreude und Temperament uns auf vielen Wegen aufrecht hielten, Timuri Liparteliani, der die Strapaze auf sich nahm, uns mit seinem Kleinbus nach Bordshomi, Bakuriani und Wardsia zu fahren, Emiri Chabuliani für seine Sorgen um unser Wohl bei unseren Ausflügen durch das Niedere und Obere Swanetien und natürlich Giorgi Kwastiani, unserem Schutzengel bei allen Unternehmungen.

Unschätzbare Hilfe leisteten uns darüber hinaus Niko Kwaratzchelia, Sasa Nakaschidse, Gia Achobadse, Tengis Mcheidse, Natela und Natalia Liparteliani, Aleko Kankawa, Mirab Lomia, Beso Kwastiani, Dawit Schakaraschwili, Herr Knut Gerber und Tata Jaiani von der Vertretung des GTZ in Tbilissi sowie Sakro Mogobadse. Ein ganz spezieller Dank gilt auch Natela, der Zahnärztin von Zchaltubo.

Außerdem bedanken wir uns bei Wolfgang Gaul für seine wertvollen Hinweise und die uns zur Verfügung gestellten Fotos, bei ebenso wie bei Annekathrin Bucholtz und mit einem großen Ausrufezeichen bei Ortrud Graetz für die Redaktion der Texte sowie den Mitarbeitern des Verlages für die freundschaftliche Zusammenarbeit.

Auch nach der vierten Auflage des Buches vor zwei Jahren erhielten wir eine Vielzahl wertvoller Hinweise, für die wir uns herzlichst bedanken. Sofern sie uns hilfreich erschienen, haben wir sie in dieser fünften Auflage berücksichtigt.

Herzlichen Dank auch an Jörg Ratayczak für das Kapitel über den Naturtourismus in Georgien.

Ortsregister

Personen- und Sachregister

Bildnachweis

Autoren: 10, 23, 24, 40, 42, 43, 52, 53, 63, 82, 97, 107, 110, 130, 137, 147, 149, 170, 179, 184, 189, 190, 196, 202, 214, 229, 230, 231, 239, 240, 258/259, 260, 263, 270, 276, 279, 280, 286, 328;
Konstantin Abert: 45, 65, 77, 128/129, 141, 168, 325;
Hans Heiner Buhr: 195, 304, 311;
Department of Tourism and Resorts, Georgia: Titel, vordere Umschlagklappe, hintere Umschlagklappe, 32, 39o., 56, 58, 78, 81, 200/201, 226, 236, 287;
Wolfgang Gaul: 85, 86, 90, 123, 160, 176, 205;
Alexander Gonschior (www.agowebworks.de): 18/19, 21, 102, 135, 151, 156, 174/175, 255, 256;
Matthias Krebs: 309;
Detlev von Oppeln: 25, 26, 27, 29, 31, 36, 37, 39u., 44, 48, 54, 68, 72, 74, 76, 104, 141, 136, 145, 158, 178, 198, 199, 204, 207, 211, 281, 282, 283, 284, 285, 290, 291, 324, 329, 330, 333, 334, 336;
Karin Steinmetzer: 249, 250;
Andor Poll: 46, 91, 287;
Claudia Quaukies: 4, 49, 60, 66, 95, 98, 101, 108, 121, 127, 154, 159, 173, 243, 272;
Ulrich Wegener: 14, 15, 16, 17, 28, 47, 51, 138, 143, 146, 155, 163, 164, 166, 169, 182, 183, 186, 187, 192, 193, 208, 209, 210, 212, 216, 217, 219, 220, 221, 235, 244, 246, 252, 253, 254, 262, 265, 266, 274, 275, 292, 295, 297, 298, 302, 322.

Kartenlegende

Bahnhof
Basar
Brunnen
Burg/Festung
Busbahnhof
Denkmal
Dorfkirche
Festungsruine
Flughafen
Hafen
Hotel
Kirche
Kloster
Kino
Leuchtturm
Moschee
Museum
Post
Ruine/Ausgrabungsstätte
Sehenswürdigkeit
Supermarkt
Synagoge
Theater
Touristeninformation
Turm
Zoo

Autobahn
Autobahn im Bau
sonstige Straßen
243 Straßennummern
Eisenbahn
Grenzübergang
Staatsgrenze
Hauptstadt
Stadt/Ortschaft

Kartenregister